장인석^의

음향입문

the Basics of Sound Engineering

장인석 지음

SRMUSIC

오디오 시스템이 아날로그에서 DAW 방식으로 전환되면서 나타난 몇 가지 새로운 변화 가운데 하나는 녹음과 믹싱이 오디오 중심에서 소리 중심으로 전환된 것입니다. 다시 말하면 오디오 지식이 풍부한 사람만이 할 수 있었던, 그래서 모든 결과를 오직 장비의 음질과 미터에 의존했던 과거의 따분한 과정은 점차 사라지고 더욱 감성적이고 창의적인 예술적 감각의 음향으로 바뀐 것입니다. 그래서인지는 몰라도 최근에 활동하고 있는 엔지니어들을 살펴보면 공학계열 뿐만 아니라 예술 심지어 인문 계열 전공자들까지, 그 대상 폭이 상당히 넓어지고 있는 추세입니다.

또 한 가지 흥미로운 변화는 그 동안 엔지니어의 전문 분야라고 생각해왔던 녹음과 믹싱이 이제는 미디 음악 작곡가 그리고 심지어 연주자들에게도 필수 과목이 되었다는 사실입니다. 아마도 이것은 본인 작품을 보다 충실하게 전달하려면 음악적인 메시지뿐만 아니라 완벽한 음향적인 밸런스가 필요하다고 인식한 결과 때문일 것입니다. 이것은 마치 연주자가 그의 음악적인 성향을 충실하게 전달하기 위해 음향적으로 보다 우수한 악기를 선호하는 것과 비슷한 이치겠지요.

하지만 대부분의 디지털 오디오 장비와 플러그인에서 사용하는 용어와 방법이 기존의 아날로그와 비슷한 전자공학적인 개념으로 설명되어 있기 때문에 이에 익숙하지 않은 인문 혹은 예술 계열 사람들이 이해하고 소화하기에는 많은 어려움이 있는 것 같습니다. 사실 얼마 전에 출간된 〈더 레코딩(the Recoding)〉을 집필하는 과정에서 엔지니어 제자들과 미디 음악 학생들에게 받았던 질문들이 대부분 이와 비슷한 내용들이었습니다. 일례로 공학적인 측면에서 컴프레서의 어택 타임은 '피크 음이 원하는 비율로 감소하는데 필요한 시간'이지만, 사실 이 내용은 마음에 와 닿지 않아서 컴프레서를 실전에 적용하기는 힘듭니다. 그래서 많은 사람들이 플러그인을 사용할 때도 단순히 프리셋 정도로 해결하려 하고, 힘들게 믹싱한 프로그램을 오디오 측정 장비인 주파수 스펙트럼 애널라이저를 통해 눈으로 확인하려고 합니다.

이러한 여러 가지 이유 때문에 〈더 레코딩(the Recoding)〉을 집필하는 중간에 이 책을 함께 진행하게 되었습니다. 비록 내용이 단순하고, 예문 역시 다소 어색하지만 재미있게 읽어 주었으면 합니다. 하여튼 작곡자 혹은 연주자가 악보에 적힌 음표를 마음속으로 떠올릴 수 없다면 자신만의 음악적인 아이디어를 표현할 수 없듯이, 여러분 역시 여러 가지 음향적인 내용들을 이해하고 있다 할지라도 그것을 듣고 분석하지 못한다면 본인만의 음향적인 상상력을 전혀 창출할 수 없습니다. 바꾸어 말하면 만일 여러분이 주파수 혹은 잔향시간이 무언지는 알고 있어도 이것을 인지하지 못한다면 여러분은 주파수와 잔향시간을 전혀 모르는 것이므로 결코 실전에 이용할 수 없을 것입니다. 따라서 평소에 좋은 음악 많이 듣고 별도의 청각 훈련을 통해 음의 인지 능력을 함께 늘려가야 할 것입니다.

2012. 2. **장 인 석**

| 목차

제 4 장
스튜디오 오디오 시스템

제 6 장
마이크로폰
테크닉

제 7 장
모니터 시스템

제 8 장
이퀄라이저

제 15 장
마스터링

소리

소리

소리

동대문 의류 상가의 옷들이 각기 독특한 색상과 디자인으로 만들어지듯이, 우리가 듣는 모든 악기음들은 고유한 주파수 스펙트럼(Frequency Spectrum)과 다이내믹 인벨롭(Dynamic Envelop)을 지니고 있습니다. 또한 같은 의상이라도 쇼윈도의 조명에 따라 달리 보이듯이, 악기음 역시 스튜디오 혹은 콘서트홀의 반사음(Reflection Sound)에 따라 상당히 다르게 들리곤 합니다.

이번 장의 포인트

- 진폭과 라우드니스
- 주파수와 피치
- 기본음, 배음, 비배음, 오버톤
- 주파수 대역과 스펙트럼
- 주기, 위상, 극성
- 파장
- 다이내믹 인벨롭

소리

진폭(Amplitude)과 라우드니스(Loudness)

너무나 진부한 얘기지만, 어쿠스틱 기타 연주에서 아르페지오(arpeggio)는 부드럽고 작게 들리고 스트로크(stroke)는 격렬하고 크게 들립니다. 이것은 연주자의 힘(운동 에너지)에 따라 기타 현의 진폭 혹은 음향 에너지가 변하기 때문입니다(**그림1-1**).

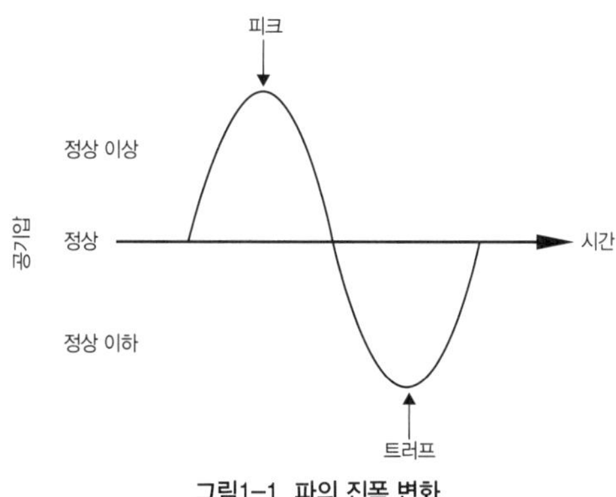

그림1-1 파의 진폭 변화

그렇다면 아르페지오는 항상 작고 스트로크는 항상 크게 들릴까요? 그렇지는 않겠지요. 이것 역시 너무 당연한 얘기지만 강한 스트로크 연주라도 멀리서는 작게 들리고, 부드러운 아르페지오도 가까이서는 크게 들릴 것입니다. 이것은 같은 연주음이라도 거리에 따라 우리가 듣고 느끼는 소리가 변한다는 것을 의미하는데, 이처럼 사람들이 실질적으로 인지하는 음 레벨을 라우드니스라고 하며, 자세한 내용은 2장에서 설명하기로 하겠습니다.

믹싱 혹은 마스터링에서 리미터(limiter)를 자주 사용하는 이유 가운데 하나는 동일한 피크 레벨에서 라우드니스를 높임으로써 다른 음악 CD와 레벨적인 차별화를 극대화하기 위함입니다.

주파수(Frequency)와 피치(Pitch)

악기의 연주음들은 대체로 현의 진동수에 따라 결정됩니다. 주파수란 1초 동안 현의 진동 횟수로 규정하며 단위는 헤르츠(Hertz, Hz)를 사용합니다. 일반 사람들이 들을 수 있는 제일 낮은 진동수와 제일 높은 진동수 사이를 가청 주파수 범위(Audible Frequency Range)라 하며, 약 20Hz~20000Hz(혹은 20kHz)까지로 알려져 있습니다. 여기서 1000Hz=1kHz.

같은 그림이라도 보는 사람에 따라 느낌이 다를 수 있듯이, 비록 주파수가 같은 진동음이라도 사람마다 음의 높이를 다르게 인지할 수 있습니다. 바꾸어 말하면 어떤 연주자는 기타 현의 A음(La)을 440Hz 그리고 어떤 연주자는 442Hz 등으로 조율할 수 있습니다. 이렇게 되면 합주가 불가능하게 되겠지요. 이를 방지하기 위해 국제 음향협회에서는 악기음들을 주파수 별로 정리해 놓았습니다. 현재는 A음을 440Hz로 규정하고 있지만 과거에는 425Hz인 적도 있다고 합니다. 피치 혹은 음정은 사람이 인지하는 음의 높이를 말하며 주파수와 매우 밀접한 관계가 있습니다.

 피치 시프터(pitch shifter) 혹은 오토 튠(auto tune)은 악기 혹은 보컬의 틀린 음정을 수정하는 프로세서입니다.

기본음, 배음, 비배음, 오버톤

프리즘을 통하면 태양의 흰 햇살이 여러 색깔로 구성되어 있음을 볼 수 있듯이, 단순하게 들리는 악기음들도 주파수 스펙트럼 분석기로 관찰하면 수많은 주파수의 진동음으로 구성되어 있음을 알 수 있습니다.

기본음(Fundamental Frequency)

기본음은 하나의 현(string) 혹은 막(drum head)에서 발생하는 수많은 진동음들 가운데 가장 낮은 주파수의 음으로, 악기 음정에 기여하며 첫 번째 배음(First Harmonics)이라고도 합니다(**그림1-2**).

배음(Harmonics)

배음은 수많은 진동음들 가운데 기본음과 정수배(1, 2, 3 등) 관계를 유지하는 그룹으로, 아름답고 부드러운 음색을 제공하며 악기에 매우 중요한 음향적 요소로 동작합니다. 예컨대 사람마다 이목구비가 다르고 이를 통해 그가 누군지를 알 수 있듯이, 배음 구조는 연주 악기를 손쉽게 파악 할 수 있는 주요 음향 성분입니다.

예를 들어 일렉트릭 기타와 피아노가 함께 A음을 연주하더라도 두 악기를 식별할 수 있는 것은 이들의 배음 구조가 서로 다르기 때문입니다. 통상적으로 배음 성분의 주파수들은 높을수록 진폭이 점진적으로 감소합니다. 따라서 만일 악기음이 심하게 밝거나 귀에 거

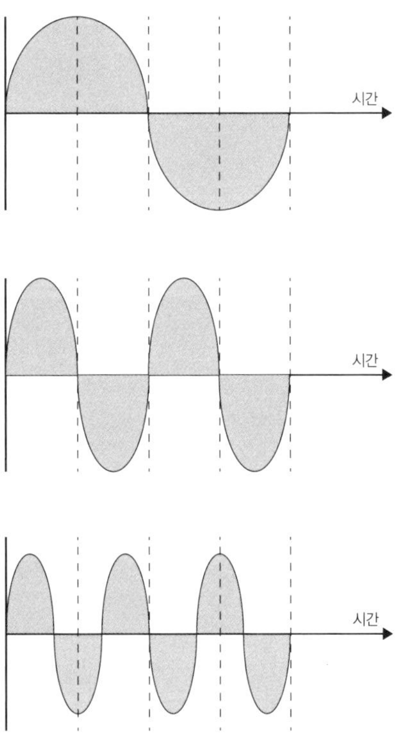

그림1-2 (a)기본음, (b)2차 배음, (c)3차 배음

슬린다면 특정 배음 주파수들이 너무 큰 경우이고, 둔하다면 특정 배음 주파수들이 너무 작기 때문일 수 있습니다.

이처럼 악기음에는 기본음과 더불어 진폭과 위상이 다양한 배음 성분들이 포함되어 있으므로 전체적인 파형이 단지 하나의 주파수로 구성된 **그림1-1**과 같은 사인파와는 사뭇 다릅니다. 따라서 악기음의 파형을 두 가지 그룹, 즉 단일파(Simple Wave)과 복합파(Complex Wave)로 분류할 수 있습니다. 일례로 사각파(Square Wave), 삼각파(Triangle Wave) 그리고 톱니파(Sawtooth Wave)는 대표적인 단일파입니다. 이들 모두는 일정한 배음 구조가 반복적으로 지속되며, 파형의 형태가 제로 라인(zero line)을 기준으로 대칭을 이룹니다(**그림1-3**). 이와는 달리 악기음 혹은 스피치와 같은 복합파들은 배음 구조와 파형의 형태가 수시로 불규칙하게 바뀝니다(**그림1-4**).

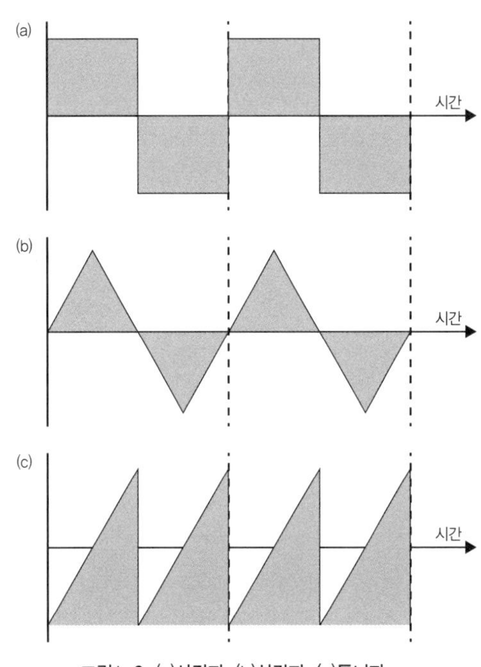

그림1-3 (a)사각파, (b)삼각파, (c)톱니파

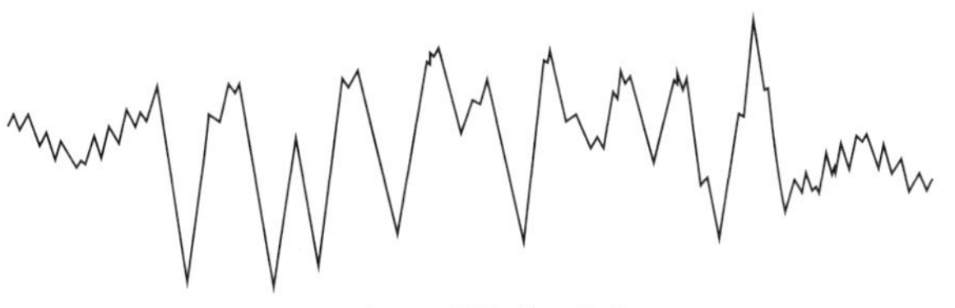

그림1-4 복합파(스피치)

비배음(In-harmonics)

비배음은 진동음 가운데 기본음과 비-정수배 관계(1.2, 2.6, 3.4 등)를 유지하고 각 주파수의 진폭이 매우 불규칙하게 변하는 그룹으로, 거칠고 과격한 음색을 제공합니다. 예를 들어 어쿠스틱 기타의 금속 현의 진동음들은 주로 배음 성분으로 구성되어 있기 때문에 매우 아름답고 음악적인 반면에 일반 철사줄은 주로 비배음 성분이므로 비록 기타 현과 음정이 같아도 매우 거칠게 들립니다. 그래서 통상적으로 비배음 성분을 잡음으로 간주하지만, 사실 대중음악의 주요 리듬 악기인 킥 드럼이나 스네어 드럼의 어택 음은 비배음 성분으로 구성되어 있기 때문에 주의 깊게 관찰할 필요가 있습니다(뒤에서 설명).

오버톤(Overtone)

오버톤은 악기의 진동음 가운데 기본음을 제외한 모든 배음들을 말합니다. 그래서 두 번째 배음을 첫 번째 오버톤, 세 번째 배음을 두 번째 오버톤이라고 합니다. **그림1-5**는 배음과 주파수 그리고 피치 사이의 관계를 나타낸 것입니다.

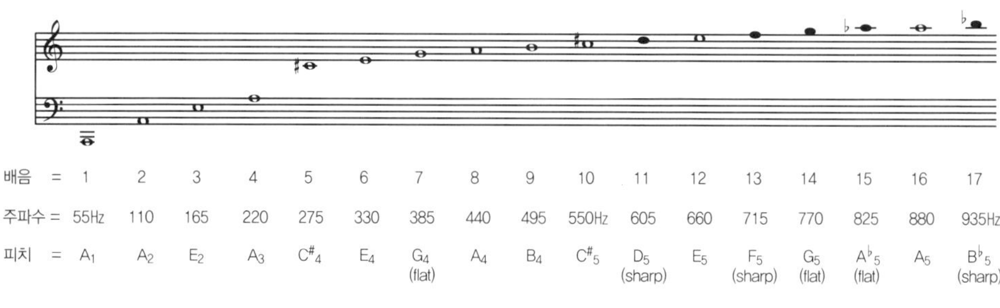

그림1-5 배음, 주파수, 피치

주파수 대역(Frequency Band)

지구의 기후를 지역에 따라 열대, 온대 그리고 한대 등으로 표기하듯이 악기의 음향 특성을 주파수 대역에 따라 저음역, 중저음역, 중고음역 그리고 고음역 등의 주파수 대역으로 분류하여 나타냅니다(**그림1-6**).

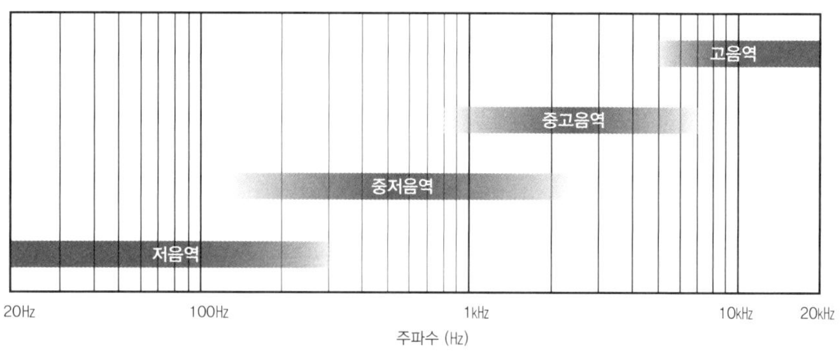

그림1-6 주파수 대역

- **저음역**(Low Frequency Band, LF. 30~350Hz) : 저음 악기의 기본음이 포함된 대역.
- **중저음역**(Low-Mid Frequency Band, LMF. 350~800Hz) : 저음 악기의 배음과 중음 악기의 기본음이 포함된 대역.
- **중고음역**(High-Mid Frequency Band, HMF. 800~4000Hz) : 중음 악기의 기본음과 배음 그리고 고음 악기의 기본음이 포함된 대역.
- **고음역**(High Frequency Band, HF, 4000~20000Hz) : 고음 악기의 기본음과 배음이 포함된 대역.

그림1-7은 주요 악기들의 음향 특성을 주파수 대역 별로 나타낸 것으로, 여기서 악기의 기본음은 음의 크기, 배음들은 밝기와 관련이 있습니다.

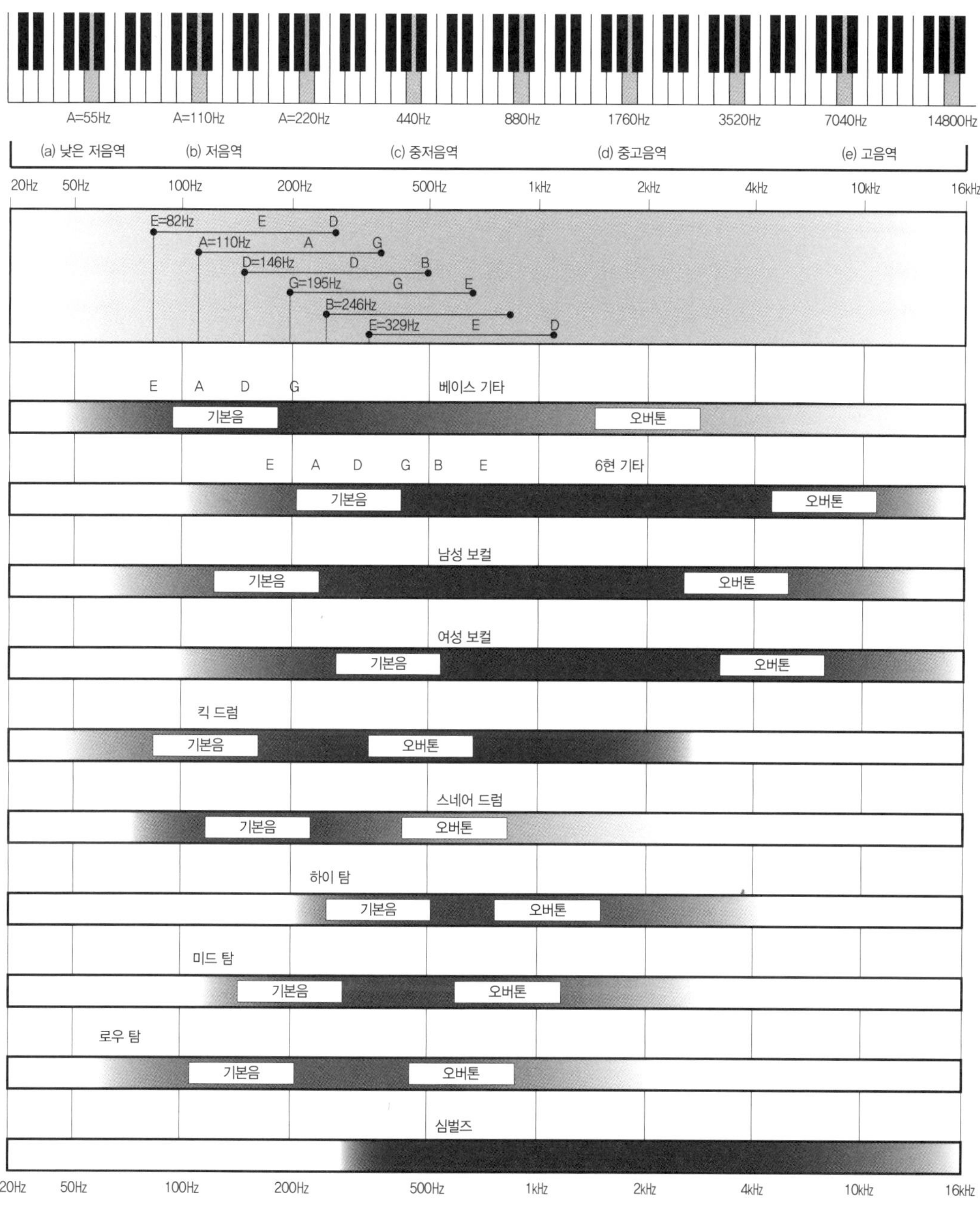

그림1-7 악기별 주파수 대역

주파수 스펙트럼(Frequency Spectrum)

주파수 스펙트럼은 악기 혹은 음악에 포함된 음향 에너지를 주파수 별로 나타낸 것이며, 주파수 스펙트럼 애널라이저 혹은 리얼 타임 애널라이저(Real Time Analyzer, RTA)는 악기의 주파수 스펙트럼을 실시간으로 보여주는 오디오 분석기입니다. **그림1-8**은 100Hz의 기본음과 200, 300, 400Hz 등의 배음 성분으로 구성된 톱니파의 주파수 스펙트럼입니다.

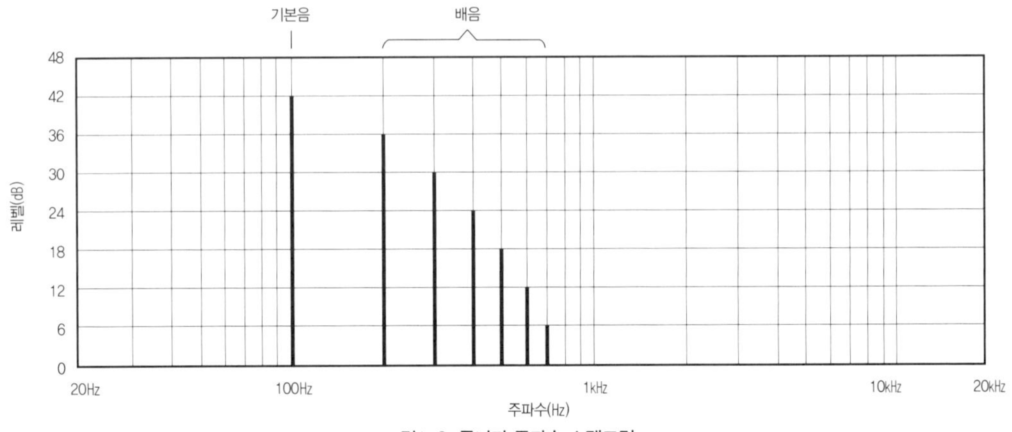

그림1-8 톱니파 주파수 스펙트럼

녹음과 믹싱은 귀로 하는 것이다

간혹 스펙트럼 애널라이저를 통해 악기 음색을 조정하거나 믹싱하는 사람들을 볼 수 있는데 이것은 마치 눈을 감고 상상 속의 그림을 그리는 화가와 같습니다. 따라서 여러분은 결코 따라 해서는 안 될 것입니다. 2장에서 자세히 설명하겠지만 오디오 측정 장비들의 능력은 인간의 인지 능력에 비하면 보잘것 없습니다. 이러한 장비들은 실험실에서 하나의 고정된 오디오 신호를 관찰하기에는 우수할지 몰라도 변화무쌍하게 변하는 악기음이나 음악 프로그램을 자세히 나타낼 수는 없습니다.

예를 들어 피아노 반주에 성악가가 노래한다면 우리는 피아노와 성악가를 구별하여 들을 수 있지만 측정기들은 두 소스의 통합된 레벨만을 나타낼 뿐입니다. 또한 우리가 듣고 느끼는 음들은 주파수 범위와 레벨뿐만 아니라 시간에 따른 각 주파수의 레벨 변화, 지속시간, 위상 변화 그리고 지연시간 등에 따라 얼마든지 달라집니다. 이에 반해 스펙트럼 애널라이저는 단지 악기 혹은 음악 프로그램이 지닌 주파수 범위와 초기 레벨만을 나타낼 뿐입니다. 그래서 통상적으로 프로 엔지니어들은 스펙트럼 애널라이저를 믹싱에서 음의 왜곡을 유발하는 피크 레벨 주파수 혹은 라이브 콘서트에서 하울링을 유발하는 피드백 주파수 정도를 찾는데 사용할 뿐입니다. 음악 녹음과 믹싱은 눈(eye)으로 하는 게 아니라 귀(ear)로 하는 것임을 명심합시다.

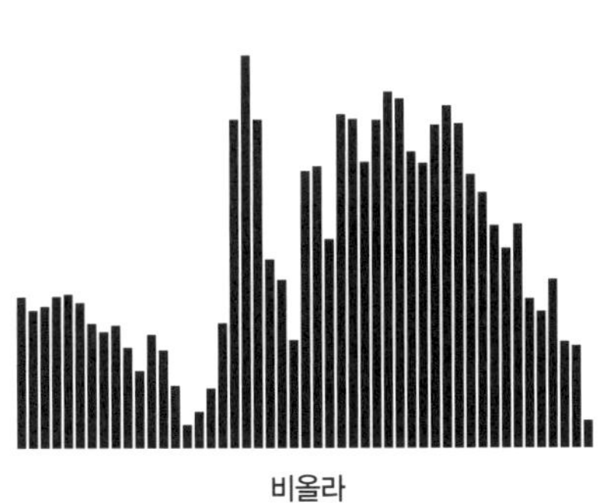

비올라

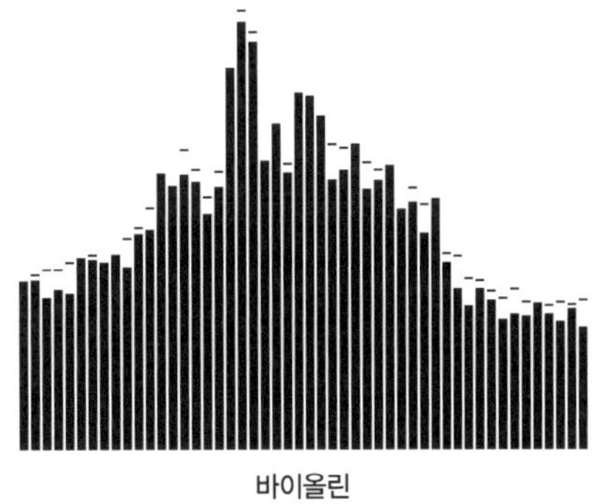

바이올린

주기(Period)

주기란 동일한 현상이 일정한 시간 간격으로 반복되는 것을 말하며, 사계절이나 밀물과 썰물 등을 생각할 수 있습니다. 단지 하나의 주파수로 구성된 단음(Simple Tone)은 동일한 파형이 일정한 간격으로 반복되므로 파형의 주기는 주파수에 반비례합니다(**그림1-9**).

$$T=\frac{1}{f}$$

여기서 T=주기(ms), 1sec=1000ms, f=주파수(Hz).

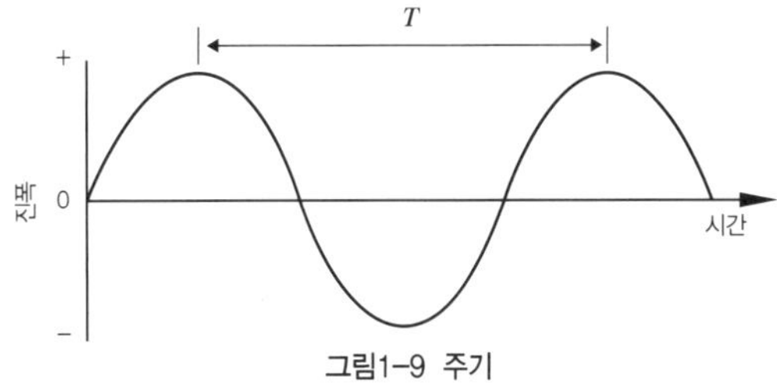

그림1-9 주기

위상(Phase)

고층 아파트의 높이를 미터(meter)가 아닌 층(floor)으로 나타내면 쉽게 이해 할 수 있듯이, 신호의 진폭 변화를 주파수가 아닌 위상으로 나타내면 여러 면에서 편리합니다(**그림1-10**).

위상이란 한 주기 동안 신호의 진폭 변화를 각도(angle)로 나타낸 것으로, 동전의 앞면과 뒷면처럼 포지티브(Positive, +)와 네거티브(Negative, -)로 구분하여 묘사합니다. 여기서 포지티브 위상은 동전의 앞면에 해당되며 0°~180° 사이의 진폭 변화이고, 어떤 주파수이든 90°에서 파형의 최대 진폭이 발생합니다. 네거티브 위상은 동전의 뒷면에 해당되며 180°~360° 사이의 진폭 변화이고, 이것 역시 주파수와 관계없이 270°(혹은 -90°)에서 최대 진폭이 발생합니다.

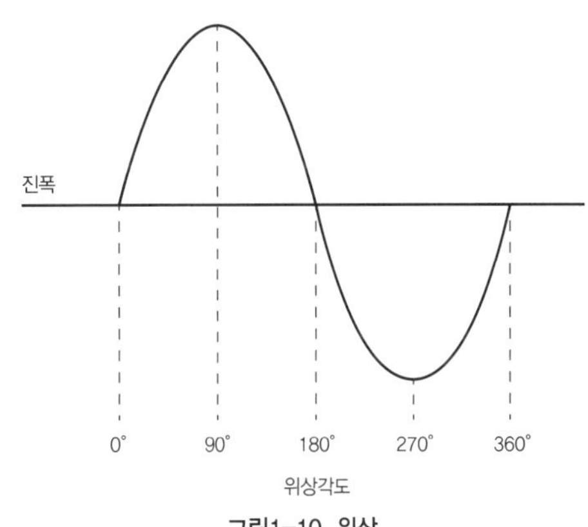

그림1-10 위상

동상(In-phase)

주파수가 같은 두 개의 신호(예를 들면, 직접음과 반사음)가 결합될 때 서로의 위상이 같으면 합성 레벨이 두 배로 증가합니다(**그림1-11**).

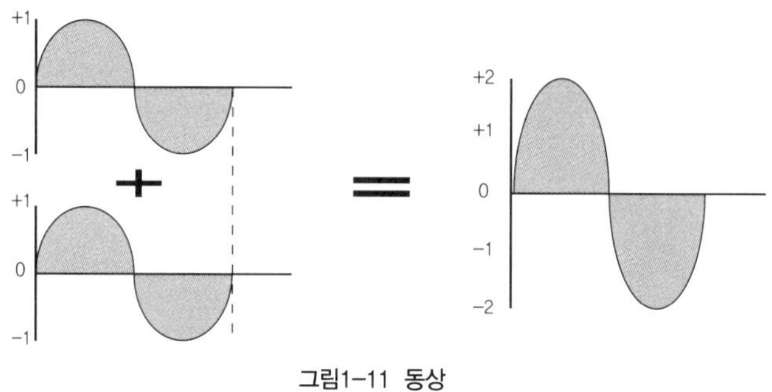

그림1-11 동상

역상(Out of Phase)

주파수는 같은 두 개의 신호가 결합될 때 위상이 180° 차이가 나면(Anti-phase) 합성 레벨이 제로로 사라집니다(**그림1-12**).

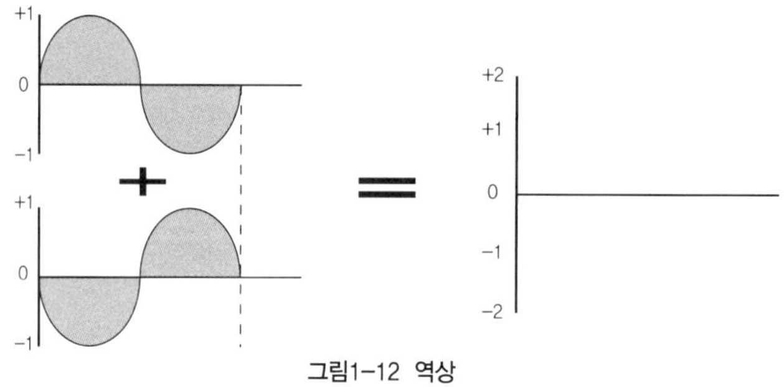

그림1-12 역상

위상 변이(Phase Shift)

그렇다면 주파수가 같은 두 신호의 위상 관계가 정확히 동상(0°)이나 역상(180°)이 아니고 30°, 90°, 110° 등으로 차이가 난다면 어떤 현상이 일어날까요? 이 경우에는 신호의 레벨보다 음색이 심하게 변합니다. 이것을 위상 변이에 의한 음질 혹은 음색 변화라고 하며 이러한 현상은 특히 마이크를 많이 사용하는 드럼키트 혹은 반사음이 심한 장소에서 자주 나타납니다(**그림1-13**).

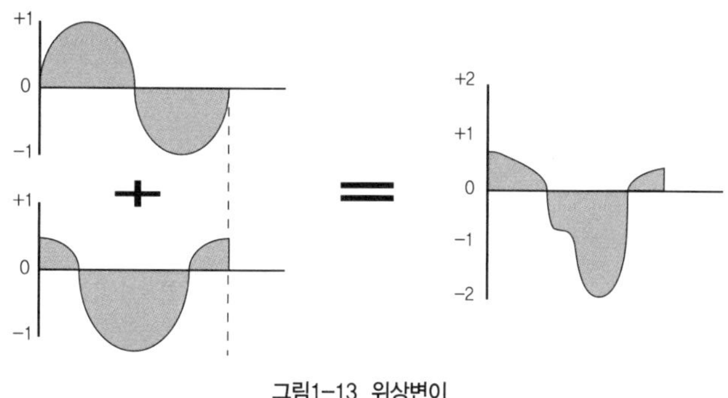

그림1-13 위상변이

> ### 음속은 340m/s!
>
> 여기서 초등학교 수준의 산수 문제 하나 풀어 볼까요? 만일 1000Hz 음이 나오는 스피커로부터 어느 정도 떨어진 지점에 두 개의 마이크를 배치한다면 스피커 음의 도달시간이 같아지면서 두 마이크 사이에는 위상차가 발생하지 않고 따라서 합성 레벨이 증가합니다. 그런데 만일 한쪽 마이크를 17㎝ 뒤에 놓는다면 어떻게 될까요?
>
> 이 경우에는 음의 도달 시간차가 0.5ms가 되면서 한쪽 마이크에는 1000Hz 음의 포지티브 위상 신호가 전달될 때 다른 마이크로는 네거티브 위상 신호가 전달되면서 믹스 레벨이 거의 제로에 가까워집니다. 그 이유는 다음과 같습니다. 소리는 1초에 340m 진행하므로 1/1000초(1ms) 동안에는 34㎝ 이동합니다. 그리고 1000Hz의 한 주기는 1/1000(1ms)이므로 반주기는 0.5ms입니다. 따라서 17㎝ 간격을 시간으로 환산하면 0.5ms이고 이것은 1000Hz의 반주기에 해당합니다.

극성(Polarity)

보트가 뒤집히면 침몰하듯이, 신호는 극성이 뒤집히면 사라집니다. 여기서 매우 번거롭지만 한 가지 실험을 해볼까요? 앰프의 왼쪽 채널 출력 단자의 (+)와 (−)를 왼쪽 스피커의 (+)와 (−) 터미널에 연결하고, 앰프의 오른쪽

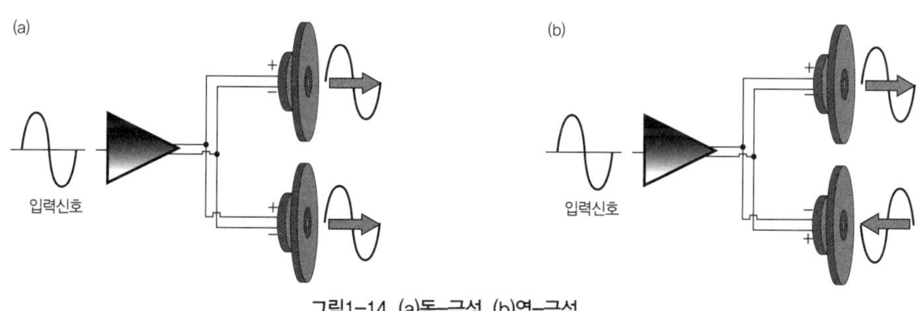

그림1-14 (a)동-극성, (b)역-극성

채널 출력 단자의 (+)와 (−)를 오른쪽 스피커의 (−)와 (+) 터미널에 바꾸어 연결합니다. 그리고 두 스피커의 간격을 충분히 벌린 다음, 스테레오 음악을 들어 봅니다. 어딘가 이상하지만 보컬 소리는 잘 들릴 겁니다(**그림1-14**).

이제 두 스피커의 간격을 서서히 좁히면 보컬이 작아지면서 드디어 거의 들리지 않게 될 것입니다. 그리고 스피커 간격을 다시 벌리면 보컬은 잘 들릴 겁니다. 이것은 왼쪽 스피커가 앞으로 진동할 때 오른쪽 스피커는 뒤로 진동을 시작하면서 생기는 현상으로, 많은 사람들은 이것을 두고 '상이 뒤집혔다'라고 얘기합니다.

위상과 극성의 차이

대체로 사람들은 위상과 극성을 별 다른 생각 없이 혼용하는 것 같습니다. 하지만 엄격한 의미에서 위상은 공기 중의 소리 파형에 관한 내용으로, 악기(드럼) 혹은 심포니 오케스트라에 여러 개의 마이크를 설치하거나 또는 벽이나 바닥 근처에 있는 악기에 마이크를 배치할 때 발생하는 음질 변화를 분석하는데 사용되는 용어입니다. 한편 극성은 전기 회로의 오디오 신호에 관한 내용으로, 장비들을 연결할 때(마이크와 믹싱 콘솔 혹은 앰프와 스피커 등) 발생하는 음질 변화를 분석하는데 사용되는 용어입니다. 사실상 오디오 신호에는 위상차가 존재하지 않는다고 볼 수도 있습니다. 왜냐하면 전기 회로에서 오디오 신호는 거의 빛의 속도에 해당하는 초 당 3×10^8m로 이동하기 때문입니다.

파장(Wavelength)

잔잔한 호수에 돌을 던지면 동그란 물너울이 주변으로 퍼져 나가듯, 악기를 연주하면 악기음이 주변 공기입자들의 도움으로 초 당 340m의 속도로 주변으로 번져갑니다. 파장은 파의 길이를 말하며 주파수와 소리의 전파 속도에 관련이 있습니다.

$$\lambda = \frac{c}{f}$$

여기서 λ(lambda)=파장(m, ft), c=소리 속도(m/sec), 상온에서 약 340m/s, f=주파수(Hz).

예를 들어 100Hz의 한 파장은 340/100=3.4m이고, 1000Hz는 340/1000=34cm입니다. 따라서 파장은 주파수가 높을수록 짧아지고, 낮을수록 길어집니다(**그림1-15**).

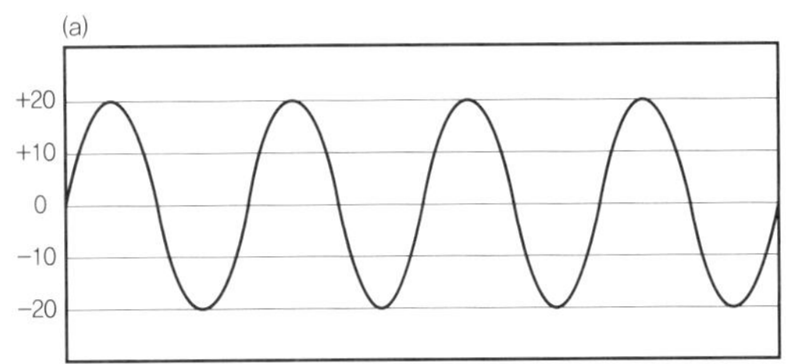
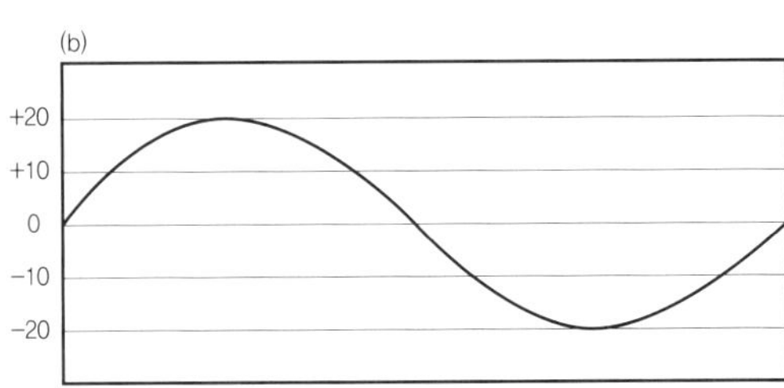

그림1-15 파장 (a)고음, (b)저음

파장은 주로 실내 음향 환경을 개선하는데 필요한 흡음재 혹은 반사판 설계에 중요한 요소로 작용합니다. 예를 들어 스튜디오에서 어쿠스틱 기타와 드럼을 함께 녹음할 경우에 가장 큰 문제는 기타 마이크로 유입되는 드럼의 무시무시한 간섭음들입니다. 이를 방지하기 위해 기타 주변에 커다란 차음판으로 성을 쌓으면 드럼의 심벌 간섭음은 제거되지만 킥드럼은 그대로 전달됩니다. 그 이유는 높은 주파수의 심벌은 파장이 짧기 때문에 차음판에 반사되지만 낮은 주파수의 킥드럼은 파장이 길기 때문에 차음판을 뛰어넘어 기타 마이크에 침투하기 때문입니다.

다이내믹 인벨롭(Dynamic Envelop)

앞에서 설명했듯이 여러분이 연주음만 듣고도 악기 명칭을 알 수 있는 것은 악기마다 주파수 스펙트럼이 다르기 때문입니다. 이것은 마치 옷을 색상으로 구별하는 것과 비슷한 이치이지요. 다시 말하면 피아노는 어떻게 연주하든 주파수 스펙트럼이 거의 일정하기 때문에 항상 피아노 소리입니다. 그렇다면 록 음악의 강한 리듬 피아노 소리와 발라드 음악의 부드러운 피아노 소리는 어떻게 구별할 수 있을까요? 그것은 바로 연주 패턴에 따라 음의 다이내믹 인벨롭이 달라지기 때문입니다. 이것은 비록 같은 색상의 옷이라도 디자인에 따라 달라지는 것과 비슷한 이치입니다.

악기에 따라 주파수 스펙트럼이 음색을 좌우하기도 하고(현악기 계열), 다이내믹 인벨롭이 좌우하기도 합니다(타악기 계열). 요즈음은 음악을 더욱 강렬하고 비트 있게 만들려고 심혈을 기울이는 것 같습니다. 그 이유 가운데 하나는 드럼과 같은 리듬 악기가 지난 60년대에 비해 음악의 중추적인 역할을 담당하고 있기 때문이지요. 그래서 많은 사람들이 가장 궁금해 하는 것이 바로 컴프레서 테크닉입니다. 그 중심에 다이내믹 인벨롭이 있습니다.

다이내믹 인벨롭은 음의 레벨 변화를 시간 별로 나타낸 것으로, 어택 타임(Attack Time), 디케이 타임(Decay Time), 서스테인(Sustain) 그리고 릴리스 타임(Release Time)이 있으며 이것을 줄여서 ADSR이라고도 합니다(**그림1-16**).

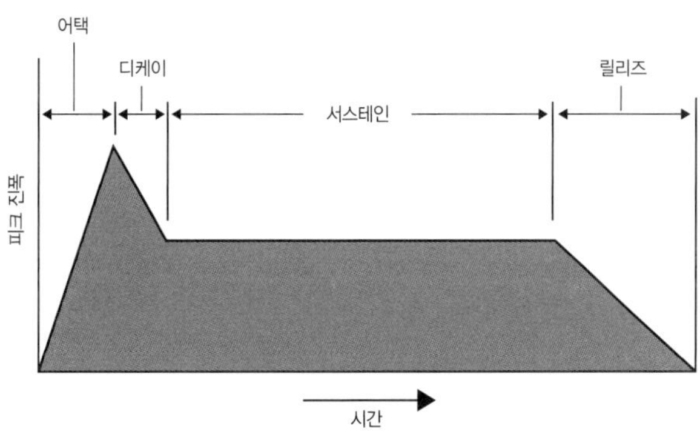

그림1-16 다이내믹 인벨롭

여기서 한 가지 간단한 실험을 해 볼까요? 박수 한 번 가볍게 쳐 봅시다. 당연히 '짝'하는 소리가 나겠지요. 이 소리는 양손이 부딪치면서 발생하는 충격음(Impulse Sound)이며, 박수를 칠 때만 들렸다가 바로 사라지는 일시적인 음(Transient Sound)이기도 합니다. 이번에는 강하게 한 번 그리고 약하게 한 번 치면, 매우 날카롭고 크게 그리고 부드럽고 작게 들릴 것입니다.

다이내믹 인벨롭에서 어택 타임이란 두 물체가 부딪칠 때 발생한 음이 최대로 커지는 시간으로, 여기서 생성된 음과 크기를 어택 음 혹은 어택 레벨이라고 합니다. 따라서 박수의 경우처럼 어택 레벨이 급격하게 상승하는 악기 음들은 소리가 날카롭게 들리고 피크 레벨이 상당히 큽니다(킥드럼, 스네어드럼). 반면 어택 레벨이 느리게 상승하는 음은 부드럽게 들리고 피크 레벨이 작습니다(현악기 계열). 다이내믹 인벨롭에서 디케이 타임이란 어택 음의 레벨이 제로 상태로 돌아가는 시간이지만 악기 음색에 별로 작용하지 않기 때문에 ADSR 그래프에서 생략하는 경우가 종종 있으며, 릴리즈 타임을 디케이 타임으로 표기하기도 합니다.

통상적으로 책에서는 한 음의 레벨 변화(인벨롭)를 **그림1-16**처럼 하나의 커브로 묘사하지만, 사실 이것은 음향 특성이 전혀 다른 두 가지 음들이 결합된 것입니다. 음향 물리학에서, 악기는 운동 에너지를 음향 에너지로 변환하는 도구로 규정하고 있습니다. 다시 말하면 스네어 드럼 소리(음향 에너지)는 연주자의 강력한 힘(운동 에너지)이 스틱을 통해 드럼에 전달되면서 만들어집니다. 이것을 좀 더 자세히 살펴보면 연주자의 스틱이 드럼 헤드에 닿는 순간 하나의 충돌 음(어택 음)이 만들어지고, 이러한 충돌 에너지가 악기 전체에 퍼지면서 드럼 헤드와 보디가 진동하여 또 하나의 새로운 음(서스테인 음)이 만들어집니다.

충돌음

어택과 디케이 음으로 구성되며, 트랜션트 음 혹은 어택 음이라고 합니다. 여기서 어택 음은 완전한 비배음성 주파수이므로 악기 음색에 매우 거칠고 강한 느낌을 제공하며 스테레오 스피커에서 악기의 위치 정보를 제공합니다.

악기 진동음

악기의 진동음은 서스테인과 릴리즈 음으로 구성되며, 특히 서스테인 음에는 악기의 기본음과 배음 그리고 풍부한 공명음 등이 포함되어 있습니다. 그래서 밝고 부드럽고 포근한 느낌과 악기간의 앙상블에 기여합니다.

이처럼 모든 악기음들은 음향 특성이 전혀 다른 두 가지 성분이 결합된 것이므로, 만일 여러분이 이들을 분리해서 듣는 능력이 부족하다면 아마도 컴프레서와 마이크 테크닉은 영원히 미지의 세계로 남을 것입니다. 왜냐하면

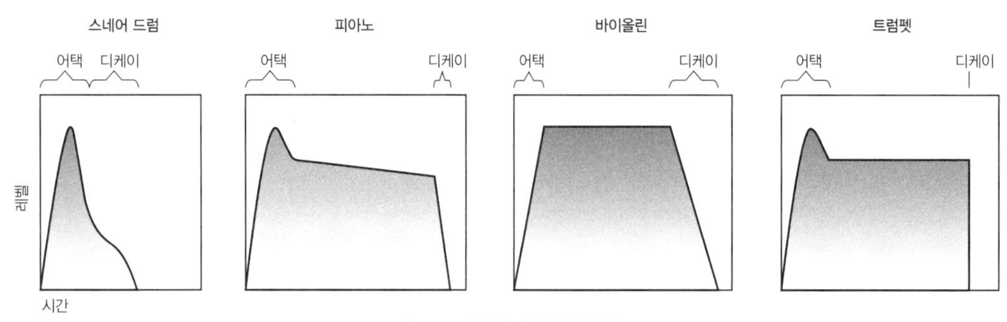

그림1-17 악기별 다이내믹 인벨롭

28

통상적으로 컴프레서의 어택 타임은 악기의 어택 레벨을, 컴프레서의 릴리즈 타임은 서스테인 레벨을 조정하기 때문이지요. 또한 대중음악에서 마이크를 악기 가까이 사용하는 이유 가운데 하나는 악기의 어택 음을 픽업하여 강렬함을 얻기 위함이고, 클래식 음악에서 마이크를 멀리 사용하는 이유는 악기의 어택 음을 줄이는 대신 서스테인 음을 높여서 홀 잔향과 함께 악기 간의 앙상블과 공간성을 유지하기 위함입니다. **그림1-17**은 악기별 다이내믹 인벨롭입니다.

청각

데시벨

청각

아무리 고가의 명품이라도 1%의 부자들은 부담 없이 구입할 것이고, 대다수의 99%는 망설일 것입니다. 최근 들어 방송이나 신문 등에서 '체감온도 혹은 체감물가'라는 말을 자주 접하게 되는데, 이것은 주변 환경 변화에 대한 사람들이 실제 느끼는 변화를 나타낸 것으로, 소리를 듣는 우리의 감정 변화도 이와 비슷합니다.

이번 장의 포인트

- ●데시벨
- ●다이내믹 레인지
- ●헤드룸
- ●라우드니스 레벨
- ●마스킹
- ●옥타브

데시벨

대부분의 오디오 혹은 음향 서적의 첫 페이지를 펼 때, 제일 먼저 눈에 띄는 용어가 아마도 데시벨(Decibel, dB) 인 것 같습니다. 데시벨이란 전기적인 혹은 물리적인 변화에 대한 사람의 청감 변화를 수치로 나타낸 것입니다.

예를 들어 스피커 볼륨을 두 배 정도 높였을 때, 우리 역시 소리가 두 배 증가된 것으로 인지할까요? 전혀 그렇지 않고, 단지 약간 증가된 것으로 느낀다고 합니다. 그렇다면 여기서 말하는 '약간'이란 어느 정도일까요? 이것을 데시벨로 표현하면 '3dB'입니다. 그렇다면 3dB는 어느 정도 일까요? 통상적으로 3dB을 음의 레벨 변화를 인지할 수 있는 최소 양으로 규정하고 있지만, 음악을 하는 친구들이 악보를 보고 음정을 익히듯 이것 역시 별도의 청각 훈련이 필요합니다.

> ### 감성을 키우자
> 음악 녹음과 믹싱을 만족스럽게 하려면 전기공학적인 이해만큼 운동선수처럼 몸으로 체득하는 것도 매우 중요합니다. 예컨대 3dB값을 구하는 데시벨 공식만큼 실질적으로 이것이 어느 정도의 변화 량인지 몸으로 터득하는 것도 상당히 중요합니다. 그래서 만일 여러분에게 시간이 주어진다면 골치 아 픈 공식은 계산기에 맡기고, 믹서 앞에서 좋은 음악 틀어 놓고 진한 커피를 한 잔 마시면서 콘솔 페이더 (Fader)로 dB에 따른 레벨 변화를 훈련한다면 여러분의 미래는 한층 밝아질 것입니다. 음악 녹음과 믹싱 은 머릿속 계산이 아니라 마음속 감성입니다.

하여튼 여기서 데시벨 공식을 간단히 풀어 보면, 여러분이 음악을 크게 듣기 위해 스피커 볼륨을 올린다는 것은 사실상 앰프의 전기 파워를 높인다는 것입니다. 여기서 전기 파워(Electric Power)란 단위 시간 당 전류가 할 수 있는 일의 양을 말하며, 단위는 와트(Watt)입니다. 만일 스피커 볼륨을 올려서 앰프 파워가 1와트에서 2와트로 증가 했을 때 우리가 실제 인지하는 레벨 변화를 데시벨 공식으로 풀면 다음과 같습니다.

$$\text{파워 데시벨} = 10\log\left(\frac{P_1}{P_2}\right)$$
$$= 10\log\left(\frac{2}{1}\right),\ \log 2 = 0.3$$
$$= 10 \times 0.3$$
$$= 3\text{dB}$$

여기서 P_1=기존 파워, P_2=변화된 파워.

따라서 앰프의 전기 파워를 두 배 높이면 우리의 체감 레벨은 3dB 증가하고, 이것을 알기 쉬운 일반적인 수치로 말하면 1.2에서 1.3배의 증가를 말합니다.

효율의 중요성

라이브 공연에서 파워앰프 출력이 10킬로와트 정도로 매우 높은 편에 비해 청중들은 소리가 작다고 아우성입니다. 그래서 사운드 엔지니어는 큰마음 먹고 파워를 10에서 20킬로와트로 두 배 정도 높였지만 사실상 청중들은 약간 커진 것으로 느낄 뿐입니다. 아마도 이들을 즐겁게 하려면 6dB 정도는 높여야 하고, 그러기 위해서는 기존보다 네 배 높은 40킬로와트가 필요합니다. 바꾸어 말하면 설치비용이 네 배로 증가하는 것이지요. 그래서 많은 엔지니어들은 가능한 적은 파워로 최대한의 음향 효과를 얻기 위해 상당한 노력을 기울입니다.

다소 전기공학적인 애기가 되겠지만, 앰프의 파워량을 결정하는 요소로는 전압, 전류 그리고 저항 등을 생각할 수 있는데, 이 가운데 특히 전압은 파워량을 조절하는 결정적인 요소이기 때문에 대부분의 오디오 장비에서는 전압 데시벨로 신호의 레벨 변화량을 나타냅니다.

여기서 파워와 전압 관계를 살펴보면

$$P=\frac{V^2}{R} \ \text{혹은} \ P=I^2R$$

여기서 V=전압, I=전류, R=저항.

$$\text{따라서 파워 데시벨}=10\log\left(\frac{P_2}{P_1}\right)$$
$$=10\log\left(\frac{V_2^2/R}{V_1^2/R}\right)$$
$$=10\log\left(\frac{V_2}{V_1}\right)^2$$
$$=20\log\left(\frac{V_2}{V_1}\right)$$

위의 공식에 따르면 전압을 두 배 높일 때 파워는 6dB 증가합니다.

앞에서 설명했듯이 전기 파워를 2배 높였음에도 불구하고 우리의 체감 증가는 고작 3dB 정도로 매우 미약한데, 그렇다면 2배 정도로 크게 들으려면 어느 정도의 파워가 필요할까요? 위의 공식에 수치를 대입하여 계산하면 10dB 정도는 되어야 하는데 이것을 파워(와트)로 환산하면 기존보다 10배 정도 필요합니다.

0dB이란?

0dB이란 우리가 알고 있는 일반적인 제로(zero, nothing)가 아닌 '변화 없음(no change)'을 일컫는 말입니다. 만일 여러분이 시장에서 물건 가격을 흥정할 때 주인이 원가에 파는 것이라며 더 이상 깎

을 수 없다고 한다면(물론 이 말을 믿을 사람은 별로 없지만), 이것은 주인이 100원에 물건을 구입하여 100원에 파는 것으로, 바꾸어 말하면 주인은 어떤 이득(gain)도 얻지 못했다는 것을 뜻합니다.

만일 앰프의 입력 신호 레벨이 10일 때 출력 신호 역시 10이라면, 여기서 앰프는 어떤 이득도 창출하지 못한 것이므로 이것을 공학적인 용어로는 유니티 게인(unity gain)이라 합니다. 요약하면 0dB 혹은 유니티 게인이란 '신호 없음(no signal)'이 아니라 입력과 출력 사이에 레벨 변화가 없다는 뜻이지요. 물론 0dB라고 해서 신호 증폭이 전혀 없었다고 보기 힘든 경우도 있습니다. 왜냐하면 앰프의 입력과 출력 임피던스에 따라 게인이 변할 수 있기 때문입니다. 이에 관해 설명하려면 어느 정도의 전기지식과 계산이 필요한데. 이 책은 오디오 서적이 아니므로 생략하기로 하지요.

전기와 음향 신호에 관한 데시벨

앞에서 논의했듯이 데시벨은 오디오 신호의 파워 혹은 전압 비율을 로가리즘을 이용해서 우리의 실제 체감 변화량으로 바꾼 것이며, 여기서 변화의 기준은 그때그때 달라질 수 있습니다. 예를 들어 음악을 듣기 위해 스피커 볼륨을 어느 정도 올렸는데 만일 작다면 더 올릴 것이고, 크다면 내릴 것입니다. 하여튼 데시벨을 통해 알고 싶은 것은 체감 변화량이지 기준이 중요한 것은 아니지요. 하지만 스튜디오 오디오 시스템과 라이브 사운드 시스템에서는 원활한 운용을 위해 모든 장비들이 수용할 수 있는 몇 가지 기준 레벨을 사용합니다. 기준 레벨이 무엇이든 공통적으로 dB 뒤에 m, u, V 혹은 SPL 등과 같은 철자들이 있습니다(예를 들면 dBm, dBu, dBV, dB-SPL). 이것은 길이를 측정하는 기본 단위인 m(미터) 앞에 m(밀리), c(센티) 그리고 k(킬로) 등과 같은 철자를 붙여서 다양한 측정 단위를 만드는 것과 비슷한 이치입니다(㎜, ㎝, ㎞).

dBm과 dBu 그리고 dBV는 시스템 구성과 오디오 신호에 필요한 전기 기준 레벨이고 dB-SPL은 스튜디오와 라이브 사운드 시스템의 스피커 모니터링에 필요한 음향 기준 레벨입니다.

 오디오 신호(audio signal)와 사운드(sound)는 어느 정도의 공통점이 있을 뿐, 결코 동일하다고 볼 수 없습니다. 오히려 다른 점이 더 많은 것 같습니다.

dBm

앞에서 설명했듯이 dBm은 dB 뒤에 m이 붙은 합성어이며, 여기서 소문자 m은 1㎽(밀리와트)을 의미합니다. 따라서 dBm은 1밀리와트라는 기준 파워로 변화량을 나타낸 것이며, 당연히 0dBm=1㎽ 입니다. 만일 어떤 신호의 레벨이 +4dBm이라면 이것은 1㎽보다 4dB 높은 신호이고, -4dBm이라면 4dB 작은 신호입니다. 그렇다면 1㎽보다 4dB 높은 신호의 파워는 몇 밀리와트 정도가 될까요? 이에 관한 답으로 사운드 시스템의 귀재인 Bob McCarthy의 저서 Sound Systems Design And Optimization의 일부 내용을 소개할까 합니다.

'우리처럼 사운드로 인생을 즐기는 사람들에게 밀리와트, 암페어, 볼트 그리고 밀리바 등과 같은 전기 혹은 물리량은 매우 어색하고 또한 어떤 면에서 별 의미가 없다. 진정으로 중요한 것은 몇 밀리와트가 아니라 4dB의 증가 혹은 감소량을 판단하고 분석할 수 있는 우리의 인지 능력이다'

dBV

dBV 역시 dB 뒤에 V가 붙은 합성어이며, 여기서 대문자 V는 1볼트(volt)를 의미합니다. 따라서 dBV는 1볼트라는 기준 전압으로 변화량을 나타낸 것이며, 당연히 0dBV=1볼트 입니다. 따라서 만일 신호 레벨이 +4dBV이면 1볼트보다 4dB 높은 전압이고, −4dBV이면 −4dB 낮은 전압이지요.

dBu

dBu는 dB와 u의 합성어이며, 여기서 u는 언로드(Unload)를 의미합니다. dBu는 0.775볼트라는 기준 전압으로 변화량을 나타낸 것이며, 당연히 0dBu=0.775볼트 이지요.

dB−SPL

dB−SPL은 dB와 SPL의 합성어입니다. 여기서 SPL(Sound Pressure Level)은 우리 귀의 고막에 가해지는 음압 레벨을 말하며, 통상적으로 0.0002dyne/㎠을 기준으로 평가합니다. 따라서 0dB−SPL=0.0002dyne/㎠이며 이것은 우리가 들을 수 있는 최소 가청 음압 레벨로 규정하고 있습니다. 여러분이 초등학교 시절 청력 테스트할 때 들었던 음압이 아마도 이 정도의 크기가 될 것입니다.

레벨(Level)

난이도에 따라 컴퓨터 게임을 초급, 중급 그리고 고급으로 나누듯이, 레벨에 따라 오디오 장비의 신호들을 세 가지 등급으로 분류합니다. 여기서 레벨이란 신호 전압의 변화를 데시벨로 나타낸 것을 말합니다.

마이크 레벨(Mic Level)

마이크 레벨은 헤드폰이나 이어폰으로도 들을 수 없을 정도의 매우 낮은 레벨입니다. 모든 다이내믹과 콘덴서 마이크의 출력 신호가 여기에 포함되며, 범위는 무신호(no signal)에서 −20dBu(77.5밀리볼트)까지 입니다. 따라서 이 정도의 레벨 신호를 프로세싱하려면(이퀄라이징 혹은 컴프레싱 등) 증폭이 필수적이고, 여러분도 잘 알고 있는 마이크 프리앰프 혹은 헤드앰프가 이러한 미약한 신호를 라인 레벨로 높여주는 오디오 장비입니다.

라인 레벨(Line Level)

라인 레벨은 헤드폰으로 들을 수 있을 정도의 레벨이며, 신서사이저, 콘솔 출력, 리미터와 컴프레서, 딜레이, 리버브 그리고 이퀄라이저 등 모든 오디오 장비의 입력과 출력 레벨이 여기에 포함됩니다. 범위는 −20dBu에서 +30dBu(24.5볼트)까지 입니다.

스피커 레벨(Speaker Level)

스피커 레벨은 스피커를 구동시킬 수 있을 정도의 상당히 큰 레벨이며 파워 앰프 출력, AC 전원선 그리고 24볼트 이상의 전송 DC 케이블 레벨 등이 여기에 포함됩니다. 범위는 +30dBu(24.5V) 혹은 +30dBm(600옴 양단의 24.5V=1와트) 이상입니다.

다이내믹 레인지(Dynamic Range)

요즈음은 온난화 때문인지 봄에도 아침에는 섭씨 10도 정도로 선선했던 날씨가 오후 2, 3시가 되면 거의 30도의 한 여름이 되면서 온도차가 거의 20도에 육박합니다. 다이내믹 레인지란 신호의 레벨 변화폭을 나타내는 것으로, 다음과 같이 분류할 수 있습니다.

음악의 다이내믹 레인지

클래식 마니아들이 베토벤의 '운명'에 심취하는 이유 가운데 하나는 음악의 역동적인 음량 변화 때문일 것입니다. 음악의 다이내믹 레인지란 곡에서 표출되는 가장 작은 음량과 가장 큰 음량의 폭 혹은 범위를 말합니다. 이것을 음악에서는 포르테, 피아니시모 등으로 표기하지요.

통상적으로 심포니 오케스트라의 다이내믹 레인지는 15dB 이상으로 상당히 넓고 대중음악은 이보다 좁은 약 6dB 정도라고 합니다. 음악의 다이내믹 레인지가 여러분에게 중요한 이유는 믹싱한 음악을 저장하는 마스터 녹음 레벨을 결정짓는 중요한 요소이기 때문입니다.

악기의 다이내믹 레인지

이것은 한 악기가 표출할 수 있는 가장 작은 음량과 큰 음량의 폭입니다. 간혹 학생들은 다이내믹 레인지가 가장 큰 악기로 킥드럼을 꼽는데, 물론 가장 큰 소리로는 킥드럼이 될 수도 있겠지만 다이내믹 레인지란 앞에서 설명했듯이 음량의 변화 범위를 나타내는 것이므로 결코 킥드럼은 아닙니다. 음악에 따라 다르겠지만 아마도 보컬이 되지 않을까요?

다이내믹 레인지가 없는 악기란 소리를 내지 못하는 것이 아니라 음량 변화가 없는 악기를 말하며, 하프시코드가 대표적이라고 할 수 있습니다. 이 악기는 현을 당겨서 음을 만들므로 건반을 아무리 세게 쳐도 음량이 변하지 않습니다. 그래서 새롭게 개발된 악기가 해머로 현을 쳐서 음량을 변화시키는 피아노입니다.

그렇다면 여러분에게 악기의 다이내믹 레인지란 어떤 의미일까요? 이것은 콘솔의 입력 레벨과 녹음 레벨을 결정짓는 중요한 요소로 동작하지만, 대체로 보컬과 심포니 오케스트라의 팀파니 그리고 사물놀이의 꽹과리와 징 등을 제외한 대부분의 악기들은 다이내믹 레인지가 그리 넓지 않기 때문에 레벨 설정에 심각할 필요는 없습니다. 이보다는 오히려 1장에서 설명한 악기의 다이내믹 인벨롭이 녹음 레벨에 중요하게 작용할 것입니다.

오디오 장비의 다이내믹 레인지

이것은 장비(마이크, 믹싱 콘솔, 녹음기 등)가 수용할 수 있는 가장 큰 레벨과 작은 레벨의 범위를 말하며 오디오 시스템을 구성하는데 매우 중요한 요소입니다. 다이내믹 레인지가 넓을수록 우수한 장비로 볼 수 있지만 항상 그런 것만은 아닙니다. 그 이유는 마이크 테크닉과 컴프레서 프로세싱 등으로 상당 부분 극복할 수 있기 때문입니다. 장비의 다이내믹 레인지는 다음과 같이 규정합니다.

$$\text{다이내믹 레인지}=\text{최대 수용 레벨(피크 레벨)}-\text{최소 수용 레벨(장비의 잡음 레벨)}$$

예를 들어 어떤 장비의 최대 수용 레벨이 24dBm이고 자체 잡음이 −60dBm이라면 이 장비의 다이내믹 레인지는 24dBm−(−60dBm)=84dB 입니다. 바꾸어 말하면 이 장비는 다이내믹 레인지가 84dB 정도인 음악 프로그램을 왜곡 없이 그리고 잡음 없이 수용할 수 있을 것입니다.

헤드룸(Headroom)

오디오 장비 헤드룸

여러분이 차를 구입하면서 꼭 해야 하는 일 가운데 하나가 자동자 보험일 것입니다. 이것은 앞으로 일어날지도 모를 사고에 대비한 것이지요. 오디오 장비의 헤드룸은 급격한 피크 신호로 인해 생길 수 있는 왜곡을 방지하기 위한 여유 공간으로, 일반적으로 공칭 라인 레벨(+4dBm)을 기준으로 합니다.

$$\text{오디오 장비의 헤드룸(dB)}=(\text{최대 수용 레벨})-(\text{공칭 라인 레벨})$$

따라서 헤드룸이 클수록 커다란 피크 신호를 무난하게 수용할 수 있습니다.

> **70km/h와 +4dBm**
>
> 여러분은 혹시 자동차의 경제속도라는 말을 들어 본 적 있는지요? 이것은 자동차가 가장 안정되게 동작하면서 휘발유가 가정 적게 소비되는 속도를 말하며, 일반적으로 시속 70km를 권장합니다. 그렇다면 오디오 장비들은 어느 정도의 신호 레벨에서 잡음과 왜곡 없이 가정 안정적으로 동작할까요? 이것을 일명 공칭 라인 레벨(nominal line level)이라고 하며 +4dBm을 권장합니다. 따라서 이 레벨을 시스템을 구성하는 장비들의 기준 레벨(reference level)로도 사용하고 있습니다. 물론 음악의 오디오 신호들은 지속적으로 변하기 때문에 고속도로의 자동차처럼 일정한 레벨을 유지하는 것은 불가능하지만 신호들이 가능한 이 레벨 주변에 있도록 조정해야 할 것입니다. 이를 위해 마이크를 악기 혹은 보컬 가까이 사용하는 대중음악에서는 컴프레서를 자주 사용하게 되지요.

음악 헤드룸

음악 헤드룸은 다음과 같이 규정합니다.

$$음악\ 헤드룸 = (피크\ 레벨) - (평균\ 레벨)$$

그렇다면 음악에서는 평균 레벨과 피크 레벨을 어떻게 규정할까요? 통상적으로 평균 레벨은 '곡에서 가장 오래 동안 일정하게 지속되는 중간 레벨'이고, 피크 레벨은 '매우 짧은 시간 동안 급격히 커지는 가장 큰 레벨'입니다. 달리 말하면 평균 레벨과 피크 레벨을 결정하는 요소는 음의 크기뿐만 아니라 시간적인 요소도 포함되어 있습니다. 예를 들어 오디오 장비의 주파수 응답을 체크하는 시그널 제너레이터 톤에는 피크 레벨이 없습니다. 왜냐하면 레벨이 얼마나 크던 하루 종일 일정하기 때문이지요.

믹싱 음악 헤드룸

위에서 설명했듯이 오디오 장비는 헤드룸이 클수록 좋은데, 그렇다면 믹싱한 음악의 헤드룸은 큰 것이 좋을까요, 작은 것이 좋을까요? 이제부터 여러분의 고민이 시작됩니다. 음향적인 관점에서 헤드룸이 큰 음악(베토벤의 '운명')은 레벨 변화가 크기 때문에 더욱 격정적인 감정을 제공하지만 상대적으로 우리가 음악에서 체감하는 평균 레벨은 떨어집니다. 이에 반해 헤드룸이 작은 음악(힙합)은 레벨 변화가 거의 없기 때문에 격정적인 감정은 다소 감소할 수 있지만 상대적으로 체감 레벨이 증가합니다. 물론 음악의 헤드룸이 크던 혹은 작던 그 음악만을 듣는다면 별 문제가 없겠지만(앰프 볼륨을 올리면 되니까요) 다른 음악들과 치열하게 경쟁해야하는 라디오 버전인 경우에는 상황이 완전히 달라집니다.

통상적으로 라디오 청취자들은 스피커 볼륨을 일정하게 고정시켜 놓고 음악을 듣기 때문에 만일 여러분이 믹싱한 음악이 경쟁사의 음악과 비록 피크 레벨이 같아도 평균 레벨이 낮으면(헤드룸이 크면) 청취자에게는 다른 음악에 비해 상대적으로 작게 들리게 되므로 결국 살벌한 레벨과의 전쟁에서 무참하게 참패하고 말 것입니다. 이를 해결하는 작업이 마스터링입니다.

라이브 콘서트 음악 헤드룸

라이브 콘서트의 음악 헤드룸은 SR회사의 흥망성쇠를 좌우합니다. 통상적으로 라디오 청취자들은 본인이 직접 음악 볼륨을 조정할 수 있지만 라이브 콘서트의 청중들은 엔지니어가 정해준 대로 들을 뿐입니다. 따라서 모든 청중들이 원하는 크기로 음악 프로그램을 제공하려면 이에 적합한 파워 앰프와 라우드스피커 시스템이 필요하며, 이것은 설치비용과 직결됩니다. 그런데 문제는 제 아무리 큰 파워앰프와 라우드스피커 시스템을 사용하더라도 믹싱 프로그램의 헤드룸이 크다면, 다시 말해 평균 레벨과 피크 레벨 차이가 심하다면 청중에게는 평균적으로 작은 음량의 프로그램이 제공될 뿐입니다. 예를 들면 모니터 시스템이 수용할 수 있는 파워가 10킬로와트 임에도 불구하고 고작 5킬로와트 이하를 사용하게 되지요.

한편 프로그램의 헤드룸이 작다면, 다시 말해 평균 레벨과 피크 레벨 차이가 별로 없다면 비록 작은 파워 시스템으로도 청중에게는 평균적으로 큰 음량의 프로그램을 제공할 수 있습니다. 예를 들면 모니터 시스템이 수용할 수 있는 파워가 비록 5킬로와트 임에도 불구하고 5킬로와트를 충분히 사용하게 되면서 설치비용을 줄일 수 있습니다. 이 때문에 프로 사운드 엔지니어들은 음악 헤드룸에 사활을 겁니다.

라우드니스 레벨(Loudness Level)

혹시 여러분은 킥드럼을 녹음할 때 피크 미터는 하늘을 찌르는데 우리의 청각 특성과 유사한 VU 미터는 조금밖에 움직이지 않는 경우를 경험한 적이 있는지요? 1장에서 설명했듯이 사람의 체감 레벨인 라우드니스는 통상적으로 악기음의 크기에 비례하지만 항상 그런 것만은 아닙니다. 만일 두 음(A, B) 가운데, A음은 레벨이 엄청 큰 반면 지속시간이 매우 짧고(0.02초), B음은 레벨이 크지 않지만 지속시간이 길면(2초) 우리에게는 어떤 음이 크게 들릴까요? 답은 B음입니다. 왜냐하면 우리의 청각 기능은 외부 자극에 완전히 반응하는데 어느 정도 시간이 걸리게 때문입니다.

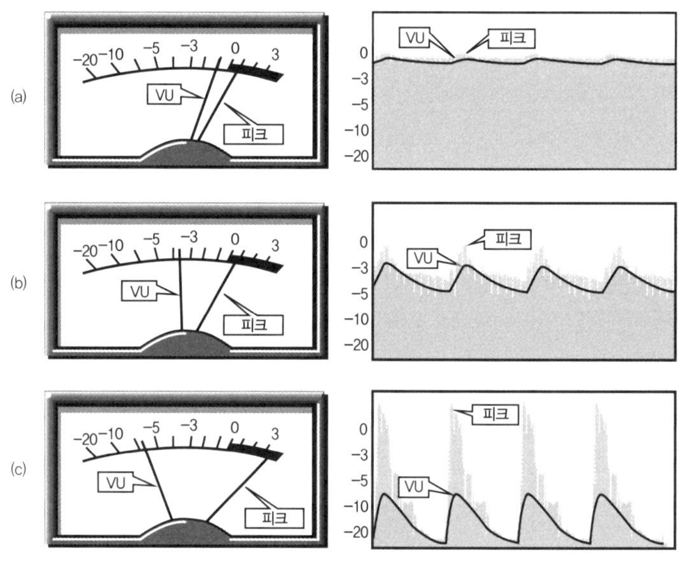

그림2-1 VU와 피크 레벨 (a)키보드, (b)기타, (c)하이햇

예를 들어 레벨 100인 큰 신호가 귀에 전해진다면 이것을 100이라는 레벨로 완전히 인지하는데 걸리는 시간이 약 0.3초(300ms)입니다. 따라서 제 아무리 큰 음이라도 0.3초 이하로 끝나면 그만큼 우리는 작게 느낄 것입니다 (**그림2-1**).

통상적으로 킥드럼의 어택 음은 상당히 크지만 지속시간이 매우 짧고 서스테인 음은 작지만 긴 편입니다. 따라서 반응 속도가 매우 빠른 오디오 장비들은 악기의 높은 어택 레벨을 바로 나타내지만 반면 우리의 귀는 반응 속도가 느리기 때문에 상대적으로 어택 음에 둔하게 반응하면서 작게 들립니다. 이를 해결하기 위해 많은 사람들은 리미터를 사용합니다(자세한 내용은 9장에서).

이퀄 라우드니스 컨투어(Equal Loudness Contour)

이전에 실력이 그저 그런 사람과 믹싱한 적이 있었는데 그는 나에게 악기 음색을 밝게 만들어 달라고 계속 강요했습니다. 내 생각으로는 그가 원하는 악기를 밝게 하면 상대적으로 다른 악기들이 어두워질 것 같아서 한참을 고민하다가, 조정하는 척 하면서 믹싱 콘솔의 모니터 볼륨을 왕창 올렸더니, 그는 이게 바로 내가 원하는 음색이라고 더 이상 조정하지 말라고 한 적이 있었습니다. 그렇다면 그는 왜 악기가 밝아졌다고 느낀 걸까요? 혹시 그의 착각 때문일까요? 사실 그는 정확히 들은 것입니다. 왜냐하면 음악에서 악기 음색과 레벨 밸런스는 우리가 듣는 음압 레벨(dB-SPL)과 매우 밀접한 관계가 있기 때문입니다.

이퀄 라우드니스 컨투어는 모니터 레벨에 따라 각 주파수의 청각 감도가 얼마나 변하는지를 1kHz를 기준으로 나타낸 그래프입니다(**그림2-2**). 예를 들어 1000Hz의 중음을 20dB-SPL(혹은 20폰) 정도로 작게 들을 때 30Hz의 저음을 이와 동일한 크기로 들으려면 55dB 정도 높아야 하지만, 1000Hz를 100dB-SPL(혹은 100폰) 정도로 크게 들을 때 30Hz를 이와 동일한 크기로 들으려면 5dB 정도만 높이면 됩니다. 달리 말하면 모니터 레벨이 낮을수록 우리의 청각 감도는 중음에 비해 저음이 심하게 떨어집니다. 이러한 현상은 고음에서도 마찬가지입니다.

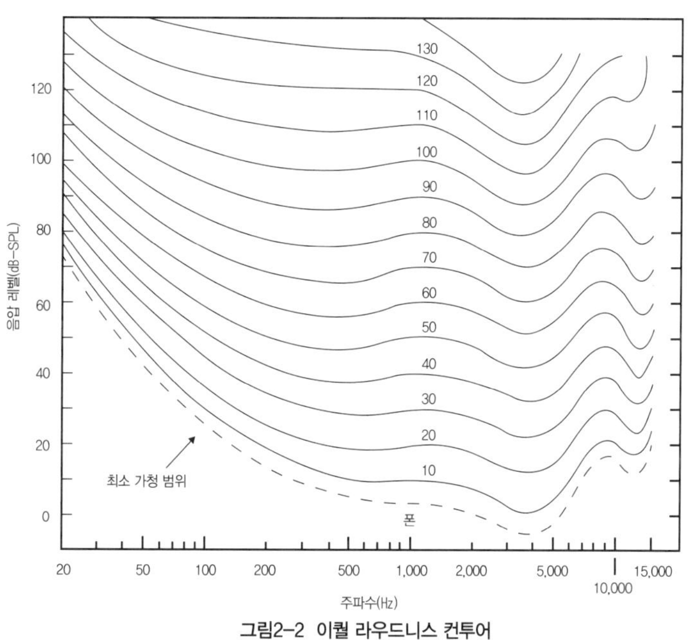

그림2-2 이퀄 라우드니스 컨투어

스튜디오 모니터 레벨

이처럼 음악을 듣는 모니터 레벨에 따라 저음, 중음 그리고 고음에 대한 귀의 감도가 심하게 변한다면 이건 정말 심각한 문제가 아닐 수 없습니다. 왜냐하면 100dB-SPL의 큰 모니터 볼륨으로 믹싱한 여러분의 음악을 누군가 30dB-SPL로 작게 듣는다면 고음과 저음 감도가 심하게 떨어지면서 킥드럼(저음)과 심벌(고음)은 거의 들리지 않을 테고, 또한 30dB-SPL의 작은 모니터 볼륨으로 믹싱한 음악을 누군가 100dB-SPL로 듣는다면 이번에는 킥드럼 (저음)과 심벌(고음)이 너무 커지면서 여러분이 의도한 악기 간의 레벨 밸런스가 심하게 변형될 테니까요. 그래서 간혹 어떤 책에서는 모니터 볼륨의 심각성을 우려하고 있지만 사실은 전혀 걱정할 필요가 없습니다. 이제부터 반전이 시작됩니다.

사실 100dB-SPL은 너무 큰 레벨이기에 믹싱을 하는 여러분이나 음악을 듣는 사람들 어느 누구도 1분 이상 듣기 힘들고, 또한 30dB-SPL은 너무 작은 레벨이기에 주변 소음에 묻혀서 믹싱하거나 들을 수 없습니다. 결국 상황에 따라 다소 다를 수는 있지만 실험 결과에 따르면 사람들이 편하게 들을 수 있는 음악 레벨은 60~90dB-SPL 정도라고 합니다. 따라서 60dB-SPL 모니터 볼륨으로 믹싱한 음악을 90dB-SPL로 듣거나 혹은 90dB-SPL 모니터 볼륨으로 믹싱한 음악을 60dB-SPL로 듣는다고 해서 심각한 음색 변화가 생기지는 않습니다(3dB 이하). 하지만 현실적인 면을 고려할 때 가능한 작게 듣고 믹싱하는 것이 유리합니다. 그 이유는 큰 모니터 볼륨으로 믹싱한 음악을 작게 들으면 음악의 역동성이 떨어지지만 작은 모니터 볼륨으로 믹싱한 음악을 크게 들으면 음색이 더욱 화려하고 강렬해 지기 때문입니다.

라이브 콘서트 사운드 시스템 이퀄라이제이션

그렇다면 프로그램 레벨이 변할 때마다 사운드 시스템의 이퀄라이저를 재설정해야 할까요? 하지만 앞에서 설명했듯이 이퀄 라우드니스 컨투어는 사람들의 선천적인 지각 특성이므로 이를 보상하기 위해 시스템을 이퀄라이제이션 한다면 오히려 부자연스런 결과를 초래할 것입니다.

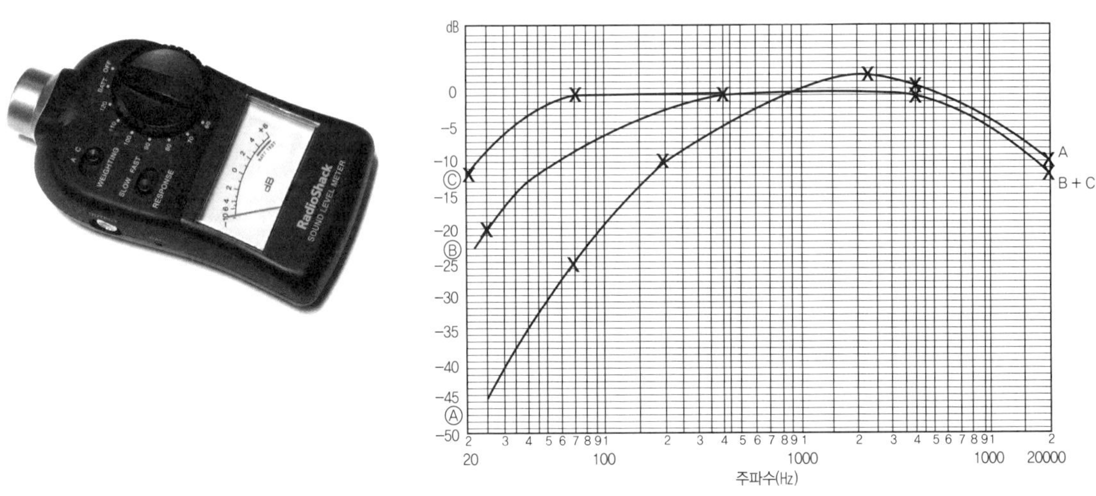

그림2-3 SPL 미터와 주파수 응답 그래프

 **SPL 미터**

음향 신호의 음압은 오디오 신호의 전압에 해당된다고 볼 수 있지만, 이퀄 라우드니스 컨투어에서 설명했듯이 이들이 항상 일치하는 것은 아닙니다. 여러분이 잘 알고 있는 PPM 혹은 VU 미터가 오디오 신호 전압을 알려준다면 SPL 미터는 여러분에게 전해지는 음악의 음압 레벨을 제공합니다. 그래서 이 미터는 스튜디오의 모니터 레벨 혹은 라이브 사운드 시스템의 라우드스피커 레벨을 체크하는데 주로 사용됩니다(그림2-3).

SPL 미터는 주파수 대역별로 가중치를 주어 음압 레벨을 측정하는 장비이며, 테스트용 마이크와 앰프 그리고 데시벨로 표시된 미터로 구성됩니다. 이처럼 미터에는 여러 종류의 필터와 가중치 부가 기능(weighting network)이 있으므로 원하는 대역폭의 음향 에너지만을 측정할 수 있습니다. 예컨대 필터 네트워크를 1㎑로 정하면 음 가운데 1㎑의 음향 에너지만을 측정할 수 있습니다.

가중치 부가 기능(weighting network)의 종류로는 A, B 그리고 C-웨이팅이 있으며, 일반적으로 음 레벨 측정은 A-웨이팅을 사용합니다. 웨이팅 특성 곡선은 앞에서 설명한 이퀄 라우드니스 컨투어와 반대 모양으로 되어 있습니다. 즉 청각 감도가 민감한 4㎑ 주변의 대역에는 가중치를 많이 주고 비교적 둔감한 저음과 고음에는 가중치를 상대적으로 적게 주어서 전체적으로 사람이 실제로 듣는 음의 크기와 비슷하게 나타냅니다. 일반적으로 A-웨이팅에는 dBA라는 단위를 사용합니다.

마스킹(Masking)

가면을 쓰면 누구인지 알아보기 힘들듯이, 마스킹은 어떤 음으로 인해 다른 음을 듣지 못하는 우리의 청각 특성입니다. 이것을 녹음과 믹싱에서 적절히 이용하면 짭짤한 재미를 볼 수 있습니다. 간혹 사람들은 음색을 조정할 때 부족하다고 생각하는 주파수 레벨부터 올리곤 하는데 이것은 좋지 않은 습관입니다. 만일 악기 음색이 둔하다면 우선 둔하게 만드는 마스킹 주파수부터 파악하고 그것을 줄이는 것이 중요합니다.

일반적으로 마이크로 녹음한 보컬 음색이 실제 목소리보다 탁하게 들리는 이유는 가수가 마이크를 가까이 사용하면서 발생하는 불필요한 중음 성분이 선명한 보컬 음색을 방해하기 때문입니다. 바꾸어 말하면 과도한 중음이 보컬 음색을 마스킹 한 결과이지요. 따라서 이퀄라이저로 중음(400~800㎐)을 약간 줄이면 보컬이 선명해 질 것입니다.

만일 보컬이 다른 악기에 마스킹 되어 잘 들리지 않는다면 다음과 같은 몇 가지 처방을 생각할 수 있습니다. 보컬을 올리기 전에 보컬과 비슷한 음색의 악기를 파악하고 그것부터 줄입니다. 만일 악기를 줄일 수 없다면 악기 음색을 보컬보다 부드럽게 조정합니다. 이렇게 하면 비록 악기가 보컬보다 커도 보컬이 명료하게 들릴 것입니다. 그러나 만일 악기 음색을 조정할 수 없는 경우라면 믹서의 팬 포트를 이용해서 보컬과 악기의 스테레오 위치를 다르게 배치합니다.

옥타브(Octaves)

옥타브는 두 음 사이의 음향적인 간격을 평가하는 사람의 인지 능력입니다. 비록 100㎐ 음과 200㎐ 음 사이에는 100개의 주파수가 포함되어 있고, 200㎐ 음과 400㎐ 음 사이에는 200개의 주파수들이 있지만 우리는 두 음 사이의 음향 간격을 동일한 것으로 인지합니다. 따라서 옥타브가 높을수록 두 음 사이의 주파수 간격은 더욱 벌어지는데, 예를 들어 100㎐의 한 옥타브는 200㎐이지만 1000㎐의 한 옥타브는 2000㎐가 됩니다. 이런 이유 때문에 옥타브 역시 위에서 설명한 데시벨처럼 로가리즘 스케일을 사용합니다. 라이브 사운드 시스템에서 자주 볼 수 있는 그래픽 이퀄라이저의 조정 주파수들은 대체로 1옥타브 혹은 1/3옥타브 등으로 분할되어 있습니다.

실내 음향

음장
실내 공진
흡음
방음과 방진

실내 음향

혹시 여러분은 맹모삼천지교(孟母三遷之敎)라는 말은 들어 본 적이 있는지요? 이것은 맹자의 어머니가 맹자를 키울 때 주변 환경을 생각해서 세 번이나 이사를 했다고 해서 생겨난 말입니다. 아마도 홈 스튜디오 혹은 집에서 작업하는 사람들이라면 지금도 이와 비슷한 어려움을 겪고 있을 것이라는 생각이 듭니다.

왜! 스튜디오에서 녹음한 보컬과 악기 소리가 어둡고 탁하게 들리는 걸까?

왜! 밤새 공들여 믹싱한 음악이 카스테레오에서는 음색과 레벨이 심하게 변하는 걸까?

왜! 가수가 소리 질러 노래하면 특정 음이 크게 녹음되는 걸까?

왜! 조정실의 모니터 지점마다 믹싱한 음악의 저음 밸런스가 심하게 변하는 걸까?

사실 이 모든 문제의 근원은 단 한 가지, 즉 여러분이 작업하는 스튜디오와 조정실의 음향 환경이 매우 불량하기 때문입니다. 이처럼 실내 음향은 녹음에서부터 믹싱 그리고 마스터링에 이르기까지 줄기차게 사람을 괴롭히고, 심지어 묵인할 수 있는 가벼운 문제들도 더욱 악화시킵니다. 이를 해결할 수 있는 유일한 방법은 실내 평수를 넉넉히 넓히고 형태와 음향 재질을 적절하게 배치하는 것이지만 엄청난 비용이 문제지요. 이를 해결하고자 헤드폰을 이용하는 사람들도 간혹 있지만 결코 좋은 방법은 아닙니다. 사실 음향 환경을 극복할 수 있는 유일한 방법은 맹자 엄마처럼 적당한 평수로 이사가서 인테리어를 하는 것 이외에는 뾰족한 묘책이 없습니다.

이번 장의 포인트

- 음장
- 역제곱 법칙
- 앰비언스 마이킹
- 에코
- 정재파
- 흡음
- 방음과 방진

음장

영화관의 연인들은 가능한 붙어있으려 하고, 강의실의 학생들은 가능한 뒤쪽에 앉으려 합니다. 이러한 현상을 심리음향적인 측면에서 고찰하면 가까이 할수록 상대방의 목소리가 또렷하게 들리면서 충분한 감정 교환이 가능하고, 뒤쪽에 앉을수록 선생님의 따분하고 거친 목소리가 달콤하고, 울림 많은 발라드 음악으로 변하면서 편하게 잠들 수 있기 때문이지요.

음장

음장(Sound Field)은 다양한 음들이 뛰노는 운동장으로, 장소에 관계없이 항상 세 종류의 음들이 여러분에게 전달되며, 음향 조건과 듣는 위치에 따라 이들의 비율이 달라집니다(**그림3-1**).

직접음(Direct Sound)

직접음은 여러분에게 바로 전해지는 음으로, 악기에 가까이 갈수록 음이 크고 거칠게 들리고, 멀리 떨어질수록 거리에 따른 레벨 감소와 공기입자들의 고음 흡수 등으로 인해 작고 부드럽게 들립니다. 일반적으로 악기의 직접음은 연주자 위치와 악기에 관한 음향적인 정보(명칭, 음색 등)를 제공합니다.

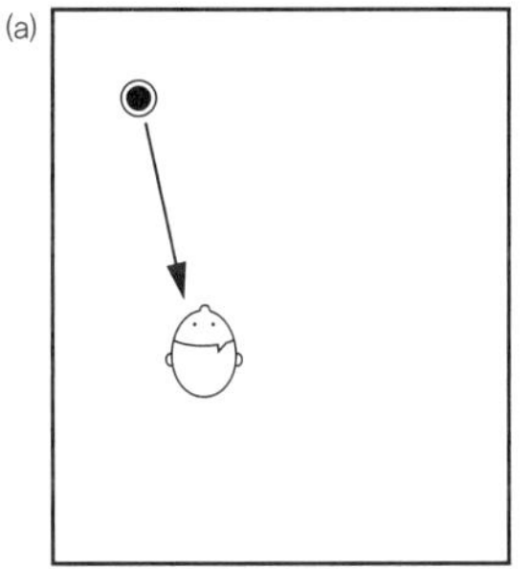
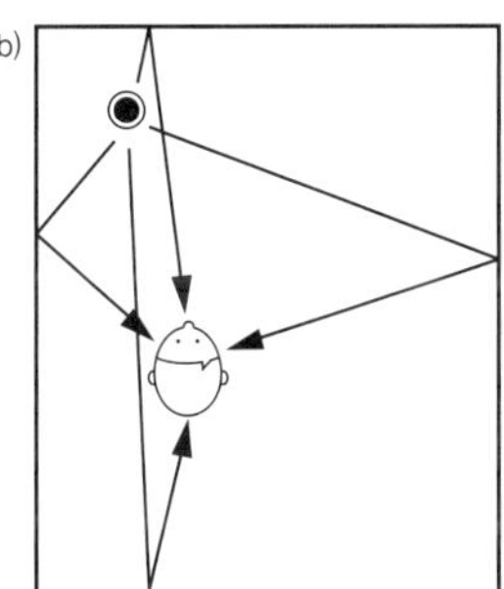
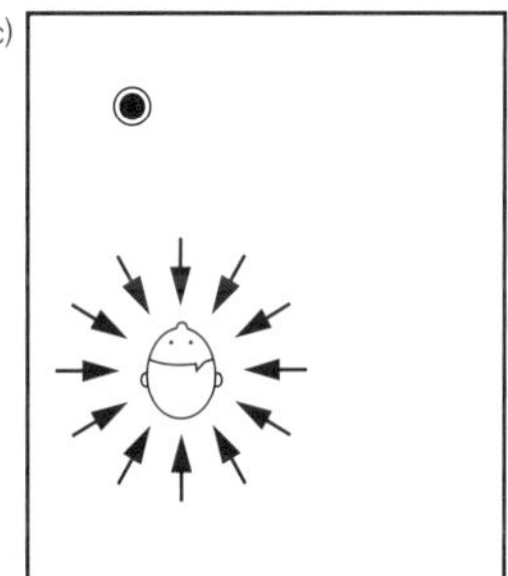

그림3-1 음장 (a)직접음, (b)초기반사음, (c)잔향음

초기반사음(Early Reflection Sound)

초기반사음은 벽, 천장 혹은 바닥 등에 부딪친 후 전해지는 악기의 반사음으로, 당구에서 원 쿠션, 투 쿠션, 쓰리 쿠션 그리고 포 쿠션에 해당하는 반사 그룹입니다. 초기반사음은 주로 대중음악 녹음 스튜디오 혹은 조정실처럼 비교적 작은 실내에서 발생하며, 악기에 깊이감과 약간의 공간성을 제공하고 음색을 윤택하게 만들기도 합니다.

잔향음(Reverberation Sound)

잔향음은 오지랖 넓은 사람처럼 실내의 모든 면을 들렀다가 한참 후에 전해지는 악기의 수많은 반사음들입니다. 잔향음은 주로 대형 콘서트홀처럼 상당히 큰 실내에서 발생하며, 솔로 악기 혹은 리드보컬에는 넓은 공간성을, 심포니 오케스트라에는 악기 간의 음향적 교감을 연결하는 교두보로 작용합니다. **그림3-2**는 직접음과 초기반사음 그리고 잔향음의 관계를 나타낸 그래프입니다.

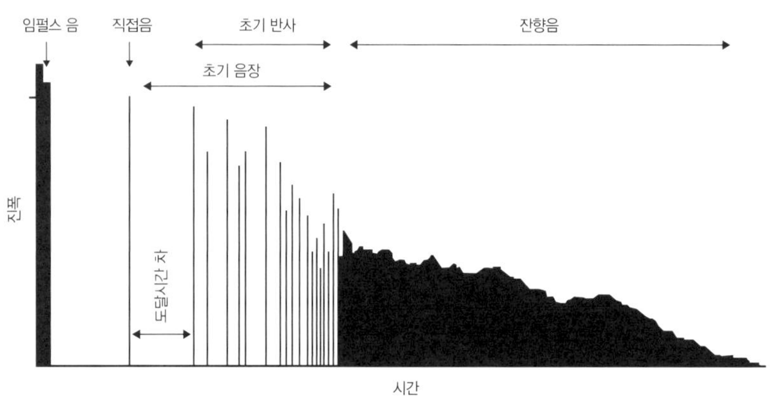

그림3-2 직접음, 초기반사음 그리고 잔향음

자유 음장(Free Field)

이처럼 음장에는 세 종류의 음들이 존재하며 악기와의 거리 그리고 실내 환경에 따라 이들의 비율이 달라집니다. 그래서 음장 혹은 음향계를 두 개의 그룹으로 분류하여 고찰하는데, 그 중 하나는 악기의 직접음만 뛰노는 지역으로, 자유 음장 혹은 직접 음장(Direct Sound Field)이라 하며 통상적으로 초기반사음 혹은 잔향음이 전혀 없는 야외(Outdoor)를 지칭합니다. 따라서 이론적으로 볼 때 항상 반사음이 존재하는 스튜디오와 같은 실내에서는 자유 음장이 존재하지 않습니다. 하지만 악기에 마이크를 매우 가까이 설치하면 반사음에 비해 상대적으로 직접음 레벨이 증가하므로 어느 정도 범위 내에서는(악기 주변) 어느 정도의 자유 음장을 인정하고 있습니다.

역제곱 법칙(Inverse Square Law)

사실, 앞에서 자유 음장을 장황하게 설명한 이유는 마이크 세팅에서 중요한 역제곱 법칙을 논의하기 위함입니다. 만일 보컬 녹음에서 가수가 특정 소절을 너무 크게 불러서 콘솔에서 음이 왜곡되므로 음 레벨을 절반으로 줄여야 한다면 가수가 그 부분을 절반으로 작게 불러야 할까요, 아니면 마이크에서 떨어져야 할까요? 당연히 떨어져야겠죠, 그렇지 않으면 감정이 살아나지 않을 테니까요. 그렇다면 어느 정도 떨어져야 레벨을 절반으로 줄일 수 있을까요? 언뜻 생각하면 기존보다 두 배 떨어지면 될 것 같지만, 사실은 전혀 그렇지 않습니다. 지금부터 그 이유에

48

대해 살펴보겠습니다.

만일 마이크와의 간격이 일정하게 유지하고 가수가 절반으로 줄여 부른다면 여러분의 예상대로 마이크 픽업 레벨 역시 1/2(-3dB) 감소합니다. 하지만 보컬 레벨을 그대로 유지하고 마이크와의 간격을 두 배로 벌리면 마이크 픽업 레벨이 1/2의 절반인 1/4(-6dB)로 감소합니다. 그 이유는 악기 혹은 보컬로부터 두 배 떨어질 때마다 음의 방사 면적($4\pi r^2$)이 4배로 증가하면서 상대적으로 음 강도(Sound Intensity)는 1/4로 감소하기 때문입니다. 이것을 역제곱 법칙이라 하며 자유 음장에서만 성립됩니다(**그림3-3**).

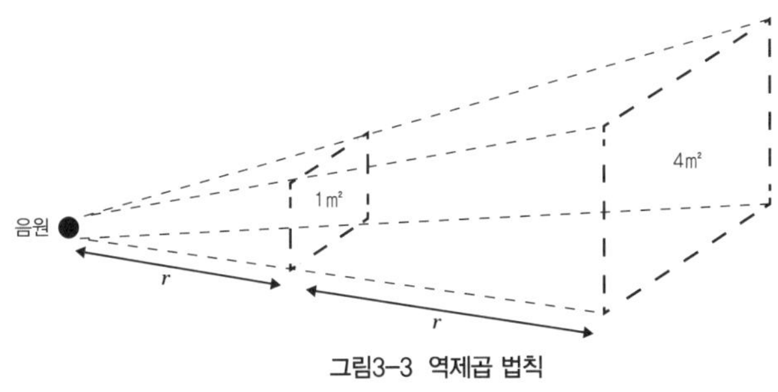

그림3-3 역제곱 법칙

역제곱 법칙의 실제 적용 예

역제곱 법칙을 고려한다면 합창단 혹은 피아노 독주처럼 레벨 변화가 심한 소스에는 마이크를 가능한 멀리 배치할수록 유리합니다. 예를 들어 만일 피아노 전방 1m 마이크에서, 크게 연주할 때의 음 레벨이 100이고 작게 연주할 때의 음 레벨이 50이라면 두 음 사이의 레벨차가 50 정도로 크지만, 만일 마이크를 2m 정도 뒤로 미루면 큰 레벨(100)이 1/4로 감소하면서 25가 되고 작은 레벨(50) 역시 1/4로 감소하면서 12.5가 됩니다. 다시 말하면 두 음 사이의 레벨차, 즉 다이내믹 레인지가 12.5(25-12.5)로 줄어들면서 연주음의 레벨 변화를 무난하게 수용하게 됩니다. 따라서 음향 환경이 우수한 홀에서는 마이크 거리 조정이 녹음에 상당히 효과적일 수 있습니다(**그림3-4**).

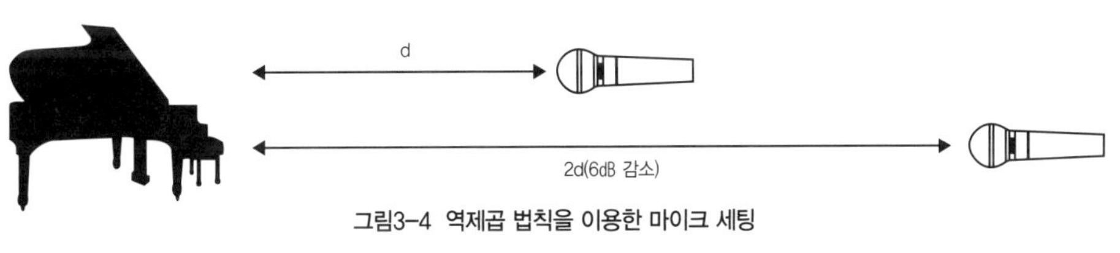

그림3-4 역제곱 법칙을 이용한 마이크 세팅

확산 음장(Diffuse Field)

확산 음장은 직접음을 제외한 초기반사음과 잔향음이 강조되는 지역으로, 여기에서는 역제곱 법칙이 적용되지 않으며 악기와의 거리에 관계없이 음 레벨이 거의 일정합니다.

임계 거리(Critical Distance)

음향에서 임계 거리란 직접 음장과 확산 음장의 레벨이 동일해지는 지점을 말합니다. 바꾸어 말하면 임계거리 이하에서는 직접음장이 우세하고 이상에서는 확산음장이 우세합니다(**그림3-5**).

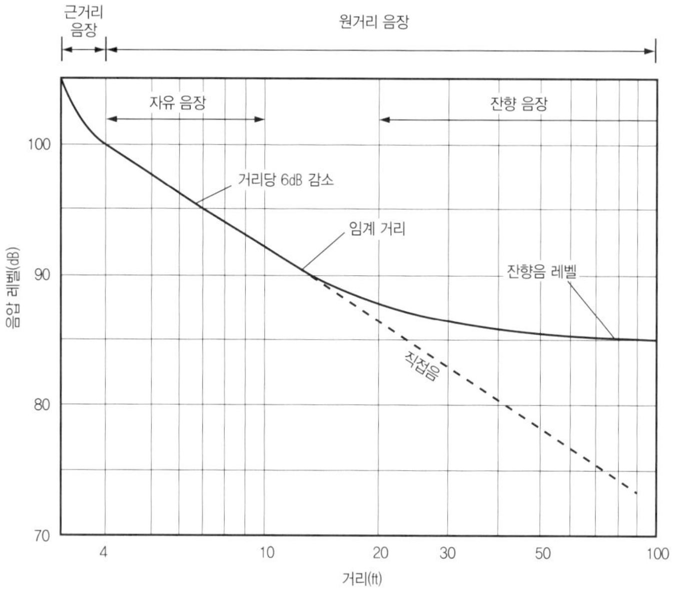

그림3-5 임계거리

앰비언스 마이킹(Ambience Miking)

사실 앰비언스 마이킹은 6장에서 설명해야 하지만 우리 속담에 떡 본 김에 제사지낸다는 말이 있듯이, 앰비언스 마이킹은 위에서 설명한 임계 거리와 상당히 밀접한 관계가 있기 때문에 여기서 하기로 하지요. 앰비언스 마이킹은 임계 거리 밖(확산 음장)에 두 개의 동일한 마이크를 설치하여 악기 혹은 오케스트라 등에 공간성을 제공합니다.

대중음악

대중음악에서 앰비언스 마이킹을 가장 많이 사용하는 대표 악기로는 드럼을 생각할 수 있습니다. 여기서 주목할 점은 스튜디오의 확산 음장이 잔향음보다 주로 초기반사음으로 구성되어 있다는 것입니다. 앞에서 설명했듯이 초기반사음은 직접음과 음향 특성이 매우 흡사한 지연음(delayed sound)으로 구성되며, 레벨 역시 크기 때문에 잘못 사용하면 콤 필터링으로 인해 악기 음색이 심하게 변질될 수 있습니다.

그러므로 앰비언스 마이크의 스테레오 신호와 근접 마이크 신호를 모노(mono)로 모니터링하여 음색이 풍성해지면서 악기의 직접음과 확산음이 심하게 분리되어 들리지 않는 지점을 찾아야 할 것입니다. 만일 스튜디오 평수가 적고, 음향 환경이 데드하다면 앰비언스 마이크가 오히려 독이 될 수 있으며, 이 경우에는 믹싱에서 스테레오 디지털 딜레이로 구현하는 것이 좋습니다.

클래식 음악

콘서트홀에서 앰비언스 마이킹을 가장 많이 사용하는 대표적인 경우로는 피아노 독주, 대형 오케스트라 그리고 합창 등을 생각할 수 있습니다. 콘서트홀의 확산음장은 대부분 잔향음으로 구성되어 있습니다. 그런데 잔향음은 초기반사음과 달리 직접음의 음향 특성과 상이하고 레벨 또한 높지 않기 때문에 스튜디오 앰비언스 마이크와 달리 설치 지역을 신중하게 고려할 필요는 없지만, 여기서 주목할 점은 앰비언스 마이크와 메인 마이크 사이의 거리를 10m(30피트) 이내로 유지한다는 것입니다. 그 이유는 다음과 같습니다.

세계의 유명 콘서트홀의 음향 특성을 연구한 John Eargle에 따르면 대부분의 청중들이 무대 연주음과 홀 잔향음 사이의 시간차가 30ms 이내일 때 즐거움을 느낀다고 합니다. 왜냐하면 그 이상의 시간차에서는 잔향음이 분리된 에코(echo)처럼 들리기 때문입니다. 따라서 상온에서 소리는 1초 동안 약 340m 이동하므로, 30ms를 거리로 환산하면 10m 정도가 됩니다. 물론 모든 사람들이 그의 이론에 찬성표를 던지는 것은 아니지만 한번쯤은 고려해 볼 만합니다.

잔향

통상적으로 클래식 음악의 공간성은 녹음에서 마이크를 통해 콘서트홀 잔향을 이용하고, 대중음악의 공간성은 믹싱에서 스테레오 디지털 리버브 시스템을 통해 구현합니다. 이 장에서는 실내 잔향에 관한 내용들을 살펴보고 디지털 잔향 시스템은 9장에서 자세히 설명하겠습니다.

잔향시간(Reverberation Time)

잔향시간은 잔향음이 직접음의 1/1000(-60㏈) 정도로 감소하는데 걸리는 시간으로 규정하며 일반적으로 RT_{60}로 표기합니다(**그림3-6**). 다음은 W.C Sabine의 잔향시간 공식입니다.

$$RT_{60}=0.161\frac{V}{\alpha S}$$

여기서 V=실내 체적(m^3), S=실내 흡음 면적, α=흡음률(Sabine).

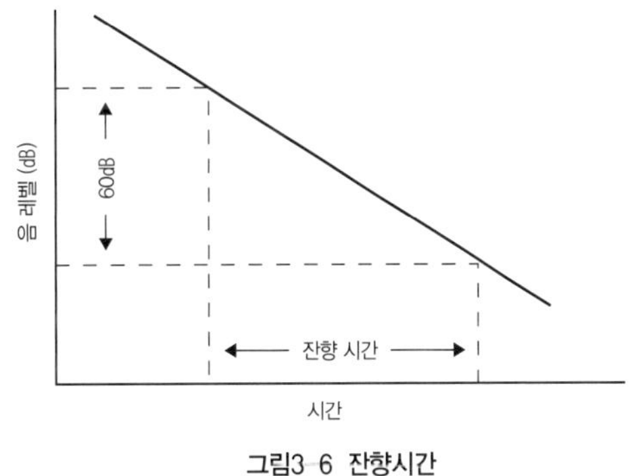

그림3-6 잔향시간

다음은 세계의 유명 콘서트홀의 규모와 평균 잔향시간입니다.

콘서트홀	규모(㎥)	평균 잔향 시간
Musikvereinsaal(Vienna)	14,600	2.05초
Concertgebouw(Amsterdam)	18,700	2.0초
Symphony Hall(Boston)	18,740	1.8초
Berlin Philharmonic	26,000	2.0초
Munich Philharmonic	32,000	2.1초

그림3-7은 많은 음향 학자들이 제시하는 홀의 규모와 용도에 필요한 잔향시간 그래프입니다.

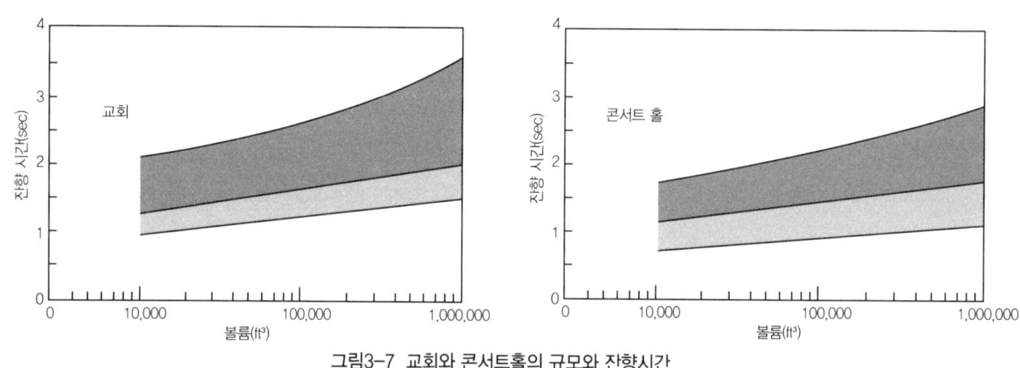

그림3-7 교회와 콘서트홀의 규모와 잔향시간

라이브(Live)와 데드(Dead)

'To be or not to be, That is question'. 셰익스피어의 소설 '햄릿'에서는 라이브와 데드가 사람의 삶을 의미한다면, 실내 음향에서는 잔향음의 삶을 일컫습니다. 라이브 룸(Live Room)이란 어느 정도의 잔향음(1초 이상)이 존재하는 공간을 말하며, 악기 레벨을 높이고 음색과 피치를 부드럽고 하고 선명한 공간성을 제공합니다. 반면 데드 룸(Dead Room)이란 잔향음(0.4초 이하)이 거의 없는 공간을 말하며, 악기 레벨을 줄이고, 음색을 거칠게 하고 탁한 공간성을 제공합니다. 이에 관해 좀 더 알아볼까요?

통상적으로 보이스 녹음(Voice Recording)은 스피치(Speech)와 보컬(Vocal)로 분류합니다.

스피치 녹음에서 무엇보다 중요한 점은 내용 전달이며, 이것은 아나운서 발음 가운데 자음(consonant)의 정확한 표현에 좌우됩니다. 따라서 약간의 데드한 공간이 유리합니다. 한편 보컬 녹음은 가사 내용도 중요하지만 보컬의 모음(vowel)과 음색 그리고 공간성 확보가 중요합니다. 따라서 약간의 라이브한 공간이 좋습니다. 이런 이유 때문인지, 간혹 사람들은 스튜디오 벽에 거울이나 유리를 붙여서 라이브한 공간으로 만들려고 하지만, 사실 이것은 매우 위험한 일입니다. 그 이유는 다음에 설명할 플러터 에코와 콤 필터링(6장에서 설명)으로 인해 보컬 음색이 심하게 변질될 수 있기 때문입니다.

잔향음의 필터링

교회 사운드 엔지니어들이 겪는 어려운 일 가운데 하나는 교인들에게 목사님의 성스러운 설교를 정확히 전달하면서 한편으로는 아마추어 어머니 합창단원의 목소리를 천사의 소리로 만드는 일입니다. 그런데 문제는 앞에서 설명했듯이 스피치와 합창에서 요구하는 잔향시간이 서로 다르다는 것이지요.

해 볼 수 있는 한 가지 방법은 합창단 마이크 신호에 디지털 리버브(홀 혹은 플레이트 계열)를 약간 첨가하여 본당에서 들리는 합창단의 레벨보다 작게 보강하는 것입니다. 만일 이 때문에 하울링이 생긴다면 잔향음의 저음과 고음 성분을 완전히 필터링해 보세요.

플러터(Flutter)와 슬랩백 에코(Slapback Echo)

에코(Echo)는 하나의 반사음 혹은 지연음이 직접음과 일정한 간격으로 분리되어 들리는 현상입니다. 플러터 에코는 딱딱한 반사 벽의 교회 혹은 강의실에서 박수를 치면 쉽게 들을 수 있는 매우 짧고 지저분한 에코입니다. 따라서 이런 곳에서는 드럼 연주와 녹음이 매우 힘들어질 것입니다. 플러터 에코는 특히 마주 보는 면 사이에서 심하게 발생하므로 한쪽 면을 부드러운 커튼이나 천으로 처리하면 어느 정도 줄일 수 있습니다.

슬랩백 에코는 스튜디오와 조정실 사이의 시창으로 인해 발생하는 음향 현상으로, 보컬 음을 지저분하게 하므로 가능한 마이크는 시창으로부터 멀리 하는 게 좋습니다. 또한 시창은 모니터 스피커 음을 반사시켜 믹싱을 힘들게도 합니다. 그래서 어떤 스튜디오에서는 이를 대신해 CCTV로 서로의 의견을 주고받기도 합니다.

실내 공진

욕실에서 노래를 할 때 들리는 울림과 콘서트홀에서 들리는 잔향음이 같을까요, 다를까요? 사실은 완전히 다릅니다. 잔향이 수많은 반사음의 집합이라면 욕실 울림은 악기 공명음처럼 특정음(주파수)이 지속되는 현상으로, 일명 룸 모드(Room Mode) 혹은 정재파(Standing Wave)라고 합니다.

정재파는 모든 공간에서 발생하는 자연적인 실내 공진 현상입니다. 콘서트홀처럼 대형 공간에서의 주파수는 20 Hz 이하로 매우 낮기 때문에 그리 걱정할 필요가 없지만, 스튜디오처럼 소형 공간에서는 가청주파수 범위 안에서 발생합니다. 특히 사각형 형태의 비좁은 보컬 박스는 주파수를 상당히 높이기 때문에 가수가 소리 질러 부르면 특정음이 상당히 크게 녹음됩니다.

여러분이 평소에 안하던 운동을 하고 나면 근육이 뭉쳐 아프듯이, 실내 반사음 가운데 특히 저음 성분(30~300 Hz)은 음향 조건에 따라 뭉쳐 다니면서 악기음을 저해하고 믹싱 밸런스와 음색 조정을 힘들게 합니다. 이 같은 현상을 음조 혹은 음의 채색화(Coloration)라고 하며 바로 정재파 때문입니다.

비좁은 보컬 박스를 제외한 일반 스튜디오에서 발생하는 정재파 성분 가운데 350Hz 이상의 주파수들은 비교적 간격이 좁고 일정한 공진 레벨을 유지하므로 녹음과 믹싱에 도움이 되지만, 350Hz 이하에서는 위치에 따라 레벨이 심하게 증가 혹은 감소하면서 저음 악기의 녹음과 믹싱에 상당히 성가신 요소로 작용합니다. 따라서 스튜디오 공진 제거는 통상적으로 350Hz 이하의 저음 성분을 대상으로 합니다. 만일 조정실에서 이러한 공진이 생긴다면 모니터 위치에 따라 저음 악기 레벨과 음색 밸런스가 상당히 틀어질 것입니다. 비록 미약하지만 해결할 수 있는 방법은 모니터 볼륨을 가능한 줄이는 것입니다.

녹음 포인트 찾기

만일 보컬 혹은 악기를 녹음할 때 이 같은 저음 공진으로 인해 보컬 혹은 악기의 특정음이 커진다면 궁색한 방법이지만 스튜디오 내의 이곳저곳으로 마이크를 옮겨 가면서 노래를 불러 녹음해서 들어본 후, 저음이 가장 명료한 지점을 찾습니다. 그리고 그 지점을 종이테이프로 표시하고 보컬과 모든 악기를 그곳에서 녹음합니다(드럼만은 예외).

정재파

정재파는 두 면(마주보는 두 벽면 혹은 바닥과 천장)이나 네 면(네 개의 벽면 혹은 두 벽면과 천장과 바닥) 혹은 여섯 면(네 개의 벽면과 천장과 바닥) 사이에서 발생하는 공진 현상입니다(**그림3-8**).

이 가운데 특히 음질에 심각하게 작용하는 정재파는 마주보는 두 면 사이에서 발생하는 공진 주파수로, 일명 액시얼 모드(Axial Mode)라고 합니다(**그림3-9**). 이 정재파는 두 면 사이의 거리와 기본음의 반 파장이 일치하는 주파수와 배음에서 가장 활발하게 발생합니다. 예를 들어 두 벽 사이의 거리가 4m이라면 42.5Hz, 85Hz, 170Hz 등의 주파수에서 심한 공진음이 발생합니다.

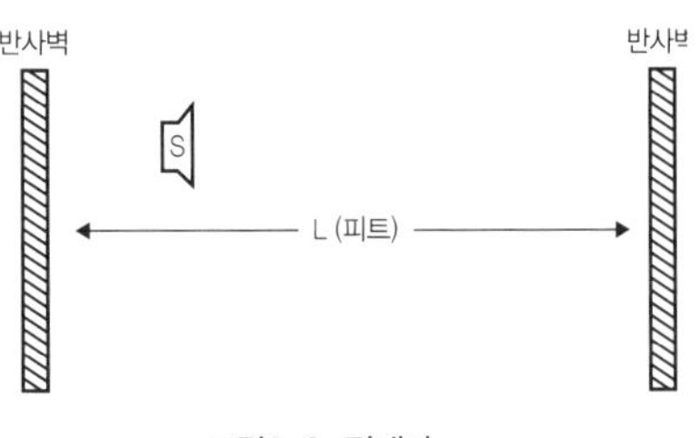

그림3-8 정재파

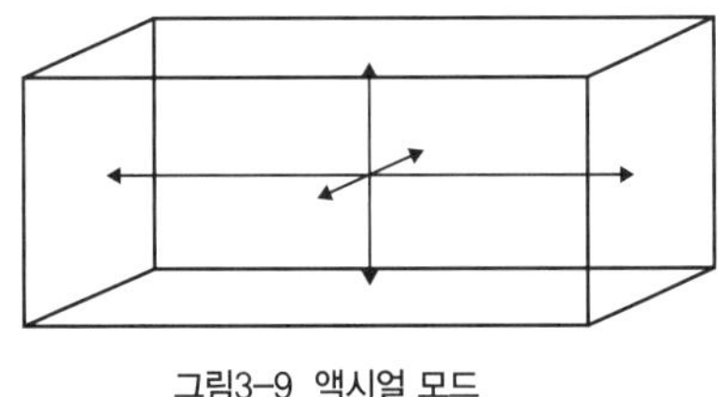

그림3-9 액시얼 모드

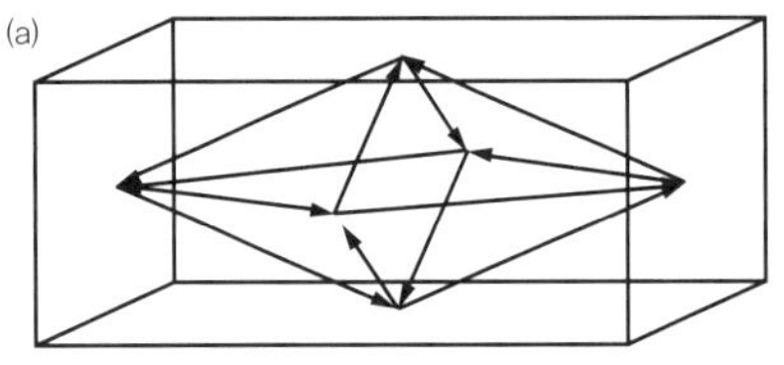
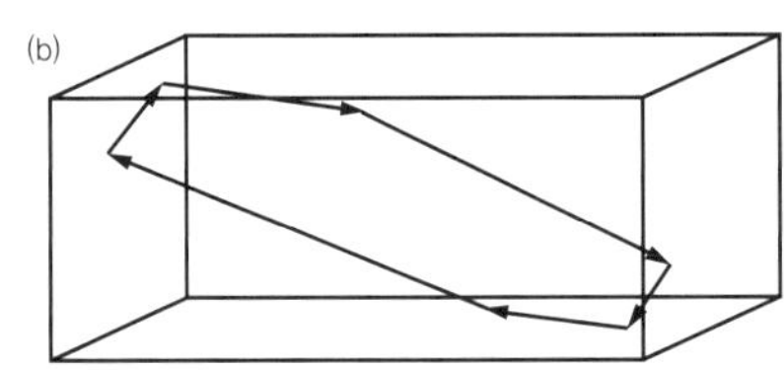

그림3-10 (a)탄젠셜 모드, (b)오브릭 모드

네 면과 여섯 면 사이에서 발생하는 공진을 탄젠셜 모드(Tangential Mode)와 오브릭 모드(Oblique Mode)라고 하며 이러한 정재파는 조정실 장비와 사람에 의해 음의 진행 경로가 바뀌므로 크게 신경 쓸 필요는 없습니다(**그림 3-10**).

이처럼 조정실 혹은 스튜디오의 정재파는 실내 규모(가로, 세로, 높이)에 따라 결정됩니다. 만일 여러분의 작업 공간에서 발생하는 정재파를 알고 싶다면, 줄자로 가로, 세로, 높이를 잰 다음, Google에서 Room Mode라는 키워드로 검색하면 계산법이 나옵니다. 여기서 가로(width), 세로(length), 높이(heigh)에 수치를 입력하면 액시얼, 탄젠셜 그리고 오브릭 모드에 관한 정재파 주파수들(300Hz 이하)이 자세히 나올 것입니다. 그러면 겹치는 주파수들을 찾으세요. 만일 조정실에서 150Hz가 겹치는 주파수라면 150Hz가 유독 크게 들리게 됩니다. 바꾸어 말하면 여러분이 만든 음악을 다른 장소에서 재생하면 상대적으로 150Hz가 작게 들리겠지요. 만일 스튜디오에서 겹치는 주파수가 200Hz라면 보컬 혹은 악기음 가운데 이 주파수의 음이 크게 녹음될 것입니다.

하여튼 스튜디오와 조정실의 정재파는 어떤 방법으로도 제거되지 않으며(그렇게 하려면 실내의 네 벽과 천장을 모두 왕창 부셔야 합니다) 또한 제거할 대상도 결코 아닙니다. 중요한 것은 저음 공진 주파수들이 겹치지 않도록 골고루 분산시키는 것입니다.

정재파는 나쁜 성분?

위의 내용에 읽고 나면 정재파를 아주 나쁜 성분으로 생각할 수 있는데 전혀 그렇지 않습니다. 사실 모든 악기의 크기와 형태가 그토록 다양한 이유는 그 악기만의 고유 공명음(정재파)을 만들기 위함입니다. 예를 들어 바이올린은 작은 보디를 심하게 왜곡시킴으로써 고음 주파수에서 많은 공명음들을 만들어 음색을 화려하게 하기 위함이고, 가야금이나 드럼처럼 보디 형태가 사각형 혹은 둥근 악기들은 특정 주파수에서만 공명음을 생기도록 하여 음색을 순수하고 단아하게 만들기 위함입니다.

가로, 세로, 높이 비율 조정

가로, 세로, 높이가 동일한 정육각형 실내에서는 마주보는 세 면 사이에서 발생하는 공진음이 하나의 주파수로 몰리면서 심각한 음질 변화가 생길 수 있습니다. 그래서 실내 치수를 다른 비율로 설계하여 공진 주파수들로 분산시켜야 합니다. 물론 이 방법은 건물을 새로 지어야 하기 때문에 월세나 전세로 살고 있는 분에게는 거의 불가능한 일지만 그럼에도 불구하고 **그림 3-11**의 내용을 간략하게 설명하자면, 실내 높이를 1로 했을 때 가로와 세로 비율이 점선 안에 있어야만 실내 공진음으로 인한 음질 변화를 방지할 수 있습니다. A~

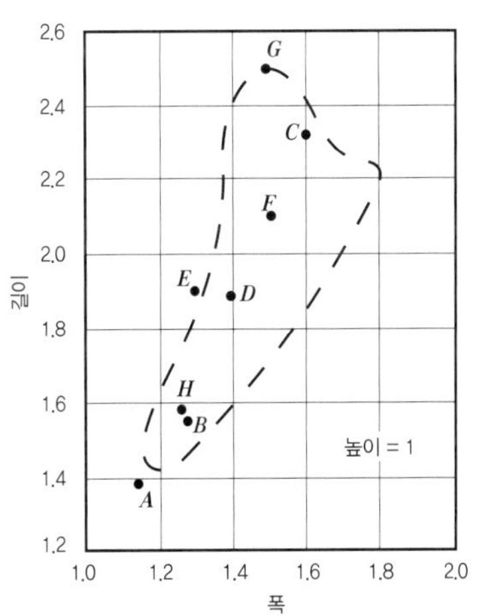

그림3-11 실내 치수 비율 조정

H 지점은 여러 음향 학자들이 제안하는 비율들입니다.

비대칭 공간 만들기

마주보는 면들을 경사지게 설계하여 음의 진행 경로를 변경하면 공진 주파수들을 분산시킬 수 있지만 이 방법 역시 공사비용이 만만치 않아서 여러분에게는 힘든 일이지요(**그림3-12**).

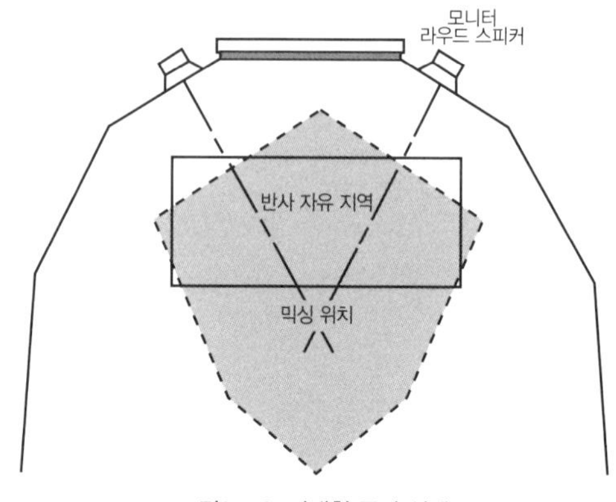

그림3-12 비대칭 공간 설계

음 확산기

여러분은 초등학교 시절에 프리즘을 통해 햇빛의 아름다운 무지개를 본 적이 있을 것입니다. 음 확산기(Sound Diffusor)는 프리즘처럼 반사음을 매우 넓은 각도로 분산시킴으로써 비교적 저비용으로 작은 스튜디오에서 발생할 수 있는 플러터 에코와 정재파를 줄이면서 어느 정도의 넓은 음향 공간을 얻을 수 있는 음향 장치입니다(**그림3-13**).

확산기는 흡음과 확산을 동시에 실행합니다. 일반 흡음재(일명 계란판)는 입사음의 에너지를 상당 부분 제거하므로 반사 에너지가 20dB 이하로 감소합니다. 또한 단단한 면은 반사 에너지가 입사음과 거의 같습니다. 이에 비해 음 확산기는 다음과 같은 몇 가지 특징적인 음향 효과를 제공합니다.

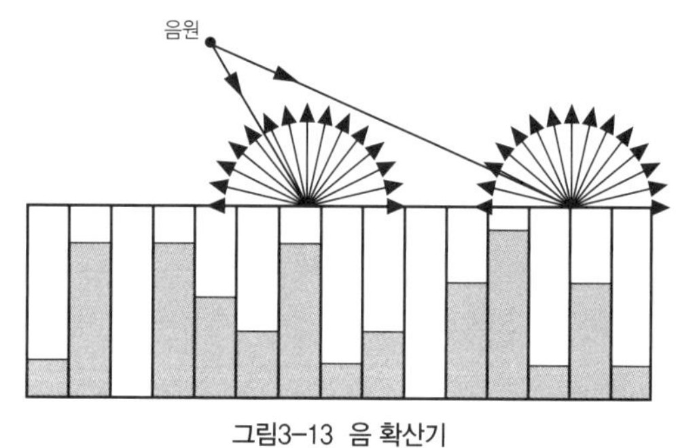

그림3-13 음 확산기

- ■ 반사음이 8~10dB 정도 감쇠.
- ■ 확산 에너지가 오래 동안 전개.
- ■ 입사음이 완전히 반원형으로 분산.

그림3-14는 조정실 면에 흡음재, 반사면 그리고 확산기를 설치할 때의 음 반사 비교입니다.

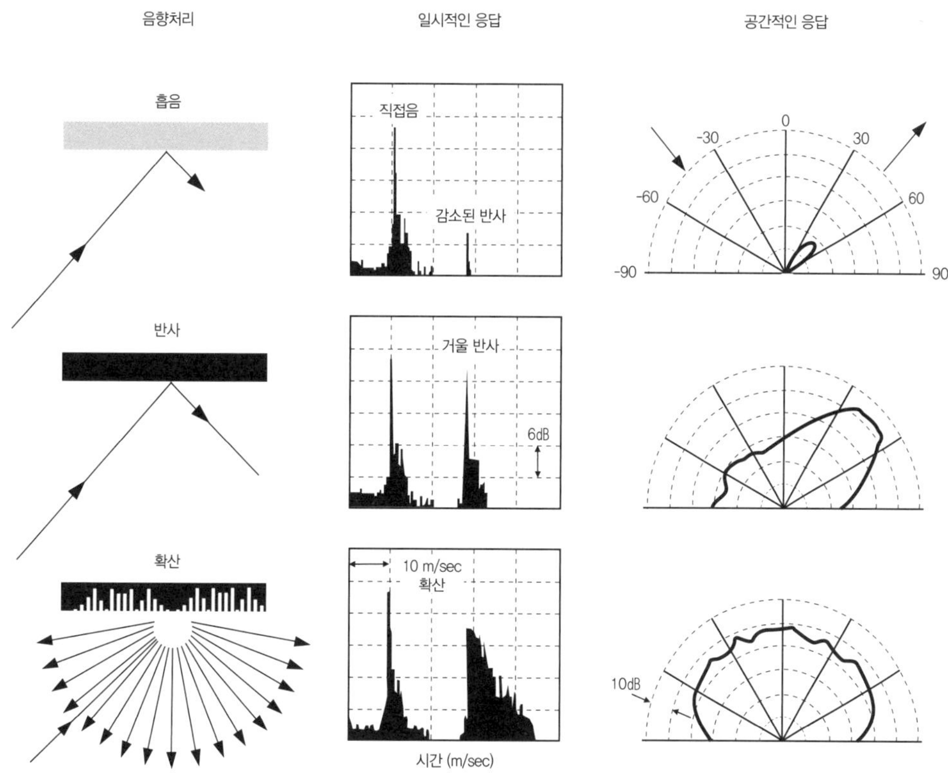

그림3-14 세 종류 표면에서 음 반사의 비교

흡음

흡음(Absorption)은 심한 반사음 레벨을 줄이는 것으로, 고음과 중음 그리고 저음 처리 방법을 달리 해야 합니다.

퍼레스 흡음기(Porous Absorber)

퍼레스 흡음기는 고음 흡음용으로, 음향 타일, 카펫, 커튼 그리고 유리섬유처럼 말랑말랑한 재질들이 여기에 속합니다. 단지 몇 ㎝ 정도의 두께로도 1000㎐ 이상의 반사음을 효과적으로 줄일 수 있습니다. 하여튼 이 방법이 스피치에는 효과적이지만 악기 혹은 보컬에는 생동감을 저해할 수 있으므로 과도한 사용은 피해야 합니다(**그림 3-15**).

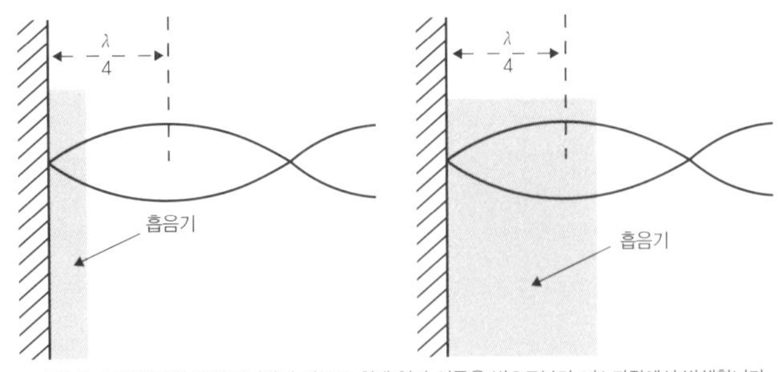

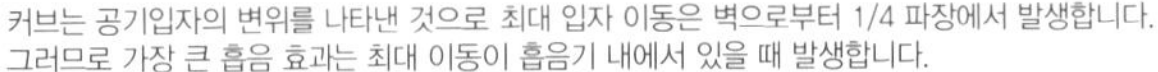

커브는 공기입자의 변위를 나타낸 것으로 최대 입자 이동은 벽으로부터 1/4 파장에서 발생합니다.
그러므로 가장 큰 흡음 효과는 최대 이동이 흡음기 내에서 있을 때 발생합니다.

그림3-15 퍼레스 흡음기

격막 흡음기(Membrane Absorber)

격막 흡음기는 얇은 베니어 패널의 진동을 이용한 저음 흡음용입니다. 부딪친 소리 가운데 패널의 공진 주파수와 같은 주파수들은 위상 상쇄로 인해 감소합니다. 격막 흡음기를 일명 베이스 트랩(Bass Trap)이라 하며 최대 흡음 공진 주파수는 다음 공식으로 구할 수 있습니다(**그림3-16**).

$$f_0 = \frac{600}{mD}$$

여기서 m=단위 면적 당 질량(kg/㎡),

D=벽과 패널 사이의 간격(㎝).

위의 공식에서 알 수 있듯이 벽과 패널 사이의 간격이 넓을수록 그리고 패널 질량이 증가할수록 제거할 수 있는 공진 주파수는 낮아집니다.

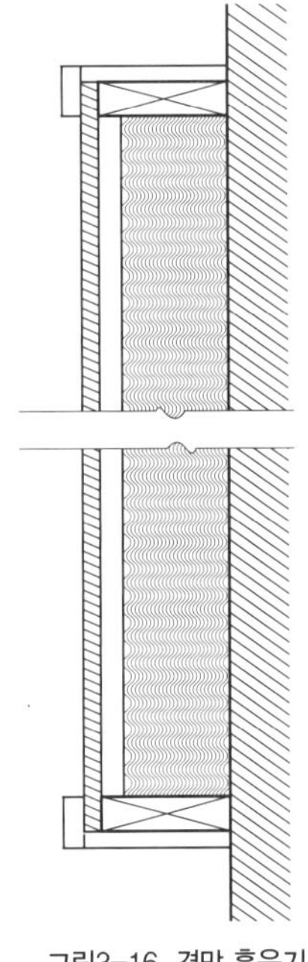

그림3-16 격막 흡음기

헬몰츠 공진기(Helmholtz Resonator)

헬몰츠 공진기는 가정용 진공청소기가 먼지를 빨아드리듯 조정실의 지역적인 공진음을 흡입합니다. 제작 과정도 매우 간단합니다. 흔히 볼 수 있는 커다란 고무 물통 안에 천과 같은 퍼레스 흡음재를 약간 채우고 뚜껑에 구멍을 뚫고 구멍과 직경이 같은 파이프를 뚜껑 안쪽으로 붙이면 우수한 공진기로 동작합니다(**그림3-17**).

여기서 중요한 것은 공진기의 설치 지점인데 이를 위해 콘솔 오실레이터로 중저음 주파수를 스피커로 재생합니다. 그리고 조정실을 이리저리 어슬렁거리면서 중저음이 크게 들리는 지점을 찾은 다음 그곳에 공진기를 놓으면 끝입니다. 헬몰츠 공진기는 주로 정재파로 인한 공진음을 흡음하는데 사용되며 250Hz~2000Hz 사이의 중음역에 효과적입니다.

최대 흡음 공진 주파수는 다음 공식으로 구할 수 있습니다.

$$f_{res} = \frac{c}{2\pi}\sqrt{\frac{S}{VI}}$$

여기서 f_{res}=최대 흡음 공진 주파수(Hz),

c=음속(340m/sec),

V=고무 물통의 용적(m^3),

S=뚜껑 구멍의 면적(m^2),

I=파이프 길이(m).

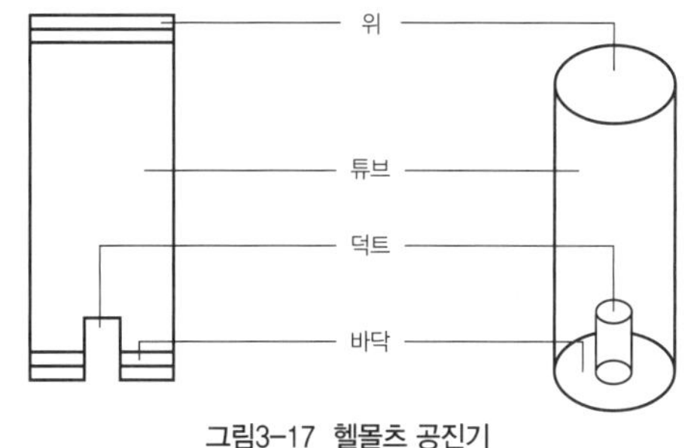

그림3-17 헬몰츠 공진기

만일 고무 물통이 보기 싫거나 물통 반사음이 걱정된다면 아름다운 천으로 표면을 감싸고 뚜껑 위에는 곰 인형들을 놓으면 좋은 인테리어가 될 것입니다.

방음과 방진

실내 음향 못지않게 중요한 것은 외부로 누출되는 음과 유입되는 음을 막는 일입니다. 간혹 사람들은 실내 음향 처리(Acoustic Treatment)와 방음(Soundproofing)을 동일하게 생각하곤 하는데 전혀 다릅니다. 카펫이나 커튼은 실내의 고음 반사를 흡음할 뿐 방음에는 전혀 도움이 되지 못합니다.

벽

일반 벽들은 구조적으로 음의 노출이 매우 심합니다. 기존 벽을 살리면서 개선할 수 있는 방법은 코킹 컴파운드로 모든 틈을 밀봉하는 것이지만 사실 큰 효과는 없습니다. 한 가지 개선책으로 기존의 벽면에 석고보드(5/8인치)를 붙여서 전체 무게를 늘리면 5dB 정도 개선됩니다. 가장 효과적인 방법은 기존 벽면에 긴 각목(1×2인치)을 16인치 간격으로 설치하고 각목 사이의 공간을 유리섬유로 채우고 그 위를 석고보드(5/8인치)로 마감하는 것입니다 (그림3-18).

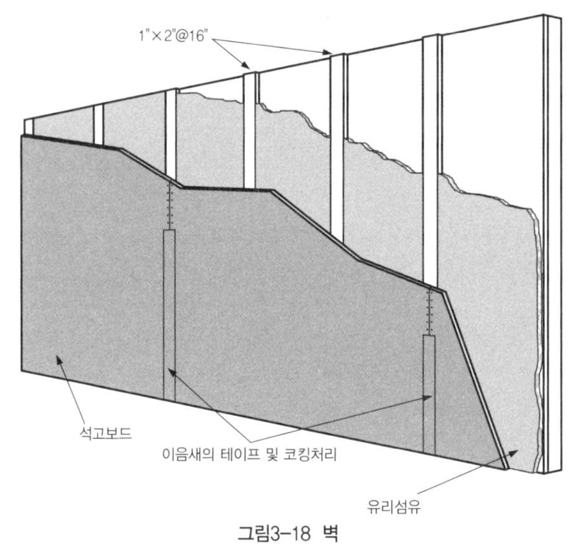

그림3-18 벽

천장

스튜디오 천장은 전원선과 조명 케이블들을 숨기는 공간으로 사용되므로 사운드가 침투할 기회가 많아집니다. 천장의 모든 틈새를 코킹 컴파운드로 밀봉하면 몇 dB 정도 개선할 수 있습니다. 더욱 좋은 방법은 천장 표면에 이중 석고판을 설치하고 빈 공간을 유리섬유로 채우면 10~20dB 정도의 방음 효과를 얻을 수 있습니다(**그림3-19**).

하지만 이 방법이 교통 소음과 같은 공중 잡음(airborne noise)에는 상당히 효과적이지만 빌딩 구조물을 통해 전달되는 구두 소리와 같은 충격 잡음(impact noise)에는 취약합니다.

저비용으로 해결할 수 있는 방법은 스튜디오의 위층 바닥을 카펫 혹은 두꺼운 천으로 덮는 것이지만 가장 완벽한 방법은 진동 차단기를 통해 새로운 천장을 설치하는 것으로 이것은 전문가의 도움이 필요합니다.

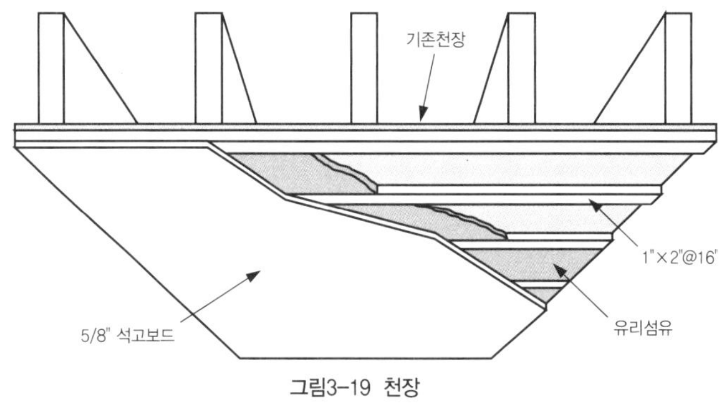

그림3-19 천장

바닥

스튜디오 바닥을 통해 외부로 새어 나가는 킥 드럼 소리를 방음하는 일은 어렵고 비용도 역시 많이 듭니다. 어떤 사람들은 카펫으로 해결하려고 하지만 아무런 효과도 얻을 수 없습니다. 카펫은 피아노, 일렉트릭 악기, 라우드스 피커, 심지어 목소리까지도 그대로 통과시킵니다. 카펫의 기본적인 효과는 고음 반사 성분을 줄이는 것이므로 실내 음향을 답답하게 할 수 있습니다(**그림3-20**).

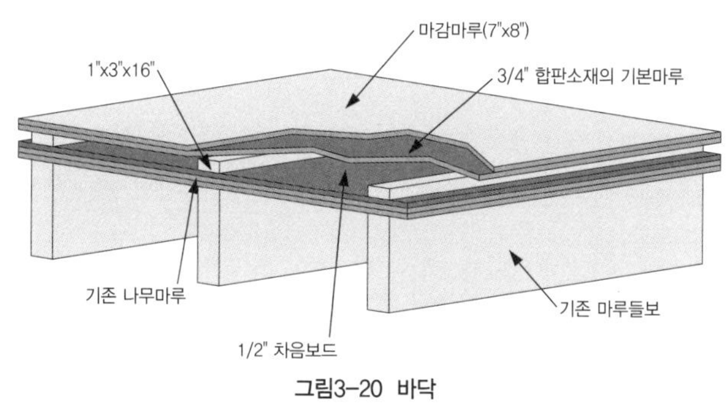

그림3-20 바닥

문

대체로 일반가정의 문들은 속이 비어있으며 잘 열리도록 아래 부분이 잘려있으므로 방음 효과가 단지 17dB 정도이며 50Hz의 저음에서는 4~5dB에 지나지 않습니다. 문 주변의 틈새를 고무나 천으로 밀폐하면 약 2~3dB 개선할 수 있습니다. 개선책으로는 속이 빈 문을 무겁고 단단한 문으로 대체하고 문 주변을 고무나 펠트로 감싸면 약 30dB 이상 개선할 수 있습니다(**그림3-21**).

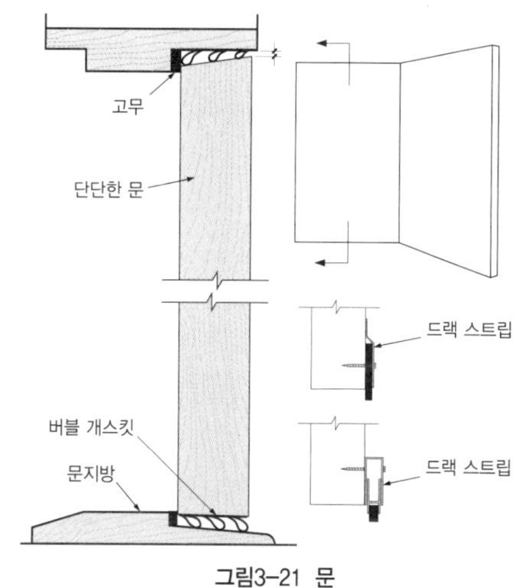

그림3-21 문

창문

가정용 창문 역시 차음 효과가 매우 작은데, 1/4인치 정도의 유리창은 20dB에도 미치지 못합니다. 창문 주위를 고무로 감싸면 25dB 정도로 높일 수 있지만 이것 역시 저음에는 역부족입니다. 적은 비용으로 할 수 있는 방법으로 창문을 완전히 밀폐하면 효과는 30~35dB 정도로 개선되지만 햇볕이 들지 않아 답답합니다.

한 가지 해결 방법으로 이중 창문을 설치하는 것입니다. 이 경우에는 창문 주위를 완전히 밀폐시키고 창문 사이의 간격은 가능한 넓힙니다. 그리고 두 번째 창유리는 약 10° 정도로 기울이고 3/8인치 정도의 유리를 사용합니다. 창 내부를 흡음 재질(유리 섬유)로 채우면 차음 효과는 더욱 증가합니다. 4인치 간격으로 밀폐된 두 창유리의 차음 효과는 30~35㏈ 정도입니다(**그림3-22**).

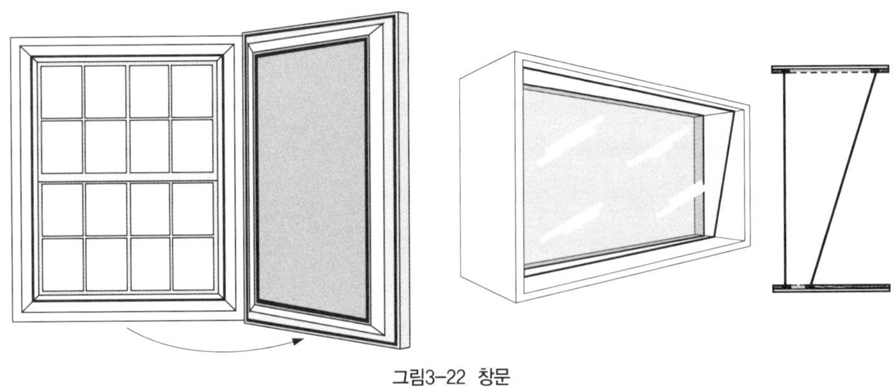

그림3-22 창문

스튜디오 오디오 시스템

스튜디오 오디오 장비
조정실 모니터 시스템
오디오 시스템의 신호 경로

스튜디오 오디오 시스템

제가 사운드 엔지니어로서 첫 발을 디딘 예전의 녹음 시스템과 기획 방식을 생각하면 지금과는 격세지감을 느낄 정도로 많은 차이가 있습니다. 가수가 앨범을 내려면 직접 레코드 회사에 찾아가서 오디션을 보거나 데모 테이프를 만들어서 보냈는데, 사실 그 당시 우리나라에는 스튜디오가 몇 곳 되지 않아 오디션 녹음 정도는 아침 10시에 하는 경우가 많아서 가수 지망생들은 그들의 역량을 충분히 발휘하기가 매우 힘들었고, 데모 테이프 또한 노래에 기타 반주가 고작이었으므로 작곡자들은 그들의 작품을 전달하기에 많은 어려움이 있었습니다. 그리고 사운드 엔지니어가 되려는 사람들 역시 특별히 배울만한 곳이 거의 없었지요.

하지만 요즈음은 디지털의 도움으로 우리나라 건물 지하실에는 한 두 개의 스튜디오가 있을 정도로 녹음 장비들이 대중화되면서 쉽고 빠르게 그리고 적은 비용으로도 음악적인 아이디어를 녹음할 수 있게 되었고, 가수 지망생들 역시 우수한 음질의 CD를 제작사에 보낼 수 있게 되었습니다. 이와 더불어 엔지니어는 프로 스튜디오에서 일하기 전에 기초적인 실무 기술을 배울 수 있는 기회를 가질 수 있게 되었습니다. 또한 편곡자와 작곡자 역시 프로 스튜디오에서 앨범 녹음을 하기 전에 연주자와 엔지니어에게 그가 녹음한 데모 테이프를 통해 음악의 느낌을 정확하게 전달할 수 있게 되었습니다.

이번 장의 포인트

- 스튜디오 오디오 장비
- 시그널 프로세서와 이펙터
- 조정실 모니터 시스템
- 녹음
- 믹스다운

스튜디오 오디오 장비

믹싱 콘솔(Mixing Console)

인천 국제공항의 모든 비행기들은 지상 관제탑을 통해 이착륙의 정보를 주고받듯이, 오디오 시스템의 모든 장비들은 믹싱 콘솔을 통해 신호를 교환합니다(**그림4-1**). 이처럼 오디오 시스템에서 믹싱 콘솔은 공항 관제탑과 같은 기능을 담당합니다.

그림4-1 Solid State Logic SSL 9000J 믹싱 콘솔

물론 개인 소유의 작은 비행장은 관제탑 없이도 이착륙이 가능하듯이 음악 장르와 녹음 조건에 따라 믹싱 콘솔을 전혀 사용하지 않는 경우도 종종 있습니다. 예를 들어 콘서트홀의 클래식 음악 녹음은 각 악기의 음색과 레벨 밸런스가 지휘자 혹은 연주자에 의해 결정되므로 음질 저하를 최대한 방지하기 위해 가능한 사용 장비를 줄이는 것이 유리합니다. 그래서 단지 두 개의 마이크로폰으로 좋은 지점을 선택한 후 믹싱 콘솔을 통하지 않고 바로 녹음기에 저장합니다.

하지만 대부분의 녹음을 한정된 공간의 스튜디오에서 실행하는 대중음악인 경우에는 장르에 따라 수 십 개의 마이크로폰이 사용되고 또한 녹음 후에도 믹싱 과정을 통해 악기의 음색과 레벨 그리고 스테레오 공간성을 창출하기 위해 다양한 종류의 이펙터들이 요구됩니다. 그러므로 이 모든 신호들을 결합하고 믹스할 수 있는 장비가 필요하고 바로 그 중심에 믹싱콘솔이 있습니다. 요약하면 믹싱 콘솔은 음악에 필요한 모든 오디오 정보들을 대중의 기호에 맞게 레벨과 음색을 조정한 후 이것을 녹음기에 저장하거나 혹은 라우드스피커로 보내는 전자 네트워크입니다.

최근에는 디지털 기술의 발전으로 컴퓨터를 기반으로 한 다양한 종류의 믹싱 콘솔들을 볼 수 있으며 Pro Tools, Nuendo 그리고 Cakewalk 등은 가격 대비 성능 비가 우수하다는 평판을 받고 있는 컴퓨터 기반의 녹음과 믹싱이 가능한 소프트웨어입니다(**그림4-2**).

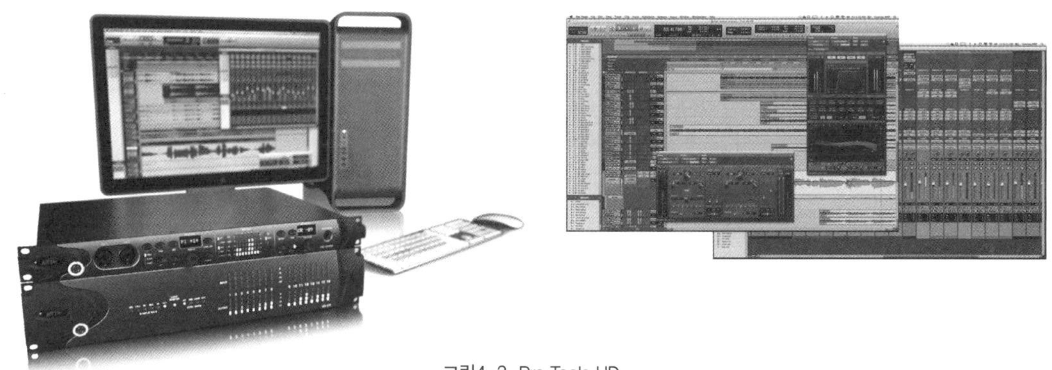

그림4-2 Pro Tools HD

녹음기(Recorder)

음악을 녹음하는 가장 큰 목적은 아마도 본인이 원할 때 언제라도 듣거나 혹은 남에게 들려주기 위함일 것입니다. 그러기 위해서는 보이지 않고 바로 사라지는 소리를 영구 보관하는 저장 창고가 필요한데 그곳이 바로 녹음기입니다.

사실 녹음 방식과 오디오 장비의 발전 방향은 거의 녹음기가 주도하고 있다고 해도 과언이 아닌 듯합니다. 그 이유는 오디오 시스템 가운데 가장 심한 음질 저하를 유발하는 장비가 바로 녹음기이기 때문입니다. 간단한 예로 요즈음은 보기 힘들지만 아날로그 카세트테이프의 저장 프로그램을 재생하면 녹음할 때 없었던 쉬-하는 심한 잡음을 들을 수 있습니다. 이런 이유 때문에 오디오 장비 가운데 가장 먼저 디지털 방식으로 전환된 것이 녹음기입니다. 녹음 장비는 다섯 가지 정도로 분류할 수 있는데, 포터블 2트랙 레코더, 레코더-믹서, 멀티트랙 레코더, 컴퓨터 그리고 키보드 워크스테이션입니다.

포터블 2트랙 레코더(Portable 2-track Recorder)

포터블 2트랙 레코더는 클래식 오케스트라, 심포니 밴드, 현악 사중주, 파이프 오르간 등의 실황 녹음에 자주 사용됩니다. 여기에는 두 종류가 있는데, 플래시 메모리 레코더와 녹음 소프트웨어가 내장된 랩탑 컴퓨터입니다(**그림4-3**).

미니 스튜디오(Mini Studio)

이 장비를 일명 포터블 스튜디오, 퍼스널 스튜디오 혹은 포켓 스튜디오라고 하며 믹서가 내장된 4트랙 혹

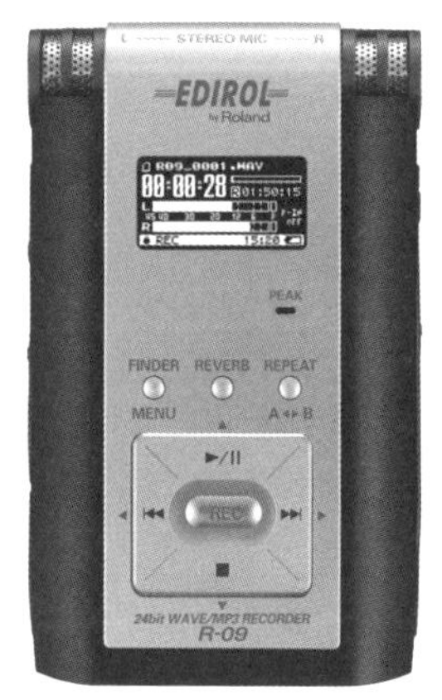

그림4-3 Roland Edirol R-09

은 8트랙 녹음기입니다. 미니 스튜디오는 플래시 메모리 카드에 MP3 포맷으로 녹음되며 여러 악기와 보컬을 스테레오 믹스할 수 있습니다(**그림4-4**).

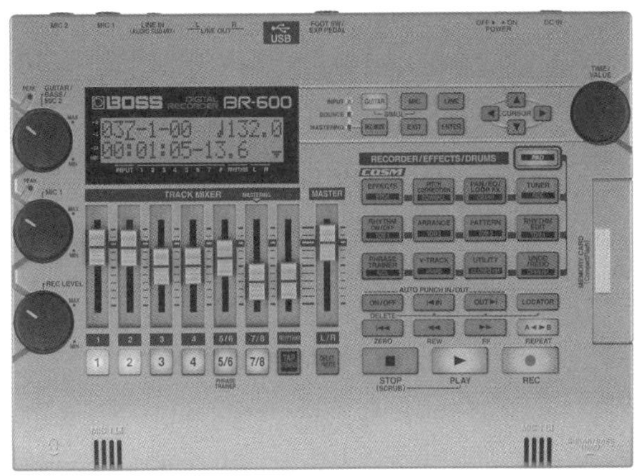

그림4-4 BOSS BR-600

디지털 멀티트랙커(Digital Multitracker)

이 장비를 일명 스탠드 얼론(Stand Alone) 디지털 오디오 워크스테이션, 혹은 퍼스널 디지털 스튜디오나 퍼스널 디지털 스튜디오라고 합니다. 앞에서 설명한 미니 스튜디오처럼 멀티트랙 녹음기와 믹서가 결합된 것으로 휴대하기 편합니다.

디지털 멀티트랙커는 웨이브 파일을 녹음할 수 있으므로 미니 스튜디오보다 우수한 CD 음질을 제공하며, 8에서 32트랙까지 하드디스크 혹은 플래시 메모리 카드에 녹음할 수 있습니다. 또한 믹서는 볼륨 컨트롤(페이더), 톤 컨트롤(EQ)이 가능하고 이펙트용(리버브) AUX Send를 지원합니다(**그림4-5**).

그림4-5 KORG D3200

디지털 오디오 워크스테이션(Digital Audio Workstation, DAW)

디지털 오디오 워크스테이션은 퍼스널 컴퓨터, 오디오 인터페이스 그리고 녹음용 소프트웨어로 구성되며, 소프트웨어에 따라 MIDI 데이터를 녹음하기도 합니다. 오디오 인터페이스는 마이크와 마이크 프리앰프 그리고 믹서를 경유한 오디오 신호를 컴퓨터의 하드디스크에 녹음할 수 있는 자기 패턴 신호로 전환합니다. 수 십 개의 트랙 신호를 프로용 음질로 녹음할 수 있으며, 컴퓨터 화면을 통해 모든 조정을 마우스로 실행할 수 있습니다(**그림4-6**).

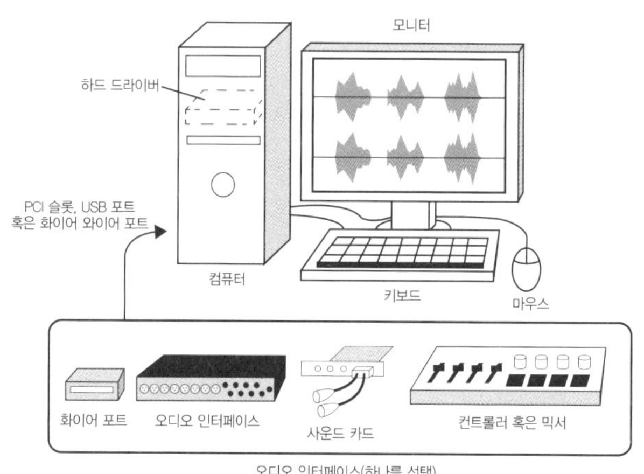

그림4-6 디지털 오디오 워크스테이션

아날로그 2트랙과 멀티트랙 테이프 레코더

이 장비는 아날로그 오디오 신호를 2트랙에서 24트랙까지 자기 테이프에 녹음합니다. 디지털 녹음기에 비해 잡음과 왜곡 그리고 주파수 응답 에러가 많지만 부드러운 압축 현상으로 트랙 신호를 매우 부드럽고 따듯하게 하므로 아직도 많은 사람들에게 좋은 평가를 받고 있습니다. 통상적으로 멀티트랙 녹음기는 녹음 과정에서 수십 개의

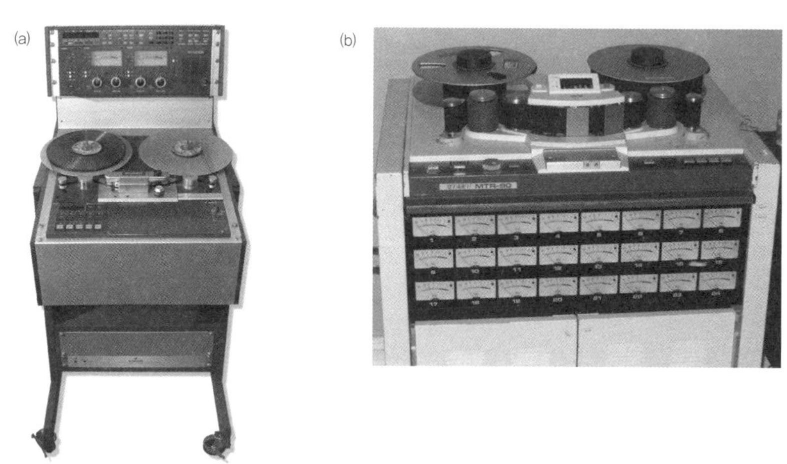

그림4-7 아날로그 녹음기 (a)Studer 2트랙, (b)Otari MRT-90 24트랙

악기음을 저장하는데 사용되고, 2트랙 녹음기는 멀티트랙의 모든 신호들을 믹싱하여 저장하는 마스터 장비로 사용되고 있습니다(**그림4-7**).

DAT 레코더

이 장비는 작은 오디오 DAT 테이프에 2트랙 오디오를 디지털 신호로 녹음, 재생합니다(**그림4-8**).

그림4-8 TASCAM DA-P1

마이크로폰(Microphone)

마이크로폰은 여러분이 너무나 잘 알고 있다고 믿고 있는 오디오 장비로, 시스템의 입구에 해당합니다. 모든 어쿠스틱 악기와 보컬은 이곳을 통해 음향 에너지(소리)의 허물을 벗고 새로운 전기 신호(오디오 파형)로 탈바꿈됩니다. 사실 마이크로폰이 외관상으로는 너무 단순해 보이지만 생각보다 훨씬 복잡하고 힘듭니다. 잘 사용하려면 악기의 음향 특성도 알아야 하고 실내 음향 환경도 파악할 수 있어야 하고 음악에 적합한 음색 지점을 포착할 수 있는 능력을 갖추어야 합니다.

그림4-9 마이크로폰 (a)MD 421 다이내믹, (b)U87 콘덴서

마이크로폰은 우리의 청각 구조와 매우 흡사합니다. 즉 고막에 해당하는 얇은 진동판, 고막 진동을 뇌파로 바꾸는 신경 세포에 해당하는 전기 회로 그리고 귓바퀴에 해당하는 케이스 등으로 구성되어 있습니다.

통상적으로 마이크로폰은 변환 방식에 따라 다이내믹(Dynamic)과 콘덴서(Condenser)로 분류합니다. 일반적으로 다이내믹은 드럼세트, 일렉트릭 기타앰프 그리고 트럼펫과 같은 거칠고 강력한 악기음에 주로 사용되고, 콘덴서는 보컬, 바이올린과 어쿠스틱 기타와 같은 현악기 그리고 플루트와 클라리넷과 같은 목관악기 등에 사용됩니다. 어떤 마이크로폰을 어떤 악기에 사용해야 한다는 규칙은 없지만 특정 음악에서 요구되는 음향을 창출하기위해 어느 정도 공통점은 있는 것 같습니다(**그림4-9**).

마이크 프리앰프(Mic Preamp)

이 장비는 미약한 마이크 신호를 믹서 혹은 녹음기에서 동작할 수 있는 라인 레벨로 전압을 올리는 앰프입니다(**그림4-10**).

그림4-10 Millennia Media HV-3C

다이렉트 박스(Direct Box, DI Box)

다이렉트 박스는 전기 특성(임피던스)이 서로 다른 장비들을 연결하는 오디오 시스템의 커플 매니저입니다. 모든 어쿠스틱 악기와 앰프는 마이크로폰을 사용해야만 녹음과 재생이 가능합니다. 그렇다면 일렉트릭 베이스, 일렉트릭 기타 그리고 신디사이저처럼 전기 신호(오디오 신호)를 만들어내는 악기들은 어떻게 녹음할까요? 언뜻 생각하면 악기 출력을 바로 믹싱 콘솔에 연결하면 만사형통일 것 같지만 항상 그런 것만은 아닙니다. 왜냐하면 악기와 콘솔 간의 전기적인 궁합이 맞지 않기 때문이다. 여기서 필요한 것이 다이렉트 박스입니다(**그림4-11**).

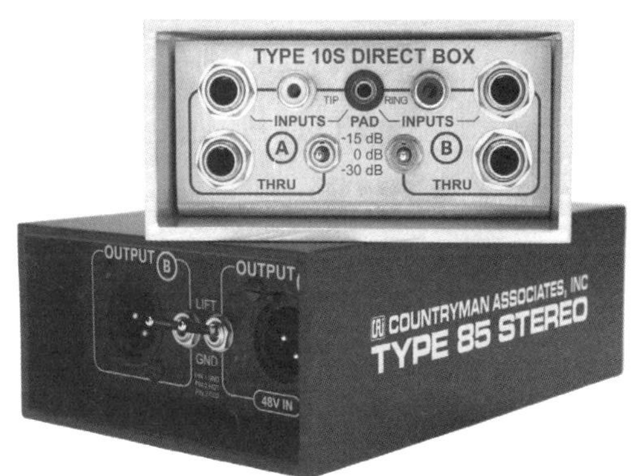

그림4-11 다이렉트 박스

시그널 프로세서와 이펙터

어떤 사람은 음악의 녹음과 믹싱 과정을 요리나 여성의 화장에 비유하곤 합니다. 비록 일부이긴 하지만 고대 이집트 시대의 여성과 21세기 현대 여성의 공통적인 관심사는 신체적 아름다움인 것 같습니다. 본인의 개성을 돋보이기 위해 다양한 화장품으로 특정 부분을 강조하거나 감추기도 하고 심지어 현대 의학의 도움으로 완전히 새롭게 탈바꿈하기도 합니다.

사실 여러분이 즐겨 듣는 상당수의 음악들도 이와 유사한 방법으로 만들어집니다. 물론 클래식과 재즈처럼 순수한 음악 장르들은 예외라고 볼 수 있지만, 거의 모든 대중음악들은 일반 사람들의 상상을 초월할 정도로 상당히 인위적인 음 처리 과정을 통해 사람들의 앨범 구매 심리를 자극합니다.

통상적으로 악기와 어느 정도 떨어져 소리를 들을 때 악기음과 공간 반사음이 결합된 풍부한 악기 음색과 공간성을 느낄 수 있습니다. 하지만 스튜디오에서는 제한된 공간과 여러 가지 음향적 이유 때문에 마이크로폰을 악기 가까이 사용하는 편입니다. 이 때문에 녹음된 소리는 직접 듣던 것과 상당한 차이를 보이곤 합니다. 다음에 설명할 시그널 프로세서(Signal Processor)는 이러한 문제를 해결하면서 더욱 환상적인 음향 세계로 인도하는 장비들입니다. 여성의 색조 화장품이 수십 가지가 되듯이, 음악 프로그램에 사용되는 시그널 프로세서 역시 그 정도로 다양하고 각기 고유한 특성을 지니고 있습니다. 일반적인 악기 음색과 레벨을 성형하는 이퀄라이저, 컴프레서, 노이즈 게이트 그리고 성형된 음을 적절하게 분장하는 리버브와 딜레이 시스템 그리고 플랜저, 페이저 등이 있습니다.

이퀄라이저(Equalizer)

이퀄라이저는 악기음의 저음, 중음 그리고 고음 성분을 주파수 대역 별로 조정하여 음색 변화를 유도하는 유닛입니다(**그림4-12**).

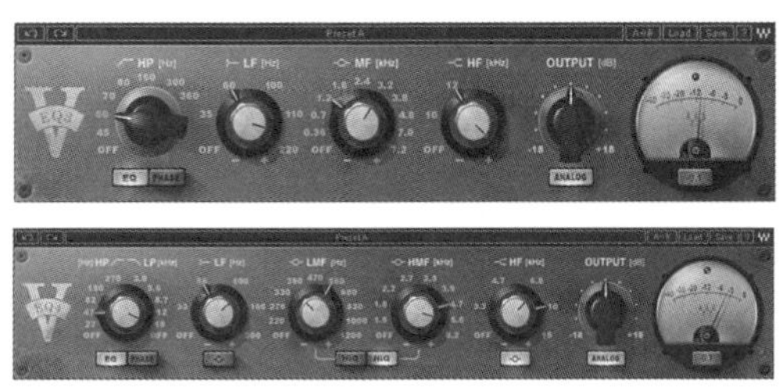

Waves V-EQ3

GML EQ

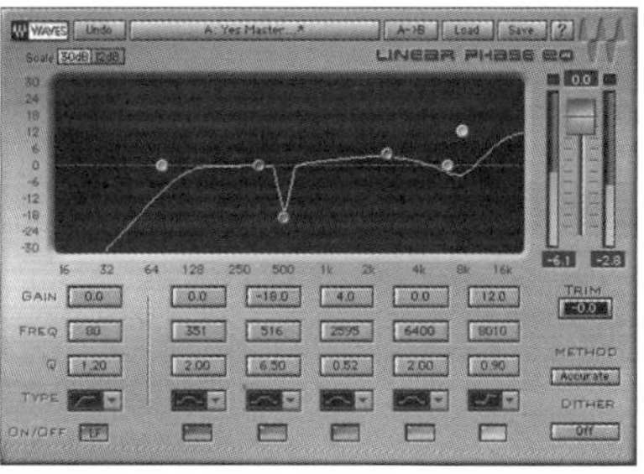

Waves Linear Phase EQ

그림4-12 이퀄라이저

컴프레서(Compressor)

컴프레서는 레벨 변화가 심한 보컬이나 피크가 많은 킥드럼, 스네어 드럼 등과 같은 악기음을 일정하게 유지함으로서 왜곡을 방지하고 음색을 조정하는 유닛입니다(그림4-13).

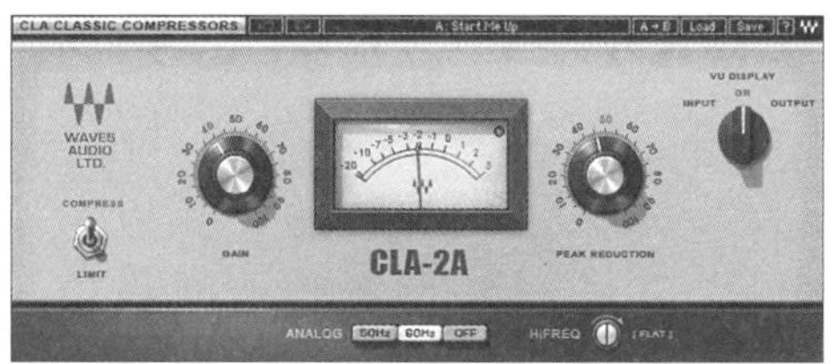

Waves CLA-2A

Manley Slam

그림4-13 컴프레서

리버브 시스템(Reverberation System)과 딜레이 시스템(Delay System)

리버브 시스템은 노래방의 울림처럼 악기와 보컬에 폭넓은 공간성을 제공하는 유닛으로, 예를 들어 비좁은 스튜디오의 연주음을 대형 콘서트홀 음으로 만듭니다. 딜레이 시스템은 악기음의 특정 부분을 한 번 혹은 여러 번 반복시킴으로써 다양한 연주 기법을 표출할 수 있습니다(그림4-14).

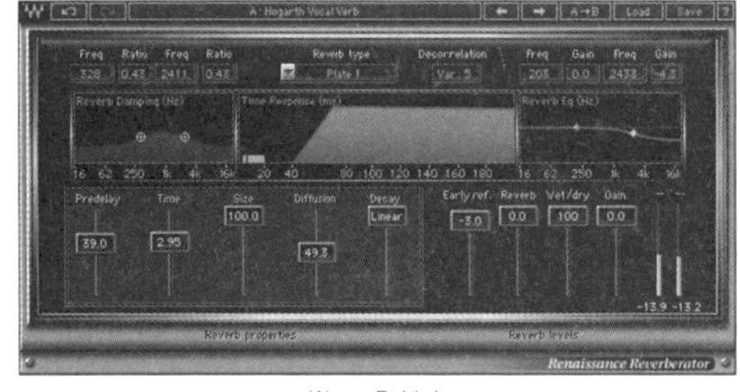

Waves R-Verb

Waves Hybrid Line

그림4-14 리버브와 딜레이

통상적으로 콘솔 내부에 설치된 시그널 프로세서(이퀄라이저, 컴프레서 혹은 리버브 등)를 인보드(in-board) 장비라고 하며, 외부로부터 연결하는 프로세서를 아웃보드(out-board)라고 합니다.

조정실 모니터 시스템

눈을 감고 영화를 볼 수 없듯이, 듣지 않고 녹음할 수는 없습니다. 조정실의 모니터 시스템(Control Room Monitor System)은 여러분의 녹음 혹은 믹싱 프로그램을 냉정하게 평가하며, 라우드스피커(Loudspeaker), 파워앰프(Power Amplifier), 크로스오버 네트워크(Crossover Network) 그리고 조정실의 음향 처리(Acoustic Treatment) 등으로 구성됩니다.

여기서 파워앰프는 믹싱 콘솔의 조정 신호들을 라우드스피커로 재생하기 위해 증폭하고, 크로스오버 네트워크는 스피커의 원활한 재생을 위해 신호들을 저음, 중음 혹은 고음 성분 등으로 분할하는 네트워크입니다. 물론 라우드스피커는 여러분도 잘 알고 있듯이 앰프의 증폭 신호를 우리가 듣고 느낄 수 있는 음향 에너지(소리)로 전환하는 장비이지요.

사실상 이러한 세 가지 요소보다 더욱 중요한 것은 조정실의 음향 처리입니다. 왜냐하면 여러분이 듣는 모든 소리들은 라우드스피커에서 바로 전해지는 직접음과 더불어 벽과 천장 그리고 바닥으로부터 반사된 수많은 반사음으로 구성되어 있기 때문입니다. 하지만 조정실의 음향 처리는 비용도 많이 들고 스튜디오를 옮길 때 재사용이 힘들기 때문에 많은 사람들이 그 중요성을 알면서도 이행하기 힘든 부분이지요(**그림4-15**).

그림4-15 조정실 모니터 시스템

큐 시스템(Cue System)

큐 시스템은 스튜디오의 연주자 혹은 가수가 듣는 모니터링 시스템으로 큐 믹서, 큐 앰프 그리고 고성능 밀폐형 헤드폰으로 구성됩니다. 큐 믹서에는 연주자(혹은 가수)에게 편안한 연주를 위해 본인의 악기음(혹은 목소리)과 다른 악기음의 레벨을 균형 있게 조정하는 기능이 있으며, 큐 앰프는 큐 믹서의 신호를 헤드폰으로 들을 수 있도록 증폭합니다. 그리고 스튜디오에서는 헤드폰 소리가 마이크로 전해지는 것을 방지하기 위해 밀폐형 타입을 주로 사용합니다(**그림4-16**).

그림4-16 큐 시스템

오디오 케이블(Audio Cable)

오디오 케이블은 장비의 입력과 출력 신호들을 연결하고 공급하는 통로이며, 우리 몸의 혈관에 해당됩니다. 따라서 용도에 적합한 케이블 사용이 절대적으로 필요합니다. 케이블은 오디오 신호가 흐르는 선(Conductor)과 외부 잡음으로부터 오디오 신호를 보호하는 실드(Shield)로 구성되며, 이러한 구조를 언밸런스 케이블(Unbalanced Cable)이라 합니다(**그림4-17**).

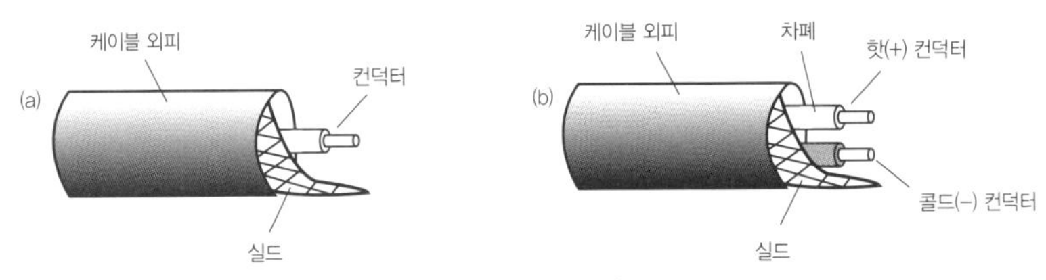

그림4-17 (a)언밸런스 타입, (b)밸런스 타입

하지만 시스템 설치 환경에 따라 단지 실드만으로 외부 잡음 신호를 완전히 격리하기 힘든 경우가 종종 발생합니다. 특히 마이크 케이블은 길이가 길고 신호 레벨 역시 매우 미약한 편이므로 태어난지 백일도 안 된 애기처럼 외부 잡음에 상당히 취약합니다. 따라서 여기에는 새로운 전략이 필요합니다. 한 가지 방법으로 기존의 언밸런스 케이블에 또 하나의 오디오 신호선을 추가 배치하여 실드를 통과한 강력한 잡음들을 제거하는 방법을 사용하는데 이것을 밸런스 케이블(Balanced Cable)이라 합니다.

커넥터(Connecter)

커넥터는 명칭에서 알 수 있듯이 오디오 케이블에 사용하는 연결 고리로, 장비 특성과 케이블링 그리고 용도에 따라 종류가 매우 다양합니다. 예를 들어 XLR 혹은 일명 캐논(Cannon) 커넥터는 대체로 프로 스튜디오의 마이크로폰, 믹싱 콘솔 그리고 녹음기 등을 연결하는 케이블에 사용하고, 폰 플러그(Phone Plug)는 일렉트릭 기타, 건반 악기 혹은 헤드폰 케이블에 사용합니다. 요즈음은 보기 힘들지만 RCA 잭(Jack)은 소형 믹서의 CD 플레이어 혹은 아날로그 카세트 레코더 케이블 등에 사용합니다(그림4-18).

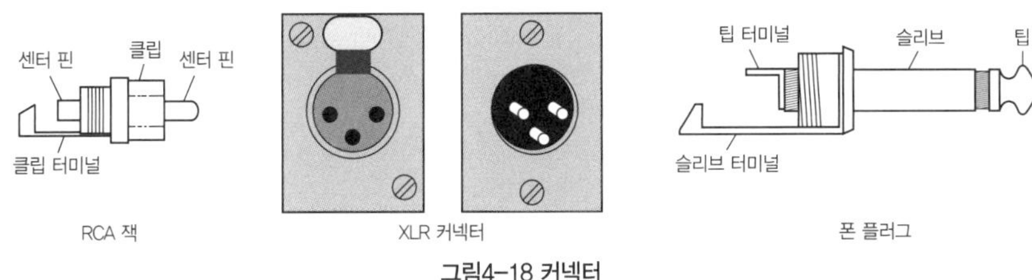

그림4-18 커넥터

랙(Rack)과 패치 베이(Patch Bay)

여러분의 집에는 최소한 하나 이상의 옷장이 있듯이 스튜디오에는 믹싱 콘솔을 제외한 거의 모든 장비(파워 앰프, 이퀄라이저, 컴프레서, 딜레이, 리버브 유닛 등)들을 모아 두는 랙이 있습니다. 이것은 주로 금속으로 만들며 장비들을 고정시키는 나사 구멍이 나열되어 있습니다(그림4-19).

패치 베이 혹은 패치 패널(Patch Panel)은 지하철의 환승역처럼 스튜디오의 모든 장비들이 연결되어 있는 곳으로, 장비 간의 유연한 신호 흐름에 많은 도움을 줍니다. 만일 패치 베이 없이 스튜디오 장비를 연결한다면, 어떤 문제가 생겼을 경우에 빠르게 대처하기 힘들고 또한 고장난 장비가 어떤 것인지를 쉽게 파악하기 힘듭니다. 따라서 패치 베이는 스튜디오의 필수품이라

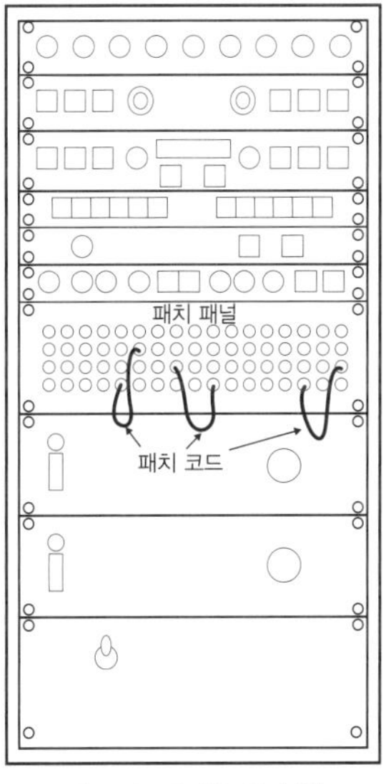

그림4-19 오디오 장비 랙

할 수 있겠지요(**그림**4-20).

그림4-20 패치 베이

오디오 시스템의 신호 경로

오디오 시스템의 신호 경로는 녹음, 재생, 믹싱 그리고 엔지니어와 프로젝트에 따라 달라질 수 있으며, 이에 따라 음질 역시 변할 수 있습니다. 예를 들면 믹싱 과정에서 신호를 이퀄라이징 한 후에 노이즈 게이트를 사용하는 경우와 반대인 경우와는 결과가 상당히 다를 수 있습니다. 다음은 녹음과 믹싱 과정의 일반적인 시스템 구성도입니다.

녹음(Recording)

통상적으로 녹음 과정에서는 마이크로폰, 전기악기 혹은 키보드 등의 입력 신호들을 음악적인 밸런스와 상관없이 믹싱 콘솔을 통해 충분한 레벨로 올린 다음 디지털 혹은 아날로그 멀티트랙 녹음기 등에 저장합니다(**그림 4-21**).

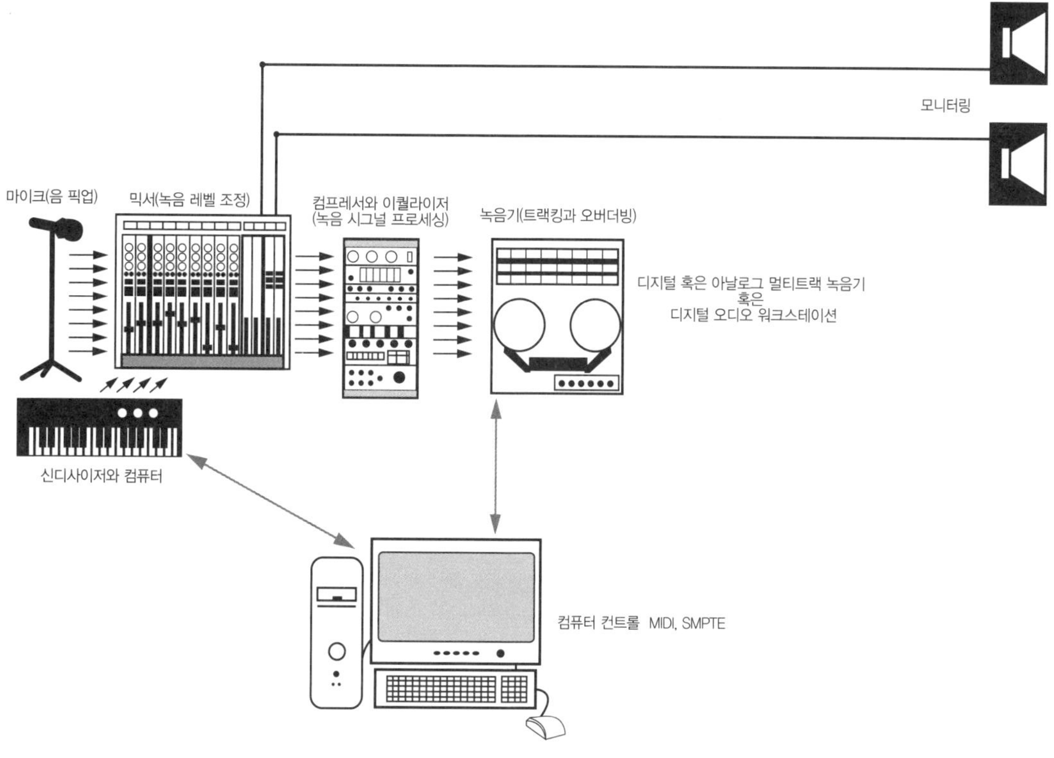

그림4-21 녹음 과정에서의 오디오 장비 신호 흐름

다음은 디지털 오디오 워크스테이션의 신호 경로입니다(**그림4-22**).

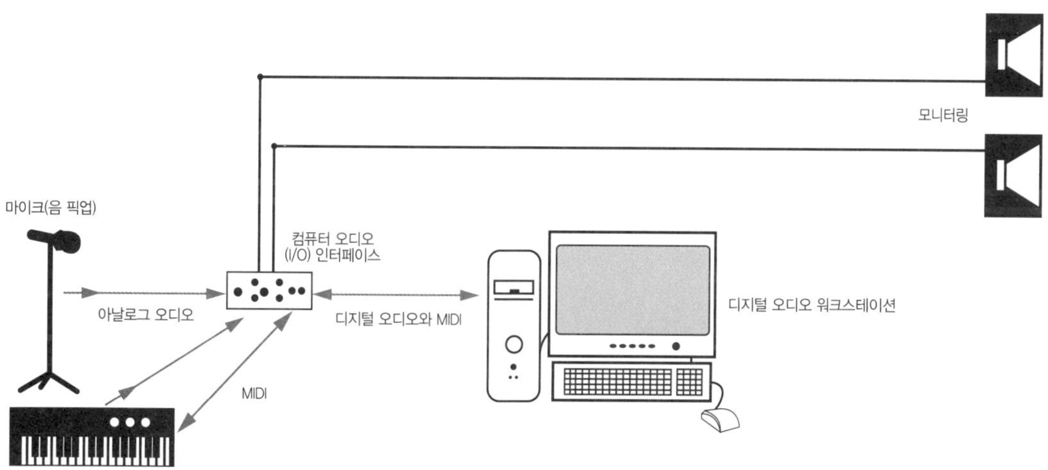

그림4-22 디지털 오디오 워크스테이션의 신호 흐름

믹스다운(Mixdown)

믹싱 혹은 믹스다운에서는 디지털 혹은 아날로그 멀티트랙 녹음기의 신호들을 믹싱 콘솔과 다양한 시그널 프로세서를 통해 레벨과 음색 그리고 공간성을 음악적인 밸런스로 조정하여 2트랙 마스터 녹음기에 저장합니다(**그림 4-23**).

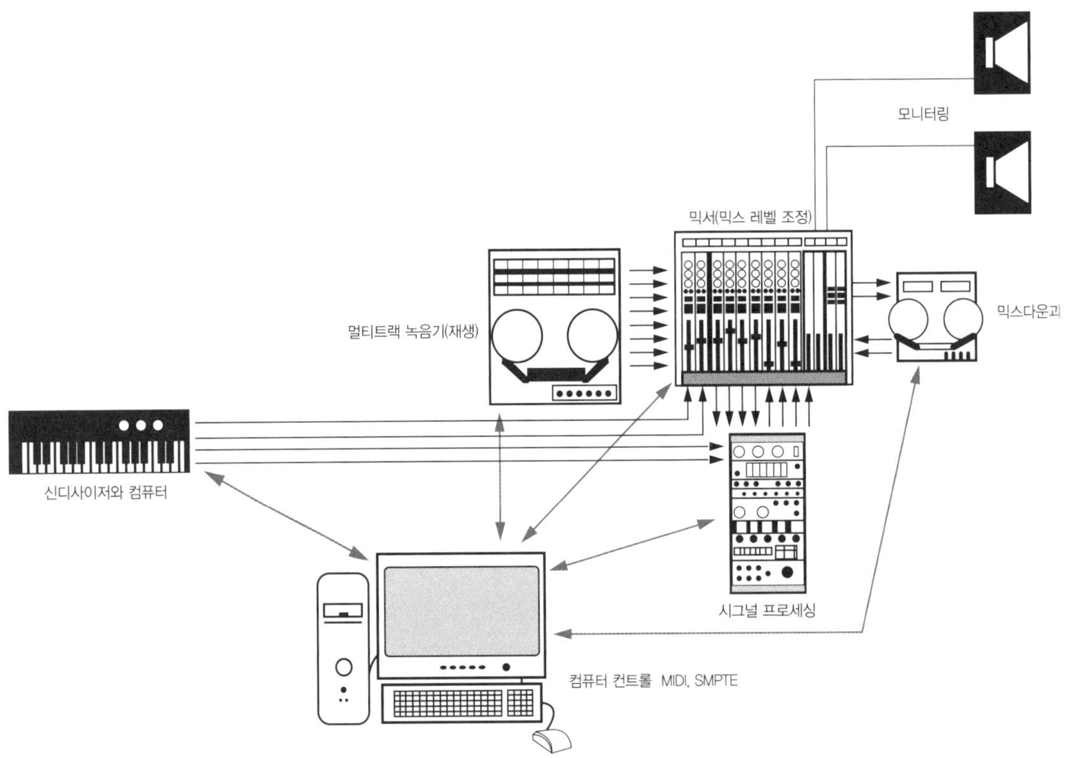

그림4-23 믹스다운 과정에서의 오디오 장비 신호 흐름

마이크로폰

마이크로폰

최근 들어 MIDI와 가상 악기 그리고 샘플러 등의 디지털 오디오 프로세서의 사용이 폭증하면서 어쿠스틱 악기 녹음의 필수품인 마이크로폰과 이와 관련된 테크닉에 관한 관심이 더욱 멀어지는 것 같습니다. 그러한 이유 때문인지는 몰라도 대부분의 스튜디오에서 사용되는 마이크들까지도 M149, U87, AKG414, SM57, D112 등의 단일지향성으로, 매우 제한적인 모델들만 사용하는 것 같습니다. 물론 다양한 모델을 구입하려면 비용도 많이 들고 사용 횟수도 이전처럼 많지 않아서 상당히 부담스럽겠지만 대부분의 미디 악기들이 어쿠스틱 악기를 기반으로 한 점을 고려한다면 마이크 선택과 사용 범위를 넓힐 필요가 있다는 생각을 하게 됩니다.

마이크로폰은 믹싱 콘솔, 라우드스피커 그리고 파워앰프 등의 일반 오디오 장비와 달리 크기와 외형이 다양하고 사실상 여러분 주변의 어떤 마이크들도 동일하게 생긴 것은 거의 없을 것입니다. 그 이유에 대해서는 앞으로 풀어가겠지만, 마이크로폰에는 소리를 오디오 신호로 전환하는 장비 이상의 심오한 내용이 숨어 있습니다. 예를 들면 때로는 악기 음색을 보완하는 이퀄라이저로, 때로는 음을 압축하는 컴프레서로, 때로는 악기로 동작합니다.

이번 장의 포인트

- 변환 방식
- 지향성
- 전기 특성
- 특수 마이크로폰
- 다이렉트 박스
- 마이크로폰 액세서리
- 대표적인 마이크로폰
- 아웃보드 프리앰프

변환 방식

　마이크로폰은 사람의 청각 기능을 모델링 한 것이므로, 전기적인 지식이 전혀 없는 사람들도 구조를 쉽게 이해할 수 있을 것입니다. 예를 들면 마이크 케이스는 귓바퀴, 얇은 진동판은 고막 그리고 전기 회로는 뇌 세포에 해당된다고 볼 수 있습니다. 따라서 앞으로 설명하겠지만 마이크를 선택할 때는 이러한 세 가지 요소를 함께 고려해야만 할 것입니다.

다이내믹 마이크로폰(Dynamic Microphone)

　통상적으로 마이크는 변환 방식에 따라 다이내믹과 콘덴서로 분류하고, 다이내믹은 무빙코일형과 리본형 그리고 콘덴서는 튜브와 FET 등으로 나뉘어집니다. 여기서 변환이란 소리라는 음향 에너지를 오디오 신호라는 전기 에너지로 바꾸는 것을 말하며 마이크가 그 일을 담당하지요. 마이크를 사용하는데 굳이 동작 원리까지 알 필요는 없습니다. 하지만 사람의 첫 인상이 그를 판단하는 한 가지 요소가 될 수 있듯이, 아마도 마이크를 선택하는데 많은 도움이 될 것입니다.

무빙코일형(Moving Coil Type)

　이 마이크의 동작 원리는 간단합니다. 악기음이 마이크의 진동판을 건드리면 진동판 뒤의 코일이 움직이면서(moving) 오디오 신호가 만들어집니다. 그래서 무빙코일형이라고 합니다. 여러분이 접하는 다이내믹 마이크 가운데 아마도 99%는 무빙코일형일 가능성이 높습니다. 그래서 많은 사람들이 다이내믹이라 부르는 마이크는 거의 대부분 무빙코일형입니다(**그림5-1**).

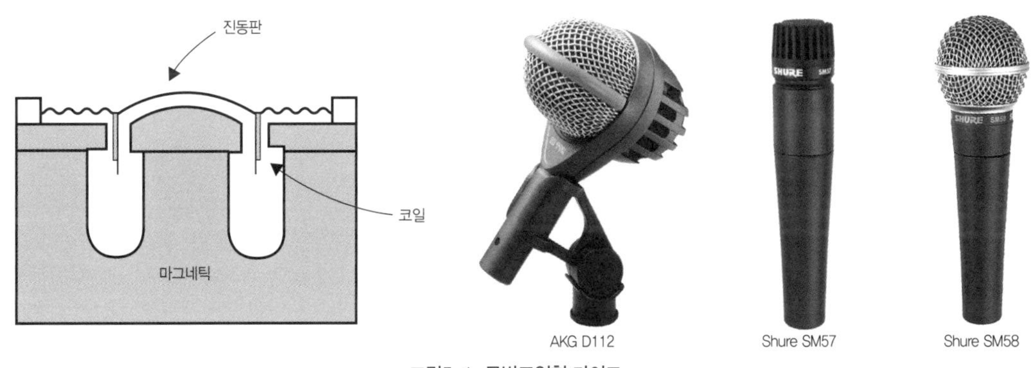

그림5-1 무빙코일형 마이크

　원래 이 마이크는 방송국의 내레이션 전용으로 개발된 것이므로, 저음과 고음에 비해 2kHz에서 4kHz 사이의 중고음 감도가 높은 편입니다. 이렇게 만든 이유는 외부의 불필요한 저음 진동과 아나운서의 과도한 고음인 치찰음을 줄이고 또한 사람이 가장 민감하게 반응하는 중고음(2~4kHz)을 높여서 청취자에게 더욱 선명한 목소리를 전달하기 위함입니다. 그래서 무빙코일형을 일명 프리센스 마이크(Presence Mic)라고도 합니다.

일반적으로 무빙코일 다이내믹 마이크는 다음과 같은 경우에 많이 사용합니다.

- ■거친 소리를 달콤하게 만들 때(색소폰, 트럼펫 등).
- ■큰 음량의 악기에 마이크를 가까이 사용할 때(킥 드럼, 스네어 드럼, 디스토션 일렉트릭 기타 앰프).
- ■악기음을 뚜렷하게 부각시킬 때(보컬, 어쿠스틱 기타 등).
- ■피드백을 줄일 때(라이브 공연).

리본형(Ribbon Type)

앞에서 설명한 무빙코일형이 스피치용이라면, 리본형은 보컬과 악기용으로 개발된 다이내믹 마이크입니다. 기존의 무빙코일형에 비해 저음과 중음 그리고 고음 감도가 상당히 높기 때문에 보컬과 악기의 다양한 음색 변화를 매우 섬세하게 표현할 수 있습니다. 하지만 외부 충격에 약하다는 단점과 TV 스크린에서 커다란 마이크 케이스가 가수 얼굴을 가린다는 이유 때문에 탁월한 음질에도 불구하고 바로 퇴출되었습니다(**그림5-2**). 그러나 최근에는 이를 개선한 모델들이 출시되고 있으며 현재는 디지털 녹음에 가장 적합한 마이크로 주목받고 있습니다. 대표적인 제품으로는 Beyer Dynamic, Royer, Nody 등이 있습니다.

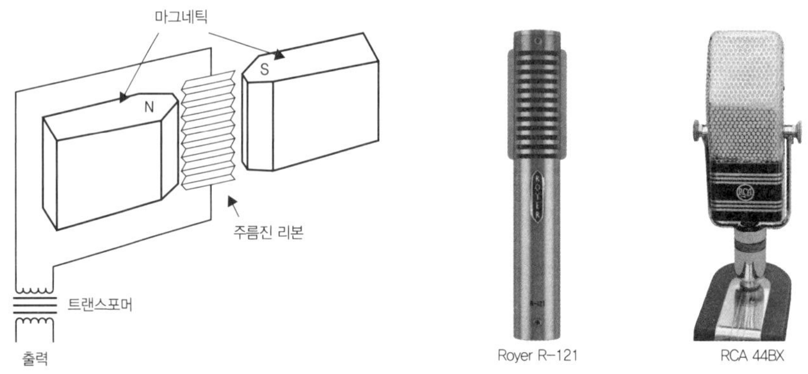

그림5-2 리본형 마이크

심오한 마이킹 테크닉

이전에 일인데 영국의 유명 가수인 Sting이 AKG C12VR이라는 고가의 새로운 마이크로 녹음했다는 얘기를 듣고, 어려운 살림에 겨우 구입해서 사용해 본 적이 있었는데, 아… 역시 밭이 아무리 좋아도 콩 심으면 콩 나오고, 팥 심으면 팥 나온다는 진리를 절감한 적이 있었습니다. 사실 많은 사람들이 고가의 고품질 마이크일수록 마이크가 알아서 음을 좋게 만들어 줄 것이라는 착각에 빠지곤 하는데, 천만에 말씀 만만에 콩떡입니다.

실제로 이 마이크들이 최고의 음질을 발현하려면 그들이 원하는 요구 조건들이 완벽하게 갖추어져야 하고(훌륭한 연주자와 가수 그리고 우수한 음향 환경) 또한 엔지니어에게 고도의 테크닉을 요구합니다. 따라서 만일 가수가 노래 도중에 레벨과 음색이 심하게 변하거나 녹음 공간이 좋지 않다면 저가의 일반적인 마이크가 탁월한 선택이 될 수도 있습니다. 한 가지 부언하자면 장비의 의존도를 가능한 줄이는 것이 여러분의 심오한 테크닉이 아닐까요?

AKG C12VR

콘덴서 마이크로폰(Condenser Microphone)

콘덴서 마이크로폰은 전기 에너지를 저장하는 커패시터(capacitor)를 벤치마킹한 것이므로 때로는 커패시터 마이크로폰(Capacitor Microphone)이라고도 합니다. 이 마이크는 리본형의 우수한 특성을 그대로 유지하면서 크기만을 줄이기 위해 개발된 변환 방식입니다. 통상적으로 콘덴서 마이크는 사용하는 전기 소자에 따라 튜브(Tube)와

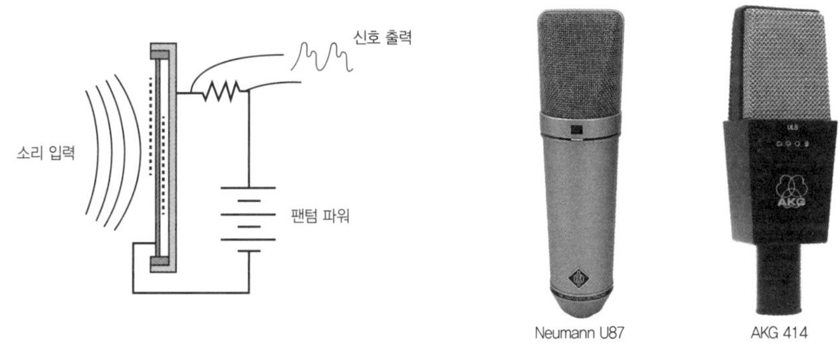

그림5-3 콘덴서 마이크

FET(Field Effect Transistor) 타입으로 분류하는데, 여기서 튜브는 진공관을, FET는 반도체(트랜지스터)를 이용한 것입니다(**그림5-3**).

　현재 여러분이 사용하는 거의 모든 콘덴서 마이크들은 FET 타입이지만 예전에는 튜브 타입이었습니다. 튜브 타입의 마이크는 매우 부드럽고 따듯한 음색을 제공하는 것으로 알려져 있으며, 전자 산업이 진공관에서 트랜지스터로 전환되면서 생산이 중단되었습니다. 그러나 오디오 시스템이 아날로그에서 컴퓨터 기반의 디지털 방식으로 전환되면서 디지털의 차고 건조한 느낌을 보완하고자 과거의 튜브 마이크들이 빈티지(vintage)라는 이름으로 다시 주목을 받고 있으며 지금도 이와 비슷한 새로운 모델들이 속속 개발되고 있습니다.

튜브 콘덴서 마이크의 주의 사항

■FET 타입은 마이크 케이스(튜브)를 캡슐(진동판) 위쪽이나 아래쪽 중의 어느 방향이라도 상관없지만, 튜브 타입은 항상 케이스가 캡슐 위쪽에 있도록 해야 합니다. 그 이유는 만일 케이스가 캡슐 아래쪽에 있으면 튜브의 뜨거운 열이 진동판에 전해지면서 음질에 문제가 생길 수 있기 때문입니다.

■마이크가 정상적으로 동작하려면 약 30분 정도의 예열 시간이 필요합니다.

■팬텀 파워는 콘솔과 마이크 사이의 연결이 완전히 끝난 후 공급해야 합니다. 그렇지 않으며 강력한 전기 쇼크로 인해 튜브가 파손될 가능성이 높아집니다.

일반적으로 콘덴서 마이크는 다음과 같은 경우에 많이 사용합니다.

■악기 혹은 앙상블의 직접음과 공간음을 함께 픽업할 때(오케스트라).

■음색을 섬세하고 화려하게 표현할 때(보컬, 어쿠스틱 악기).

■음량이 작은 악기에 마이크를 가까이 사용할 때.

■DI 박스로 녹음한 악기에 저음이 필요할 때(베이스 기타).

연결 케이블의 길이

콘덴서 마이크와 프리앰프 사이의 연결 케이블은 짧을수록 유리합니다. 그 이유는 매우 미약한 마이크 출력 신호가 긴 케이블을 지나면서 외부 유도 잡음에 노출될 수 있고 또한 길이에 따라 증가하는 케이블 임피던스가 마이크 신호의 흐름을 저지하면서 음질이 심하게 변할 수 있기 때문입니다. 따라서 특히 보컬과 클래식 음악을 녹음할 때는 가능한 프리앰프를 마이크 가까이 설치하여 케이블의 길이를 2~3m 이하로 줄이고, 프리앰프 출력과 믹서의 입력 채널 사이를 긴 케이블로 연결합니다(**그림5-4**).

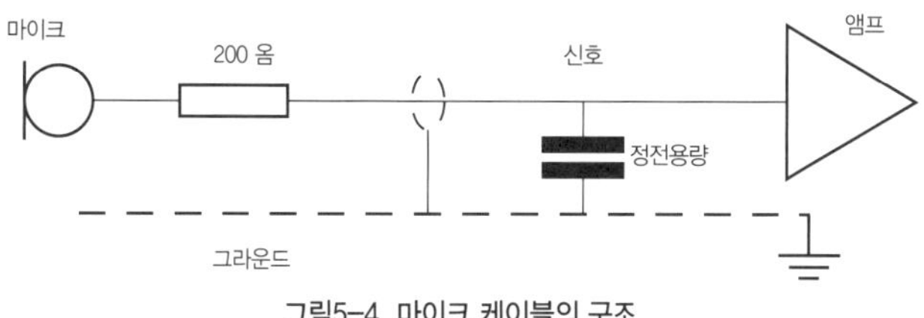

그림5-4 마이크 케이블의 구조

팬텀 파워(Phantom Power)

팬텀 파워는 콘덴서 마이크가 동작하는데 필요한 전압입니다. 과거에는 마이크마다 공급 전압이 달랐기 때문에 별도의 팬텀 파워 박스가 필요했지만 지금은 DC 48볼트로 표준화되면서 거의 모든 믹싱 콘솔에서 제공합니다. 하지만 튜브 타입 마이크는 제품마다 필요한 히팅과 플레이트 전압이 다르기 때문에 별도의 팬텀 파워와 마이크 케이블이 필요합니다(**그림5-5**).

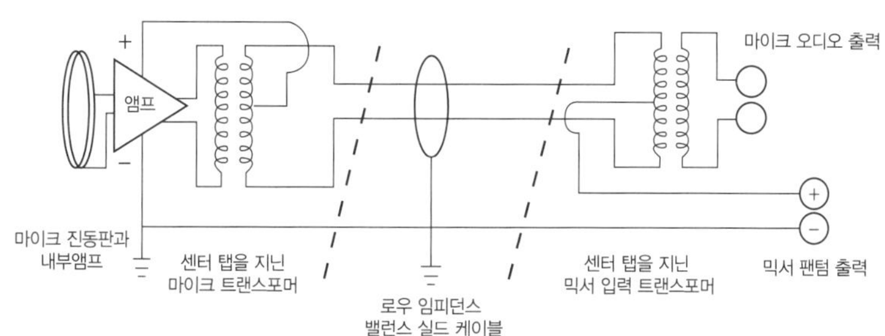

그림5-5 팬텀 파워 공급(믹서)

요즈음은 주변에서 하이 팬텀 파워 마이크로폰(High Phantom Power Microphone)을 심심치 않게 볼 수 있는데, 여기서 하이 팬텀 파워란 기존의 48볼트보다 훨씬 높은 마이크 공급 전압을 말합니다. 현실적인 면을 고려하면 사실상 케이블에서 발생하는 공급 전압 손실을 줄이기 위해 마이크 케이블의 길이를 줄이는 것은 한계가 있습니다. 이를 보완하고자 하이 팬텀 파워 마이크가 개발되었습니다. 이것은 마치 과거에 사용했던 가정용 전기인 110볼트를 220볼트로 높임으로써 먼 지역까지 일정한 전압으로 손실 없이 공급할 수 있게 된 것과 비슷한 원리입니다(**그림5-6**).

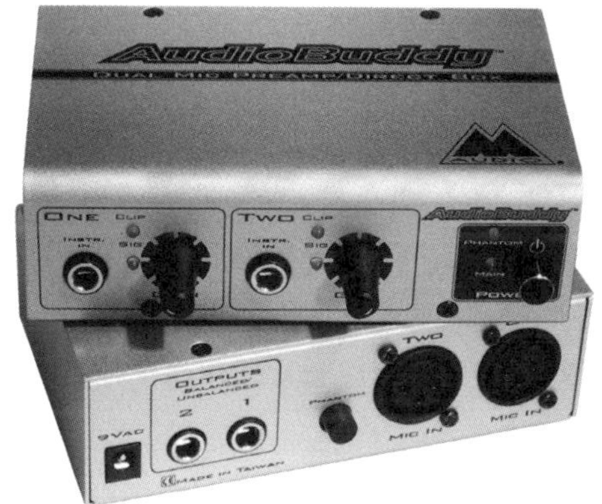

그림5-6 팬텀 파워가 탑재된 Audio Buddy의 마이크 프리앰프

 **음향 특성과 위상의 관계**

만일 악기 혹은 보컬에 콘덴서와 다이내믹 마이크 함께 사용한다면 두 마이크를 같은 거리에 배치하는 것은 가능한 피하고, 만일 필연적으로 같은 거리에 있어야 한다면 한 쪽 마이크의 출력 레벨을 줄이는 것이 유리합니다. 그 이유는 마이크 구조상 다이내믹 출력 신호가 콘덴서에 비해 90° 위상 지연되기 때문입니다. 이와 유사한 현상을 다이렉트 박스의 베이스 기타와 다이내믹 마이크의 킥 드럼 사이에서도 볼 수 있는데, 이 경우에는 두 악기의 음향 특성이 서로 달라서 위상 변이로 인한 음질 혹은 음색 변화가 클 수도 있고 작을 수도 있습니다. 또한 두 악기의 위상을 정확하게 조정하는 것이 좋을 수도 있고, 나쁠 수도 있습니다. 따라서 여러분은 컴퓨터 화면상의 파형에 의존하지 말고 직접 듣고 판단해야 하며, 여기서 주의 깊게 관찰할 부분은 악기의 저음 성분입니다. 따라서 만일 신호의 위상을 조정해야 한다면 저음이 선명하고 풍부하게 들리는 지점을 선택해야 할 것입니다.

진동판 직경, 질량 그리고 케이스

'왜, 마이크는 종류마다 크기와 형태가 그토록 다를까?'라는 질문은 '왜, 악기마다 크기와 형태가 다를까?'와 비슷한 질문입니다. 1장에서 어쿠스틱 악기의 크기와 형태가 다른 이유에 대해 살펴보았지만, 마이크 음질은 일반 오디오 장비와 달리 진동판의 직경과 질량 그리고 마이크 케이싱 등과 같은 물리적인 요소에 많은 영향을 받습니다. 따라서 마이크를 선택할 때는 앞에서 설명한 변환 방식과 더불어 이러한 물리적인 요소들을 함께 고려해야 할 것입니다. 아마도 여러분은 다음 내용을 읽고 나면 관상만 보고도 미래를 맞추는 점술가처럼 마이크 외형만 보고도 용도를 어느 정도 판단할 수 있을 것입니다. 물론 최종 결정은 듣고 판단해야겠지요.

마이크 진동판의 직경과 질량

바이올린처럼 보디가 작은 악기에서는 아름다운 고음이, 첼로처럼 큰 악기에서는 풍부한 저음이 나옵니다. 마찬가지로 마이크 역시 진동판이 작고 가벼운 마이크는 밝은 고음 성분을, 크고 무거운 마이크는 풍부한 저음 성분을 제공합니다. 달리 말하면 마이크 진동판의 직경과 질량은 악기의 직접음 픽업과 밀접한 관계가 있습니다.

예를 들어 U87, AKG414 등의 콘덴서와 RE20, D112 등의 다이내믹 마이크처럼 진동판 직경이 큰 유닛들은 첼로, 콘트라베이스, 베이스 기타 앰프 그리고 킥 드럼과 같은 악기의 저음 성분을 충분히 표현하고, AKG451 등의 콘덴서와 SM57 등의 다이내믹 마이크처럼 직경이 작은 유닛들은 하이햇, 심벌 그리고 플루트와 같은 악기의 고음 성분을 충실히 표현합니다(**그림5-7**).

대구경 다이내믹(D112)　　대구경 콘덴서(AKG 414)　　소구경 다이내믹(SM57)　　소구경 콘덴서(AKG 451)

그림5-7　마이크 진동판과 질량

여기서 잠깐 그 이유를 살펴볼까요? 1장에서 설명했듯이 저음은 파장이 길고 고음은 파장이 짧은데, 일례로 100㎐는 한 파장이 3.4m(340/100) 정도로 길고, 10㎑는 0.34㎝(340/10000)정도로 짧습니다. 따라서 진동판 직경이 클수록 긴 파장의 저음을 수용하는데 용이하고, 작을수록 짧은 파장의 고음을 효과적으로 수용합니다.

또한 진동판 질량이 가벼운 콘덴서 마이크들은 악기의 어택 음과 배음이 강조된 밝고 환한 음색을 제공하지만 음이 거칠어질 수 있고, 질량이 무거운 다이내믹 마이크들은 달콤하고 부드러운 음색을 구현하지만 음이 둔해 질 수 있습니다.

어쿠스틱 기타의 밝고 화려한 스트로크 연주에는 진동판이 작고 질량이 가벼운 콘덴서 마이크를, 풍부한 저음과 맑은 고음의 아르페지오 연주에는 진동판이 크고 질량이 무거운 콘덴서를 사용해 보세요.

마이크 케이스

앞에서 설명한 마이크 진동판의 직경과 질량이 악기의 직접음과 밀접하다면, 마이크 케이스(외형)는 반사음에 영향을 미칩니다. 마이크를 악기에서 멀리 설치할수록 악기의 직접음 못지않게 여러 방향의 반사음들이 전해지는데, 여기서 마이크 케이스는 측면 혹은 배면에서 전해지는 고음 반사음에 하나의 장애물로 동작합니다. 달리 말하면 긴 파장의 저음은 회절되어 마이크 진동판에 도달하지만 파장이 짧은 고음은 케이스에 반사되어 튕겨 나갑니다.

마이크 선택

대중음악은 일반적으로 마이크를 악기 가까이 설치하므로 케이스 영향을 크게 받지 않지만 클래식 음악은 앙상블 혹은 오케스트라로부터 어느 정도의 거리를 유지하므로 마이크 외형을 고려할 필요가 있습니다. 그래서 때로는 마이크를 자유 음장 타입(Free Field Type)과 확산 음장 타입(Diffusion Field Type)으로 분류하기도 하는데, 자유 음장 마이크는 주로 악기의 직접음을 픽업하므로 케이스가 크고 굵으며(U87, D112, SM58 등), 확산 음장 마이크는 악기의 직접음과 더불어 잔향음을 함께 픽업해야 하므로 케이스가 작고 가늘습니다(B&K4006, KM140 등). 물론 이러한 논리가 항상 통하는 것은 아니지만 여러분의 마이크 선택에 도움이 되었으면 합니다.

하이패스 필터(High Pass Filter)

대체로 다이내믹 마이크는 매우 낮은 진동음이나 보컬의 거친 저음을 큰 문제없이 해결하지만 콘덴서 마이크는 민감하게 반응합니다. 이를 위해 케이스에는 70Hz 혹은 150Hz 이하 등의 저음성분을 차단하는 하이패스 필터가 있습니다. 여기서 70Hz 필터는 일반 악기와 보컬용이고 150Hz는 스피치용입니다. 탐탐에 자주 사용하는 다이내믹 MD421은 하이패스 필터 주파수를 M과 S로 표기하는데, 여기서 M은 뮤직(Music), S는 스피치(Speech)입니다. 일반적인 악기 녹음에는 M에서 한 단계 높은 지점을 주로 사용합니다.

하이패스 필터의 적용

마이크의 하이패스 필터는 킥 드럼과 베이스를 제외한 모든 악기와 보컬에 조건 없이 사용해야 합니다. 믹싱 콘솔의 입력 채널 혹은 마이크 프리앰프에도 이와 비슷한 하이패스 필터가 있기 때문에 간혹 사람들은 둘 중에 하나만 선택하면 된다고 하지만 항상 둘 다 사용해야 됩니다. 왜냐하면 두 필터의 기능이 조금 다르고 또한 첫 번째 필터(마이크)에서 제거하지 못한 낮은 저음을 두 번째 필터(프리앰프)에서 추가적으로 제거할 수 있기 때문입니다.

패드(Pad)

다이내믹 마이크는 통상적으로 악기에 가까이 사용하도록 설계되어 있으므로 킥 드럼 안에 넣어도 강한 음압에 잘 견디지만, 콘덴서 마이크는 악기의 직접음과 주변 반사음을 함께 픽업하기 위해 감도를 높였기 때문에 악기와 어느 정도 거리를 유지해야 합니다. 그래서 만일 킥 드럼이나 스네어 드럼에 가까이 사용하면 심한 왜곡이 발생할 수 있습니다. 마이크 패드는 이를 방지하기 위한 레벨 감쇄기(−10dB 혹은 −20dB)입니다.

패드의 남용은 금물!

이처럼 패드를 사용하면 왜곡을 줄일 수 있다고 해서 콘넨서 마이크를 드럼이나 디스토션 기타

앰프처럼 강한 악기에 마구 사용해도 좋다는 것은 결코 아닙니다. 비록 소리는 왜곡되지 않겠지만 드럼의 강한 어택 음으로 인해 내부 메커니즘이 변형되어 이 마이크를 보컬에 사용할 경우 원하는 음색을 보장하기 힘들어집니다.

지향성

우리 주변에 외향적인 사람도 있고 내성적인 사람도 있듯이, 마이크 역시 종류에 따라 모든 방향의 음을 픽업하기도 하고 특정 방향의 음만을 수용하기도 합니다. 지향성(Directional) 혹은 극성 패턴(Polar Pattern)은 마이크 정면을 기준으로 다른 방향의 감도를 각도(방향) 별로 나타낸 것입니다. 그래서 정면 감도를 0dB로 표시하고, 이를 기준으로 다른 방향의 감도를 −dB로 나타냅니다.

마이크의 지향각도(Directional Angle)는 레벨과 음색 변화 없이 마이크가 수용할 수 있는 범위를 각도로 나타낸 것으로, 예를 들어 지향각도가 90°이면 진동판 주축(on-axis)을 기준으로해서 상하좌우 45° 범위 내의 모든 음들을 거의 균일하게 픽업합니다.

무지향성(Omnidirectional)

무지향성은 말 그대로 지향성 없이 모든 방향의 음을 균일하게 픽업합니다. 따라서 마이크 위치가 크게 중요하지 않을 것 같지만 실제로 이러한 원칙은 중음과 저음에만 적용될 뿐, 모든 무지향성 마이크들은 고음에서 지향성을 가집니다. 바꾸어 말하면 모든 음(저음, 중음 그리고 고음)에 완전한 무지향성을 제공하는 마이크는 없습니다. 따라서 선명하게 녹음하려면 비록 무지향성일지라도 마이크를 악기 정면에 배치해야 할 것입니다(**그림5-8**).

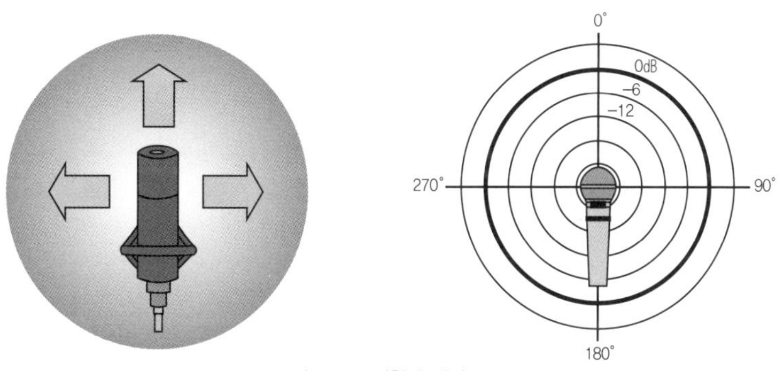

그림5-8 무지향성 패턴

간혹 사람들은 무지향성 마이크가 모든 방향의 소리를 픽업하므로 홀의 공간음(잔향, 앰비언스)에 유리한 것으로 생각하고 악기로부터 멀리 놓습니다. 물론 상황에 따라 그럴 수도 있겠지만 사실 무지향성은 악기 가까이 있을 때 그 진가가 더욱 발휘됩니다. 왜냐하면 근접 효과로 인한 불필요한 저음 증가가 적고, 주파수 응답 특성이 저음에서 고음까지 매우 균일한 편이므로 악기의 거친 고음을 부드럽게 처리할 수 있기 때문입니다.

단일지향성(Unidirectional)

단일지향성 마이크는 야경을 밝히는 레이저 조명처럼 특정 방향의 음(진동판 정면)에 가장 높은 감도를 나타냅니다. 하지만 이 원칙 역시 중고음과 고음에 적용될 뿐이고 어떠한 단일지향성 마이크도 저음과 중저음에는 무지향성으로 동작합니다(**그림5-9**).

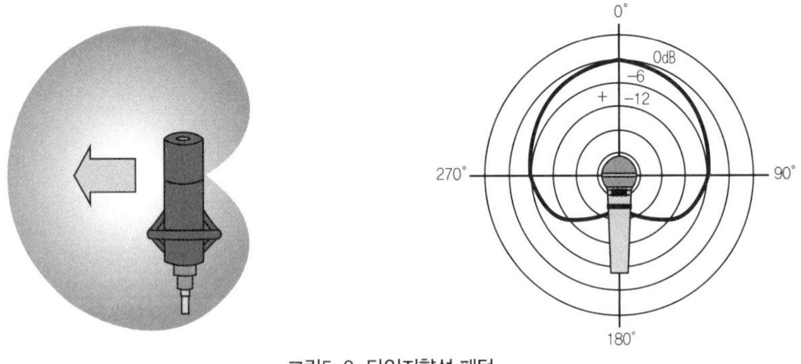

그림5-9 단일지향성 패턴

단일지향성의 종류로는 카디오이드(Cardioid), 슈퍼 카디오이드(Supercardioid) 그리고 하이퍼 카디오이드(Hypercardioid) 등이 있습니다. 여기서 카디오이드란 픽업 패턴이 하트 형태와 비슷하다고 해서 붙여진 그리스어입니다.

카디오이드 마이크는 진동판 주축을 기준으로 상하좌우 65° 이내의 모든 소리들을 거의 동일한 감도로 픽업합니다. 따라서 지향 각도를 합산하면 130° 정도로 넓은 편이므로 연주자의 움직임이 많은 악기(바이올린, 플루트 등)와 스트링 섹션 그리고 악기의 직접음과 실내 공간음을 합께 픽업하는데 유리합니다. 한편 슈퍼 카디오이드와 하이퍼 카디오이드는 카디오이드보다 지향 각도가 좁은 편이므로 고정된 악기와 간섭음과 주변 잡음이 심한 실내에서 유리합니다.

> **지향성과 앰비언스**
>
> 앞에 설명했듯이 지향성 마이크는 특정 방향의 소리만을 픽업하므로 홀 앰비언스용으로는 부적절한 것으로 볼 수 있지만 항상 그런 것만은 아닙니다. 왜냐하면 일반적으로 지향성 마이크들은 무지향성에 비해 고음 특성이 높기 때문에 앙상블과 마이크 사이의 긴 거리로 인해 발생하는 공기입자의 고음 감쇄를 보상할 수 있으며 동시에 홀의 특정 지역에서 발생하는 불필요한 잔향까지 줄일 수 있기 때문입니다.

양지향성(Bidirectional)

양지향성은 진동판 정면과 배면의 감도가 가장 높고 측면으로 갈수록 떨어집니다. 따라서 마이크 정면으로는 악기의 직접음 그리고 배면으로는 실내 공간음을 픽업할 수 있으므로 마이크와 악기 사이의 거리를 조정하면서 직접음과 공간 반사음을 적절한 비율로 믹스할 수 있습니다(**그림5–10**).

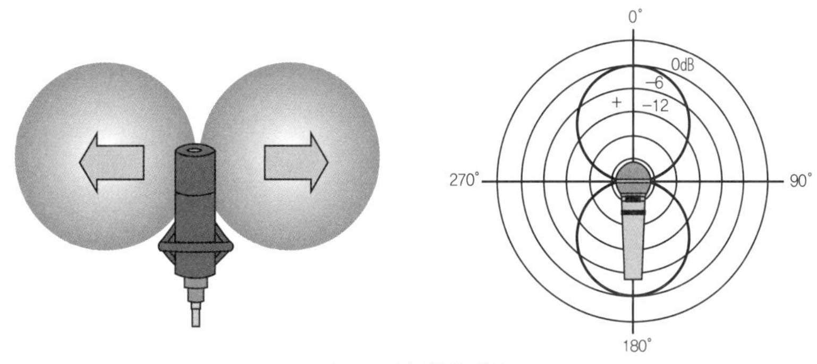

그림5–10 양지향성 패턴

오프 액시스 컬러레이션(Off–axis Coloration)

만일 음향 환경이 우수한 콘서트홀에서 피아노 독주를 선명하게 녹음하려면 와이드 카디오이드와 하이퍼 카디오이드 콘덴서 마이크 가운데 어떤 것이 유리할까요? 답은 와이드 카디오이드입니다. 그 이유는 다음과 같습니다.

지향 패턴이 넓다는 것을 다른 관점에서 고찰하면 지향각을 벗어난 범위가 좁다는 것이고, 반면 지향 패턴이 좁다는 것은 지향각을 벗어난 범위가 넓다는 것을 의미합니다. 사실 제조사들이 감추고 싶은 마이크 특성 가운데 하나가 지향각을 벗어난 음(특히 반사음)에 대한 주파수 응답입니다.

여러분이 마이크를 통해 듣는 악기음은 지향각 이내의 직접음과 지향각 이외의 반사음이 결합된 것입니다. 만일 지향각을 벗어난 주파수 응답에서 고음 특성이 떨어진다면 전체적인 악기음은 둔하게 들릴 것이며, 이 같은 현상을 오프 액시스 컬러레이션이라 합니다. 따라서 선명한 음색이 중요한 과제라면 가능한 지향각이 넓은 마이크(무지향성과 와이드 카디오이드)를 선택하고, 간섭음이 심각한 문제라면 지향각이 좁은 마이크(슈퍼와 하이퍼 카디오이드)가 좋은 결과를 제공할 것입니다(**그림5-11**).

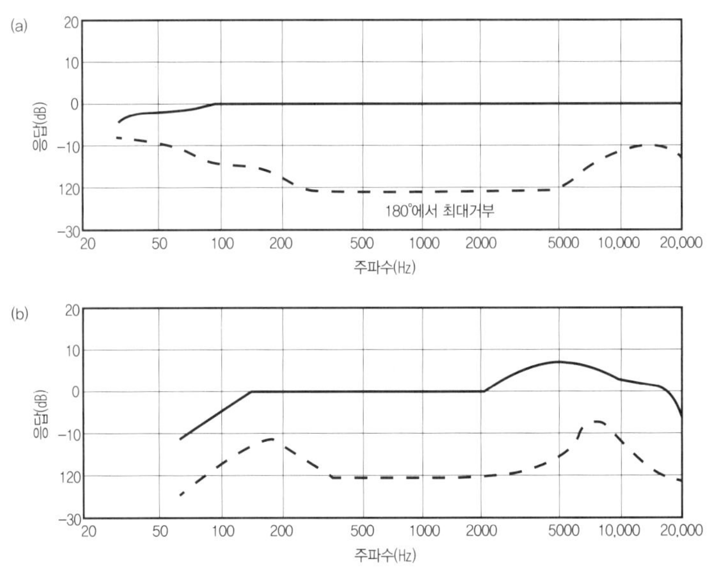

그림5-11 오프 액시스 컬러레이션 (a)넓은 지향각, (b)좁은 지향각

지향성의 선택

무지향성과 지향성 마이크 가운데 어떤 방식이 먼저 개발되었을까요? 당연히 무지향성입니다. 왜냐하면 앞서 설명했듯이 마이크는 우리의 귀(무지향성)를 모델링한 것이기 때문이지요. 초기의 마이크들은 방송 아나운서 내레이션용으로 개발된 것이므로 마이크 지향성에는 큰 관심이 없었습니다. 하지만 음악 방송이 시작되면서 악기들 간의 간섭음이 문제가 되었고 그래서 지향성 마이크가 새롭게 개발되었습니다. 하지만 요즈음은 음량이 큰 악기(드럼)와 작은 악기(어쿠스틱 기타, 현 섹션 등) 그리고 보컬 등을 구분하여 녹음하기 때문에 이제는 마이크의 지향성을 단지 간섭음만이 아닌 여러 가지 측면으로 고려해서 선택해야 할 것입니다.

근접 효과(Proximity Effect)

누군가 여러분의 귀에 대고 말을 할 때와 조금 떨어져 말할 때의 목소리 음색을 비교하면 알 수 있듯이, 근접 효과란 마이크를 가까이 사용하면서 발생하는 저음 혹은 중저음 증가 현상으로, 거의 모든 마이크에서 발생합니다. 따라서 자연스럽고 균형 잡힌 악기음을 픽업하려면 악기로부터 마이크를 어느 정도 띄워야 하지만 드럼과 같은 저음 악기에 풍부한 저음이 필요하다면 마이크를 가까이 설치합니다. 그러나 만일 보컬처럼 마이크를 가까이 하면서 자연스런 음색을 얻으려면 마이크의 하이패스 필터로 불필요한 저음을 제거하고 콘솔 이퀄라이저로 400Hz 주변 주파수들을 3dB 정도 줄입니다(**그림5-12**).

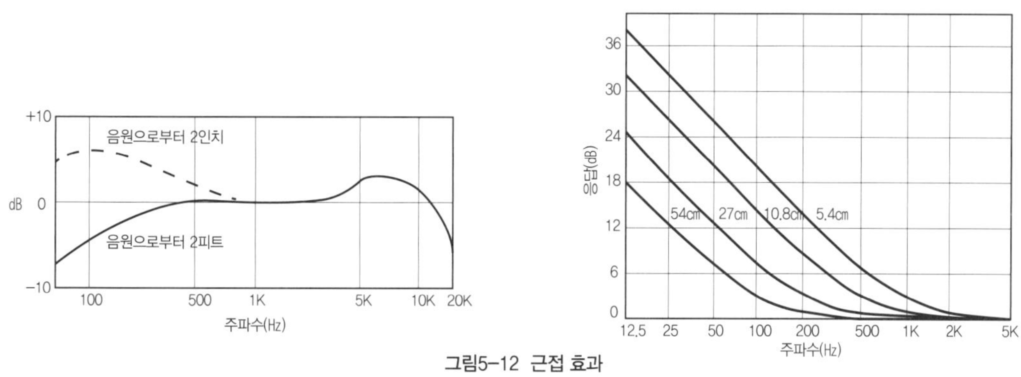

그림5-12 근접 효과

지향성 구조

마이크의 지향성은 다음의 두 가지 방법으로 만들어집니다.

슬롯 타입(Slot Type)

슬롯 타입은 거의 모든 다이내믹과 일부 콘덴서 마이크에 적용되는 방식으로, 마이크 캡슐 주변에 수많은 구멍들을 뚫어 지향성(카디오이드)을 만듭니다. 그래서 SM57 다이내믹 마이크의 캡슐 주변을 손으로 감싸면 음색과 지향성이 심하게 변하므로 필히 마이크 스탠드에 설치해야 합니다. 라이브 공연에서 자주 사용하는 보컬용 SM58 마이크는 이를 방지하기 위해 망사형 금속 캡이 씌워져 있습니다(**그림5-13**).

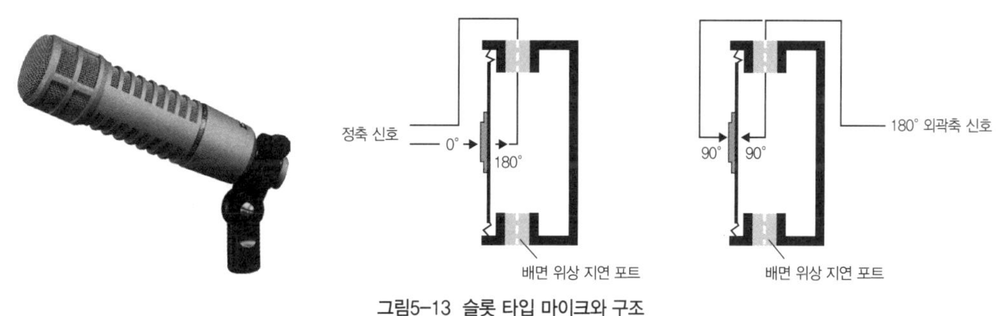

그림5-13 슬롯 타입 마이크와 구조

 콘덴서 마이크를 악기 가까이 사용할 경우, 슬롯 타입의 소구경 마이크는 이중 진동판의 대구경
에 비해 근접 효과로 인한 불필요한 저음이 심하게 증가할 수 있으므로 가능한 악기로부터 어느
정도 거리를 유지하는 편이 선명한 음질을 얻을 수 있습니다.

이중 진동판 타입(Dual Diagram Type)

이중 진동판 마이크는 두 진동판의 상대 극성을 변경
하여 다양한 지향성을 만듭니다. 마이크 케이스의 앞
뒤가 똑같이 생겨서 간혹 어디가 마이크 정면인지 헷갈
리는데, 대부분 상표가 있는 쪽이 앞쪽입니다. 슬롯 타
입에 비해 근접효과로 인한 저음 증가가 적은 편이므로
마이크를 악기 가까이 사용해도 선명한 음을 유지할 수
있습니다(**그림5-14**). 운동 경기에서 공격과 수비를 모
두 잘하는 선수를 멀티 플레이어라고 하듯이, 이중 진
동판 마이크 역시 상황에 따라 지향성을 선택할 수 있
는 멀티 지향성 마이크입니다.

그림5-14 이중 진동판 콘덴서(U47)

마이크로폰 전기 특성

주파수 응답(Frequency Response)

주파수 응답은 마이크가 동일한 레벨(허용 오차 ±3dB)로 재생할 수 있는 주파수 범위를 말하는데, 그렇다면 어떤 녹음이든 항상 주파수 응답이 넓은 마이크가 유리할까요? 사실 그것은 음악 장르와 악기 그리고 여러분의 의도에 따라 결정됩니다. 통상적으로 클래식 음악의 합창이나 오케스트라는 넓은 주파수 스펙트럼을 지니고 있기 때문에 자연스럽게 녹음하려면 마이크의 주파수 응답 역시 대역폭이 넓고 평탄한 것이 좋습니다. 반면에 대중음악의 악기들은 주파수 스펙트럼이 특정 대역으로 집중되어 있기 때문에 악기의 부족한 음을 더하거나 불필요한 음을 제거하기 위해서는 주파수 응답의 대역폭이 좁고 불균등한 마이크가 유리합니다.

대부분의 다이내믹 마이크는 2~5kHz 사이의 중고음 감도가 높고 100 혹은 200Hz 이하의 저음이 감소하기 때문에 선명하고 또렷한 음을 제공합니다. 한편 카디오이드 콘덴서 마이크는 5~8kHz 사이의 고음 감도가 높고 40Hz 이하의 낮은 저음이 감소하므로 풍성한 저음과 화려한 고음을 구현합니다. 마지막으로 무지향성 콘덴서 마이크의 주파수 응답은 30Hz에서 20kHz까지 매우 평탄하므로 악기음에 가까운 자연스런 음색을 재현합니다. 이런 이유 때문인지, 대중음악에서는 카디오이드 다이내믹과 콘덴서를, 클래식 음악에서는 무지향성 콘덴서를 선호합니다(그림5-15).

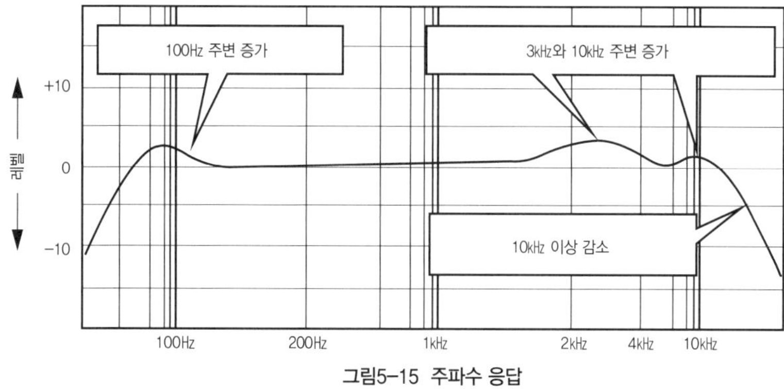

그림5-15 주파수 응답

마이크 사용의 변수

만일 동시에 여러 개의 마이크를 사용한다면 같은 종류가 좋을까요? 아니면 다른 종류가 좋을까요? 사실 이 문제는 여러 가지 변수를 고려해야 하는데, 만일 대형 합창단을 녹음한다면 같은 종류가 유리합니다. 만일 그렇지 않고 파트마다 서로 다른 마이크로 녹음한다면 소프라노 파트에 놓은 마이크 음과 다른 파트(알토, 테너 등)에 놓인 마이크의 소프라노 간섭음 간의 음색 차이로 인해 믹싱에 어려움을 겪을 수 있습니다. 하지만 마이크를 악기 가까이 사용하는 대중음악에서는 간섭음을 줄일 수 있기 때문에 녹음할 악기 음향에 적합한 마이크를 선택적으로 사용하면 좋습니다.

트랜션트 응답(Transient Response)

트랜션트 응답은 악기의 어택 음에 대한 마이크의 반응 속도이며 앞에서 설명했듯이 진동판의 직경과 질량에 좌우됩니다. 즉 진동판이 작고 가벼울수록 어택 음이 선명하고, 크고 무거울수록 부드럽습니다. 트랜션트 응답은 보컬과 바이올린 등의 악기에는 크게 작용하지 않지만 드럼, 리듬 피아노 등의 어택 음이 중요한 악기에는 음색을 변경하는 중요한 요소로 동작합니다. 따라서 부드럽고 선명한 음을 원한다면 트랜션트 응답이 느리고 주파수 대역폭이 좁은 다이내믹 마이크가 유리하고 바삭바삭하고 화려한 음을 원한다면 트랜션트 응답이 빠르고 대역폭이 넓은 카디오이드 콘덴서 마이크를 선택합니다(**그림5-16**).

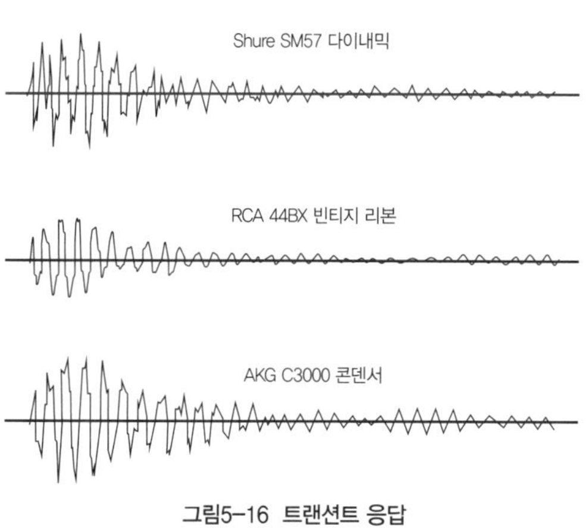

그림5-16 트랜션트 응답

감도(Sensitivity)

감도는 마이크의 출력 레벨과 비슷한 의미로 사용되기도 하지만 사실 이것은 프리앰프 잡음과 밀접한 관계가 있습니다. 그 이유는 저감도 다이내믹 마이크를 고감도 콘덴서와 동일한 레벨로 조정하려면 프리앰프에서 게인 트림을 올려야 하는데 이와 함께 앰프 잡음도 증가하기 때문입니다. 따라서 클래식 음악처럼 음량이 크지 않은 악기(바이올린)에 마이크를 멀리 설치한다면 고감도 콘덴서 마이크가 필수적입니다. 그러나 감도가 높을수록 악기음뿐만 아니라 간섭음과 주변 잡음도 크게 픽업된다는 점을 고려한다면 항상 좋은 것만은 아닙니다. 예를 들어 드럼 키트에 여러 개의 콘덴서 마이크를 사용하면 간섭음이 크게 픽업되어 드럼 키트의 전체 음이 지저분해 질 수 있습니다. 그리고 라이브 공연에서는 하울링이 쉽게 발생합니다. 따라서 마이크 감도는 선택 사항일 뿐입니다. **그림5-17**은 세 종류 마이크의 최대 감도 방향입니다.

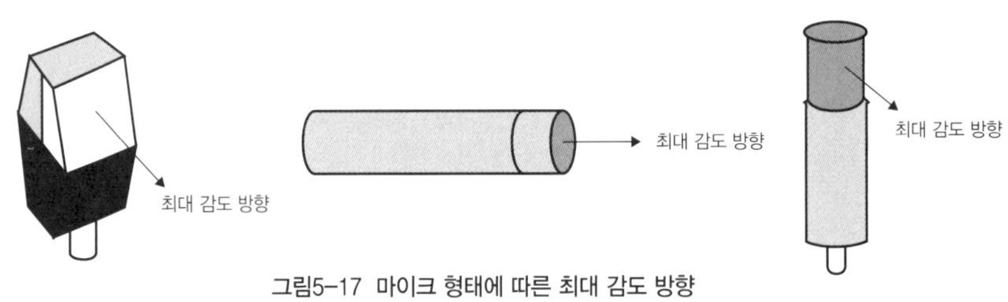

그림5-17 마이크 형태에 따른 최대 감도 방향

마이크를 구입할 때의 고려사항

마이크를 구입할 때는 항상 마이크 특성뿐만 아니라 용도와 주변 환경도 함께 고려해야 합니다. 어느 날 제자 녀석이 다이내믹 마이크를 콘덴서로 바꾸려고 하는데 어떤 모델이 좋냐고 물어본 적이 있었습니다. 그래서 작업 환경이 어떠냐고 했더니, 집에서 간단히 보컬 녹음할 거라고 하더군요. 그래서 그냥 다이내믹 마이크를 사용하라고 했습니다. 사실 많은 사람들이 콘덴서 마이크는 감도가 높고 주파수 응답이 넓기 때문에 매우 좋을 거라고 생각하지만, 보컬의 호흡 소리와 발음이 거칠어지고 집안의 지저분한 반사음까지 크게 픽업합니다. 또한 콘덴서 마이크는 어느 정도의 큰 소리에도 쉽게 왜곡되므로 컴프레서를 필수적으로 사용해야 하는데 이 조정이 결코 만만치 않습니다. 이에 반해 다이내믹 마이크는 압축 능력을 지니고 있기 때문에 웬만한 큰 소리에도 잘 견디고 또한 음에 댐핑 센스(Damping Sense)를 부여합니다.

특수 마이크

PZM(Pressure Zone Microphone)

일반 마이크와 달리 PZM은 딱정벌레처럼 납작하게 생겨서 잘 보이지 않고 대부분이 무지향성입니다. 그래서 피아노 라이브 연주 혹은 오페라에서 악기 반사면이나 스테이지 바닥에 설치합니다. 이 마이크는 직접음과 반사음 사이에 위상 문제가 없고 주파수 응답이 넓고 부드럽습니다(그림5-18).

그림5-18 PZM

라버리어 마이크로폰(Lavalier Microphone)

라버리어 마이크는 연사의 목 주변이나 타이 혹은 와이셔츠 등에 부착하는 초소형 마이크입니다. 대부분이 무지향성이지만 간혹 지향성 마이크도 있습니다. 일반적으로 마이크를 연사 입으로부터 10인치 아래에 부착하므로 출력 신호가 낮아서 간혹 하울링이 생길 수도 있습니다(그림5-19).

그림5-19 라버리어 마이크

일렉트릿 콘덴서 마이크로폰(Electret Condenser Microphone)

일렉트릿 콘덴서 마이크는 가격이 저렴하면서 일반 콘덴서의 특성을 그대로 가지고 있습니다. 또한 다이내믹 마이크에 비해 저음에서 고음까지 폭 넓게 픽업하고 무게가 가볍고 크기가 작습니다. 그러나 습기에 약하고 입 가까이 사용하면 파핑(popping)이 심하게 생길 수 있습니다.

더미 헤드(Dummy Head)

더미 헤드는 우리의 청각 구조를 모델링 한 마이크로폰입니다. 헤드의 양쪽 귀에 설치된 콘덴서 픽업으로 전달되는 음의 도달 시간차와 강도차를 분석하여 음원의 위치를 파악하는 스테레오 마이크로폰입니다. 더미 헤드로 녹음을 하면 헤드폰에서는 3차원 음상을 제공하지만 스피커에서는 음색이 심하게 변합니다(그림5-20).

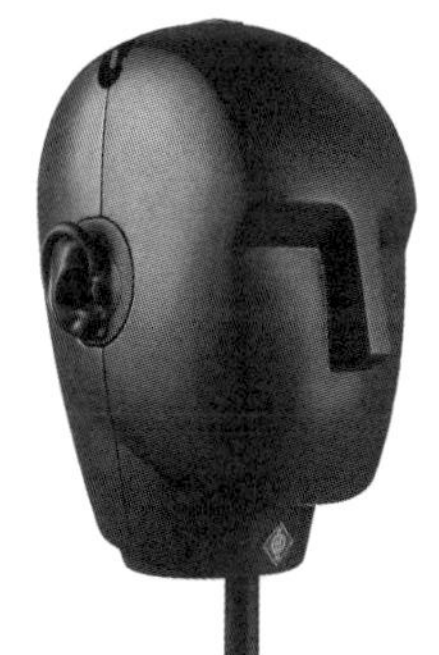

그림5-20 더미 헤드

스테레오 마이크로폰(Stereo Microphone)

스테레오 마이크로폰은 두 개의 진동판 캡슐을 사용
하므로 여러분이 실제 듣는 소리와 거의 비슷한 결과를
제공합니다(**그림5-21**). 사실 앞에서 설명한 마이크들
은 진동판이 하나이므로 직접음과 반사음이 같은 지점
(진동판)으로 모이면서 악기음이 멀리 들립니다. 이 같
은 현상은 여러분이 한쪽 귀와 양쪽 귀로 들었을 때를
비교하면 쉽게 이해 할 수 있을 것입니다. 이처럼 스테
레오 마이크로폰은 우리의 양귀처럼 음의 전달 방향을
정확히 표현하므로 심포니 오케스트라, 합창 등의 클래
식 음악에서 자주 사용합니다(자세한 내용은 6장에서).

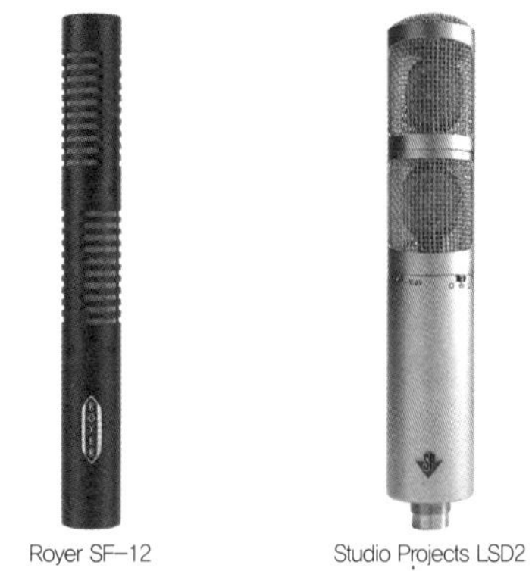

그림5-21 스테레오 마이크로폰

예전에 입사한지 얼마 안 된 초보 아나운서가 이런 질문을 하더군요. 엔지니어 때문인지 아니면
마이크 때문인지는 몰라도 방송에서 본인의 목소리가 매우 얇고 좁게 들린다고요. 사실 본인 말
하면서 듣는 소리에는 풍부한 골 떨림이 포함되어 있지만 마이크에 픽업된 소리에는 그것이 없습니다.

다이렉트 박스(Direct Box)

어쿠스틱 악기와 앰프는 마이크를 사용하면 그만이지만, 일렉트릭 베이스와 기타 그리고 신디사이저 등의 전자
악기들은 다이렉트 박스로 녹음과 재생이 가능합니다. 4장에서 잠깐 설명했듯이 전기 혹은 전자 악기를 콘솔에 바
로 연결하면 둘 사이의 전기 궁합(임피던스)이 맞지 않아서 신호 흐름이 원활하지 않습니다. 또한 대부분의 일렉트
릭 베이스와 기타 출력은 매우 미약한 언밸런스 신호이므로 전기 잡음에 취약하고 악기 케이블이 몇 피트만 길어
져도 고음이 심하게 떨어질 수 있습니다. 따라서 다이렉트 박스 혹은 DI(Direct Injection)가 필수적이며, 종류로는

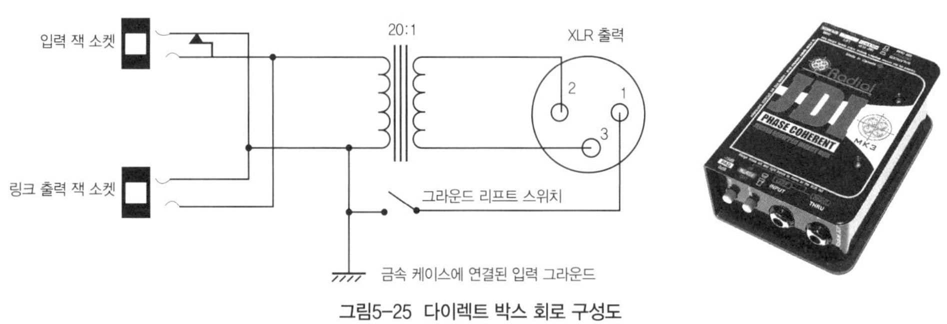

그림5-25 다이렉트 박스 회로 구성도

패시브 타입(Passive type)와 액티브 타입(Active type)이 있습니다.

패시브 타입은 신호를 증폭하는 전기소자(트랜지스터 등)가 없으므로 전원 공급 없이 간편하게 사용할 수 있지만 버퍼 기능이 없습니다. 하지만 액티브 타입은 전원 공급(배터리 혹은 프리앰프 팬텀 파워)이 필요하지만 버퍼 기능이 있습니다(**그림5-25**).

여기서 다이렉트 박스를 이용한 일렉트릭 기타 녹음 방법에 대해 몇 가지 알아보지요. 다이렉트 박스 신호는 매우 선명하지만 약간 메마르고 가벼운 경향이 있습니다. 그래서 대부분의 경우에는 선명하면서 풍부한 악기음을 얻기 위한 방법으로 앰프로 출력된 음을 마이크로 받아서 살짝 믹스합니다. **그림5-26(a)**는 가장 기본적인 셋업입니다.

그림5-26(b)는 이펙트를 경유한 앰프 신호와 그렇지 않은 앰프 음을 다이렉트 박스와 마이크로 녹음하는 방법입니다.

그림5-26(c)는 악기 출력 신호와 이펙트를 경유한 앰프 음을 다이렉트 박스와 마이크로 녹음하는 방법입니다.

그림5-27(a)와 (b)는 Y-케이블을 이용해서 두 개의 다이렉트 박스와 마이크로 녹음하는 방법입니다.

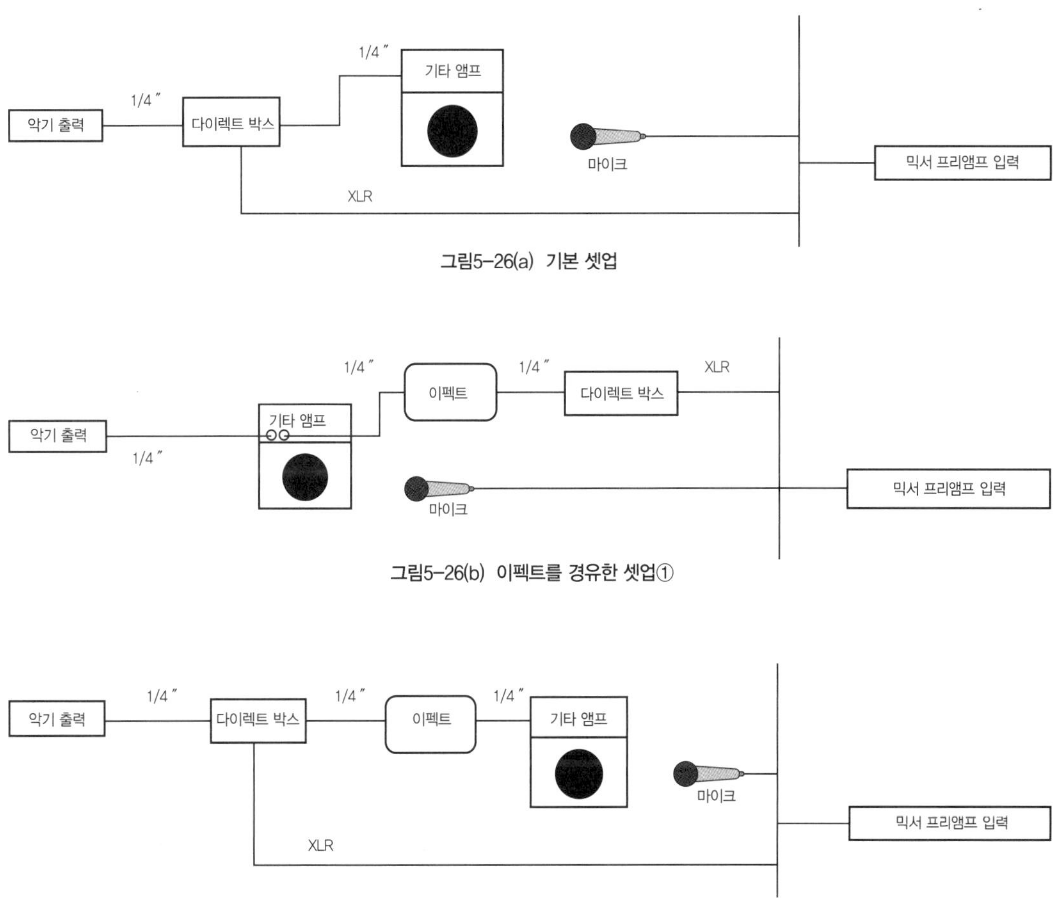

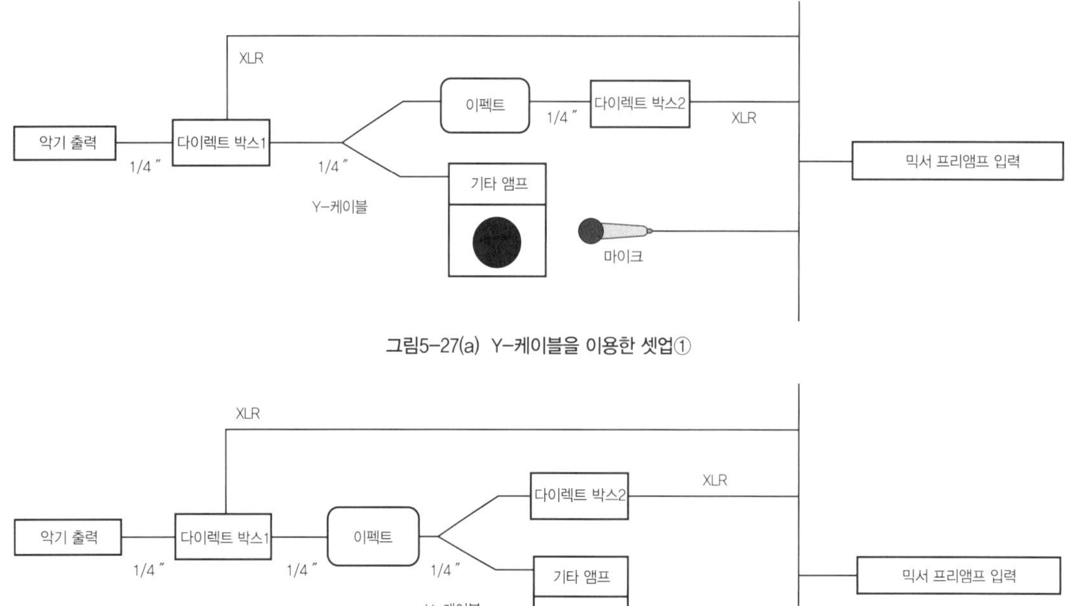

그림5-27(a) Y-케이블을 이용한 셋업①

그림5-27(b) Y-케이블을 이용한 셋업②

신디사이저와 가상 악기의 녹음 방법

■리앰핑(Re-amping) : 앰프를 경유한 악기 신호를 다이렉트 박스로 녹음하는 방법으로 어쿠스틱한 음을 제공합니다.

■앰프 마이킹(Amp Miking) : 앰프를 경유한 악기의 스피커 음을 마이크로 녹음하는 방법으로 거칠고 응집력이 있으면서 공간성이 필요한 악기에 자주 사용합니다.

마이크 액세서리

쇼크 마운트(Shock Mount)

쇼크 마운트는 마이크 스탠드의 진동(스튜디오 혹은 스테이지 바닥)을 20㏈ 이상 감소시키는 마이크 보호 장치이며, 큰 마이크들은 필수적으로 사용해야 합니다 (그림5-22).

그림5-22 쇼크 마운트

팝 필터(Pop Filter)와 윈드스크린(Windscreen)

여러분이 입 가까이 손을 대고 '파핑(popping)'이라고 발음해보면 손으로 강한 바람이 전해질 것입니다. 모든 마이크는 이러한 파열음에 매우 취약합니다. 이를 위해 스펀지 팝 필터를 사용하면 어느 정도 개선할 수 있지만 가장 적극적인 방법은 가수의 마이크 테크닉입니다. 어떤 마이크(SM58)의 내부 팝 필터는 캡슐과 너무 가깝기 때문에 파핑을 피하기 힘들고 오래 사용하면 스펀지 조각들이 부식되면서 캡슐에 쌓일 수 있습니다. 최근에는 매우 다양한 상업용 팝 필터들이 판매되고 있지만 여러분이 직접 자수후프에 스타킹을 끼워서 사용할 수도 있습니다(**그림5-23**).

한편 윈드스크린은 야외의 바람 소리로부터 마이크를 보호하는 장치입니다. 폴리우레탄 포움 재질은 20~30㏈ 정도의 외부잡음을 줄여주지만 이로 인해 마이크의 고음 특성이 감소할 수 있습니다(**그림5-24**).

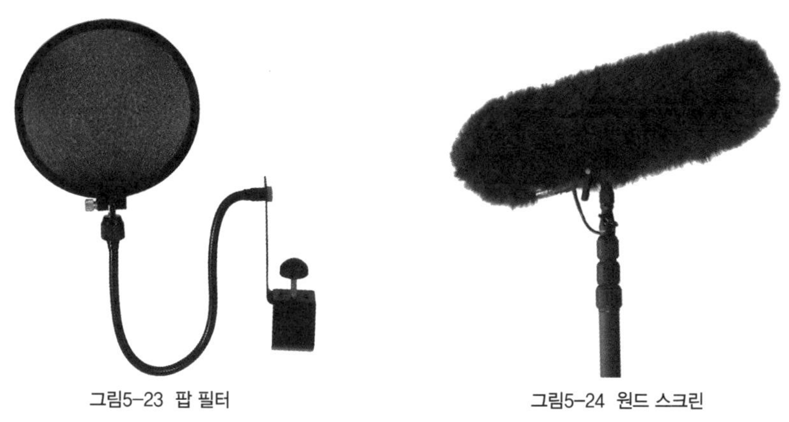

그림5-23 팝 필터　　　　　　　　　그림5-24 윈드 스크린

> ### 💣 보컬용 마이크 관리
> 보컬용 마이크는 오래 사용할수록 많은 오염 물질(먼지, 습기 그리고 가수의 침)이 진동판에 붙으면서 고음 응답이 감소할 수 있습니다. 간혹 먼지가 캡슐의 얇은 금속 필름보다 두꺼운 경우도 볼 수 있는데, 사실 마이크의 망사형 그릴이 여러분의 생각과는 달리 사람 접촉을 막지 못하고 마이크의 내부 음향 폼 역시 효과가 대단히 제한적입니다. 따라서 절대로 마이크를 불지 말아야 하고 콘덴서 마이크에는 필히 팝 필터를 사용해야 합니다.

대표적인 마이크로폰

다음은 비록 제작 연도는 오래되었지만 아직도 많은 엔지니어들에게 우수한 평가를 받고 있는 대표적인 명품 마이크들입니다.

그림5-28 U47 TUBE　　　　그림5-29 U47 FET　　　　그림5-30 M49

Neumann U47

U47의 초기 모델은 M47 캡슐과 VF-14 튜브 앰프로 구성되었으며 단일지향성과 무지향성이 가능한 첫 번째 멀티 패턴 콘덴서 마이크입니다. 1948년에는 Telefunken 상표로 출시되었습니다. 기술 향상과 더불어 1956년에는 캡슐이 크롬에서 매트(matte)로 교체되었고 케이블 길이가 약 8㎝ 정도 줄어들었습니다. 그리고 같은 해에 U47의 단일지향성/양지향성 버전인 U48이 출시되었다. 2년 후 Neumann은 Telefunken과 결별하고 고유 상표로 마이크를 배급하고 있습니다(**그림5-28**).

Neumann U47FET

비록 이제는 킥 드럼 보조 마이크로 전락했지만 1969년 개발 당시에는 Sony와 AKG FET 마이크에 대응할 목적으로 설계된 모델입니다. 원래는 튜브를 사용하는 U47의 대치품으로 설계되었지만 좋은 호응을 얻지 못했습니다. 그나마 하이퍼 카디오이드 패턴과 높은 SPL 덕분에 록 음악의 킥 드럼 보조 마이크로 사용되고 있습니다(**그림5-29**).

Neumann M49/50

1949년에 제작 된 M49는 전기적으로 원격 조정이 가능한 첫 번째 멀티 패턴 콘덴서 마이크입니다. M50은 M49 쌍둥이 모델로 AC701K 튜브와 외형은 같지만 원거리 오케스트라 전용 무지향성 마이크입니다. 이 마이크는 고역이 증가하는 특징이 있으며 고역에서 단일지향성으로 동작합니다. 지금도 M50은 오케스트라 녹음에서 데카 트리(Decca Tree)의 표준 마이크로 우수성을 입증하고 있습니다(**그림5-30**).

Neumann KM84 시리즈

1966년에 출시된 KM84는 최초의 48볼트 팬텀 파워 FET 마이크 가운데 하나입니다. 이 마이크는 Neumann 계열의 베스트셀러 모델입니다. KM84는 카디오이드, 83은 무지향성 그리고 85는 하이퍼 카디오이드입니다(그림5–31). 1988년에 KM80 시리즈의 대치용으로 KM100 시리즈가 출시되었습니다. 이 마이크는 FET 앰프를 마이크 바디가 아닌 캡슐에 직접 조립함으로써 사이즈가 소형화되었습니다. 또한 캡슐은 무지향성 AK30과 카디오이드 AK40 카디오이드로 상호 교환이 가능합니다. 따라서 KM140은 KM100 시리즈의 카디오이드 마이크이며, KM84의 직속 후배입니다.

이 AK40 캡슐은 오리지널 KM64/84에 비해 고역이 약간 상승합니다(9kHz에서 약 +4dB). 자체 잡음, 출력 레벨 그리고 최대 SPL은 구형 KM84보다 개선되었습니다. 이 방식은 상당히 고비용이므로 홈 스튜디오 엔지니어와 음악가를 위한 KM184가 소개되었습니다. 이 마이크는 KM140 캡슐과 FET 트랜스레스(transformerless) 회로를 사용했으며 패드가 없고 캡슐 교환이 불가능합니다.

Neumann U87

U87은 엔지니어들에게 가장 널리 알려진 Neumann 계열의 스튜디오 멀티패턴 콘덴서 마이크입니다. 처음 출시된 1967년 당시에는 세 가지 극성 패턴(무지향성, 카디오이드, 양지향성)의 커다란 이중 진동판 캡슐이 탑재되어 있었습니다. 케이스에는 극성 패턴 선택과 −10dB 감쇄 패드 스위치가 있으며 왜곡 없이 처리할 수 있는 음압 레벨은 127dB 정도로 높습니다. U87A는 오리지널 U87보다 내부 잡음이 작고 감도가 높지만 음색은 비슷합니다(그림5–32).

그림5–31 KM84   그림5–32 U87   그림5–33 D12

AKG D12/112

D12는 1953년에 출시된 최초의 카디오이드 다이내믹 마이크입니다(그림5–33). 초기에는 보컬 표준 마이크로 오래 동안 사용되었지만 마이크의 근접 효과로 인한 저역과 중역 증가로 인해 현재는 주로 록 음악의 킥 드럼에 사

용되고 있습니다. D112는 D12 다이내믹 마이크의 손자입니다(**그림5-34**). 킥 드럼과 베이스 기타 앰프와 같은 큰 레벨 신호의 처리 능력이 탁월합니다. 특히 마이크의 공진 주파수가 낮은 편이고 트랜션트가 높은 신호들을 무리 없이 재생합니다. 또한 킥 드럼과 베이스 기타의 선명도를 향상시킬 정도의 고역 응답을 유지하며 매우 높은 음압에 견디도록 마이크에는 윈드스크린이 내장되어 있습니다.

AKG C451

C451 시리즈는 캡슐을 교환할 수 있는 AKG의 첫 번째 FET 앰프입니다. 대부분의 C451 시리즈들은 CK-1 카디오이드 캡슐이지만 CK-2 무지향성, CK-9 샷건 캡슐 그리고 쇼크 마운트가 내장된 CK-5 등을 볼 수 있습니다(**그림5-35**). 452는 48볼트 팬텀 파워 앰프를 제외하곤 451과 동일합니다. 451은 9~48볼트 사이의 전압에서 동작합니다. 48볼트 팬텀 파워가 표준이 되면서 점차적으로 451이 452로 대치되었습니다. 460과 480 시리즈는 451의 대체 버전입니다. 이 시리즈는 주파수 응답이 평탄하고 내부앰프의 잡음이 적고 헤드룸이 증가했지만 오리지널 451만큼 호평은 받지 못했습니다.

AKG C414 시리즈

C414는 소형 튜브를 사용한 C12A의 트랜지스터 버전으로, 지속해서 업데이트 되고 있습니다(**그림5-36**). 70년대 초에 모델 C412로 시작한 이 시리즈는 외부 전원 대신에 팬텀 파워(12~46볼트, DC)를 처음으로 사용하였습니다. 하지만 이 버전은 RF 간섭에 민감하고 그릴 하우징(grill housing)이 플라스틱이라서 쉽게 파손될 우려가 있었습니다. 그래서 70년대 말에는 금속 실버 하우징으로 구성된 C414EB(Extend Bass)이 소개되었습니다. 초기 버전은 오리지널 놋쇠 CK-12 캡슐이었지만 이후 제품들은 플라스틱 타입으로 변경되었습니다. 이 마이크는 9~48볼트의 팬텀 파워에서 동작할 수 있었습니다. 모든 414 버전 가운데 이 모델이 가장 바람직한 것으로 보입니다.

80년 초에 출시된 C414EB/P48은 C414EB의 48볼트 팬텀 파워 버전으로 케이스가 검정색입니다. C414B-

그림5-34 D112

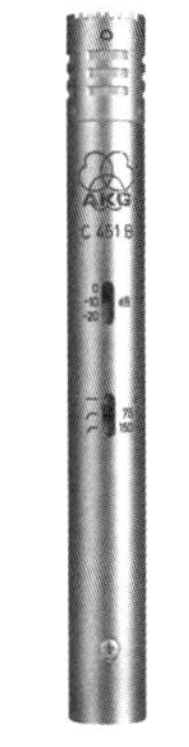

그림5-35 C451

그림5-36 C414

ULS는 Ultra Linear Series의 약자로 80년대 말에 제작되었습니다. 이 모델은 평탄한 주파수 응답을 제공하는 내부앰프로 재설계된 마이크입니다. C414B-TL은 트랜스레스 출력단을 제외하면 C414B-ULS와 거의 동일하며, 매우 낮은 저역 주파수 응답을 제공합니다.

C414B-TLⅡ는 CK12 플라스틱 캡슐의 TLⅡ 버전을 사용한 것을 제외하곤 C414B-TL과 같은 마이크입니다. 오리지널 CK12의 음을 재현할 목적으로 만들어진 마이크라고 할 수 있죠. 모든 414들은 케이스 정면에 멀티 패턴 스위치가 있고 배면에는 10dB 패드와 하이패스 필터 스위치가 있습니다.

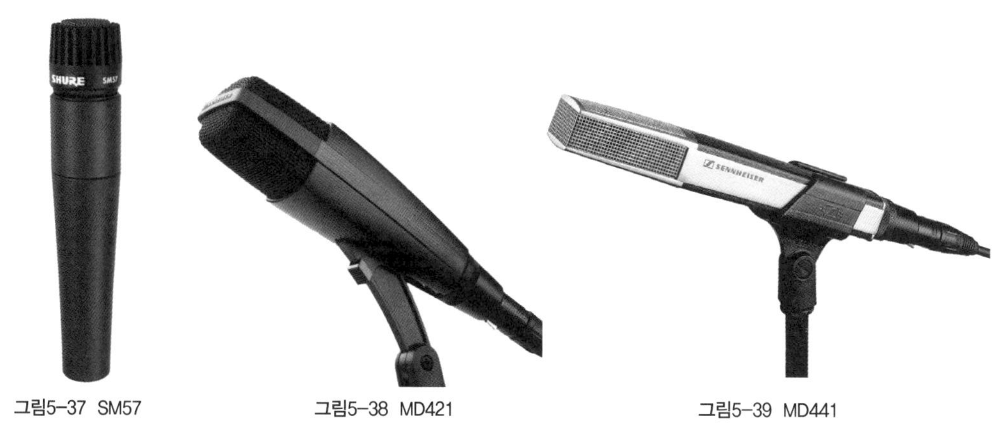

<table>
<tr><td>그림5-37 SM57</td><td>그림5-38 MD421</td><td>그림5-39 MD441</td></tr>
</table>

Shure SM57

Shure SM57은 SM58과 함께 가장 대중적인 다이내믹 마이크입니다(**그림5-37**). 이 마이크는 라이브 사운드와 녹음에서 특히 보컬, 전기기타 앰프 및 스네어 드럼 등에 폭넓게 사용되고 있습니다. 이 마이크가 처음 출시된 1965년 당시에는 방송과 녹음 그리고 SR의 스피치 전용 마이크로 설계되었지만, 그 후 라이브 사운드와 스튜디오 녹음에서 큰 성공을 거두었습니다.

Sennheiser MD421

MD421은 탐탐 그리고 기타 앰프 녹음에서 자주 볼 수 있습니다. 421에는 세 가지 기본 모델들이 있습니다(**그림5-38**). 회색의 오리지널 421, 새로운 흑색 421 그리고 이 두 모델과 전혀 다른 MK-2입니다. 카디오이드 421은 XLR 커넥터 주변에 롤-오프 스위치가 있습니다. M(music)은 주파수 응답이 평탄하고, S(speech)로 이동할수록 하이패스 필터의 차단 주파수가 높아집니다. 보통 '5'위치에서 세팅을 시작해서 원하는 음색으로 조절합니다.

Sennheiser MD441

MD441은 421보다 중고역이 약간 증가하고 저역이 다소 감소하며 지향성이 예민합니다. 라이브 공연에 사용하면 피드백 전까지 높은 게인을 얻을 수 있습니다. 이 마이크는 슈퍼 카디오이드 픽업 패턴이므로 스크래치 보컬 (scratch vocal)과 스네어 드럼의 탑, 바텀용 마이크로 우수합니다(**그림5-39**).

그림5-40 M160   그림5-41 RE-20   그림5-42 R-121

Beyerdynamic M160

Beyerdynamic M160은 신형 리본 마이크입니다. 하이퍼 카디오이드 픽업 패턴을 얻기 위해 이중 리본을 사용하고 구형 리본 마이크에 비해 상당히 견고합니다. 비록 많은 엔지니어들은 어쿠스틱 악기에 사용하지만 기타 앰프에도 우수합니다. M130은 M160의 양지향성 모델입니다(**그림5-40**).

Electro-Voice RE-20

RE-20은 Electro-Voice의 variable-D 테크닉으로 제작된 대구경 다이내믹 마이크입니다. 마이크 케이스 옆에서 여러 층의 슬롯들이 있습니다. variable-D는 근접효과로 인한 저음 증가를 줄이면서 평탄한 주파수 응답을 유지합니다. 처음에는 방송용으로 설계되었지만 현재는 킥 드럼, 플로어 탐 그리고 보컬(Steive Wonder의 애용품)에 널리 사용되고 있습니다(**그림5-41**).

Royer R-121

Royer R-121은 비교적 최근에(1996년) 소개된 양지향성 리본 마이크입니다. 걸작 마이크로 보기에는 성급한 점도 없지 않아 있지만, 앞으로 좋은 평가를 받을 가능성이 높습니다. 이것은 구형 리본 타입을 재현한 첫 번째 마이크이며 출력 레벨과 최대 음압 레벨이 상당히 향상되었습니다. 오버헤드와 금관악기 그리고 킥 드럼과 기타 앰프에도 사용할 수 있습니다(**그림5-42**).

프리앰프(Preamp)

프리앰프는 마이크 신호를 증폭하는 첫 번째 전기회로이며, 마이크의 미약한 출력 레벨(-70dBu에서 -50dBu)을 라인 레벨(Line Level, -20dBu에서 +4dBu)로 높이는 장비입니다. 또한 프리앰프는 일렉트릭 기타, 신디사이저 등과 같은 전기 또는 전자 악기에도 자주 사용되는데, 여기서는 전압 증가(증폭)보다 임피던스 변환 기능으로 동작합니다. 일반적으로 기타 픽업의 출력 전압은 프리앰프에서 증폭이 필요 없을 정도로 충분한 라인 레벨을 유지하지만, 픽업 자체의 임피던스가 상당히 높은 편이므로 신호의 원활한 흐름을 위해서는 임피던스 매칭이 필요합니다.

콘덴서 마이크 내부 프리앰프

간혹 엔지니어들은 콘덴서 마이크의 내부 프리앰프를 콘솔 또는 아웃보드 프리앰프와 혼동하는데, 이 앰프의 정확한 기능은 임피던스 변환입니다. 마이크의 구성 성분인 콘덴서의 매우 높은 출력 임피던스를 50~200옴 정도 낮추어서 믹서의 입력 임피던스와 매칭되도록 하는 것입니다. 이렇게 하면 긴 마이크 케이블에서 발생할 수 있는 험과 잡음 그리고 고음 손실 등을 어느 정도 극복할 수 있습니다. 물론 임피던스 변환 과정에서 몇 dB의 게인 이득을 얻을 수 있지만 라인 레벨 정도로 높지는 않기 때문에 콘덴서 마이크 역시 다이내믹 마이크처럼 믹서의 마이크 입력에 연결해야 할 것입니다(**그림5-43**).

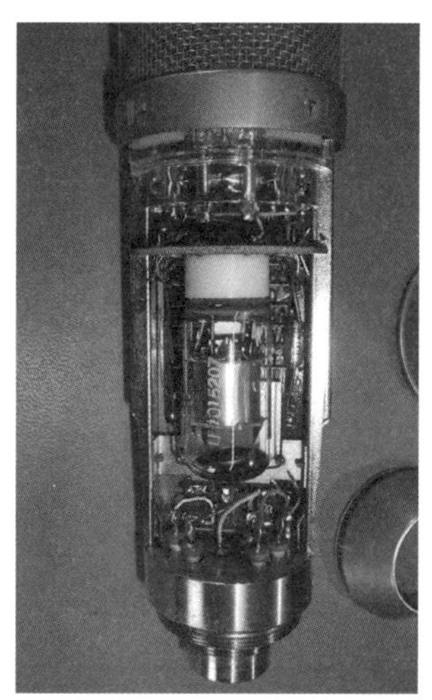

그림5-43 콘덴서 마이크 내부 프리앰프

아웃보드 프리앰프(Outboard Preamp)

비록 모든 콘솔의 입력 채널에는 마이크 프리앰프가 내장되어 있음에도 불구하고 많은 프로 엔지니어들은 킥 드럼, 베이스 기타 그리고 특히 보컬에 아웃보드 프리앰프를 즐겨 사용합니다. 그 이유 가운데 하나는 아무리 우수한 콘솔이라도 모든 입력 채널의 프리앰프 전기 특성이 거의 같아서 악기마다 요구하는 독특한 음향 특성과 음악 장르에 적절히 대응하기 힘들기 때문입니다.

한편 아웃보드 프리앰프들은 회로 설계상 각기 독특한 특성을 지니고 있으므로 원하는 음색을 쉽게 표현할 수 있으며, 또한 콘솔 프리앰프에 비해 주파수 응답이 넓고 선명하며 악기의 어택 음에 우수한 트랜션트 응답을 제공하는 것으로 알려져 있습니다.

아웃보드 프리앰프에는 FET 타입과 튜브 타입이 있으며, 모두 우수한 음질을 제공하지만 음색적인 측면에서 뚜렷한 차이를 보입니다. 대체로 FET 타입은 냉정하고 거친 반면 튜브 타입은 따뜻하고 부드럽다는 것이 엔지니어들의 일반적인 견해이지만, 이것은 단지 주관적인 평가일 뿐입니다.

빈티지 마이크 프리앰프

사실상 최근에 발매된 장비들 중에서 특정모델들을 제외하곤 빈티지 마이크 프리앰프의 음질을 구현하기 힘듭니다. 그래서 요즈음은 60년대 제작된 콘솔에서 마이크 프리앰프만을 분리하여 별도의 독립된 유닛으로 사용하는 경향이 있습니다. 빈티지 프리앰프가 우수한 이유는 바로 철 성분 때문입니다. 여기서 철이란 구형 장비에서 자주 볼 수 있는 트랜스포머(Transformer)와 인덕터(Inductor)를 의미합니다.

이에 반해 최근 장비들은 크기와 무게 그리고 가격적인 면을 고려해서 이것을 전자 부품으로 대치하였습니다. 그렇다면 이것을 재현할 방법은 없을까요? 현재 몇몇 회사들이 시도는 하고 있지만 과거와 같은 트랜스포머가 더 이상 생산되지 않는다는 어려움이 있고 또한 구형 장비들은 다양한 전기소자로 회로를 구성하는 것에 비해 현대 장비들은 집적회로(Integrated Circuit, IC)를 활용하기 때문에 빈티지의 독특한 특성을 그대로 재현하기 힘들다고 합니다. 다음은 많은 엔지니어에게 호평을 받고 있는 빈티지 마이크 프리앰프의 종류와 특징입니다.

그림5-44 Neve 1081

Neve 1073/1081

콘솔의 채널 스트립을 아웃보드로 개조한 것으로, Neve 콘솔의 모든 기종들 가운데 가장 잘 알려진 유닛입니다. 마이크 입력과 라인 입력 그리고 고정 3밴드 이퀄라이저와 하이패스 필터로 구성되어 있습니다. 한편 1081은 두 개의 중음 주파수를 선택할 수 있는 4밴드 이퀄라이저가 포함된 유닛으로, 항상 그렇듯이 Neve는 그들만의 독특한 부드럽고 포근한 음색을 제공합니다(**그림5-44**).

API 312/512

주로 드럼에 사용하는 1970년대의 걸작으로 타의 추종을 불허할 정도의 풍성한 로우엔드(구형 트랜스의 왜곡으로 발생)와 명료하고 우수한 하이엔드를 제공합니다. 512는 312를 재구성한 최근 모델이지만 풍성함과

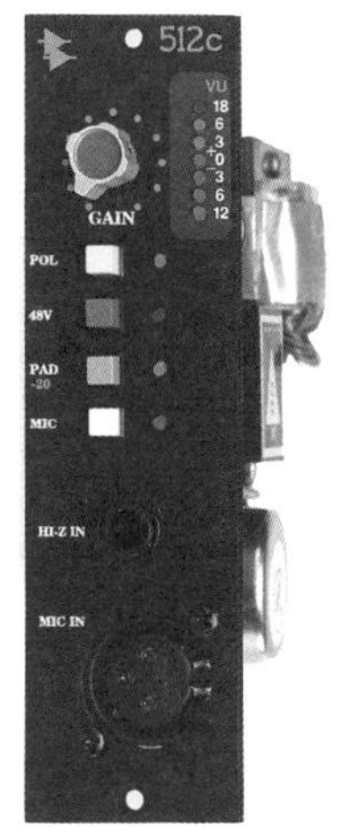

그림5-45 API 512

108

부드러움이 떨어진다는 평가입니다(**그림5-45**).

Telefunken V72/V76

60년대 초까지 모든 콘솔의 프리앰프 모듈들은 튜브 타입이었습니다. 설계 기준은 독일 방송국에서 주도했으며 유럽의 여러 나라들이 이를 벤치마킹하여 다양한 제품들을 출시하였습니다. Telefunken V72, V72A, V76 그리고 V78은 당시의 모든 엔지니어들이 선호하던 프리앰프입니다(**그림5-46**).

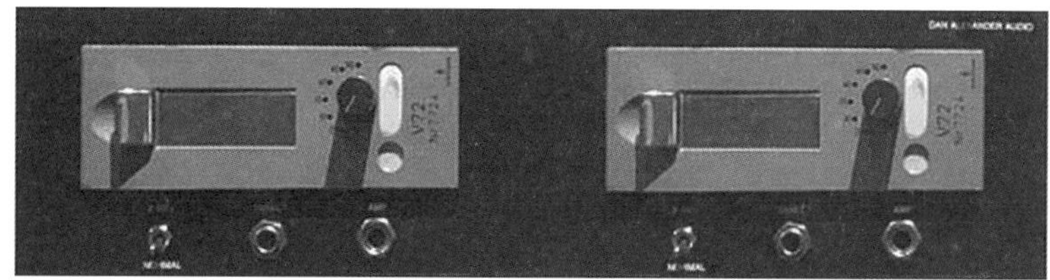

그림5-46 Telefunken V72

V72는 2개의 Telefunken EF804S 튜브로 제작된 듀얼 튜브 유닛(Dual Tube Unit)이고 V72A는 E180F와 5654 튜브를 사용했으므로 기존의 V72보다 게인과 출력이 약간 높습니다. 그리고 V72S는 Beatles의 〈Sgt. pepper's lonely hearts club band〉 앨범 녹음에 사용했던 EMI REDD 37 Abbey Road Console에서 볼 수 있으며, 시리즈 가운데 게인이 가장 높은 V76/78은 4개의 EF804S 튜브로 제작된 프리앰프입니다.

모던 마이크 프리앰프

음질적인 측면에서 모던 마이크 프리앰프(Modern Mic Preamp)는 기존의 빈티지 유닛에 대응할 정도로 매우 우수하며 각 유닛마다 독특한 특성을 제공합니다. 따라서 엔지니어에게는 마이크와 악기의 음향 특성 그리고 음악에 적합한 모델을 선택하는 능력이 무엇보다 중요합니다. 통상 모던 마이크 프리앰프는 빈티지의 독특한 음질을 재현한 모델과 단지 명료도만을 제공하는 평범한 유닛으로 분류합니다.

Great River

이 회사의 유닛들은 단지 명료도만을 제공하는 일반적인 프리앰프에 속하지만 그 가운데 MP2NV는 트랜스포머의 부드러운 포화 왜곡으로 인해 빈티지 Neve 1073 모듈에 필적할 정도로 그들만의 독특한 부드럽고 포근한 음색을 제공합니다(**그림5-47**).

그림5-47 Great River MP-2NV

Manley Labs

이 유닛은 전설적인 빈티지 Langevin AM4 콘솔 채널 모듈을 재현한 것으로 비록 완벽한 재현은 아니지만 분리된 게인 스테이지를 제공합니다(**그림5-48**).

그림5-48 Manley Dual Mono Mic Amp

Vintech

이 회사의 제품들은 저명한 Neve 콘솔을 기반으로 설계, 제작되었습니다. 그 가운데 X73은 Neve 1073 모듈을, X81은 Neve 1081을 모델링 한 유닛들입니다(**그림5-49**).

그림5-49 Vintech X73

Universal Audio

유닛 가운데 LA-610은 5, 60년대의 명기로 알려진 610 콘솔 모듈을 기반으로 새롭게 제작된 버전입니다(**그림5-50**).

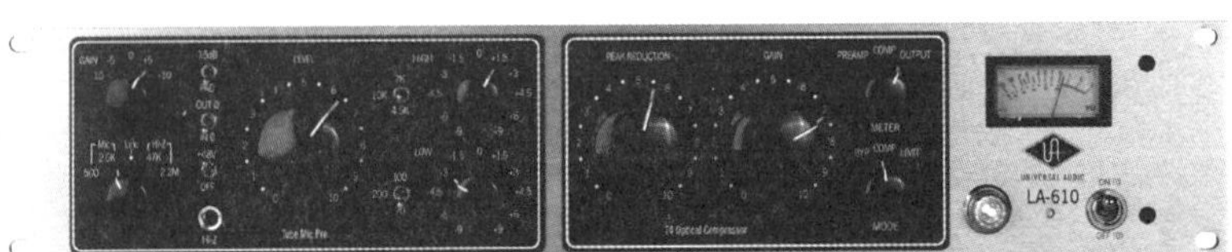

그림5-50 Universal Audio LA-610

Hardy

회로가 단순하면서 음질이 우수한 프리앰프를 제작하는 회사로 알려져 있습니다. 특히 M1 모델은 많은 아티스트와 엔지니어 그리고 리스너에게 매우 강한 인상을 심어 주었는데, 아마도 이것은 세계적인 트랜스인 Jensen 16B와 990 Discrete OP Amp의 사용 때문일 것입니다. 또한 이 모델은 탁월한 음질을 유지하기 위해 신호 경로 내의 모든 커패시터를 완전히 제거한 앰프로도 유명합니다(**그림5-51**).

그림5-51 Hardy

Millennia Media HV3B

이 모델은 어쿠스틱 악기 녹음에 적합한 넓은 다이내믹 레인지를 지닌 스테레오 마이크 프리앰프입니다. 특히 HV3은 클래식 음악과 어쿠스틱 악기 녹음에 세계적인 표준 프리앰프로 알려져 있습니다(**그림5-52**).

그림5-52 Millennia Media HV3C

GML

저명한 엔지니어인 George Massenburg가 개발한 제품으로 매우 진실되고 투명한 음질을 제공합니다(**그림5-53**).

그림5-53 GML 8304

프리앰프 게인 셋업

앞서 설명했듯이 프리앰프의 주요 기능은 마이크 신호의 게인을 높이는 것입니다. 비록 새로운 모델에는 몇 가지 조정 기능들이 추가되어 있지만 기종에 관계없이 모든 프리앰프에는 게인 컨트롤(Gain Control)과 오버로드 인디케이터(Overload Indicator)가 있습니다.

프리앰프를 최적의 상태로 셋업할 수 있는 방법은 입력 신호 가운데 가장 큰 레벨에서 오버로드 LED 인디케이터가 간헐적으로 점등되도록 게인 컨트롤을 조정하는 것입니다. 대체로 모든 프리앰프들은 입력 신호가 클리핑 되기 직전에 인디케이터가 동작하도록 설계되어 있으므로 간헐적 점등에 두려워할 필요는 없습니다. 아마도 이러한 게인 조정은 최소한의 앰프 잡음과 왜곡을 제공할 것입니다. 앰프 게인을 낮게 조정하면 시스템의 다른 장비에서 부족한 게인을 보상해야 하므로 잡음이 증가할 수 있습니다.

마이크로폰 테크닉

콤 필터링
스테레오 마이킹
멀티 마이킹
서라운드 사운드 마이킹 테크닉

마이크로폰 테크닉

다음은 대중음악과 클래식 음악 녹음의 일반적인 마이킹 테크닉입니다. 마이킹은 테마, 곡, 연주자, 실내의 음향 환경 그리고 오디오 시그널 체인에 따라 상당히 달라지므로 다음 내용은 단지 녹음의 출발점에 불과할 뿐 본인만의 독특한 음향적 아이디어와 많은 경험 그리고 노력이 필요할 것입니다.

이번 장의 포인트

- 콤 필터링
- 스테레오 마이킹
- 멀티 마이킹
- 서라운드 마이킹

콤 필터링

여러분이 얼짱 각도로 사진을 찍을 때 스마트 폰이 흔들리면 얼굴이 중첩되어 잘 알아 볼 수 없듯이, 마이크를 벽이나 바닥 근처에 놓거나 혹은 여러 개의 마이크를 함께 사용할 때도 이와 비슷한 중첩 현상이 생깁니다. 이것을 음향 위상 상쇄(acoustic phase cancellation)라 하며 악기 음색을 심하게 해칩니다. 또한 두 개의 거울을 마주 보이게 배치하면 거울 속에 수많은 거울 이미지가 생기듯이, 콤 필터링(Comb Filtering)은 여러분이 아침마다 사용하는 머리빗(comb)처럼 악기 음색을 변색시키는 음향 현상입니다(**그림6-1**).

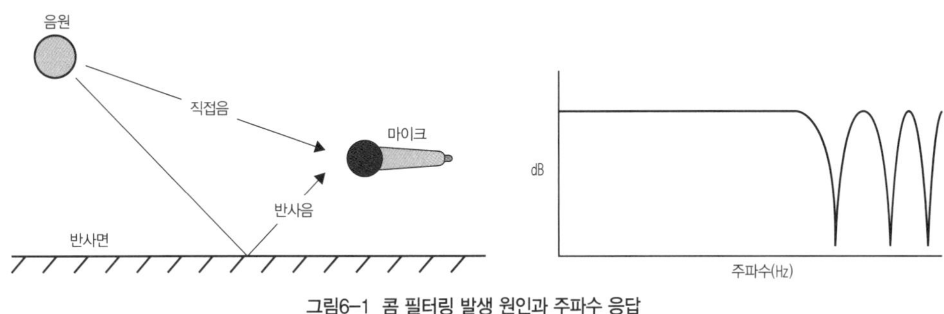

그림6-1 콤 필터링 발생 원인과 주파수 응답

바닥 반사 콤 필터링

일렉트릭 기타 앰프를 바닥에 놓고 마이킹 한 경우와 의자 위에 놓고 한 결과를 비교해 보면 콤 필터링의 음색 변화(저음 손실)에 엄청 놀라게 될 것입니다. 이처럼 마이크를 바닥이나 벽 근처에 배치하면 악기의 직접음과 더불어 실내 반사음들이 함께 전해집니다. 이러한 반사음들은 직접음과 음색과 레벨이 비슷하고 단지 약간의 시간차만 생길 뿐이므로 두 음이 결합되면서 직접음 가운데 특정 주파수의 음이 증가 혹은 감소하거나 심지어 사라지기도 합니다. 따라서 마이크는 가능한 바닥이나 벽으로부터 멀리하고 만일 그럴 수 없다면 바닥을 두꺼운 천으로 덮습니다.

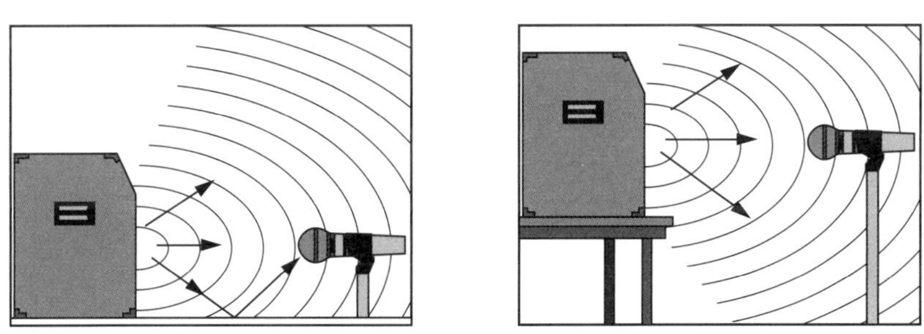

그림6-2 바닥 반사음으로 인한 일렉트릭 기타앰프의 콤 필터링

두 개 이상 마이크 콤 필터링

요즈음은 교회 강대상에 두 개의 마이크를 설치하는
것이 일반적인 상식이 되었습니다. 그렇다면 이 마이킹
은 스테레오용일까요, 모노용일까요? 그리고 두 마이
크 사이의 간격을 좁히는 것이 좋을까요, 띄우는 것이
좋을까요?

통상적으로 설교 혹은 연설과 같은 스피치는 스테레
오 시스템으로 확성하는 경우가 거의 없기 때문에 모노
일 가능성이 높습니다. 그럼에도 불구하고 두 개의 마
이크를 사용하는 이유는 스피치를 하는 사람이 자유롭
게 움직일 수 있도록 하면서 한쪽 마이크의 고장을 대

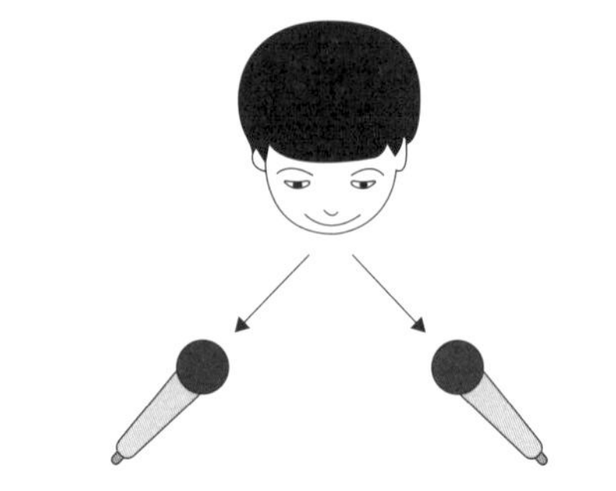

그림6-3 두 개의 마이크를 사용했을 때 발생하는 콤 필터링

비하기 위해서입니다. 하지만 이것은 음질적인 측면에서는 결코 바람직하지 않습니다. 왜냐하면 두 마이크에 전
달되는 목소리의 시간차로 인해 심각한 콤 필터링이 발생하기 때문입니다. 물론 스피치를 하는 사람이 두 마이크
사이의 정중앙에서 부동자세를 유지한다면 좋겠지만 이것은 현실적으로 불가능한 일입니다. 따라서 두 개의 마이
크를 사용한다면 둘 사이의 간격을 가능한 좁혀야만 우수한 음질을 보장받을 수 있을 것입니다.

3:1 규칙

심포니 오케스트라 혹은 대규모 합창 등과 같은 클래
식 음악 또는 대중음악의 솔로 악기에는 마이크를 두
개 이상 사용하는 경우가 종종 있습니다. 예를 들면 합
창에는 각 파트별로 마이크들을 배치하는 것이 일반적
입니다.

앞에서 설명했듯이 하나의 악기 혹은 앙상블에 여러
개의 마이크를 사용하면 마이크마다 음의 전달 시간이
달라지면서 믹스된 음질이 변하게 됩니다. 이를 방지하
려면 마이크 사이의 간격이 악기와 마이크의 거리보다

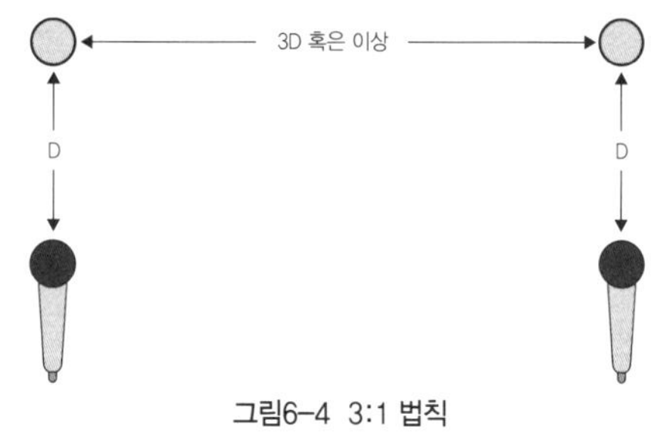

그림6-4 3:1 법칙

적어도 세 배 이상 떨어져야만 하며 이것을 3:1 법칙이라 합니다. 이렇게 하면 스테레오 음악을 모노로 들을 때 음
질 변화가 거의 없고 특히 심포니 오케스트라에서 악기 섹션의 위치를 정확히 재현할 수 있습니다(**그림6-4**).

마이크 위치 선정 방법

여러분은 악기음을 들으면서 마이킹 하나요? 정말 놀라운 일이지만 내가 만난 많은 사람들은 거의 악기음을 듣
지 않고 마이크를 놓습니다. 그리고 아주 거창하게 한 마디 던지지요. '저 악기는 처음 녹음하기 때문에 어떤 음을

116

기준으로 해야 할지 모르겠어.'

이것은 마치 대학로 거리의 화가가 사람을 앞에 앉혀 놓고 '이 사람은 처음 보기 때문에 어떻게 그릴지 모르겠어'라는 것과 같은 얘기가 아닐까요?

어떤 악기를 녹음하든 여러분이 직접 듣는 음이 항상 기준이며, 이보다 좋게 녹음되도록 마이킹 하는 것이 바로 여러분의 미션이면서 테크닉이기도 합니다. 그룹 ToTo의 Africa 앨범을 녹음한 거장 Al Schmidt는 '내가 할 수 있는 일이란 단지 스튜디오에서 들은 음을 마이크 테크닉으로 재현하는 것이다'라고 어느 인터뷰에서 했던 말이 기억나는 군요.

다음은 마이크 지향성에 따라 최적의 위치 지점을 찾는 방법입니다(단지 참고만 하세요).

무지향성 마이크

한 손으로 왼쪽(혹은 오른쪽) 귀를 막고 오른쪽(혹은 왼쪽) 귀로 음이 좋은 지점을 찾기 위해 악기 주변을 배회합니다.

카디오이드 마이크

한 손으로 왼쪽 귀를 막고 오른쪽 손으로는 오른쪽 귓바퀴 뒤에서 컵 모양으로 둥글게 하고 음이 좋은 지점을 찾습니다.

스테레오 카디오이드 마이크

왼쪽과 오른쪽 귓바퀴 뒤에 양손을 컵 모양으로 둥글게 하고 원하는 지점을 찾습니다.

> **마이킹 테크닉의 중요성**
>
> 하루는 그랜드 피아노에 SM58 다이내믹 마이크를 세팅하고 있는데, 한 학생이 냉소적인 목소리로 이런 얘기를 하더군요. '그랜드 피아노는 콘덴서 마이크로 해야지 다이내믹은 약하지 않나요?' 사실 주변의 많은 사람들이 이와 비슷한 생각을 하고 있는 것 같습니다. 마치 다이내믹 마이크는 IQ가 두 자리이고 콘덴서는 세 자리인 것처럼 말이지요. 절대 그렇지 않습니다. 자장면과 탕수육 맛이 서로 다르듯이 이들의 용도가 다를 뿐이지요. 악기보다 중요한 것이 뮤지션의 테크닉이라면 마이크보다 더욱 중요한 것은 여러분의 마이킹 테크닉입니다.

스테레오 마이킹

스테레오 마이킹(Stereo Miking)은 앙상블 전체를 단지 두 개 혹은 세 개의 마이크로 픽업하는 녹음 방식으로,

마이크들을 한 지점에 놓는다고 해서 일명 원 포인트 마이킹(One Point Miking)이라고도 합니다. 앙상블에 깊이 감, 원근감 그리고 홀의 앰비언스를 자연스럽게 표출합니다. 또한 지휘자가 의도한 앙상블 밸런스가 그대로 표현 되므로 클래식 음악에 자주 사용되며 드럼 혹은 피아노처럼 음량이 큰 악기의 앰비언스용으로도 좋은 결과를 얻을 수 있습니다.

스페이스드 페어(Spaced Pair, AB)

스페이스드 페어는 2개의 무지향성 마이크를 수평으로 배치하고 마이크 사이의 간격을 조정하는 스테레오 마이 킹 방식으로, 일반적인 간격은 30~50㎝ 정도 입니다. 통상적으로 무지향성을 사용하므로 마이크를 악기 가까이 배치해도 음색이 선명하고 주변 공간음을 적절하게 수용하므로 스테이지와 스튜디오처럼 약간의 잔향이 있는 음 향 환경에서 매우 풍부한 음을 제공합니다. 그러나 이 방식은 단지 두 마이크에 도달하는 음의 시간차를 이용해서 스테레오 이미지를 제공하므로 너무 가까이 사용하면 콤 필터링이 발생할 수 있고, 너무 멀리 배치하면 앙상블 이 미지가 불투명해질 수 있습니다(**그림6-5**).

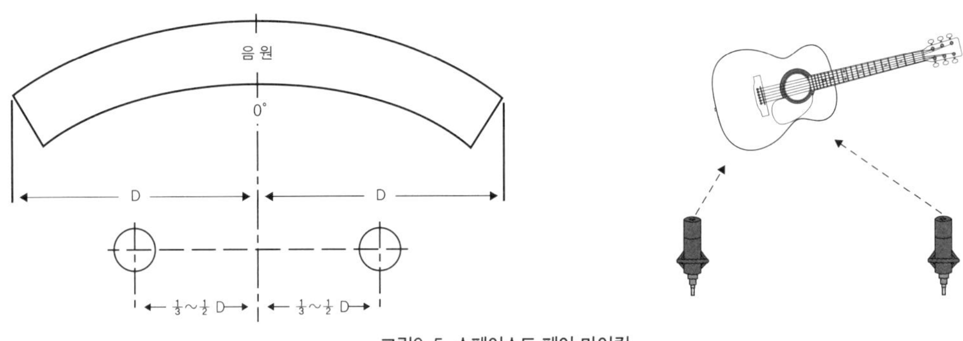

그림6-5 스페이스드 페어 마이킹

데카 트리(Decca Tree)는 스페이스드 마이킹에 중앙 마이크를 추가한 방식으로 필름 스코어링/클래식 오케스트 라 그리고 오페라 녹음에 자주 사용하며 공간성이 우수한 스테레오 이미지를 제공하는 것으로 알려져 있습니다. 일반 마이킹 테크닉들은 엔지니어 기호에 따라 마이크를 자유롭게 선택할 수 있지만, 이 방식은 Neumann M50 마이크로 정해져 있습니다. 하지만 최근에는 M49, KM56, TLM-50, M-150, Brauner VM-1 그리고 DPA 4003 등도 자주 사용되고 있습니다.

마이크 간격은 앙상블 규모에 따라 조금씩 변하지만 전형적인 방식은 3개의 Neumann M50을 5~7피트 정도로 삼각형으로 배열하고 지휘자 위에 설치합니다. 믹싱에서 왼쪽 마이크는 왼쪽, 오른쪽 마이크는 오른쪽 그리고 중 앙 마이크는 중앙으로 패닝합니다.

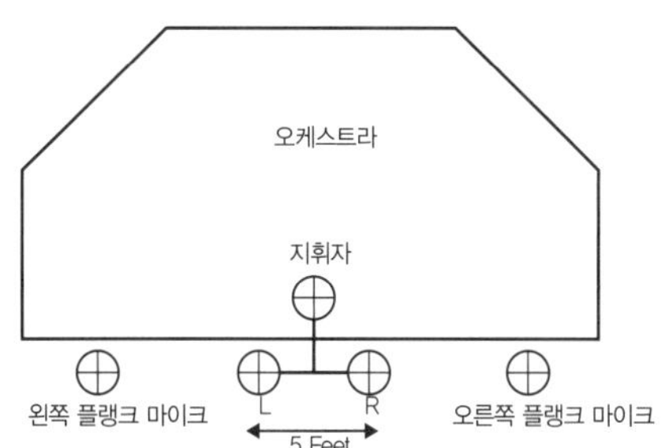

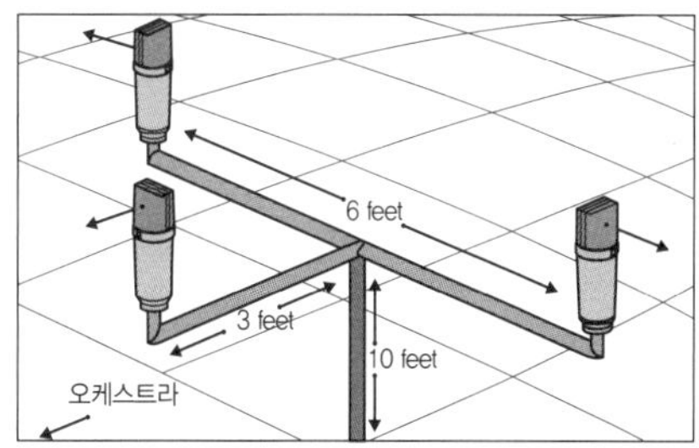

그림6-6 데카 트리

코인시던트 페어(Coincident Pair, XY)

코인시던트 페어는 2개의 카디오이드 마이크 캡슐을 붙이고 마이크 사이의 각도로 스테레오 이미지를 창출하는 방식으로, 해상도와 정위감 그리고 모노 호환성이 우수합니다. 비록 원근감과 깊이감이 부족하다는 평가를 받고 있지만 수용 범위가 상당히 넓기 때문에 음향 환경이 좋지 않은 실내에서 마이크를 악기 혹은 앙상블 가까이 배치해도 우수한 스테레오 이미지를 얻을 수 있으며 콤 필터링이 거의 발생하지 않습니다.

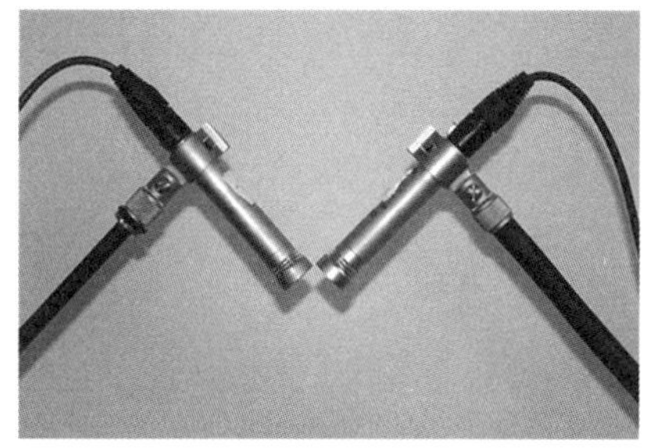

그림6-7 코인시던트 페어 마이킹

대표적인 마이킹으로는 카디오이드와 양지향성으로 구성된 MS(Mid-Side)가 있는데, 여기서 카디오이드 마이크는 앙상블 혹은 악기의 직접음을 픽업하고(M신호) 양지향성 마이크는 측면 잔향음을 픽업(S신호)합니다. 그리고 두 신호를 마이크 매트릭스 회로를 통해 스테레오 신호로 만듭니다(**그림6-8**).

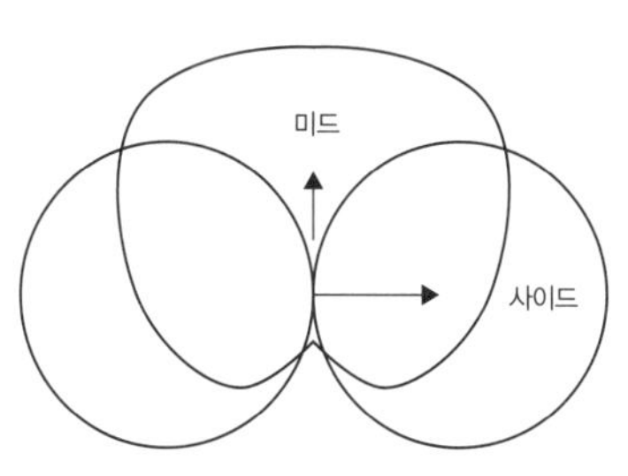

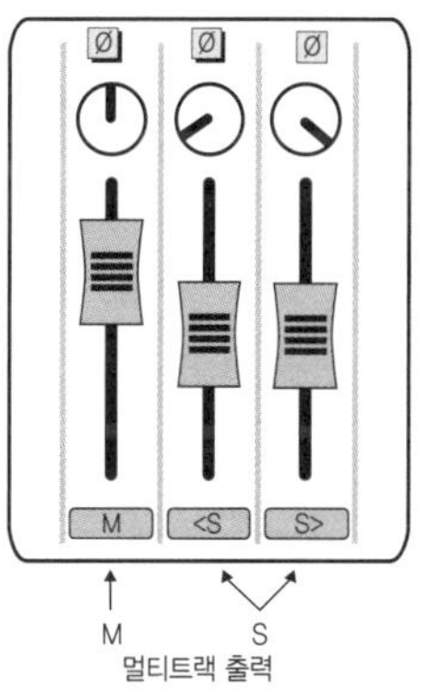

그림6-8 MS 마이킹과 신호 레벨 패닝

119

이 방식의 여러 장점들 가운데 하나는 스테레오 이미지를 원격으로 변경할 수 있으므로 마이크 배열을 변경할 수 없는 라이브 콘서트에 매우 유효하고 정확한 정위를 만들 수 있습니다. 또한 왼쪽과 오른쪽 채널을 모노(mono)로 결합하면 미드 캡슐의 출력만을 얻을 수 있기 때문에 프로그램의 모노 특성이 매우 우수합니다.

1935년 EMI의 Alan Blumlein이 고안한 블룸레인 방식은 2개의 양지향성 마이크 사이의 각도를 90°로 유지하며, 마이크를 가까이 사용하면서도 풍부한 실내 공간음을 얻을 수 있습니다(**그림6-9**).

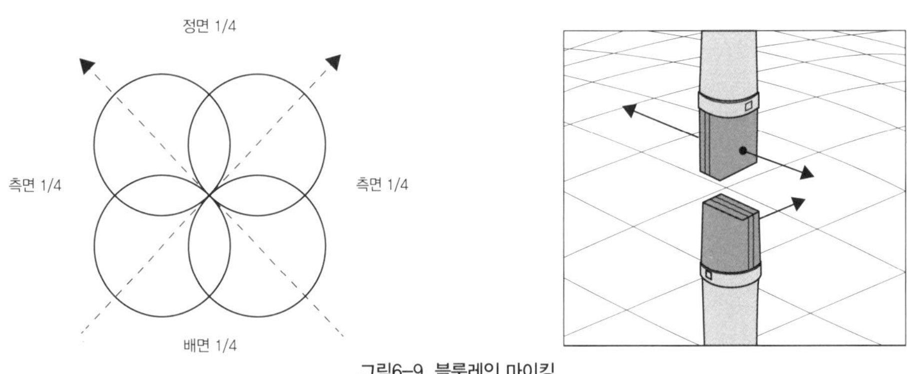

그림6-9 블룸레인 마이킹

니어 코인시던트 페어(Near Coincident Pair)

니어 코인시던트 페어는 위에서 설명한 스페이스드와 코인시던트를 조합한 것으로, 2개의 카디오이드 마이크를 수평으로 배치하고 마이크 사이의 각도와 간격을 조정하는 스테레오 마이킹 방식입니다. 가장 대중적인 테크닉으로 2개의 카디오이드 마이크 사이의 각도가 110°이고 간격이 17㎝인 ORTF와 마이크 사이의 각도가 90°, 간격이 20㎝인 DIN 방식이 있습니다. 이 방식들은 정위감이 정확하고 스테레오 이미지가 뚜렷하며 공간음이 따뜻합니다(**그림6-10**).

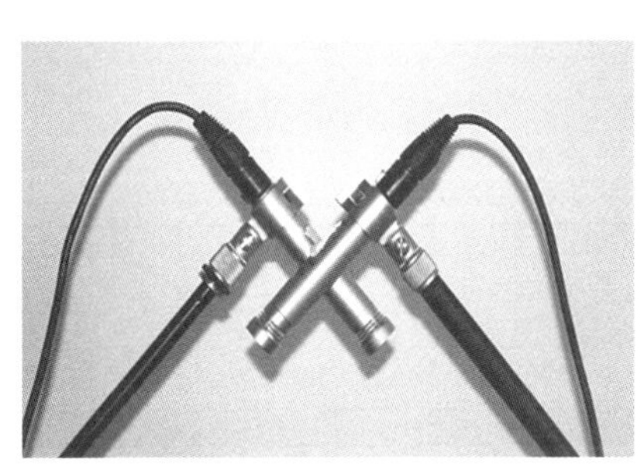
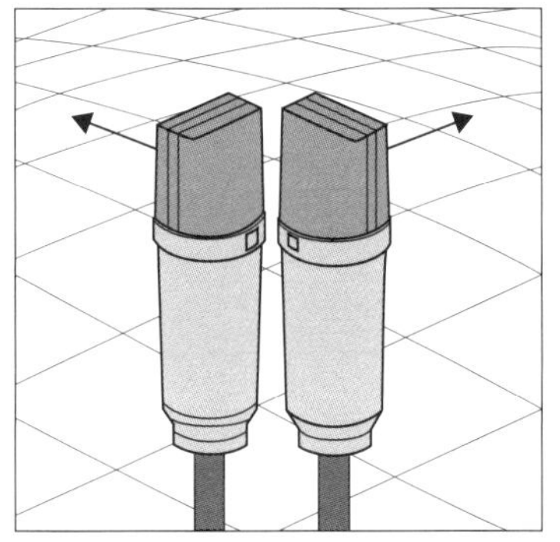

그림6-10 니어 코인시던트 페어 마이킹

멀티 마이킹

용어에서 알 수 있듯이 멀티 마이킹(Multiple Miking)은 여러 개의 마이크를 사용하는 방식으로, 악기의 직접음을 픽업하는 대중음악에서 주로 사용합니다. 따라서 악기음을 더욱 선명하게 녹음할 수 있지만 마이크 숫자가 늘어날수록 앞에서 설명한 콤 필터링의 발생 가능성이 더욱 농후하므로 악기와 마이크 그리고 마이크와 마이크 사이의 간격에 약간의 관심이 필요합니다.

킥 드럼

- ■마이크를 킥 드럼 안의 가장자리에 놓고 비터를 향합니다.
- ■마이크를 비터 헤드의 정면 2~4인치 앞에 놓고 마이크 방향을 플로어 탐으로 향하게 합니다.

RE-20은 상당량의 중음 에너지가 포함된 충격적인 음을 제공하고, D112는 중음 에너지가 약간 부족한 편이지만 가파른 어택과 깊은 저음이 있습니다. 그리고 MD421은 단단하고 타점이 강한 음을 제공하므로 매우 공격적입니다. 콘덴서 마이크는 드럼을 작게 연주할 때 킥 드럼의 공진음과 정면 헤드 음을 픽업하는데 사용됩니다(그림6-11).

그림6-11 킥 드럼 마이킹

스네어 드럼

싱글 마이킹

어택 음을 강조하려면 다이내믹 마이크를 스네어 림의 2인치 위에 놓고 드럼 중앙을 겨냥합니다. 밝은 음색이 필요하다면 스네어 드럼으로부터 4~8인치 정도 떨어진 지점에 다이내믹 마이크를 놓고 드럼 셀(shell)을 겨냥합니다(그림6-12).

더블 마이킹

위의 탑 마이크와 더불어 두 번째 다이내믹 마이크를 바텀 헤드에서 3㎝ 이하의 간격으로 설치하고 스네어

그림6-12 스네어 드럼 탑 마이킹

에 수직으로 향합니다. 그리고 콘솔에서 위상을 반전시
킵니다(**그림6-13**).

MD421 혹은 441 다이내믹 마이크는 3~6kHz 사이의
주파수 대역이 증가하므로 음이 밝고, 하이패스 필터
가 내장되어 있어서 불필요한 저음역을 원하는 만큼 줄
일 수도 있습니다. Shure SM57과 SM58은 하이패스
필터와 패드는 없지만 스네어 드럼의 양쪽 헤드에 많이
사용합니다.

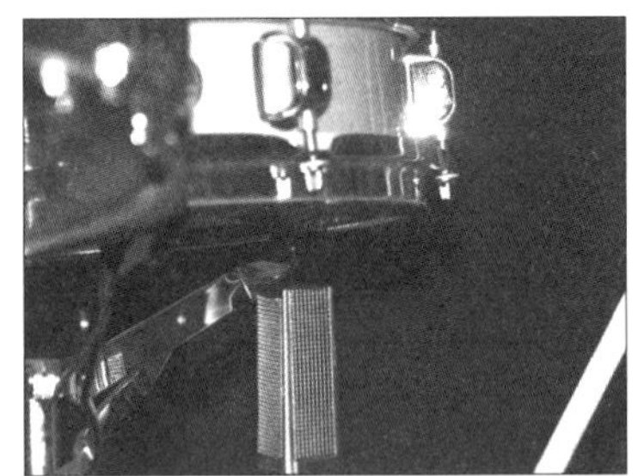

그림6-13 스네어 드럼 바텀 마이킹

하이햇

마이크를 하이햇의 4~6인치 위에 놓고 스틱으로 치
는 지점을 향합니다. 만일 공기(air)와 지글지글한 음색
(sizzle)이 필요하다면, 마이크를 더욱 높이고 하이햇과
일직선이 되도록 합니다(**그림6-14**).

그림6-14 하이햇 마이킹

탐탐

다이내믹 마이크를 림의 2인치 위에 놓고 45°로 헤
드 중앙을 향하게 합니다. 마이크가 헤드에 가까울수록
어택 음이 부각되지만 따뜻함이 사라집니다. 일반적인
간격은 3~4인치 정도입니다. SM57, MD421 그리고
ATM~25와 8532(clip-on type condenser) 등의 다이
내믹 마이크를 사용합니다(**그림6-15**).

그림6-15 탐 마이킹

심벌

스네어 드럼에서 멀리 떨어진 심벌 외곽 부근에 대구경 콘덴서 마이킹하거나 혹은 심벌 밑에서 3~4인치 떨어진
지점에 소구경 콘덴서 마이크를 심벌을 향해 놓습니다.

오버헤드

드러머 머리 위에 페어 마이크를 ORTF 방식으로 설치하고 약 45°로 드럼 킷을 향해 기울입니다. 이 방식은 깊이감과 공간성을 제공합니다. 더욱 많은 공간성이 필요하다면, 마이크 방향을 실내로 향하게 합니다(**그림6-16**).

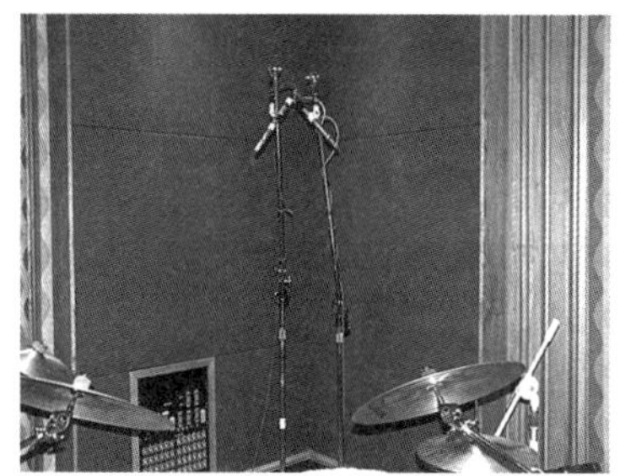

그림6-16 오버헤드 마이킹

드럼 킷 룸 마이킹

- **홈 스튜디오 마이킹** : 양지향성 마이크 Royer R121을 스네어 드럼의 약 4피트 전방에 설치하고 Urei 1176 컴프레서로 어느 정도 심하게 압축합니다.
- **프로 스튜디오 마이킹** : 대구경 콘덴서 무지향성 마이크(U87)를 드럼 킷의 10피트 전방에 놓고 6피트 정도 올립니다.

간단한 드럼 킷

킥 드럼 내부에 첫 번째 마이크를 설치하고 스네어/하이햇 사이에 두 번째 마이크를 설치합니다. 그리고 세 번째와 네 번째 마이크를 양쪽 심벌 위에 배치하거나 혹은 드러머 중앙 위에 배치합니다. 이 방법은 킷의 나머지 악기에도 좋은 이미지를 제공할 것입니다(**그림6-17**).

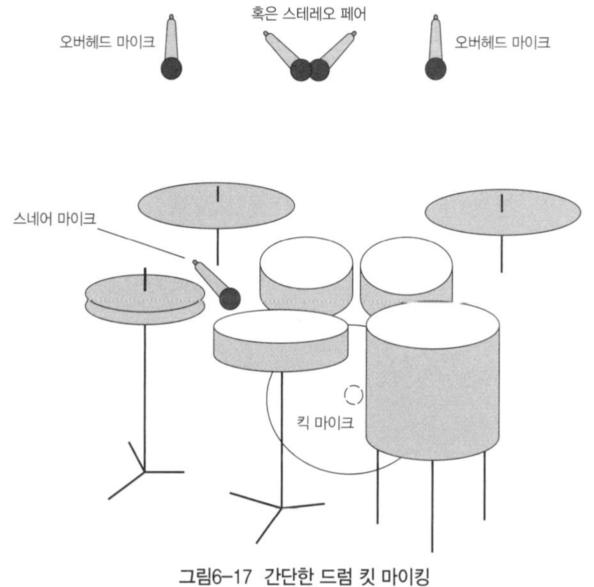

그림6-17 간단한 드럼 킷 마이킹

피아노

- **록 음악** : 첫 번째 마이크를 저음 해머 근처 위쪽에 놓고 두 번째 마이크를 고음 해머 근처에 놓습니다. 모노로 모니터링하면서 마이크를 이동하여 고음과 저음 현사이의 균형을 조정합니다(**그림6-18**).

- **바운더리 혹은 무지향성** : 첫 번째 마이크는 중고음 해머 위에서 해머를 향하고 두 번째 마이크는 저음 현 끝 부분에 설치하고 현과 45°로 마주보게 향합니다(**그림6-19**).

- **재즈 음악** : 피아노 건반 전체 길이의 1/3 지점(제일 높은 고음 건반으로로부터)에 두 개의 무지향성 마이크를 스페이스드 페어로 사운드보드와 수평이 되도록 배치하고 피아노 끝(tail)을 향하게 합니다. 마이크 사이의 간격은 1피트 정도이고 사운드보드로부터 10인치 정도 높여줍니다. 이때 피아노 해머가 마이크로부터 3인치 정도 뒤에 있도록 마이킹 합니다.

- **Old Rock&Roll 음악의 업라이트 혹은 스피넷 피아노** : 마이크를 피아노 뒷면에 설치합니다. 공명판 뒷면 케이스에는 몇 개의 버팀목들이 있습니다. 왼쪽 고음 건반으로부터 세 번째에 해당하는 버팀목을 중심으로 소구경 콘덴서 마이크를 ORTF 방식으로 설치합니다. 악기와의 거리는 10인치 정도이고, 마이크 높이는 피아노 전체 높이의 중간 정도로 합니다(**그림6-20**).

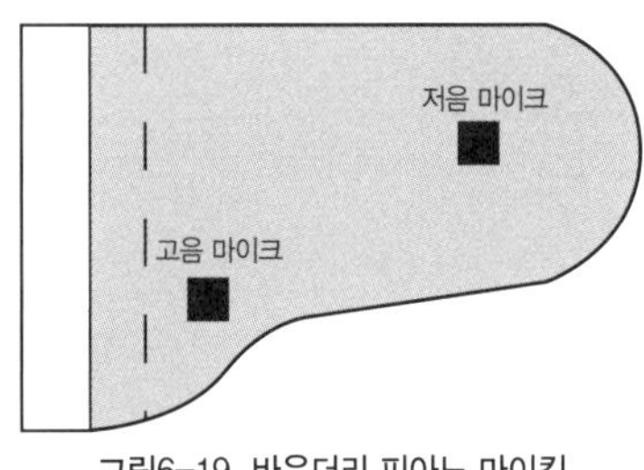

그림6-18 록 음악 피아노 마이킹

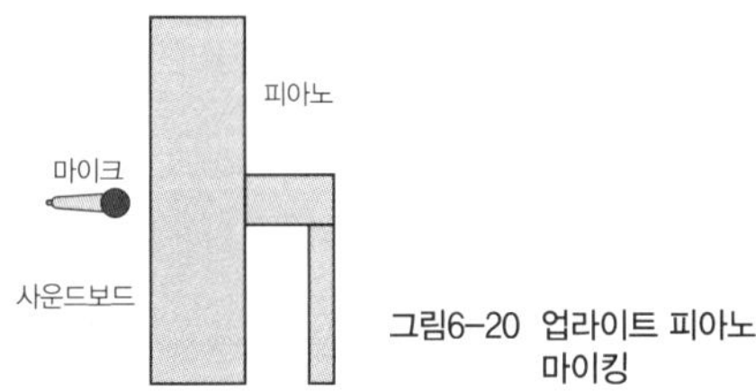

그림6-19 바운더리 피아노 마이킹

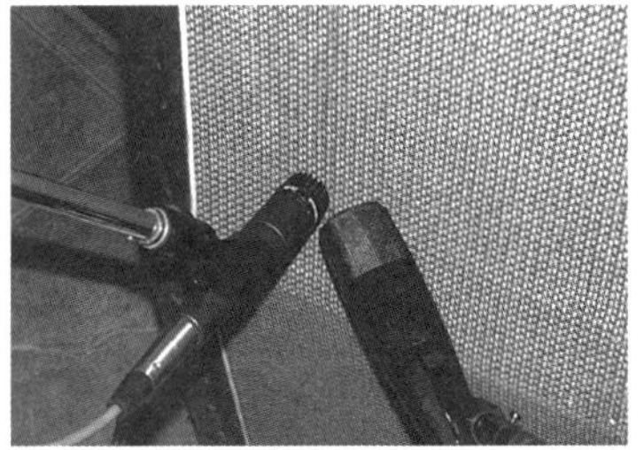

그림6-20 업라이트 피아노
마이킹

일렉트릭 기타

일렉트릭 기타 앰프를 의자에 올려놓고 마이킹 합니다. 스피커 가장자리(edge)와 중앙(voice coil) 사이의 3/4 지점(보이스코일을 기준)에서 1인치 정도 떨어진 지점에 카디오이드 다이내믹 SM57을 설치하고 스피커 중앙을 향하게 합니다. 만일 더욱 많은 고음이 필요하

그림6-21 일렉트릭 기타 앰프 마이킹

다면 마이크를 중앙으로 약간 이동하고, 만일 무게감을 얻으려면 가장자리로 이동합니다. 커다란 패시지에서 마이크가 스피커 콘이 닿지 않도록 주의합니다(**그림6-21**).

어쿠스틱 기타

■**풍부하고 밝은 아르페지오** : 어쿠스틱 기타만의 매력적인 저음은 사운드 홀에서 나오고, 균형 잡힌 음색은 브리지 근처 혹은 넥과 바디의 이음새 지점에서 나옵니다. 따라서 만일 마이크와 악기의 간격이 1피트 이하라면 무지향성 콘덴서 마이크를 이음새 지점에 설치하고 사운드 홀을 향하게 합니다(**그림6-22**).

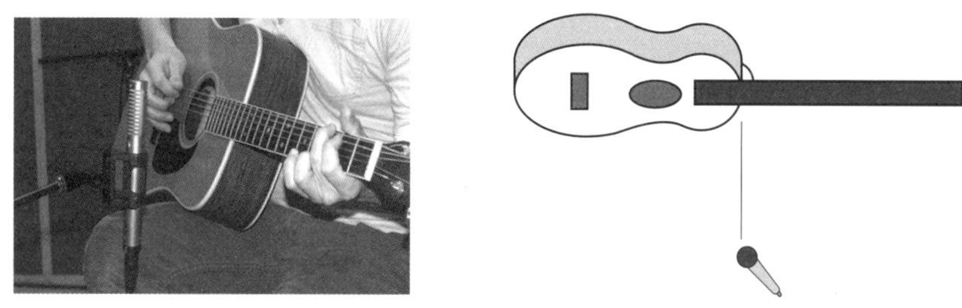

그림6-22 밝고 풍부한 아르페지오 어쿠스틱 기타 마이킹

■**거대한 리듬 스트로크** : 소구경 콘덴서 마이크를 12번째 프렛의 전방 1피트 지점에 설치하고 12번째 프렛을 향하게 합니다. 이때 연주자는 사운드 홀이 마이크 방향으로 이동하지 않도록 주의합니다. 마이크와 프리앰프의 하이패스 필터를 함께 사용합니다.

■**스테레오 마이킹**

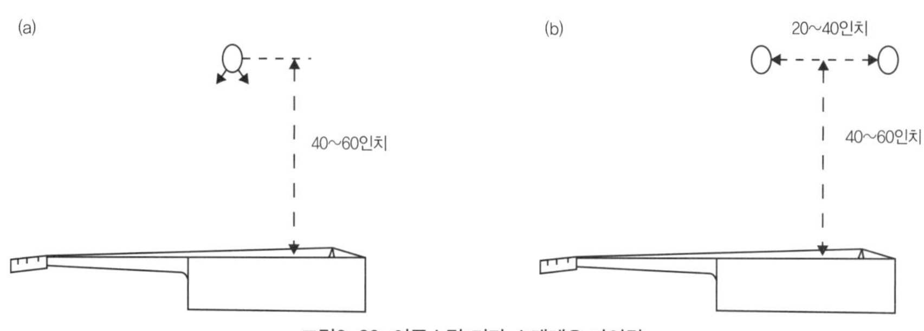

그림6-23 어쿠스틱 기타 스테레오 마이킹

리드 보컬

■**전형적인 방법** : 대중음악의 리드보컬은 마이크를 가까이 사용하고 리버브 시스템으로 노래의 공간성은 부여
합니다. 일반적으로 보컬의 중고음 음색(2에서 3kHz)은 입술의 약 30° 위쪽으로 방사되므로 마이크를 가수의
눈높이에서 10인치에서 1피트 정도 앞에 놓고 입술을 향하게 합니다. 이 지점은 가수의 거친 호흡과 바람 소
리를 피할 수 있으며, 동시에 가수의 기공을 열리게 하므로 풍부한 체스트 톤을 얻을 수 있습니다.

■**부드럽고 자연스런 여성 보컬** : 대구경 콘덴서 마이크를 가수 눈높이에서 매우 가깝게 놓고 마이크를 연인의
귀로 생각하고 속삭이듯이 부르게 합니다(**그림6–24**).

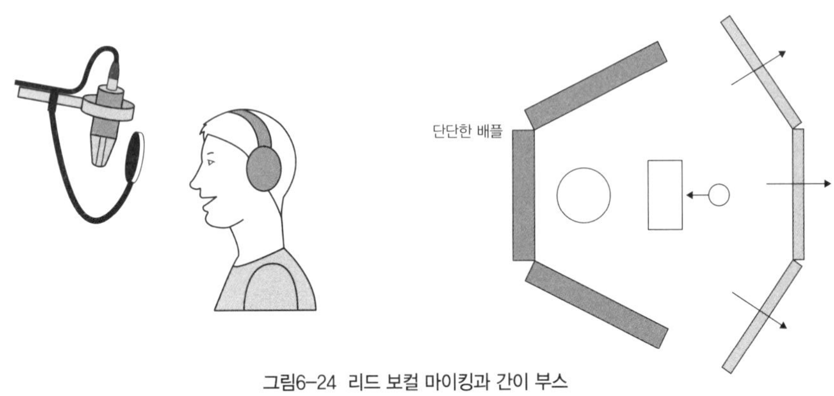

그림6–24 리드 보컬 마이킹과 간이 부스

■**음색이 얇은 보컬** : 마이크를 입술 아래에서 4~7인치 정도 띄우고 마이크 방향을 입술 쪽으로 향하게 하면 가
슴의 저음이 픽업되므로 두꺼운 음색을 얻을 수 있습니다. 하지만 이 방법은 불필요한 잡음까지 전달될 수 있
으므로 주의가 요구됩니다.

플루트

마우스피스 위의 2피트 지점에서 오른쪽으로 45° 외
곽에 마이크를 설치하고 악기 바디를 향합니다. 재즈
음악 플루트는 연주자의 호흡 소리가 중요하므로 0.5
피트 정도로 매우 가깝게 설치합니다. 클래식 음악 플
루트는 실내 음향에 따라 4~8피트 이상 멀리합니다.
악기의 선명도는 고음 주파수 응답이 우수한 콘덴서 마
이크로 해결합니다(**그림6–25**).

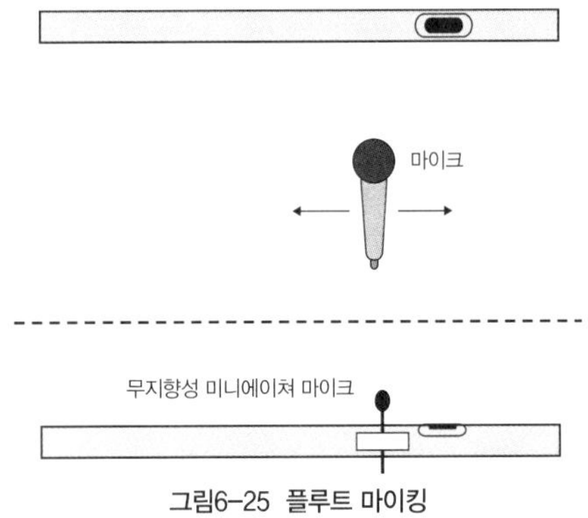

그림6–25 플루트 마이킹

클라리넷

악기 중앙의 전방 2피트 지점에 무지향성 마이크를 설치하고 2피트 정도 높인 다음 벨을 향합니다. 만일 저음이 부족하다면 벨 근처에 마이크를 설치합니다(**그림6-26**).

색소폰

연주자의 왼쪽 30° 지점에서 악기와의 거리를 약 3피트 유지하고 연주자 머리보다 약간 높게 설치하고 벨을 향하게 합니다. 만일 악기의 전방 1~1.2피트 지점에 대구경 콘덴서 마이크를 설치하면 매우 정직하고 솔직한 음색을 얻을 수 있습니다(**그림6-27**).

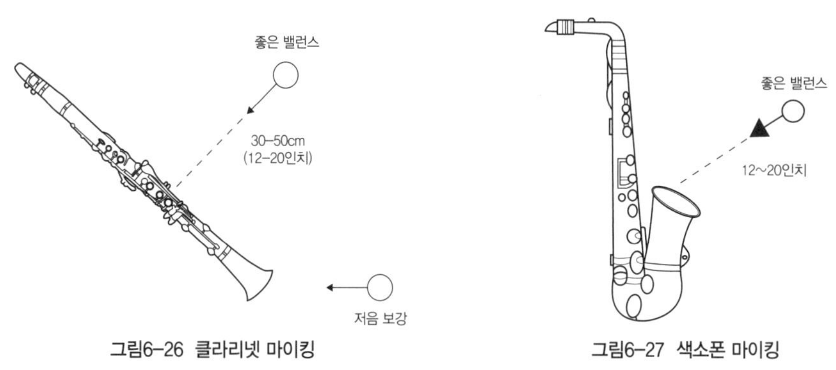

그림6-26 클라리넷 마이킹   그림6-27 색소폰 마이킹

트럼펫

악기의 날카로운 금속성 음색을 녹음하려면 벨의 전방 40인치 앞에 다이내믹 마이크를 설치합니다. 그리고 거친 음을 줄이면서 가장 풍부하고 부드러운 음색을 녹음하려면 벨의 전방 3 혹은 4피트 지점에서 약 20~30° 정도 벗어난 외곽에 다이내믹 마이크를 설치하고 벨을 향하게 합니다(**그림6-28**).

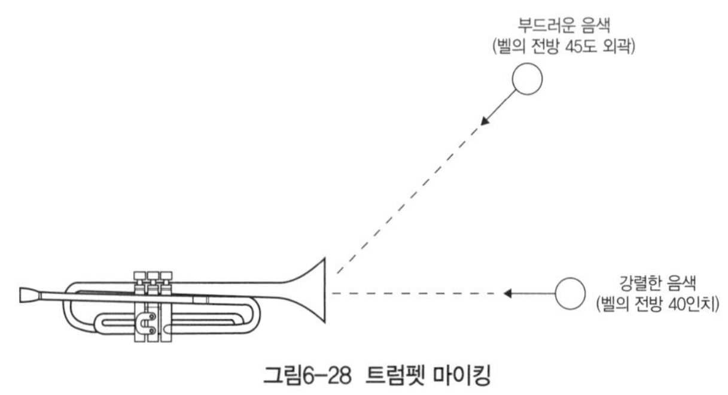

그림6-28 트럼펫 마이킹

트럼본

재즈 음악에는 악기의 전방 1피트 지점에서 20~30°
정도 벗어난 외곽에 다이내믹 마이크를 설치하고 벨을
향하게 합니다. 강렬한 록 음악에는 벨의 전방 1~1.5
피트 지점에 다이내믹 마이크를 설치합니다(**그림6-29**).

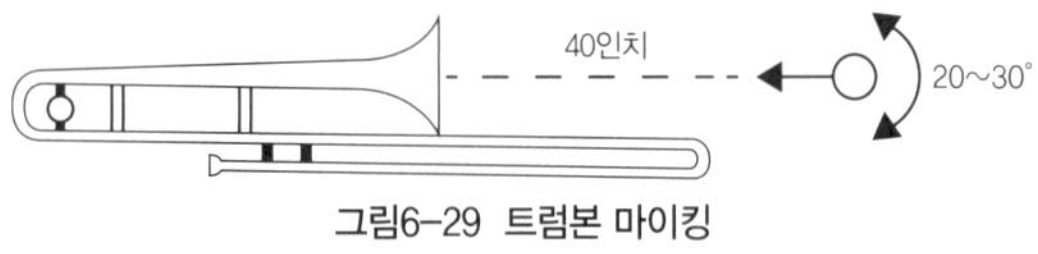

그림6-29 트럼본 마이킹

혼

카디오이드 마이크를 벨의 90° 외곽에서 위에서 아래로 향하게 합니다. 그리고 거리를 1미터 정도 유지합니다
(**그림6-30**).

하프

악기의 전방 2피트 지점에 소구경 콘덴서를 설치하고 바닥으로부터 4피트 정도 높입니다. 이 지점은 악기의 페
달 잡음을 줄이면서 손가락의 타악기적인 트랜션트 음을 픽업할 수 있습니다(**그림6-31**).

마림바

명료한 기본음과 스테레오 이미지를 유지하면서 위상변이를 줄이려면 코인시던트 방식을 사용해야만 하고 마이
크와 바의 간격을 일정하게 유지하기 위해 가능한 멀리 마이크를 설치합니다(**그림6-32**).

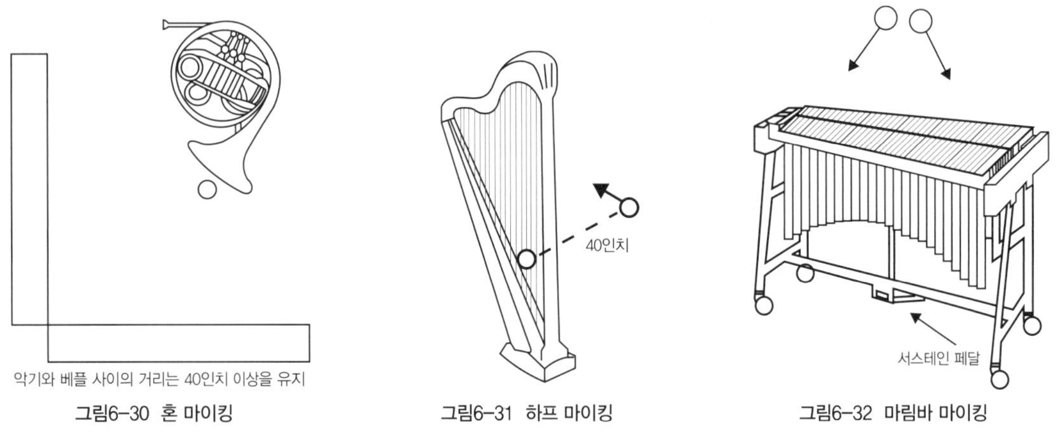

그림6-30 혼 마이킹   그림6-31 하프 마이킹   그림6-32 마림바 마이킹

클래식 피아노 마이킹

■**독주** : 지점 A에 니어 코인시던트 페어(DIN)를 배치하면 피아노의 전체 밸런스를 매우 효과적으로 픽업할 수 있습니다. 만약 풍부한 음색을 고려한다면 지점 C에 무지향성 스페이스드 페어를 사용하고 마이크 사이의 간격을 30㎝로 합니다. 여기에 더욱 선명한 음색이 필요하다면 지점 B에 코인시던트 스팟 마이킹(DIN)을 추가하여 믹스합니다. 그리고 홀 앰비언스의 공간성이 필요하다면 지점 D에 코인시던트 페어를 배치합니다(**그림6-33**).

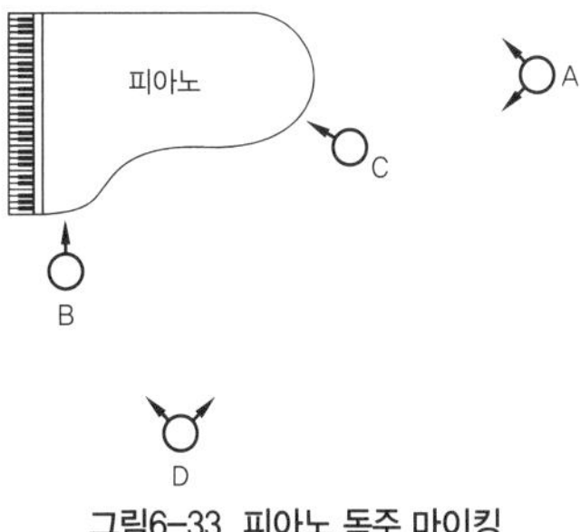

그림6-33 피아노 독주 마이킹

■**피아노와 성악** : 다음은 콘서트홀에서 피아노와 성악의 전형적인 스테레오 녹음 테크닉입니다. 피아노에 코인시던트 페어를 설치하고 지점 A에 성악 마이크를 놓습니다(**그림6-34**).

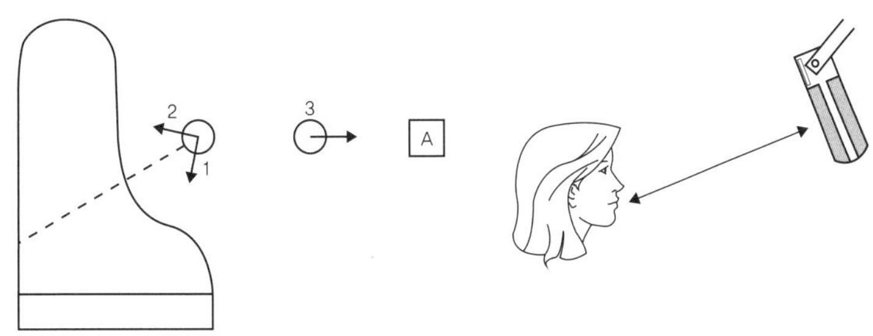

그림6-34 피아노와 성악 마이킹

■**피아노와 현악기** : 피아노에는 두 개의 무지향성 마이크를 스페이스드 페어로 배치하고 현악기 연주자에게는 소구경 콘덴서 마이크를 각 연주자 머리 정면에서 약 3피트 앞에 놓습니다. 또는 2개의 대구경 콘덴서 마이크를 ORTF 페어로 바닥으로부터 20피트 정도 높이고 바이올린과 첼로 앞에 배치합니다(**그림6-35**).

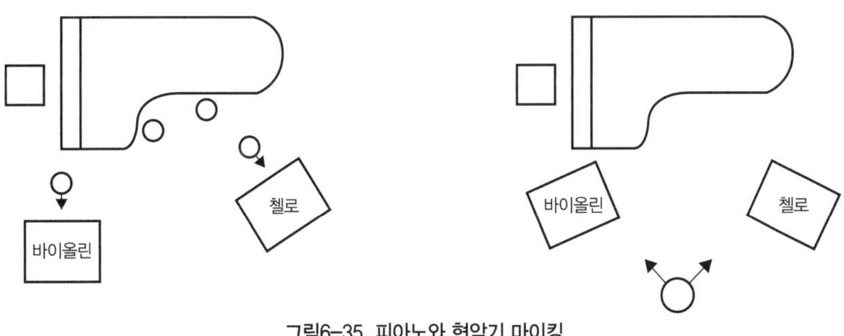

그림6-35 피아노와 현악기 마이킹

오케스트라와 피아노 그리고 성악 마이킹

여기서 ○은 마이크 지점이고, ●은 연주자 위치입니다(**그림6-36**).

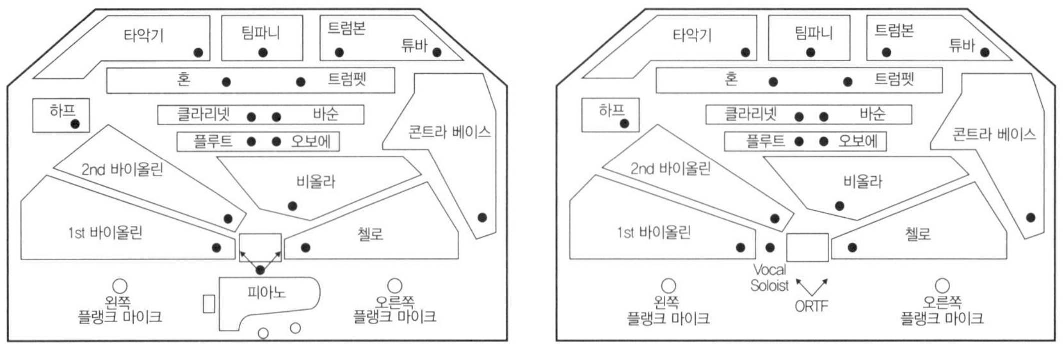

그림6-36 오케스트라와 피아노 그리고 성악 마이킹

재즈 밴드 마이킹(스튜디오)과 악기 패닝

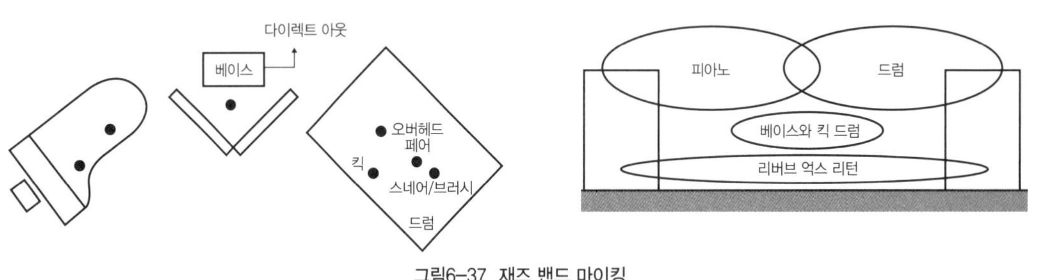

그림6-37 재즈 밴드 마이킹

재즈 밴드와 보컬 마이킹 그리고 악기 패닝

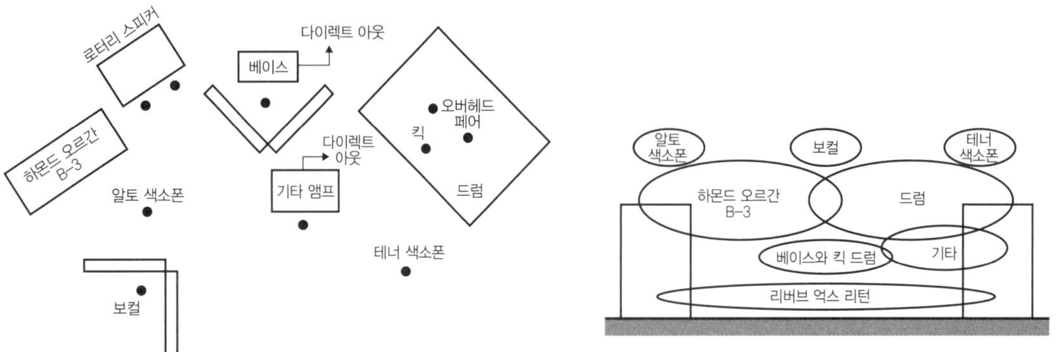

그림6-38 재즈 밴드와 보컬 마이킹

서라운드 사운드 마이킹 테크닉

서라운드 사운드 마이킹 테크닉은 리스너가 콘서트홀의 연주자와 함께 있는 느낌을 제공합니다. 이런 이유 때문에 어떤 엔지니어들은 전형적인 스테레오 마이킹에 비해 더욱 음악적이고 더욱 감성적이라고 말하곤 합니다. 여기에는 포위감(sense of envelopment)이 있습니다.

Delos VR2(Virtual Reality Recording format)

이 마이킹은 Delos의 녹음 감독인 John Eargle이 개발한 테크닉으로 그에 따르면 우수한 디스크리트 서라운드(discrete surround)와 스테레오에서도 좋은 결과를 얻을 수 있다고 합니다. 앙상블 중앙에는 메인 ORTF 페어, 12피트 떨어진 양 측면에 각각 스페이스드 무지향성 마이크를 설치합니다. 그리고 콘서트홀의 잔향을 픽업하기 위해 메인 마이킹으로부터 약 23에서 52피트 정도 떨어진 지점에 2개의 하우스(혹은 서라운드) 마이크를 설치합니다. 두 마이크 사이의 간격은 약 12피트이고, 높이는 약 30피트 정도입니다. 여기서 카디오이드 하우스 마이크의 방향을 콘서트홀의 상단 배면 코너로 향하게 합니다(**그림6-39**).

각 마이크의 신호를 다음과 같은 방법으로 디지털 멀티트랙 녹음기에 트랙 설정합니다.

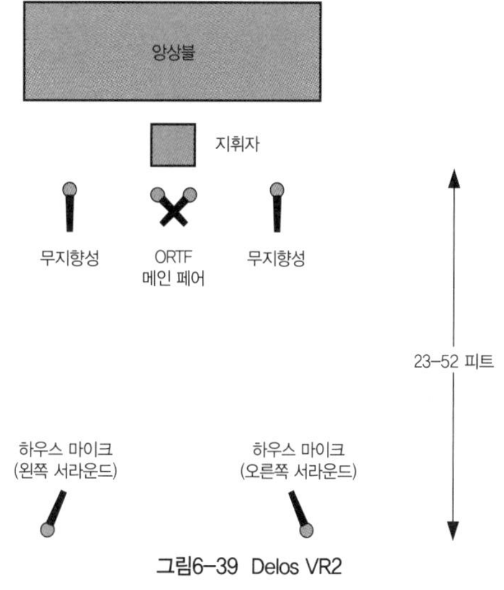

그림6-39 Delos VR2

- ■**트랙1,2** : ORTF 메인 마이크, 스페이스드 무지향성 마이크, 하우스 마이크를 믹스한 신호(필요에 따라 스팟 마이크도 함께 믹스)
- ■**트랙3,4** : ORTF 메인 마이킹 신호
- ■**트랙5,6** : 스페이스드 무지향성 마이킹 신호
- ■**트랙7,8** : 카디오이드 하우스(혹은 서라운드) 마이킹 신호

NHK 방식

일본 NHK 방송 센터에서는 서라운드 녹음에 카디오이드 마이크가 무지향성보다 더욱 자연스런 잔향을 픽업한다는 사실을 발견하고 다음과 같은 마이크 설치를 채택하였습니다. 중앙을 향한 마이크 신호를 센터 채널에 공급하고, 니어 코인시던트 페어 신호를 왼쪽과 오른쪽 채널에 공급합니다. 그리고 와이드 스페이스드 플랭킹 마이크

로 이미지를 확대합니다. 마지막으로 세 개의 앰비언스 마이크를 배면을 향해 설치합니다.

　정면을 향한 마이크는 오케스트라의 직접음 레벨과 잔향음 레벨이 같아지는 임계 거리에서 설치합니다. 통상적으로 이 지점은 앙상블 정면으로부터 12~15피트, 바닥으로부터 15피트 위입니다. 이 방식으로 녹음한 서라운드 프로그램을 모니터링 할 때는 스테레오 리스닝의 잔향 레벨을 멀티채널 리스닝의 잔향 레벨과 일치시킵니다. 다시 말하면 5.1 서라운드에서 스테레오로 모니터링을 조정할 때는 직접음과 잔향음의 비율을 동일하게 유지해야 합니다(**그림6-40**).

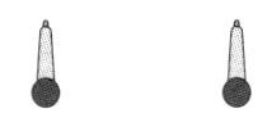

그림6-40 NHK 서라운드 마이킹

모니터 시스템

라우드스피커 시스템
인클로저
스튜디오 모니터링

모니터 시스템

음악 프로그램을 녹음하는데 '우수한 마이크와 프리앰프가 중요할까요, 아니면 우수한 모니터 시스템이 필요할까요?'

사실 이 질문은 '애인과 엄마가 물에 빠지면 누구부터 구하지?'처럼 매우 어려운 선택이지요. 대체로 스튜디오에서 작업하는 친구들은 마이크와 프리앰프에 관심이 많고, 라이브 공연에서 일하는 엔지니어들은 스피커와 파워앰프에 상당한 지식을 갖고 있는 것 같습니다.

이번 장의 포인트

- ●스피커 드라이버
- ●크로스오버 네트워크
- ●인클로저
- ●스튜디오 모니터링
- ●큐 시스템

라우드스피커 시스템

여러분의 얼굴이 이목구비로 구성되어 있듯이 우리가 흔히 말하는 라우드스피커는 스피커 드라이버(Speaker Driver)와 크로스오버 네트워크(Crossover Network) 그리고 인클로저(Enclosure, 스피커 박스)로 구성된 전기-음향 에너지 전환 시스템입니다.

스피커 드라이버(Speaker Driver)

앞장에서 설명했듯이 마이크를 변환 방식에 따라 다이내믹과 콘덴서로 분류했듯이, 스피커 드라이버 역시 전자기형(Electromagnetic)과 피에조일렉트릭(Piezoelectric) 등으로 분류할 수 있습니다.

구조를 간단히 살펴보면 전자기형은 무빙코일 다이내믹 마이크와 매우 유사합니다. 영구자석 내의 보이스코일이 오디오 신호에 따라 이동하면 여기에 부착된 콘이 진동하면서 음이 만들어지며 주로 저음과 중음 드라이버에 많이 사용됩니다(**그림7-1**). 한편 피에조일렉트릭은 수정체 진동을 이용해서 오디오 신호를 음향 신호로 전환하는 방식으로 고음 드라이버(5kHz 이상)에 사용됩니다.

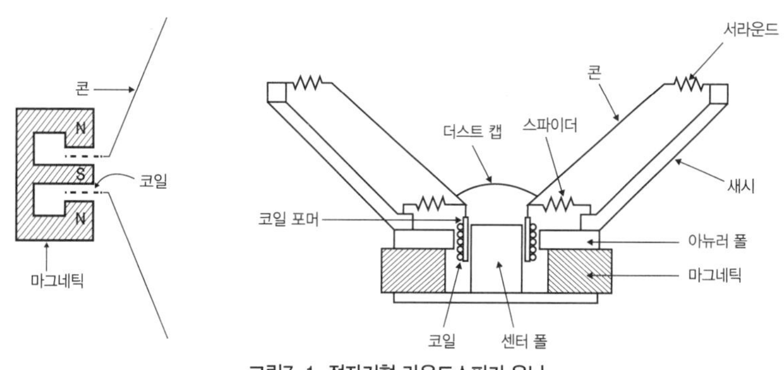

그림7-1 전자기형 라우드스피커 유닛

드라이버 종류로는 우리의 입처럼 저음, 중음 그리고 고음을 모두 재생하는 풀 레인지 드라이버(Full Range Driver)와 저음 전용 우퍼(Woofer), 중음 전용 미드레인지(Midrange) 그리고 고음 전용 트위터(Tweeter) 등이 있습니다(**그림7-2**).

그림7-2 (a) 풀 레인지 스피커. (b) 우퍼. (c) 트위터

크로스오버 네트워크(Crossover Network)

대학로에 가면 타로카드로 점을 쳐주는 카페들을 많이 볼 수 있는데 동쪽에서 귀인이 나타나느니, 이번 여름에 서쪽 해수욕장은 가지 말라느니 등등 앞으로의 방향을 제시해 주지요. 어쨌든 믿거나 말거나 이지만, 스피커 시스템에도 소리의 갈 길을 제시해 주는 주술사가 있습니다. 예를 들면 믹스 프로그램에서 고음 성분들은 트위터로 가고, 우퍼로는 절대 가지 마라 혹은 저음 성분들은 우퍼로 가고 트위터로는 가지 마라 그리고 중음 성분들은 미드레인지로만 가라 등등.

우리는 스피커 시스템의 주술사를 크로스오버 네트워크 혹은 스펙트럴 디바이딩 네트워크(Spectral Dividing Network)라고 부릅니다. 이처럼 믹스 프로그램의 오디오 신호들을 주파수 대역별로 분류하여 전용 드라이버에 공급하면 스피커 시스템은 한층 효율적으로 프로그램을 재생할 수 있습니다. 요약하면 크로스오버 네트워크는 파워앰프(혹은 콘솔)의 출력 신호를 각 드라이버에 필요한 주파수 대역별로 분할하는 전기 필터입니다(**그림7-3**).

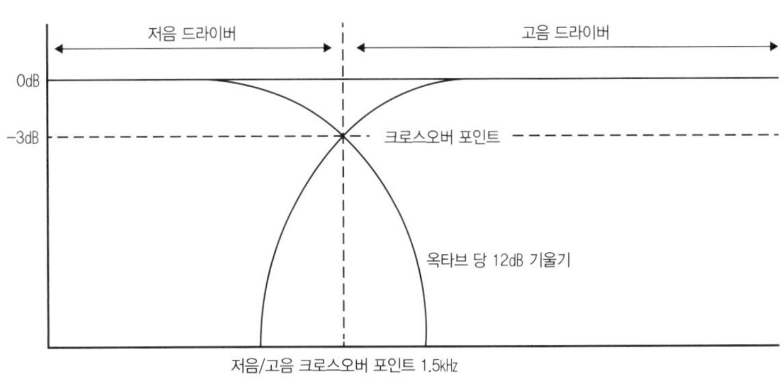

그림7-3 저음/고음 크로스오버 포인트, 1.5kHz

크로스오버 주파수(Crossover Frequency)

여러분은 크로스오버 혹은 퓨전음악을 즐겨 듣습니까? 이것은 재즈에 다른 음악들이 접목된 형식인데, 여기서 크로스오버란 교차 혹은 융합이라는 뜻이지요. 스피커 시스템에서 크로스오버 주파수란 저음과 고음 혹은 중음과 고음이 교차되는 지점의 주파수를 말합니다. 바꾸어 말하면 고음, 저음 그리고 중음 등을 분류하는 기준 주파수로 볼 수 있지요. 만일 2웨이 스피커에서 크로스오버 주파수를 2kHz로 정했다면 2kHz 이하의 모든 음들은 저음으로 분류되어 우퍼 드라이버에서 재생되고, 2kHz 이상의 모든 음들은 고음으로 분류되어 트위터에서 재생됩니다.

대체로 스튜디오 모니터 스피커들은 제조사에서 크로스오버 주파수를 설정해 놓았기 때문에 별도의 조정이 필요 없는 경우가 많지만, 라이브 콘서트 사운드 스피커 시스템의 크로스오버 포인트는 프로 엔지니어들에게 상당한 고민거리입니다. 왜냐하면 크로스오버 주파수를 설정할 때는 필수적으로 설치 공간의 음향 특성을 고려해야 하기 때문이지요. 대체로 2웨이 스피커는 1500~2000Hz(우퍼와 트위터)이고, 3웨이 스피커는 400~500Hz(우퍼와 미드레인지) 그리고 3500~5000Hz(미드레인지와 트위터)입니다.

크로스오버 기울기(Crossover Slope)

여러분이 연인과 헤어지면 한 동안 여운이 남듯이, 크로스오버 주파수 이하의 음을 우퍼, 이상의 음을 트위터에 단칼에 자르는 필터는 매우 드문 편입니다. 바꾸어 말하면 크로스오버 포인트의 주변 주파수 대역들은 우퍼와 트위터 양쪽에서 동시에 재생되면서 음의 변질을 유발할 수 있습니다. 크로스오버 기울기는 드라이버 사이에서 겹치는 음의 주파수 대역을 조정하며 일반적으로 dB/octave로 나타냅니다(**그림7-4**).

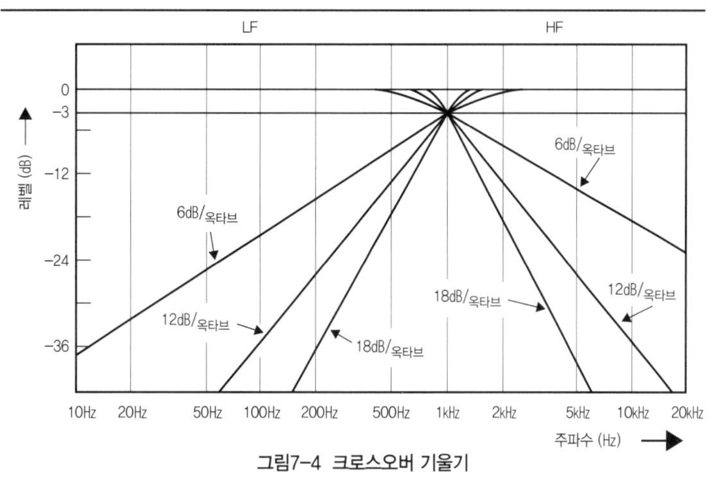

그림7-4 크로스오버 기울기

종류로는 6dB/oct, 12dB/oct, 18dB/oct, 24dB/oct 등이 있는데, 수치가 높을수록 겹치는 대역이 좁아지면서 양쪽 드라이버에서 재생되는 주파수 범위를 줄일 수 있습니다. 따라서 언뜻 생각하면 24dB/oct 필터가 가장 우수한 것으로 볼 수 있지만, 기울기가 급격할수록 필터 자체에서 위상 변이라는 부작용이 발생합니다.

여기서 여러분의 고민이 시작됩니다. 크로스오버 기울기가 완만하면(6dB/oct) 우퍼와 트위터에서 함께 재생되는 주파수 범위가 넓어지면서 두 드라이버 사이의 음향 간섭이 심하게 발생하고 또한 프로그램의 저음 성분이 트위터 드라이버를 위험하게 할 수 있는 문제점이 있지만 필터의 위상 변이로 인한 음질 변화가 적은 장점이 있고, 크로스오버 기울기를 가파르게 하면(24dB/oct) 이와는 반대 현상이 발생합니다. 이를 해결하기 위해 크로스오버 네트워크 제조사들은 다음과 같은 몇 가지 필터를 제공하고 있으며 상황에 따라 선택하여 사용할 수 있습니다.

버터워스 필터(Butterworth Filter)

주파수 응답이 매우 평탄하다는 평가 받고 있으며 영국 엔지니어 Stephen Butterworth가 개발한 필터로, 일명 Maximally Flat Magnitude Filter라고도 합니다(**그림7-5**).

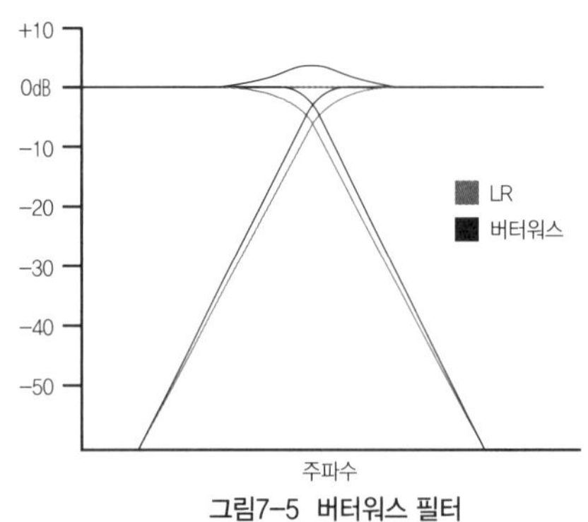

그림7-5 버터워스 필터

베셀 필터(Bessel Filter)

위상 응답이 가장 우수하다는 평가를 받고 있으며, 독일 수학자 Friedrich Bessel 이름을 딴 것입니다.

링크비츠-라일리 필터(Linkwitz-Riley Filter, L-R)

평탄한 주파수 응답과 부드러운 위상 응답을 제공하는 필터이며, 일명 Butterworth Square Filter라고도 합니다.

크로스오버 필터의 배열 개수

때로는 크로스오버 기울기를 1st-order, 2nd-order, 3rd-order 그리고 4th-order 등으로 표기하는데 여기서 order란 필터의 배열 개수를 의미하며, 일반적으로 하나의 필터로 만들 수 있는 기울기는 옥타브 당 6dB 입니다. 따라서 1st-order는 기울기가 6dB/oct이며 버터워스 필터 특성을 지니고 있습니다. 2nd-order는 12dB/oct이며 베셀, 링크비츠-라일리 혹은 버터워스 특성을 지니고 있으며, 3rd-order는 18dB/oct이며 일반적으로 버터워스 필터 특성을 지니고 있습니다. 마지막으로 4th-order는 24dB/oct이며 링크비츠-라일리와 버터워스 필터가 결합된 특성을 지니고 있습니다.

패시브 크로스오버 네트워크(Passive Crossover Network)

패시브 크로스오버 네트워크는 하나의 앰프로 우퍼와 트위터를 동시에 동작시킬 수 있어 가격이 저렴하다는 장점이 있지만 네트워크로는 파워앰프의 강력한 출력이 바로 전해지므로 왜곡이 우려되고 또한 우퍼와 트위터 레벨을 개별적으로 조정할 수 없다는 취약점이 있습니다. 그래서 가정용 하이파이 시스템과 스튜디오 니어필드 스피커에 주로 사용되며 네트워크의 크로스오버 주파수와 기울기가 고정되어 있습니다. 네트워크가 스피커 안에 있기 때문에 여러분에게는 보이지 않을 겁니다(**그림7-6**).

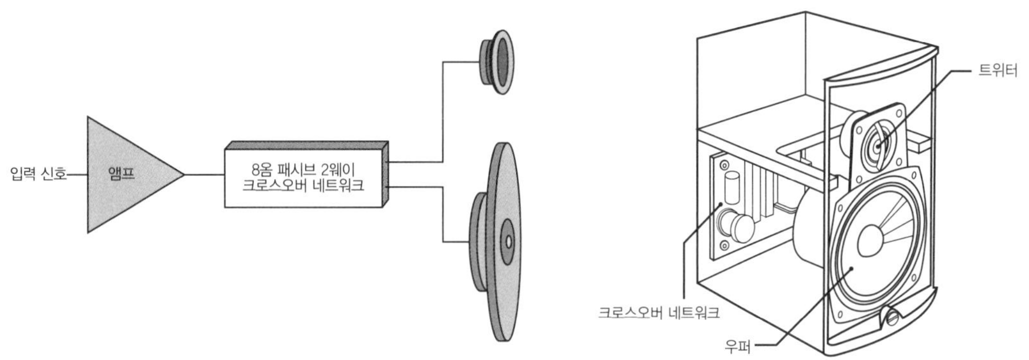

그림7-6 패시브 크로스오버 네트워크

액티브 크로스오버 네트워크(Active Crossover Network)

액티브 크로스오버 네트워크는 우퍼와 트위터에 전용 앰프(bi-amp)를 사용하므로 가격이 비싸다는 단점이 있지만 네트워크로는 콘솔의 미약한 라인 출력 전압이 전해지므로 왜곡이 거의 발생하지 않고 각 드라이버의 레벨을 환경에 적합하게 조정할 수 있습니다(**그림7-7**).

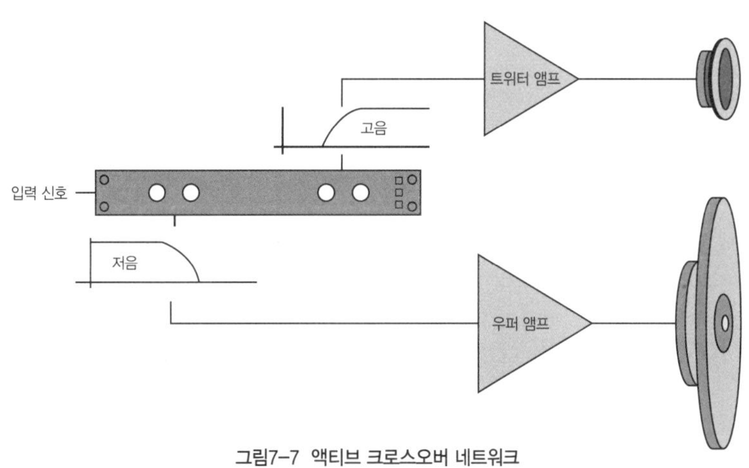

그림7-7 액티브 크로스오버 네트워크

그 이외에도 액티브 타입은 우퍼 드라이버에서 발생한 왜곡이 트위터에 전해지는 것을 방지하고 프로그램의 피크 신호에 왜곡이 적은 편이며 트랜션트 응답이 매우 우수하므로 드럼의 어택 음과 베이스 기타의 저음을 충실하게 재생합니다. 또한 통상적으로 트위터 능률이 우퍼보다 높기 때문에 트위터 앰프는 우퍼 앰프 파워의 1/4 정도이면 충분합니다. 따라서 스튜디오 라우드스피커와 라이브 사운드 시스템에 좋은 평가를 받고 있으며 크로스오버 주파수와 기울기를 여러분이 직접 조정할 수 있습니다.

인클로저

요즈음은 교통 정체 지역이 자주 생기면서 많은 사람들이 자동차에서 음악을 즐겨 듣는 것 같습니다. 사실 아파트가 밀집된 오늘날의 주거 환경에서 자동차 안만큼 음악을 듣기 좋은 공간도 별로 없을 듯합니다. 카 오디오의 가장 큰 장점은 나만의 공간에서 풍부한 저음을 보장받을 수 있다는 것인데, 만일 카 오디오 시스템을 거실에서 듣는다면 어떤 기분을 들까요? 분명 저음이 상당히 적고 고음이 매우 날카롭게 들릴 것입니다. 왜냐하면 거실에는 차의 내부 공간에 해당하는 울림통이 없기 때문입니다. 달리 말하면 스피커 시스템에서 인클로저(스피커 박스)는 스피커 드라이버 이상으로 재생음에 상당한 영향을 끼칩니다. 이것은 스트라디바리우스 바이올린의 음질이 현보다 보디에 좌우되는 것과 비슷한 이치입니다.

씰 타입(Seal Type)

한 동안 스튜디오에서 자주 볼 수 있었던 Yamaha NS-10M이 전형적인 씰 타입 인클로저입니다. 이 타입은 드라이버의 배면 진동음이 밖으로 나오지 못하도록 완전히 밀봉되어 있으므로, 드라이버의 불필요한 잔여 진동을 인클로저의 내부 공기로 제어할 수 있기 때문에 드럼과 같은 리듬악기에 강렬한 임팩트를 제공합니다. 그러나 저음과 고음이 부족하고 거친 중음이 듣는 이를 쉽게 피곤하게 만든다는 평가를 받으면서 요즈음은 보기 드문 스피커가 되었지요(**그림7-8**).

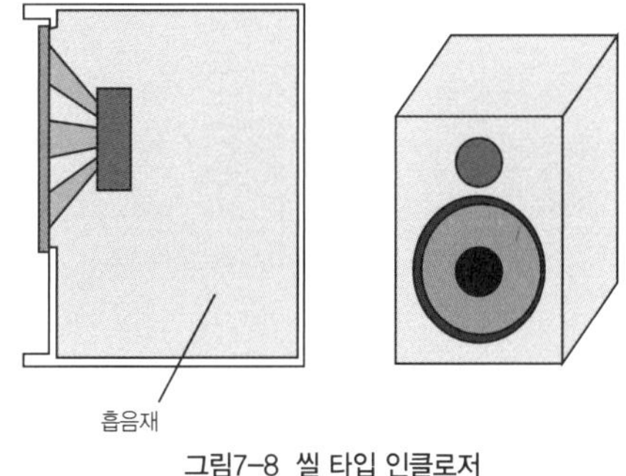

그림7-8 씰 타입 인클로저

베이스 리플렉스 타입(Bass Reflex Type)

베이스 리플렉스 타입은 드라이버의 배면 진동을 덕트(duct)나 포트(port)를 통해 스피커 밖으로 방사하여 작은 스피커에 부족한 저음을 보강하기 위해 개발된 인클로저입니다. 일반적으로 덕트는 스피커 박스 정면에 뚫려 있지만 박스 뒷면에 뚫려 있는 모델도 있으며 벽 가까이 설치하면 더욱 풍부한 저음을 얻을 수 있습니다(**그림7-9**).

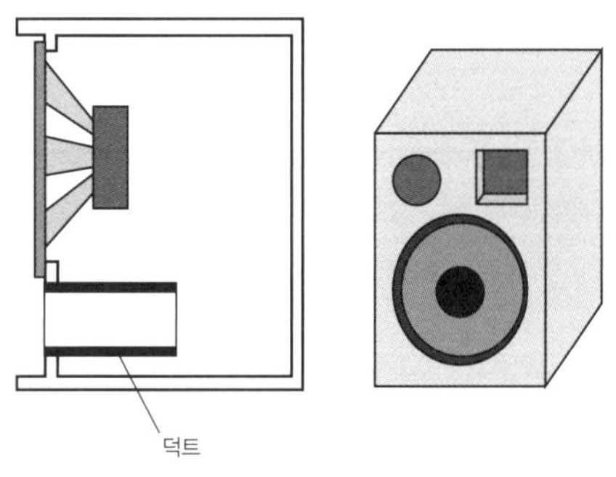

그림7-9 베이스 리플렉션 인클로저

 **우퍼와 트위터의 관계**

현재 여러분이 사용하는 스피커를 살펴보면 우퍼와 트위터 드라이버가 서로 다른 위치에 설치되어 있을 것입니다. 아마도 위쪽이 트위터, 아래쪽이 우퍼일 것입니다. 이런 스타일을 멀티 타입 스피커(Multi Type Speaker)라고 합니다. 이처럼 고음과 저음의 방사 지점이 다르면 음 간섭이 적기 때문에 프로그램 재생 음질이 우수하지만 모니터 위치에 따라 프로그램 음색이 변하는 단점이 있습니다.

한편 코액셜 타입 스피커(Coaxial Type Speaker)는 우퍼 드라이버 중앙에 금속 트위터 드라이버가 설치되어 있습니다. 이 스피커는 우리 입에서 고음과 저음이 동시에 나온다는 것에 착안하여 고안된 방식입니다. 그래서 모니터 위치에 따라 프로그램 음색이 변하는 일은 없지만 동일한 지점에서 고음과 저음이 함께 나오므로 혼변조 왜곡(Intermodulation Distortion)이라는 음색 변화를 유발할 수 있습니다.

스피커 종류

풀 레인지 스피커(Full Range Speaker)

이것은 단지 하나의 풀 레인지 드라이버로 프로그램의 모든 주파수 스펙트럼을 재생하는 스피커 시스템이므로 섬세한 음악을 녹음하거나 믹싱하는 모니터용으로는 부족한 점이 많지만 스테레오 믹스 음악의 모노 밸런스(음색과 레벨)를 체크하는데 매우 우수합니다.

2웨이 스피커 시스템(2-Way Speaker)

이것은 저음용 우퍼와 고음용 트위터로 구성된 전형적인 스튜디오 니어필드 모니터 시스템입니다. 여기서 니어필드(Nearfield)란 엔지니어와 매우 가깝다는 의미로, 뒤에서 자세히 설명하지요(**그림7-10**).

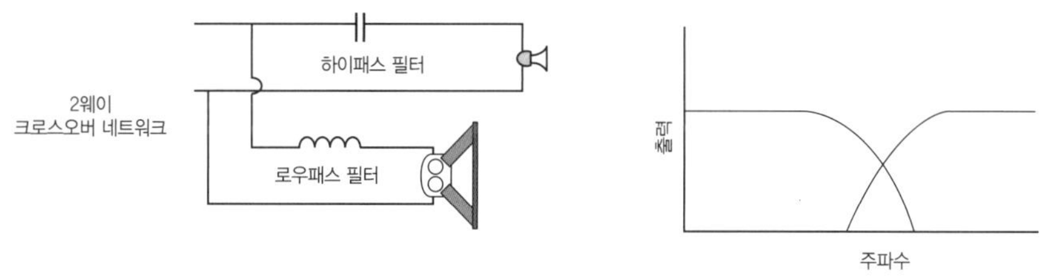

그림7-10 2웨이 스피커 시스템

3웨이 스피커(3-Way Speaker)

이것은 저음용 우퍼와 중음용 미드레인지 그리고 고음용 트위터 드라이버로 구성된 스튜디오 라우드스피커 시스템으로, 주로 벽 안에 설치합니다. 이처럼 전용 드라이버가 세 개로 증가하면서 믹스 프로그램을 더욱 섬세하게 모니터링 할 수 있지만 그러기 위해서는 스피커와 충분한 거리를 유지해야 하므로 상당히 큰 공간이 필요하고 또한 스피커의 커다란 재생음으로 인해 실내 반사가 증가하여 모니터링에 심각한 영향을 미칠 수 있기 때문에 상당히 우수한 음향 공간이 요구됩니다(**그림7-11**).

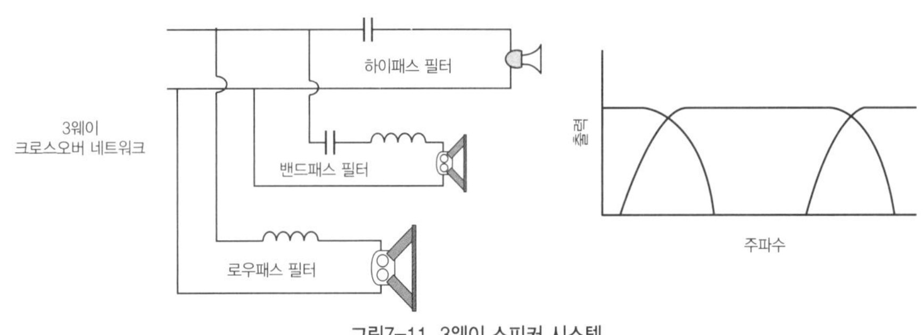

그림7-11 3웨이 스피커 시스템

파워드와 언파워드 모니터

스튜디오에서 선택할 수 있는 모니터 종류로는 스피커/앰프 분리형인 언파워드(Unpowered)와 일체형인 파워드(Powered)가 있습니다. 언파워드는 스피커와 앰프 사이를 연결하는 케이블 특성이 중요하지만 스튜디오 음향 환경에 적합하게 선택할 수 있으므로 대부분의 프로 스튜디오에서 많이 사용하고 있습니다.

하지만 최근 추세는 파워드가 스튜디오 표준이 되는 것 같습니다. 이 모니터는 스피커 연결 케이블이 필요 없으며 심지어 디지털 입력까지 수용하지만, 여기서는 아날로그/디지털 변환기 특성에 많은 관심이 필요합니다. 이러한 모니터들은 밸런스와 언밸런스 라인 신호를 모두 수용하지만 동시에 앰프에 필요한 A/C 파워를 공급해야 합니다(**그림7-12**).

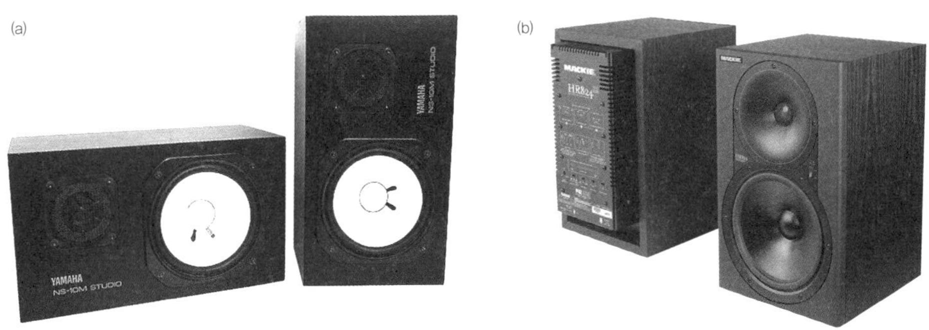

그림7-12 (a)Yamaha NS10M 언파워드 모니터 스피커, (b)Mackie HR824 파워드 모니터 스피커

스튜디오 모니터링

아마도 거의 모든 사람들이 하루에 한번 이상 보는 것이 거울 속의 본인 모습일 것입니다. 옷과 머리 스타일이 본인의 생각대로 되었는지 혹은 남에게 어떻게 보일런지를 유심히 관찰합니다(물론 남을 전혀 의식하지 않는 사람도 있지만). 즉 본인의 주관적인 스타일이 남에게는 어떤 객관적인 평가를 받을지를 생각합니다.

음악 녹음과 믹싱도 이와 비슷합니다. 본인만이 독특한 테크닉으로 개성적인 음악을 만들면서 동시에 많은 사람들에게 공감대가 형성되기를 바랍니다. 스튜디오 모니터 시스템은 여러분의 음악을 비쳐 보는 거울과 같습니다. 통상적으로 스튜디오에는 세 종류의 거울이 있습니다(대형 라우드스피커, 니어필드 스피커 그리고 헤드폰).

라우드스피커 모니터링(Loudspeaker Monitoring)

앞에서도 설명했듯이 라우드스피커 모니터링은 대형 라우드스피커를 조정실 정면 벽에 설치하는 방식으로, 특히 저음 악기의 음색과 레벨 밸런스를 정확히 조정할 수 있기 때문에 상당한 저음 에너지가 요구되는 록 혹은 힙합 음악 믹싱에 매우 적합합니다. 하지만 커다란 모니터 레벨로 인해 실내 반사의 영향을 피하기 힘듭니다. 따라서 우수한 조정실 음향이 필수적입니다(**그림7-13**).

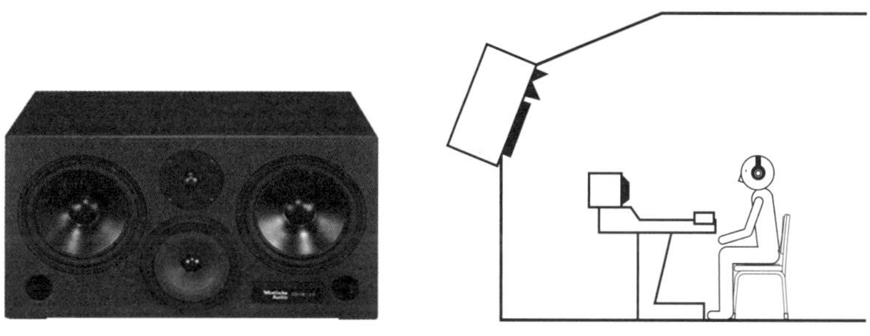

그림7-13 라우드스피커 모니터링

바닥으로부터 라우드스피커를 1.8m에서 2.4m 정도 높게 설치하고 트위터가 엔지니어를 향하도록 스피커를 아래로(수직각) 그리고 안쪽으로 기울입니다(수평각). 때로는 머리의 움직임을 고려해서 양 스피커의 트위터 초점을 모니터링 위치로부터 60㎝ 뒤쪽에 모이도록 조정하기도 합니다.

일반적으로 많은 프로들이 선호하는 스피커와의 거리는 2.4~3.6m 사이입니다. 2.4m 이하이면 트위터와 미드레인지 그리고 우퍼 음들이 적절하게 믹스되지 않고 또한 강력한 스피커 소리에 위화감을 느낍니다. 그리고 3.6m 이상이면 실내의 초기반사음과 잔향으로 인해 스피커 소리가 멀리 들립니다. 물론 스피커 사이의 간격은 스피커와 여러분 사이의 거리와 동일하게 조절합니다.

💡 모니터 볼륨과 녹음 레벨

간혹 사람들은 별 다른 생각 없이 믹싱콘솔의 모니터 볼륨을 크게 올린 다음, 그것을 기준으로 녹음 레벨을 정하곤 합니다. 그래서 녹음 레벨이 작아지고 이로 인해 장비 잡음에 영향을 받게 됩니다. 사실 모니터 레벨에는 음악을 듣는 것 이상으로 상당히 많은 내용들이 포함되어 있으며 자세한 내용은 14장에서 설명하기로 하겠습니다. 하여간 충분한 녹음 레벨을 얻으려면 가능한 모니터 레벨이 크지 않은 것이 유리합니다. 이 장의 주제와 다소 동 떨어진 내용이지만 그렇다면 과연 녹음 레벨은 어느 정도가 좋을까요? 사실 이것은 여러 가지 요소들을 고려해야 하는데, 예를 들면 하이햇 혹은 트라이앵글 혹은 벨처럼 매우 가파른 고음 특성을 지닌 악기들은 녹음 레벨을 낮추는 것이 음의 왜곡을 막을 수 있으며 전체 녹음 레벨(0dBFS)의 70~80% 정도가 일반적입니다. 만일 100%를 채운다면 나중에 믹싱에서 프로세싱(이퀄라이징과 컴프레싱)을 할 때 왜곡이 발생할 수 있습니다.

니어필드 모니터 시스템(Nearfield Monitor System)

니어필드 모니터 시스템은 스피커와 여러분과의 거리를 좁힘으로써 조정실의 불량한 음향 환경으로부터 벗어날 목적으로 개발된 방식이지만, 위에서 설명한 대형 라우드스피커 모니터링 방식에 비해 규모만 작을 뿐이지 조정실의 음향 환경을 피할 수 없습니다.

일반적으로 소형 스테레오 스피커를 믹서의 미터 브리지 위에 1m에서 1.5m 간격으로 설치하고 여러분과의 거리를 이와 동일하게 유지하고 트위터가 여러분의 귀를 향하도록 조정합니다. 이를 실행할 수 있는 간단한 방법이 있습니다. 트위터 드라이버에 손거울을 붙이고 모니터 위치에서 본인 얼굴이 손거울에 보이도록 스피커 각도를 조정합니다. 만일 스테레오 스피커를 눕혀서(수평) 설치한다면 항상 우퍼가 안쪽, 트위터가 바깥쪽에 있도록 하고, 만일 수직으로 설치한다면 항상 우퍼가 아래쪽, 트위터가 위쪽에 있도록 합니다(**그림7-14**).

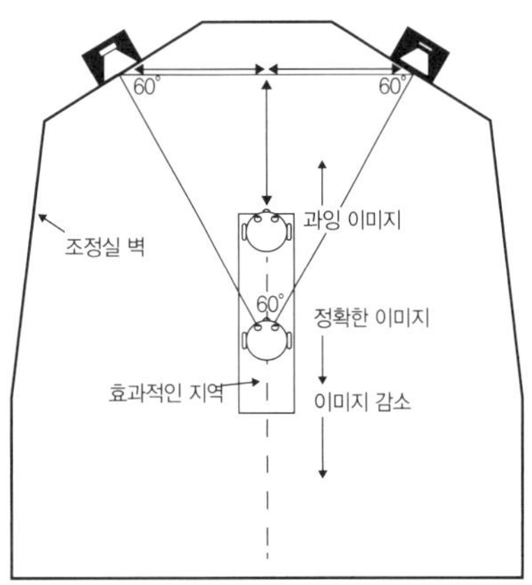

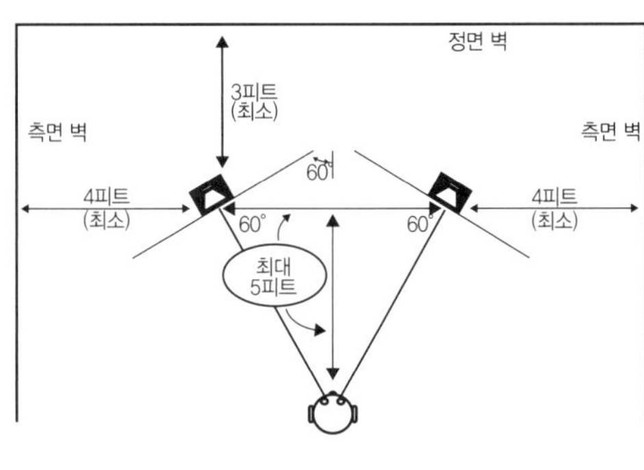

그림7-14 니어필드 모니터 위치와 스피커 배치

 **니어필드 모니터의 취약점**

니어필드 모니터링의 가장 큰 취약점은 믹싱한 록이나 힙합 음악의 저음 음색과 밸런스가 실제 상황에서 어떻게 들리는지 가늠하기 힘들다는 것입니다. 비록 귀찮고 번거롭지만 좋은 해결 방법을 소개하자면, 믹싱이 끝난 후에 스피커를 바닥에 내려놓고 스피커 정면을 벽에 가까이 향하게 합니다. 그리고 크게 들어 보면 어느 정도 파악할 수 있을 것입니다.

최근에는 DAW 오디오 시스템의 사용이 증가하면서 스테레오 스피커 사이에 모니터 스크린을 놓는 경우를 자주 볼 수 있는데, 이것이 음향적인 측면으로는 별로 좋지 않습니다. 왜냐하면 스피커의 저음 성분이 회절하면서 스크린이 하나의 반사체로 동작하기 때문입니다. 이러한 저음 반사로 인해 킥 드럼 혹은 베이스 기타와 같은 악기의 음색과 레벨 밸런스가 변할 수 있으므로 가능한 모니터 스크린은 위로 그리고 가능한 멀리 설치하는 것이 좋습니다.

헤드폰(Headphone)

헤드폰 모니터링은 조정실 음향 환경에 전혀 영향을 받지 않고 또한 비용 역시 저렴한 편이지만 그만큼 문제점이 많습니다. 헤드폰으로 믹싱한 음악을 스피커로 들어보면 음악의 스테레오 이미지가 매우 좁아지고, 잔향 레벨이 심하게 증가하며 킥 드럼과 베이스 기타의 저음 성분이 상당히 커질 수 있습니다.

큐 시스템(Cue System)

큐 시스템은 스튜디오 연주자 혹은 가수가 듣는 모니터링 시스템으로, 큐 믹서, 큐 앰프 그리고 고성능 밀폐형 헤드폰으로 구성됩니다. 큐 믹서는 연주자(혹은 가수)에게 편안한 연주를 위해 본인의 악기음(혹은 목소리)과 다른 악기음의 레벨을 균형 있게 조정합니다. 큐 앰프는 큐 믹서의 신호를 헤드폰으로 들을 수 있도록 증폭합니다. 또한 스튜디오 연주자는 헤드폰음이 마이크로폰으로 전달되는 것을 줄이기 위해 주로 밀폐형 헤드폰을 사용합니다(**그림7-15**).

그림7-15 Hear Back 헤드폰 시스템

스튜디오 보컬 헤드폰 모니터링

엔지니어 테크닉은 스튜디오 가수의 헤드폰 모니터링을 들어보면 바로 알 수 있다고 합니다. 간혹 어떤 사람들은 음질에만 신경 쓸 뿐 가수의 음악적 감성은 전혀 고려하지 않는 것 같습니다. 과연 보컬 녹음에서 중요한 것이 왜곡 없는 음질을 유지하는 것일까요 아니면 가수의 음악적 감성을 돌출해 내는 것일까요? 결론부터 말하면 음악적 감성 없는 우수한 음질이란 진정한 가치가 없습니다. 이것은 아무런 생각 없이 연주하는 수 억짜리 스트라디바리우스 바이올린 소리와 같으니까요.

실제로 어떤 사람들은 중세가 심각할 정도로 오디오 장비와 이에 관한 어줍지 않은 전기이론에 치우쳐 있습니다. 즉 사용하는 마이크와 프리앰프 등의 스펙은 줄줄 외울 정도로 박식하면서 스튜디오 안의 가수가 어떤 심정으로 노래하는지 그리고 그들이 원하는 헤드폰 모니터링이 어떤 것인지를 전혀 고려하지 않습니다. 그저 조정실 의자에 걸터앉아서 믹서의 토크백 버튼을 누른 후 '잘 들려요? 아, 그럼 갑시다!' 라고 할뿐입니다.

특히 신인 가수(혹은 연주자)들은 스튜디오 경험이 거의 없기 때문에 심지어 스테레오 헤드폰에서 반주 음악이 한쪽으로 치우쳐도 그것을 당연한 것으로 알고 있습니다. 또한 경험이 많은 가수라도 그들만이 원하는 헤드폰 모니터링이 있고 이에 따라 그들의 감정 표현이 달라집니다. 따라서 보컬의 모니터링 상태를 파악하는 것이 무엇보다 중요합니다.

1) 반주 음악이 어느 한쪽으로 치우치지 않는지
2) 모니터 레벨이 적절한지(가수와 상의)
3) 반주 음악과 보컬 레벨 밸런스가 적절한지(가수와 상의)
4) 잔향의 종류와 레벨이 적절한지(가수와 상의)

만일 이것이 해결된다면 저가의 다이내믹 마이크와 프리앰프 때문에 비록 탁월한 음질은 얻지 못해도 가수의 풍부한 감정만은 얻을 수 있을 것입니다. 오디오 엔지니어에게 필요한 것이 왜곡 없는 우수한 음질의 장비라면 여러분에게 진정으로 요구되는 것은 가수의 풍부한 음악적 감성을 재현하는 일입니다.

 **성악가의 보컬 더빙 방법**

예전에 모스크바에서 심포니 오케스트라를 녹음하고 서울에서 성악을 오버더빙 한 적이 있었습니다. 앞에서 설명했듯이 대중음악 가수들은 헤드폰 모니터링에 매우 익숙해 있지만, 대부분의 성악가(혹은 연주자)들은 항상 오케스트라와 함께 녹음하고 또한 본인의 목소리를 직접 듣는 것에 익숙해져 있으므로 오버더빙에서 헤드폰 사용을 매우 어색해 하고 불편해 합니다. 이를 해결하고자 하나의 스피커를 배치하면 스피커 음이 마이크에 전달되면서 하울링이 발생하므로 녹음을 할 수 없게 됩니다. 이 경우에는 다음 방법이 어느 정도 도움이 될 수 있습니다(그림7-16).

1) 스테레오 스피커와 성악가 마이크를 정확히 정삼각형으로 배치한다.

2) 한쪽 스피커의 극성을 반전시킨다.

3) 스테레오 음악을 모노로 믹스하여(양 채널의 패닝을 중앙으로) 스테레오 스피커에 공급한다

4) 성악가 마이크에 스피커 재생음이 들어가지 않도록 스테레오 스피커(혹은 마이크) 위치를 섬세하게

재조정한다.

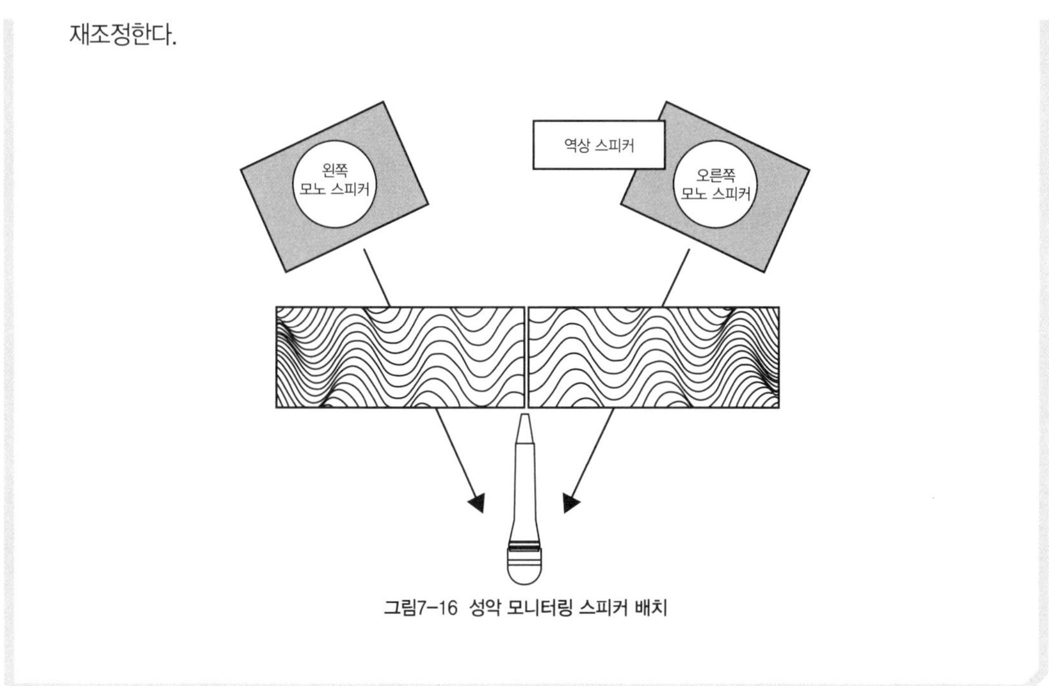

그림7-16 성악 모니터링 스피커 배치

이퀄라이저

필터
이퀄라이저

이퀄라이저

화가에게 그림물감이 있고 조각가에게 끌이 있다면 음악을 녹음하고 믹싱하는 여러분에게는 다양한 시그널 프로세서(Signal Processor)들이 있습니다. 그 가운데 특히 이퀄라이저(Equalizer)는 누구나 알아차릴 만큼 보컬이나 악기 음색을 확연하게 변화시키는 유닛입니다. 그래서 간혹 사람들은 이것만 있으면 어떤 소리도 마음에 들게 조정할 수 있을 거라고 믿고 있지만 이퀄라이저의 원래 용도를 알고 나면 생각이 약간 바뀔 것입니다.

　이퀄라이저는 음악 녹음과 믹싱에 사용되기 훨씬 이전부터 이미 전화국의 엔지니어들이 긴 전송 케이블로 인한 신호의 음질 저하를 원래와 동등하게(equal) 만들기 위한 수단으로 사용되어 왔습니다. 따라서 MIDI 악기의 경우에는 소스 선택에 충실해야 하고 어쿠스틱 악기는 마이킹 테크닉에 보다 많은 관심이 필요합니다. 예를 들어 MIDI 음악에서 악기들의 볼륨을 일정하게 올렸을 때 악기 소리들이 분명하지 않고 심하게 겹쳐 들린다면 이퀄라이저로 조정하기 보다는 소스를 변경하는 편이 작업을 보다 수월하게 진행할 수 있습니다. 이퀄라이저는 여러분의 마지막 히든카드가 되어야 합니다.

이번 장의 포인트

- 필터
- 이퀄라이저
- 인핸서

필터

여러분도 알고 있듯이 정수기 필터, 원두커피 필터 그리고 에어컨 필터 등은 불순물을 걸러냅니다. 오디오 필터 (Audio Filter) 역시 신호에 포함된 전기 잡음, 악기 공진음 그리고 스튜디오 진동음 등을 제거시켜 음을 보다 깨 끗하게 만들어 주는 역할을 합니다. 종류로는 하이패스 필터(High Pass Filter, HPF), 로우패스 필터(Low Pass Filter, LPF), 밴드패스 필터(Band Pass Filter) 그리고 노치 필터(Notch Filter) 등이 있으며, 종류에 관계없이 다 음의 두 가지 조정 파라미터를 사용합니다.

- **차단점(Cutoff Point)** : 게인이 3dB 감소하기 시작하는 지점 혹은 주파수.
- **기울기(Slope)** : 옥타브 당 게인 감소 비율(dB/oct). 일반적으로 음악 녹음과 믹싱에는 6dB/oct 혹은 12dB/oct 그리고 라우드스피커 시스템의 크로스오버 네트워크 필터에는 24dB/oct 혹은 48dB/oct 등을 주로 사용.

하이패스 필터(High Pass Filter, HPF)

일명 로우 컷 필터(Low Cut Filter)라고도 하며, 불필요한 저음 성분을 일정한 비율(기울기)로 줄이는 고음 통과 필터입니다(**그림8-1**). 스튜디오에서는 주변 진동음 혹은 마이크를 악기 가까이 할 때 발생하는 과도한 저음 그리 고 시퀀서 음원의 원치 않는 저음 등을 제거하는데 사용됩니다. 한편 라이브 사운드 시스템에서는 하울링을 방지 하는 수단으로 사용되기도 합니다.

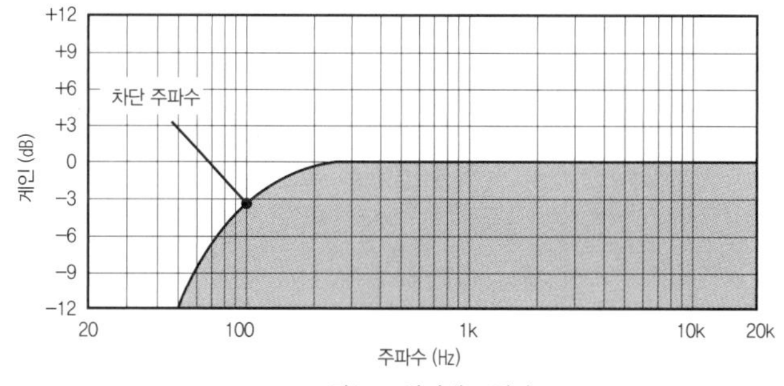

그림8-1 하이패스 필터

> **보컬 저음성분의 필터링**
>
> 간혹 사람들은 믹서 혹은 콘덴서 마이크의 70Hz 필터가 보컬 혹은 악기의 저음을 상당 부분 줄 여준다고 알고 있는데 그런 경우는 매우 드뭅니다. 왜냐하면 앞에서 설명했듯이 필터의 차단 주파수는 게인이 3dB 감소하기 시작하는 주파수로 규정하므로, 실제로 완전히 제거되는 저음 성분은 필터 기울기

에 따라 다르겠지만 대체로 30~20Hz 이하의 매우 낮은 주파수들입니다. 비록 이러한 저음들이 우리에게는 거의 들리지 않지만 그럼에도 불구하고 70Hz 필터가 필요한 이유는 녹음에서 프리앰프 왜곡과 라이브 사운드 시스템에서 파워앰프 에너지 손실을 방지하기 위함입니다. 따라서 70Hz 하이패스 필터는 가능한 거의 모든 악기와 보컬 녹음에 필수적으로 사용해야 할 것입니다.

만일 하이패스 필터를 보컬의 둔한 저음을 제거하는 음색 조정으로 사용한다면 차단 주파수를 남성인 경우에는 100Hz~150Hz, 여성에는 150Hz~250Hz 이상으로 올려야 만족스런 결과를 얻을 수 있을 것입니다. 이렇게 하면 보컬 음색이 선명해지고 믹싱에서 저음 악기(킥 드럼, 베이스 기타)의 음향 공간을 넓힐 수 있습니다. 다시 말하면 보컬의 저음 성분이 저음 악기를 마스킹하지 않습니다. 물론 과도한 저음 제거로 인해 보컬의 기본음이 손실되는 문제가 생길 수도 있지만 그리 걱정할 필요가 없습니다. 왜냐하면 우리 두뇌는 보컬의 배음 성분만 듣고도 손실된 기본음을 마음속에 만들어내는 천부적인 능력을 지니고 있기 때문입니다.

로우패스 필터(Low Pass Filter, LPF)

일명 하이 컷 필터(High Cut Filter)라고도 하며, 동작 원리는 하이패스 필터와 비슷하지만 불필요한 고음 성분을 일정한 비율(기울기)로 줄이는 저음 통과 필터입니다(그림8-2). 비록 하이패스만큼 자주 사용되지 않지만 프로그램의 불필요한 고음과 히스 잡음들을 차단하는데 유용합니다. 로우패스 필터를 이펙트 출력(리버브, 딜레이, 혹

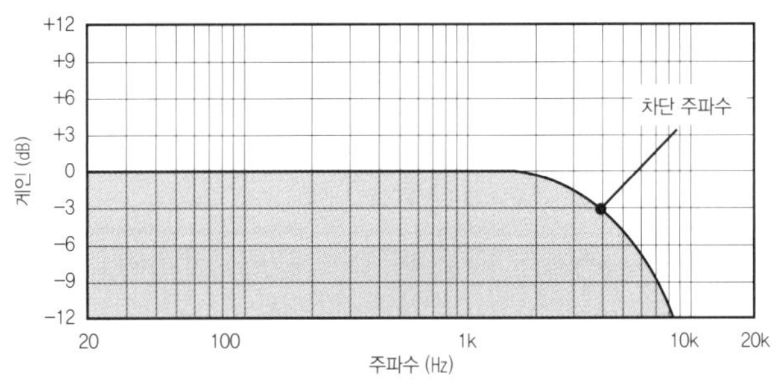

그림8-2 로우패스 필터

은 플랜저)에 사용하면 상상 외로 좋은 결과를 얻을 수 있습니다.

예를 들어 고음 성분이 많은 여성 보컬(악기)에 딜레이 유닛을 사용할 경우, 만일 딜레이 음이 원음과 잘 믹스되지 않는다면 딜레이 음 가운데 5kHz 이상의 고음 성분들을 로우패스 필터(6dB/oct)로 제거합니다. 이 경우에 딜레이 유닛에 있는 필터로 조정해도 무방하지만 음질적인 면을 고려한다면 딜레이 출력 혹은 입력에 별도의 로우패스 필터를 연결하여 사용하는 것이 유리하다고 알려져 있습니다.

필터를 적극적으로 활용하자!

믹스다운에서 잔향음에 하이패스와 로우패스 필터를 함께 사용하면 매우 유연한 음향 공간을 만들 수 있습니다. 일반적으로 잔향의 공간감(size)와 깊이감(depth)은 주로 저음역과 중저음역에 집중되어 있고, 윤곽(definition)과 화려함(spark)은 고음역이 제공합니다. 따라서 하이패스 필터로 잔향의 저음 성분(300Hz 이하)을 줄이면 공감감과 깊이감을 좁힐 수 있고, 로우패스 필터로 고음 성분(5kHz 이상)을 제거하면 잔향음의 윤곽을 부드럽게 할 수 있습니다(그림8-3).

그림8-3 잔향의 공간감과 깊이감을 조정하는 하이/로우패스 필터

이퀄라이저

그래픽 이퀄라이저(Graphic Equalizer)

물가 동향이나 증권 시황을 그래프로 나타내면 쉽게 알 수 있듯이 그래픽 이퀄라이저는 주파수 레벨의 조정 상태가 그래픽처럼 생겼다고 해서 붙여진 이름입니다. 수평 방향으로는 선택 주파수가 있고 수직 방향으로는 레벨 조정기가 있으며, 스튜디오의 모니터 시스템 조정과 라이브 사운드 시스템의 하울링 제거에 자주 사용됩니다(**그림8-4**). 물론 악기의 불필요한 공진음이나 음색 조정에도 적용할 수 있지만 주파수들이 고정되어 있고 조정 레버가 많기 때문에 음색 조정에는 상당히 불편합니다.

그림8-4 그래픽 이퀄라이저

조정 주파수의 간격은 ISO(International Standards Organization)의 규정에 따라 1옥타브 혹은 1/3옥타브로 되어 있지만 간혹 2/3옥타브, 1/8옥타브, 1/6옥타브 등의 유닛들도 볼 수 있습니다. 1옥타브 그래픽 이퀄라이저는 조정할 수 있는 주파수가 10개 정도이고(31Hz, 62.5Hz, 125Hz, 250Hz, 500Hz, 1kHz, 2kHz, 4kHz, 8kHz, 16kHz),

1/3옥타브는 이 보다 많고 1/8옥타브는 대단히 많습니다.

라이브 시스템의 하울링 제거

만일 여러분이 라이브 사운드 시스템의 하울링을 제거한다면 1/3옥타브와 1/6옥타브 그래픽 이퀄라이저 가운데 어떤 것을 선택하겠습니까? 일반적으로 많은 프로 엔지니어들은 1/3옥타브를 선호하는데 그 이유는 다음과 같습니다. 1/6옥타브 유닛은 1/3옥타브에 비해 조정 주파수가 60개 정도로 두 배 이상 많기 때문에 섬세하게 조정할 수 있지만 비용이 증가하고 장비가 커지며 또한 조정 시간이 오래 걸립니다. 그리고 필터의 고유 특성인 위상 변이로 인해 프로그램 주파수가 이퀄라이징 된 대역을 통과하면서 불쾌한 소리가 만들어 질 수 있습니다.

사실 이보다 중요한 이유는 하울링을 유발하는 주파수들이 공연 도중에 지속적, 변칙적으로 변할 수 있기 때문입니다. 이것은 음을 주파수가 아닌 파장의 개념으로 살펴볼 필요가 있는데, 바꾸어 말하면 오디오 신호의 주파수와 공기 중의 주파수(파장)가 항상 일치하는 것은 아닙니다. 그 이유는 온도가 높으면 공기 밀도가 낮아지기 때문에 음의 속도가 더욱 빨라지고 반대로 온도가 낮으면 밀도가 높기 때문에 속도가 그만큼 느려지면서 오디오 신호의 주파수가 공기 중에서는 다른 주파수로 변하기 때문입니다. 따라서 필터의 대역폭이 좁을수록 시스템 튜닝 시간이 반복되고 이것을 공연 도중에 실행하는 것은 거의 불가능합니다. 이런 이유 때문에 1/3옥타브 그래픽 이퀄라이저가 1/6옥타브 보다 실내 음향 조율과 피드백 제거에 유용합니다.

파라메트릭 이퀄라이저(Parametric Equalizer)

파라메트릭 이퀄라이저는 주파수와 레벨을 세밀하게 선택, 조정할 수 있으며 그래픽 이퀄라이저에 없는 Q를 사용할 수 있으므로 주변 주파수에 전혀 영향을 미치지 않으면서 악기 혹은 프로그램의 음색 조정에서 원하는 효과를 얻을 수 있습니다(그림8–5).

SSL G–EQ

API 550B

그림8–5 파라메트릭 이퀄라이저

쉘빙 이퀄라이제이션(Shelving Equalization)은 조정 커브 형태가 완만한 비탈(shelving)처럼 생겼다고 해서 붙여진 이름입니다. 예를 들어 100Hz를 10dB 올리거나 내리면 100Hz 이하의 모든 저음 성분이 10dB씩 일정하게 증가 혹은 감소하고 5kHz를 10dB 올리거나 내리면 5kHz 이상의 모든 고음 성분이 10dB씩 일정하게 증가 혹은 감소합니다(**그림8-6**).

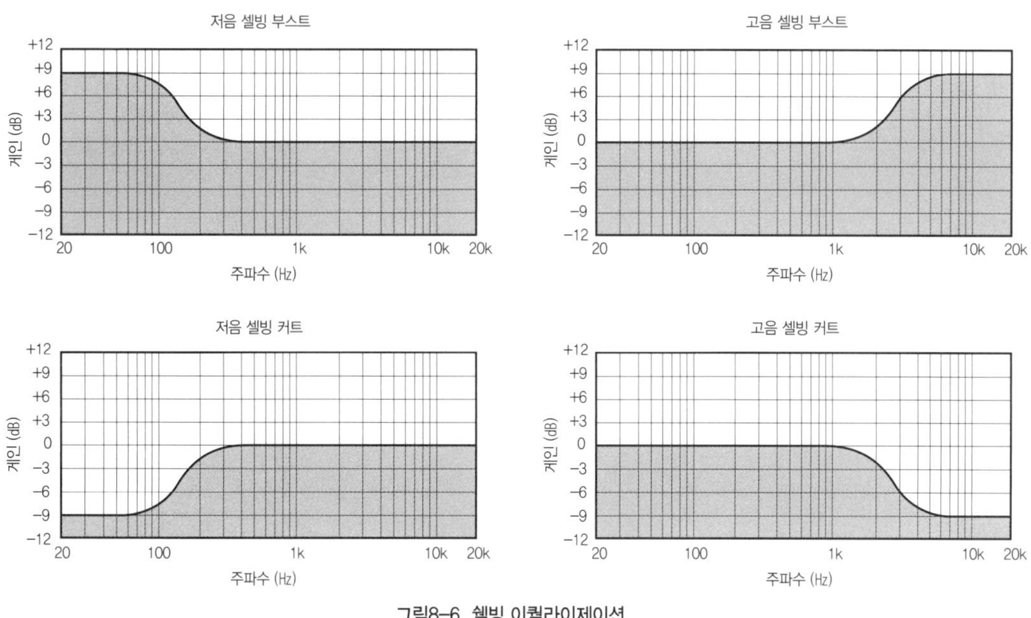

그림8-6 쉘빙 이퀄라이제이션

쉘빙 이퀄라이제이션은 믹싱이 끝난 마스터 프로그램의 음색 밸런스를 조정하는데 유리합니다. 예를 들어 믹싱한 음악이 얇고, 답답하게 들릴 때 60Hz와 14kHz를 6~10dB 정도 올리면 프로그램의 레벨 밸런스가 변하지 않으면서 무언가 달라진 느낌을 제공할 것입니다. 만일 이 정도의 조정으로 프로그램의 저음이 과도하게 증가하거나 고음이 심하게 날카롭다면 아마도 믹싱 자체에 문제가 있다고 봐야 할 것입니다(물론 예외도 있겠지만요).

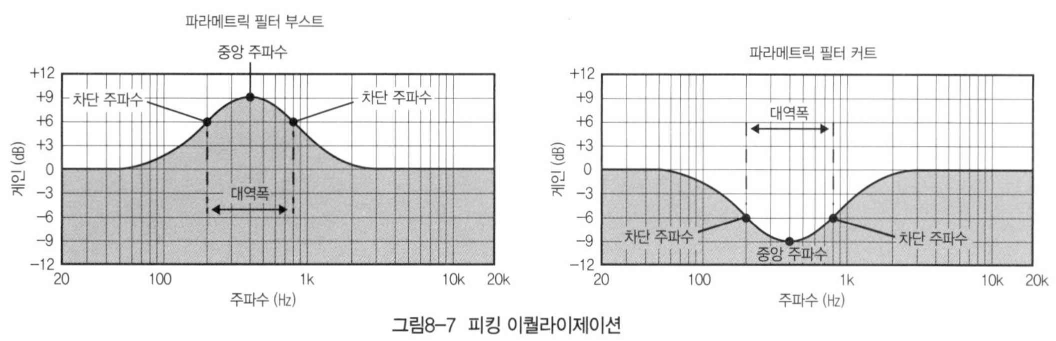

그림8-7 피킹 이퀄라이제이션

피킹 이퀄라이제이션(Peaking Equalization)은 조정 커브 형태가 종(bell) 혹은 산봉우리처럼 생겼습니다. 예를 들어 100Hz를 10dB 올리거나 내리면 100Hz 음이 10dB 증가 혹은 감소하고 이와 함께 주변 주파수들도 어느 정도 증가 혹은 감소합니다(**그림8-7**).

피킹 이퀄라이제이션은 녹음이나 믹싱에서 악기의 음향적인 감각을 향상시키는데 유리합니다. 예를 들어 킥 드럼에 풍부함이 부족하다면 60Hz를 10dB 정도 올리고 어택 감이 부족하다면 2kHz를 6dB 정도 올립니다. 그리고 답답함을 느낀다면 500Hz를 과감하게 줄입니다.

큐(Q)

아마도 여러분은 TV 기상 캐스터가 날씨를 예보할 때 '현재 우리나라는 저기압 영향권에 있기 때문에 비가 올 확률이 높습니다'라는 말을 들어 본 적이 있을 것입니다. 이퀄라이저의 Q는 날씨의 '영향권'과 유사한 의미이며, 전기 공진회로에서 사용하는 용어인 퀄리티 펙터(Quality Factor)의 약자이기도 합니다.

쉘빙 이퀄라이제이션의 Q에 관한 이해를 돕기 위해 예를 들어 봅시다. 앞에서 설명했듯이 쉘빙 이퀄라이저에서 100Hz를 10dB 올리거나 내리면 100Hz 이하의 모든 음들이 10dB씩 증가 혹은 감소하는데 이와 함께 100 Hz 이상의 주파수들도 조정 영향권이 들어가면서 어느 정도 증가 혹은 감소합니다. 여기서 문제는 레벨에 따라 영향권 내의 주파수 대역이 변한다는 사실입니다.

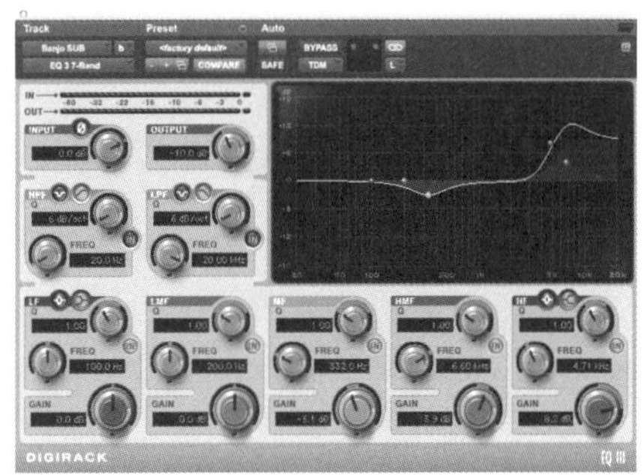

그림8-8 쉘빙 이퀄라이저의 Q

예를 들어 100Hz를 10dB 올리면 200Hz부터 레벨이 서서히 증가하기 시작하지만, 20dB 올리면 400Hz부터 서서히 증가하기 시작합니다(물론 영향권 주파수는 이퀄라이저 회로에 따라 다르지만요). 그런데 믹싱을 할 때 이런 문제가 생길 수도 있는데, 예를 들면 단지 100Hz 이하의 저음만을 20dB 줄이고 싶을 때입니다. 이때 필요한 것이 바로 Q입니다. 요약하면 Q는 영향권 내의 주파수 범위 혹은 대역을 결정하는 파라미터입니다. 만일 주파수 레벨을 조금 올리거나 내린다면 굳이 Q에 의존할 필요는 없지만 레벨을 상당히 올리거나 내린다면 아마도 사용하는 것이 유리할 것입니다.

앞서 설명한 그래픽 이퀄라이저는 조정 주파수 대역폭이 고정되어 있으므로 다양한 음색 변화에 적절히 대응하지 못하는 아쉬움이 있습니다. 실제로 많은 엔지니어들은 중심 주파수뿐만 아니라 인접 주파수의 레벨 변화에도 상당한 관심을 기울입니다. 예를 들어 여러 명의 보컬 그룹에게 단지 약간의 명료함을 부여한다면 가능한 레벨 증가는 줄이면서(2~3dB) 적용 주파수 범위를 폭 넓게 설정해야 하지만(6~8kHz), 만일 악기의 특정 공진음을 보강하거나 잡음을 제거한다면 가능한 레벨은 높이면서(6~10dB 이상) 인접 주파수의 영향을 줄일 필요가 있습니다. 그런데 문제는 피킹 이퀄라이저 역시 쉘빙 이퀄라이저에서처럼 조정 레벨에 따라 영향권의 주파수 범위가 변한다는 것입니다.

예를 들어 100Hz를 10dB 올리면 50Hz에서 200Hz
까지의 주파수들이 증가하지만, 20dB 올리면 20Hz에
서 400Hz까지의 주파수들이 증가합니다. 요약하면 레
벨 조정에 따라 영향권 주파수 대역폭이 변합니다. 이
때 필요한 것이 바로 Q입니다. 만일 악기에 필요한 음
을 보강한다면 레벨을 적게 올리고 Q를 넓게 사용하고,
불필요한 음을 제거한다면 레벨을 많이 올리고 Q를 좁
히는 사용하는 것이 유리합니다(**그림8-9**).

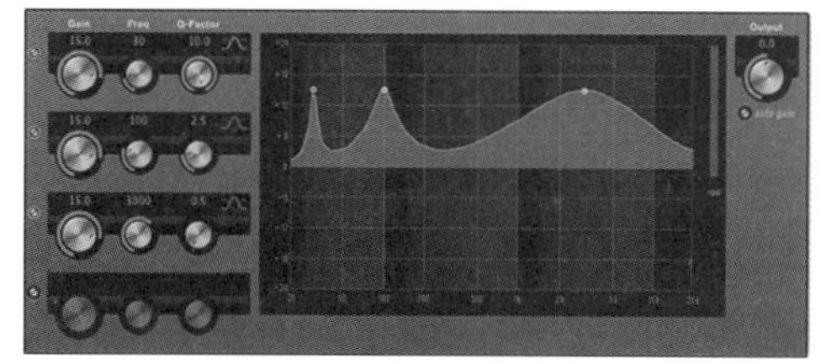

그림8-9 피킹 이퀄라이저의 Q

EQ의 심리적 작용

빌려준 돈은 손꼽아 기다려도 빌린 돈은 거의 기억 못하고, 회사 월급 5% 인상에는 '겨우?'라고
반응하지만 1% 감봉에는 '그렇게 많이?'라고 생각하는 것이 사람들의 마음인 것 같습니다. 이처럼 사람
들은 본능 혹은 천성적으로 증가(boost)에는 둔한 반면 감소(cut)에는 매우 민감하고 상당히 싫어한다고
합니다. 이러한 마음이 이퀄라이제이션에도 그대로 적용됩니다. 실제로 많은 사람들이 악기 음색을 조정
하는 것을 보면 불필요한 성분을 빼는 것보다 부족하다고 생각하는 부분을 마구 올리는 경향이 있는데
이것은 감소로 인해 음의 전체 규모가 작아지는 것을 두려워하는 심리 현상 때문입니다.

만일 원하는 결과를 얻고 싶다면 필요한 주파수 대역을 많이 올리는 것보다 불필요한 부분을 약간 줄인 후 전체
레벨을 올리는 것이 음질적인 면에서 유리합니다. 왜냐하면 이퀄라이저에서 특정 주파수의 레벨을 올리면 올릴수
록 위상 변이라는 현상으로 인해 조정한 주파수가 더욱 느리게 동작하면서 악기 자체 음질뿐만 아니라 다른 악기
와 결합될 때 음악의 전체 음향이 왜곡될 수 있기 때문입니다. 따라서 필요한 주파수 레벨을 많이 올리는 것보다
불필요한 주파수 레벨을 조금 줄임으로써 음질 왜곡을 방지해야 할 것입니다(**그림8-10**).

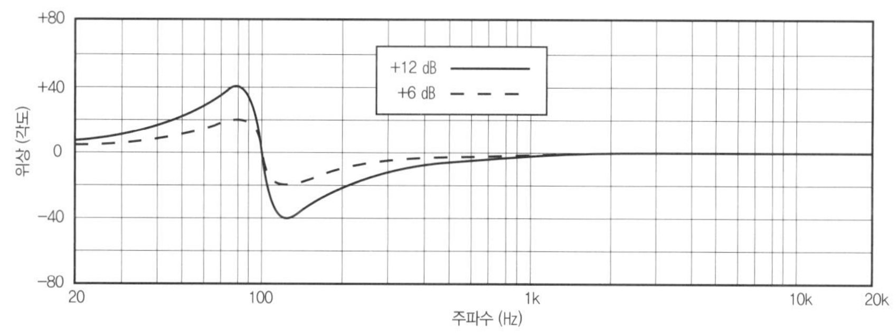

그림8-10 이퀄라이저 위상 변이

다이내믹 이퀄라이저(Dynamic Equalizer)

현재 다이내믹 이퀄라이저는 마스터링에서 주로 사용되고 있지만 앞으로는 녹음과 믹싱에서도 널리 사용될 것으로 예측되는 컴프레션과 이퀄라이징 기능이 결합된 유닛입니다. 일반 이퀄라이저들은 악기 혹은 보컬의 주파수 레벨에 관계없이 항상 조정한 값으로 신호를 증가 혹은 감소시키므로 음색 변화에 따라 적당할 때도 있고 부적합할 때도 있습니다. 한편 다이내믹 이퀄라이저는 음원의 주파수 레벨에 따라 적절하게 대응하므로 한결 원하는 결과를 얻을 수 있습니다(**그림8-11**).

> 다이내믹 이퀄라이저를 일명 멀티밴드 컴프레서(multiband compressor)라고도 하며 드럼키트 혹은 보컬처럼 주파수 스펙트럼이 넓은 소스에 적합합니다. 우선 유닛의 Load에서 원하는 프리셋을 찾은 다음 미세 조정합니다.

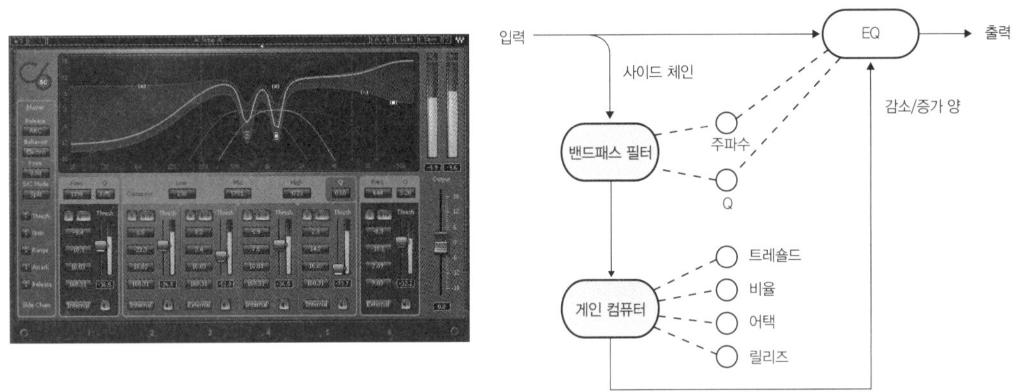

그림8-11 Waves C6 다이내믹 이퀄라이저와 블록 다이어그램

인핸서(Enhancer)

인핸서(**그림8-12**)는 악기의 부족한 배음 성분을 보충해주는 유닛으로, 원음과 믹스하여 악기 음색을 손쉽게 조정할 수 있습니다. 기능 면으로는 이퀄라이저와 동일해 보이지만 구조는 근본적으로 다릅니다. 즉 이퀄라이저는 원음에 있는 배음만을 증가 또는 감소시킬 뿐, 처음부터 존재하지 않는 배음을 만들지 못합니다. 하지만 인핸서는 자체적으로 배음을 만들어 냅니다. 그래서 이퀄라이저를 패시브 음색 조정기(passive tone control), 인핸서를 액티브 음색 조정기(active tone control)라고 하는 이유가 바로 이 때문입니다.

Ax enhancer

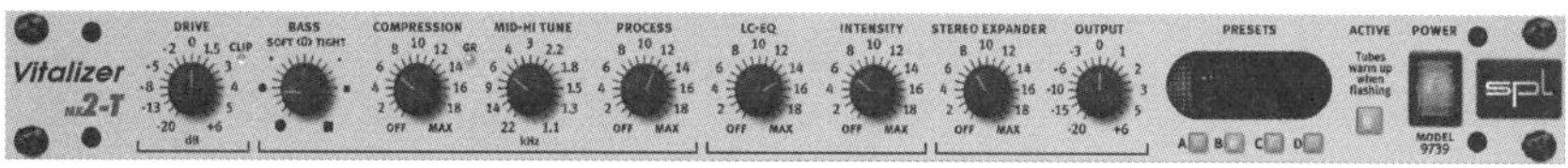

SPL Vitalizer

그림 8-12 인핸서

인핸서는 악기마다 개별적으로 사용할 수 있지만 통상적으로 딜레이와 리버브 시스템처럼 믹서의 AUX Send에 연결하여 필요한 양만큼 조정하면서 사용하는 것이 유리합니다. 하여튼 인핸서는 홀수 배음 왜곡과 위상 변이가 생길 우려가 높기 때문에 통상적으로 원음보다 20dB 정도 낮게 조정합니다.

컴프레서와 노이즈 게이트

컴프레서(리미터)
노이즈 게이트, 익스팬더

컴프레서와 노이즈 게이트

현대의 디지털 오디오 기술이 혁신적으로 발전하고 있지만 조물주가 만든 우리의 청각 기능에 비하면 아직도 한참 먼 것 같습니다. 사실 우리는 소리 크기에 따라 본능적으로 몸이 알아서 적절히 대응하는 반면, 제 아무리 고가의 오디오 장비도 작은 신호에는 잡음을 만들고 큰 신호에는 왜곡을 유발합니다.

　여기서 잠깐 우리의 청각 구조를 살펴보면, 외이(Outer Ear)는 머리 옆에 붙어 있는 귓바퀴와 귓구멍(청도)으로 구성되며 소리를 모아서 고막에 전달하는 역할을 합니다. 또한 내이(Inner Ear)는 고막의 진동을 우리가 인식할 수 있는 뇌파로 전환시킵니다. 마지막으로 외이와 내이 중간에 있는 중이(Middle Ear)는 우리가 놀라지 않도록 큰 소리를 압축하여(compressing) 줄이고, 반면 작은 소리는 신장시켜서(expanding) 크게 듣도록 합니다. 다시 말하면 중이는 외부 소리 크기에 따라 음 레벨을 자동적으로 조정하는 음량기입니다. 바로 이와 비슷한 기능을 하는 다이내믹 프로세서가 이 장에서 설명할 컴프레서와 익스팬더입니다.

이번 장의 포인트

- 컴프레서와 리미터
- 스테레오와 멀티밴드 컴프레서
- 노이즈 게이트와 익스팬더
- 사이드 체인

컴프레서(리미터)

컴프레서(Compressor)를 가장 많이 사용하는 대표적인 음원으로는 보컬을 생각할 수 있습니다. 물론 곡과 가수에 따라 다르겠지만 일반적으로 보컬은 음정이 낮을수록 레벨이 작고 높을수록 커지는 경향이 있습니다. 이러한 레벨 변화, 즉 보컬의 다이내믹 레인지를 좁히는 방법으로는 가수의 마이크 테크닉이 어느 정도 도움이 되겠지만 여기에는 많은 현실적인 제약이 따릅니다. 사실 외국의 어느 엔지니어도 말했듯이 스튜디오에서 탁월한 연주자는 만나기 쉬워도 적절한 음량으로 곡을 소화하는 노련한 가수는 생각보다 흔치 않은 것 같습니다.

보컬을 왜곡 없이 녹음할 수 있는 또 하나의 방법으로는 음 레벨에 따라 콘솔의 채널 페이더를 조정하는 게인 라이딩(Gain Riding)을 생각할 수 있습니다. 그러나 이것 역시 클래식 성악가에게는 어느 정도 도움이 되겠지만 빠른 템포의 대중음악 가수에게는 어려움이 많습니다.

마지막 선택으로 보컬 레벨을 자동적으로 조정하는 컴프레서를 생각할 수 있습니다. 하지만 천하의 명약이라도 과용하면 부작용이 생기듯이, 컴프레서 역시 조금이라도 잘못 사용하면 원래 음보다 못한 결과를 초래할 수 있으므로 정말이지 상당한 주의가 필요합니다. 왜냐하면 이퀄라이저의 잘못된 조정은 어느 정도 원래 상태로 수정이 가능하지만, 컴프레서는 어떤 경우라도 되돌릴 수 없는 고스톱의 낙장불입이기 때문입니다.

컴프레서의 기능은 다음과 같이 대략 두 가지로 분류할 수 있습니다.

- **악기음의 인벨롭 조정(Compression)** : 드럼 혹은 일렉트릭 기타 등의 악기 음색을 더욱 강렬하게 혹은 부드럽게 만듭니다.
- **피크 레벨 제어(Limiting)** : 시스템에 왜곡을 유발하는 프로그램의 피크 레벨을 줄이면서 우리가 듣고 느끼는 라우드니스 레벨을 향상시킵니다. 다시 말하면 신호의 다이내믹 레인지를 줄여서 평균 레벨을 높입니다. 더욱 쉽게 말하면 작은 볼륨으로도 음악을 더욱 크게 들을 수 있도록 만들어줍니다.

그림9-1은 각 오디오 매체의 다이내믹 레인지입니다.

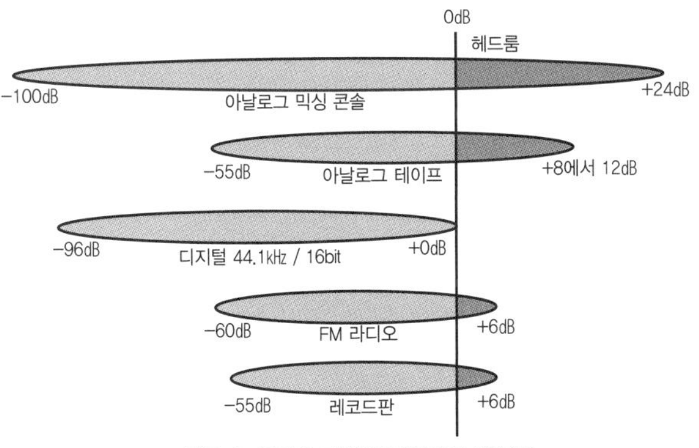

그림9-1 오디오 매체의 다이내믹 레인지

컴프레서 동작 원리

여러분은 어렸을 때 부모님이나 선생님으로부터 꾸중을 들어 본 적이 있는지요? 당시에는 이것이 여러분의 행동과 생각을 방해하는 잔소리 같지만 시간이 지나면서 여러분의 성장에 많은 도움이 됐다는 것을 알게 되었을 것입니다. 컴프레서 역시 천방지축으로 날뛰는 신호 레벨을 제어하는 선생님의 꾸중과 같은 신호가 있는데, 이것을 사이드 체인 신호(Side Chain Signal) 혹은 키 신호(Key Signal)라고 하며, 여기에는 두 가지 종류가 있습니다.

① 내부 키 신호(Internal Key Signal) : 컴프레서의 입력 혹은 출력 신호의 일부를 검출하여 프로그램 혹은 악기음의 게인을 압축하는 신호로, 스스로 자신을 다스리는 마인드 컨트롤과 같은 신호입니다.

② 외부 키 신호(External Key Signal) : 컴프레서를 통과하는 프로그램 혹은 악기음의 게인을 조정하는 외부 신호로, 선생님의 충고 어린 조언과 같은 신호입니다(**그림9-2**).

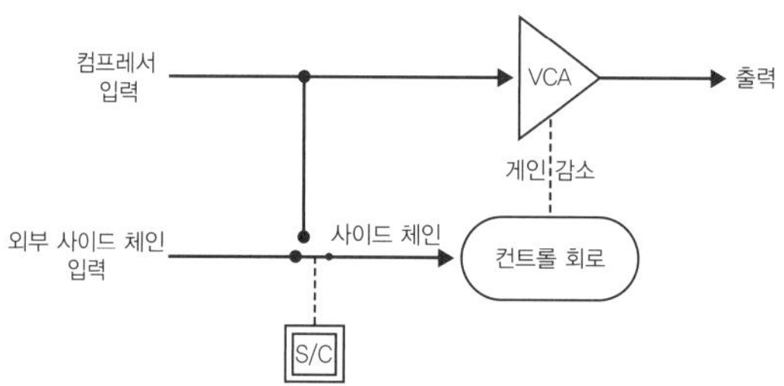

그림9-2 사이드 체인 회로의 내부와 외부 키 신호

키 신호

내부 키 신호와 외부 키 신호는 용도가 다소 다릅니다. 일반적으로 내부 키 신호는 악기음의 레벨을 줄이거나 음색을 변경하는데 용이하고, 외부 키 신호는 불필요한 간섭음을 줄이는데 유리합니다. 예를 들어 드럼 믹싱에서 스네어 드럼의 레벨 혹은 음색을 변경한다면 내부 키 신호를 사용하고, 스네어 드럼 마이크에 스며드는 킥 드럼 간섭음을 줄인다면 외부 키 신호가 효과적입니다.

신호 게인 조정 방식

컴프레서는 기종에 따라 다음과 같은 몇 가지 신호 게인 조정 방식을 사용합니다.

Vari-Mu

진공관(vacuum tube)을 이용해서 입력 신호의 게인을 조정하며, 매우 부드럽고 균형적인 음을 제공하는 것으로 평가받고 있습니다. 초기의 컴프레서 모델들이 여기에 속하며 대표적인 유닛으로는 Manley Labs, Fairchild 등이 있습니다(**그림9-3**).

그림9-3 Manley Slam

VCA

반도체 집적회로(Solid State Circuit)를 이용해서 입력 신호의 게인을 조정하며, 앞에서 설명한 Vari-Mu에 비해 반응 속도가 매우 빠릅니다. 따라서 신호의 가파른 피크 레벨을 손쉽게 제거할 수 있으며, 특히 베이스기타에 적합한 것으로 알려져 있습니다. 비교적 최근의 컴프레서 모델들이 여기에 속하며, 대표적인 유닛으로는 dbx 160A 등이 있습니다(**그림9-4**).

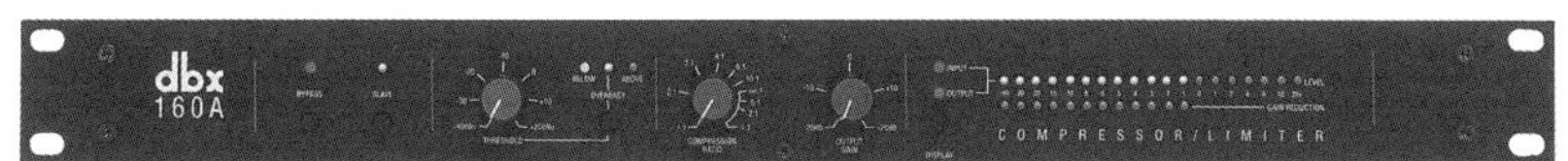

그림9-4 dbx 160A

FET

Vari-Mu 튜브 방식의 대안으로 제작된 FET(Field Effect Transistor) 컴프레서로, 드럼, 베이스, 보컬 그리고 어쿠스틱과 일렉트릭기타에 적합하다는 평가입니다. 대표적인 유닛으로 Urei 1176LN 등이 있습니다(**그림9-5**).

그림9-5 Urei 1176LN

Optical

여러분도 잘 알고 있듯이 옵티컬(optical)이란 광학 혹은 빛을 뜻하며, 포토 트랜지스터(photo transistor)는 광 신호를 전기신호로 변환하는 트랜지스터입니다. 이 방식은 사이드 체인 신호를 검출하는데 포토 트랜지스터를 사용하며, 신호의 레벨 변화에 대해 다소 느리게 반응하므로 순수한 리드보컬(포크 음악)과 어쿠스틱 베이스에 매우 우수하다는 평가입니다. 그리고 어택 타임과 릴리즈 타임의 특성 커브가 다소 정밀하지 않기 때문에 이 방식만으로 독특한 음색을 제공합니다. 대표적인 유닛으로는 빈티지 Teletronix LA-2A(1960년)를 리모델링한 튜브 타입의 Universal Audio LA-2A 등이 있습니다(**그림9-6**).

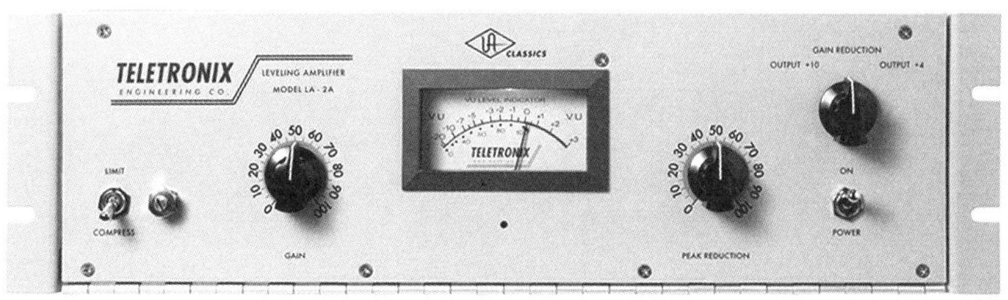

그림9-6 Teletronix LA-2A

Digital

최근 들어 여러분이 자주 접하는 DAW의 컴프레서 플러그인들이 여기에 속하며, 매우 정확한 수리 방식으로 설계되어 있으므로 음 레벨 변화를 매우 정밀하게 표현한다는 평가입니다(**그림9-7**).

그림9-7 Waves PuigChild 660

조정 파라미터

트레숄드(Threshold)

여름 장마가 시작되면 TV에서는 잠수교의 수위를 수시로 알려 줍니다. 그러다가 어느 한계에 도달하면 교통을 통제하기 시작합니다. 이와 마찬가지로 어택 음이 강한 드럼이나 레벨 변화가 심한 노래는 장비의 수용 레벨 이상으로 쉽게 커질 수 있기 때문에 왜곡 없이 녹음하려면 더 이상 커지지 못하도록 제재할 필요가 있습니다.

트레숄드는 큰 레벨 신호들을 장비의 수용 레벨 안으로 가두는 것입니다. 다시 말하면 트레숄드는 압축의 시작 레벨을 결정합니다. 여기서 중요한 것은 가능한 압축 상태를 인지하지 못하도록 만드는 것입니다(**그림9-8**). 그러기 위해서는 점진적인 압축 변화가 필요합니다. 이를 위해 큰 레벨 음에서 급격한 압축을 실행하는 것보다 조금 낮은 레벨부터 서서히 압축량을 늘려 나가는 것입니다.

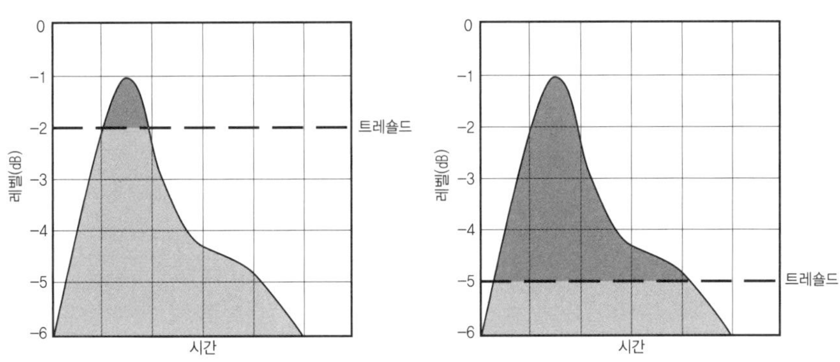

그림9-8 트레숄드 레벨

가수에 따른 컴프레서의 압축량

레벨과 음색 변화가 어느 정도 일정한 노련한 가수와 녹음한다면 가능한 트레숄드를 높여서 압축량을 줄여야 하지만, 만일 레벨과 음색 변화가 심한 초보 가수라면 트레숄드를 매우 낮게 설정하여 모든 음을 압축시킵니다. 물론 이렇게 하면 보컬 음색이 둔하고 레벨 변화가 없기 때문에 답답하게 들릴 수 있지만 이퀄라이저로 고음 성분을 높이면 결코 노련한 가수만큼은 아니지만 어느 정도 괜찮아질 수 있습니다.

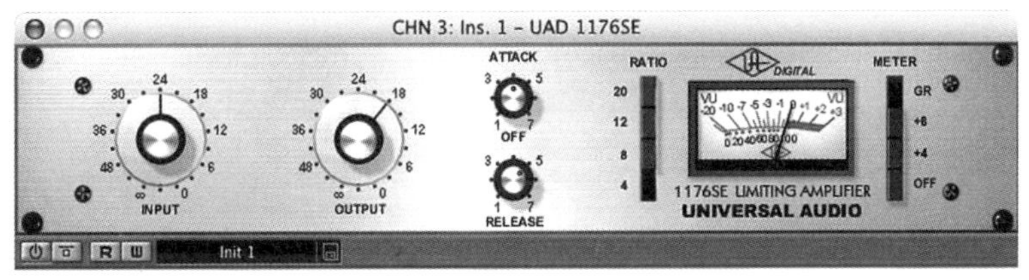

그림9-9 고정 트레숄드 컴프레서(Universal Audio 1176SE)

혹시 여러분은 유닛에 트레숄드 조정기가 없는 것을 보고 당황한 적이 없는지요? 대부분의 컴프레서들은 프로그램에 따라 압축 레벨을 직접 조정할 수 있는 가변 트레숄드(variable threshold)를 제공하지만, 간혹 제조사에서 정해 놓은 고정 트레숄드(fixed threshold) 유닛도 있습니다. 만일 이러한 유닛을 사용한다면 입력 컨트롤(input control)로 트레숄드를 설정하고 출력 컨트롤(output control)로 전체 레벨을 조정하면 됩니다(**그림9-9**).

압축 비율(Compression Ratio)

스프링은 누르면 누를수록 부피가 줄어드는 만큼 반발력이 더욱 강해지듯이, 컴프레서의 압축 비율은 높이면 높일수록 신호의 레벨 변화가 감소하는 만큼 음이 더욱 강해집니다. 예를 들어 압축 비율이 2:1이면 음의 레벨 변화(다이내믹 레인지)가 절반으로 감소하지만 음의 응집력이 두 배로 증가하고, 압축 비율이 10:1이면 레벨 변화가 1/10로 감소하지만 응집력이 열 배로 높아집니다(**그림9-10**).

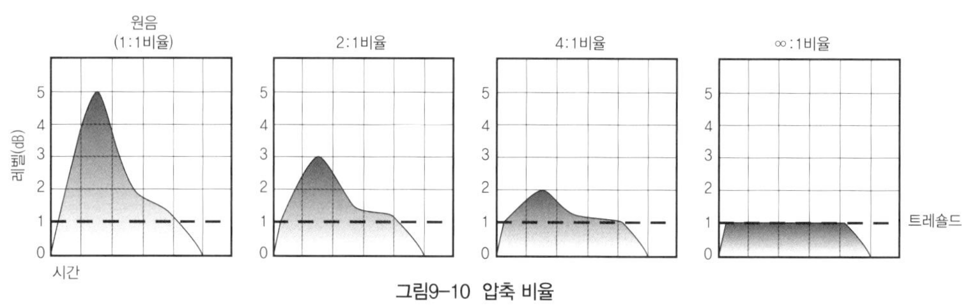

그림9-10 압축 비율

예를 들어 킥 드럼에 2:1의 압축 비율을 사용하면 킥 드럼의 어택 레벨을 절반으로 줄이면서 자연스런 음색을 유지할 수 있지만, 압축 비율이 20:1이면 어택 레벨이 1/20로 심하게 감소하면서 과격한 음색으로 변합니다. 하여튼 정원이 100명인 실내에 400명 이상이 입장한다면 옷이 구겨지고 땀을 뻘뻘 흘리듯이, 압축 비율이 높을수록 믹스 프로그램의 레벨 밸런스가 심하게 왜곡될 수 있습니다. 따라서 압축 비율을 정할 때는 음의 응집력 때문인지 아니면 자연스런 레벨 변화 때문인지를 생각해야 할 것입니다.

다음은 보컬 컴프레션에서 트레숄드와 압축 비율의 관계입니다(단지 참조만 하세요).

- 만일 피크 레벨만을 줄인다면 트레숄드를 보컬 피크 레벨에 맞추고 압축 비율을 가능한 높입니다(20:1 이상).
- 만일 균형 잡힌 레벨을 원한다면 트레숄드를 보컬 평균 레벨에 맞추고 압축 비율을 중간 정도로 합니다(3:1 혹은 4:1).
- 만일 전체 레벨을 올리면서 자연스런 음색 변화를 원하면서 트레숄드를 보컬의 제일 낮은 레벨에 맞추고 압축 비율을 가능한 낮춥니다(1.2:1 혹은 1.5:1).

그림9-11은 트레숄드와 압축 비율의 관계를 그래프로 나타낸 것입니다.

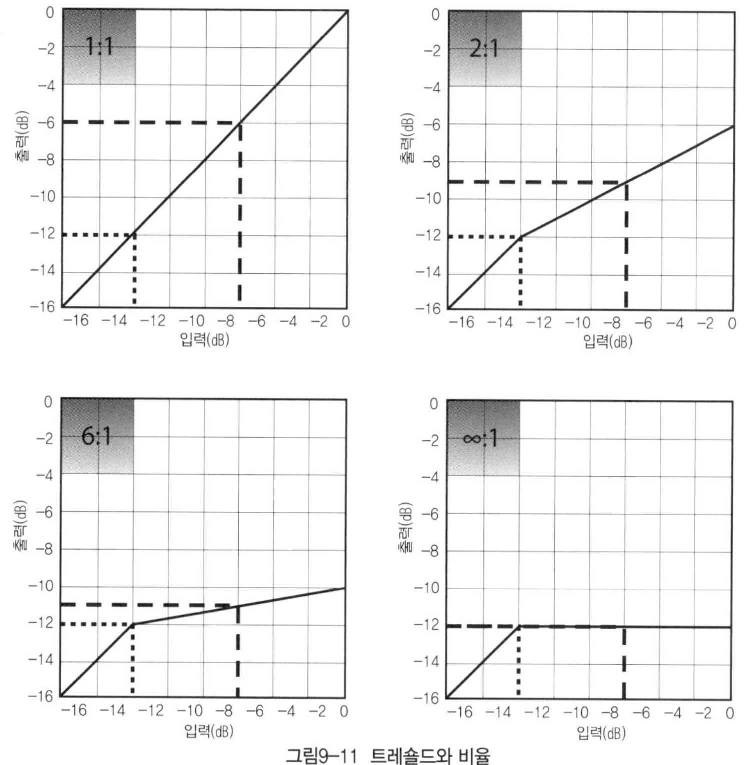

그림9-11 트레숄드와 비율

> ### 컴프레서와 리미터의 압축비율
>
> 여기서 문제 하나 낼까요? 통상적으로 컴프레서와 리미터의 기능을 압축 비율로 구분하는데, 예를 들면 8:1 이하를 컴프레션, 20:1 이상을 리미팅이라 합니다. 그렇다면 최근 들어 자주 사용하는 하이퍼 컴프레션(Hyper Compression)은 압축 비율이 50:1 혹은 심지어 ∞:1인데도 불구하고 리미팅이라고 부르지 않는 이유는 무엇 때문일까요? 이에 대한 답은 여러분이 직접 풀어보세요. 만일 이 장의 내용을 완벽하게 이해한다면 분명히 찾을 수 있을 것입니다. 아날로그 Urei 1176LN에서 네 개의 압축 비율 버튼을 동시에 누르면 하이퍼 컴프레션으로 동작하고, 플러그인 Universal Audio 1176SE(LN)에서 ALL 버튼이 이와 동일하게 작용합니다.

어택 타임(Attack Time)

한 동안 아프간스탄 탈레반의 핵심 리더인 오사마 빈라덴의 사망 원인에 대해 말들이 많았습니다. 전투에서 중요한 것이 공격 시간이듯이, 컴프레서의 어택 타임은 악기 음색과 프로그램 레벨을 조정하는 핵심적인 요소입니다. 즉 어택 타임은 트레숄드 이상의 음 레벨을 어느 정도의 시간 내에 원하는 레벨로 압축할까를 결정짓는 시간

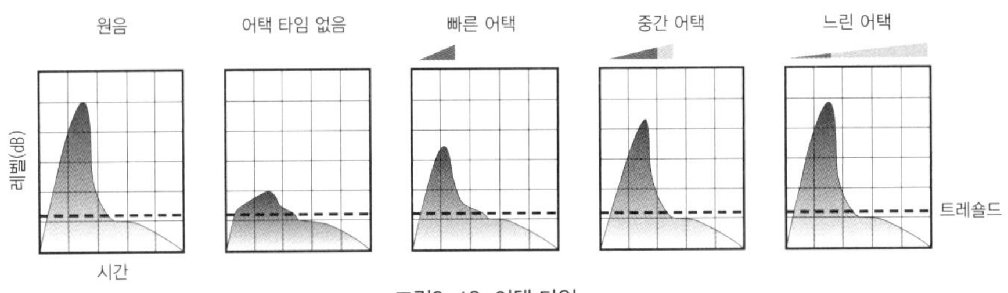

그림9-12 어택 타임

혹은 속도 조정 파라미터입니다(**그림9-12**).

예를 들어 레벨 100인 신호를 4:1 비율로 압축하는데 어택 타임을 1ms 정도로 빠르게 설정하면 레벨 100이 25(1/4)로 감소하는데 1ms 정도 걸리고, 만일 어택 타임을 1000ms 정도로 느리게 설정하면 레벨 100이 25로 감소하는데 1000ms 정도 걸립니다. 달리 말하면 어택 타임은 악기의 어택 음과 프로그램의 피크 레벨을 조정합니다.

■ 킥이나 스네어 드럼에 컴프레서를 사용하는 주된 이유는 악기의 순간적인 어택 음이 긴 시간의 서스테인 음에 비해 너무 크기 때문에 우리에게는 작게 들리는 반면 장비에서는 왜곡이 발생할 수 있습니다. 따라서 어택 타임을 빠르게 설정하면 악기의 어택 음이 심하게 감소하면서 우리의 청감 레벨 혹은 녹음 레벨을 높일 수 있지만 상대적으로 타악기적인 음색이 부드러워지거나 무뎌집니다.

■ 보컬에 컴프레서를 사용하는 주된 이유는 드럼에 비해 어택 음이 크지 않지만 곡의 멜로디 라인에 따라 레벨이 심하게 변하기 때문에 녹음 레벨이 낮아지고 장비에서 왜곡이 발생할 수 있습니다. 또한 믹싱에서 반주 음악에 묻혀 가사 전달에 문제가 생기기도 합니다. 따라서 보컬은 어택 타임을 가능한 느리게 하여(20~50ms 정도) 가수의 자연스런 음색을 보호하면서 레벨 변화 폭을 줄이는데 역점을 두어야 할 것입니다.

컴프레서의 어택타임

컴프레서는 기종에 따라 어택 타임이 1ms 혹은 2ms에서 시작하는 유닛(Millennia TCL-2)과 μs 혹은 0.1ms에서 시작하는 유닛(Tube Tech CL-1B)이 있습니다. 특별히 정해진 법칙은 없지만 통상적으로 ms 유닛은 어택 음이 부드러운 어쿠스틱 악기와 클래식 음악에 적합하고, μs 유닛들은 댄스음악과 라이브 사운드의 피크 조정에 유리한 것으로 알려져 있습니다(단지 참고 사항일 뿐입니다).

니(Knee)

평소에 안 하던 운동을 심하게 하고 나면 다음 날 무릎(knee)이나 관절이 뻐근하고 아프듯이, 트레숄드를 낮추고 어택 타임을 빠르게 하여 음 레벨을 심하게 조정하면 압축된 음과 그렇지 않은 음 사이의 음색 변화가 심하게 두드러집니다. 컴프레서의 니는 뭉친 근육을 풀어주는 시원한 파스처럼 이러한 음색 변화를 자연스럽게 만들어 줍니다(**그림9-13**). 따라서 운동을 하더라도 쑤시지 않으면 파스를 붙일 필요가 없듯이 압축량이 심하더라도 자연스럽게 들린다면 니를 굳이 사용할 필요는 없습니다. 그래서 우선 하드 니(Hard Knee)에서 모든 조정을 시작하고 어느 정도 만족스러우면 소프트 니(Soft Knee)로 미세 조정합니다.

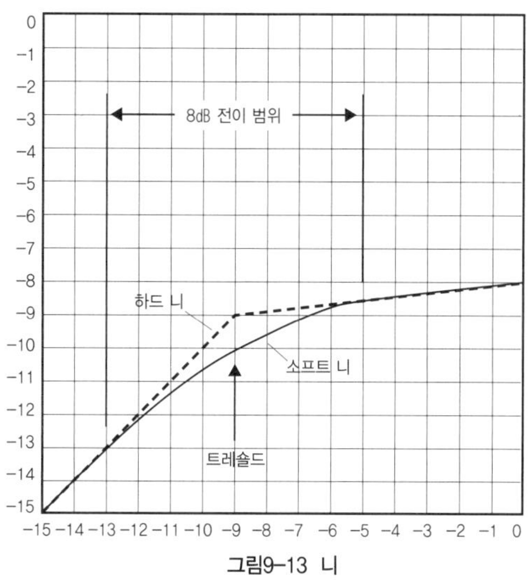

그림9-13 니

릴리즈 타임(Release Time)

요즈음의 경제 뉴스를 보면 출구전략(exit strategy)이란 단어가 자주 등장합니다. 출구전략이란 원래 군사전략에서 비롯된 용어로 작전지역이나 전장에서 인명과 장비의 피해를 최소화하면서 철수하는 전략을 의미하며, 경제에서는 경기를 부양하기 위하여 취했던 각종 완화정책을 부작용 없이 서서히 거두어들이는 전략을 말합니다(사설이 너무 길었나요?). 하여튼 컴프레서의 릴리즈 타임은 바로 압축의 출구전략으로, 트레숄드 이상에 있던 프로그

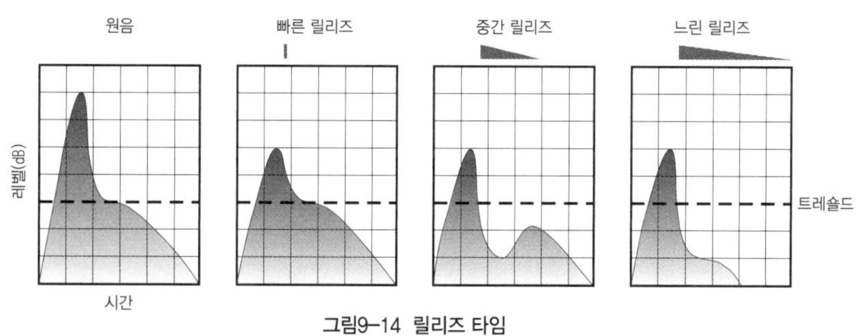

그림9-14 릴리즈 타임

램 혹은 음 레벨이 트레숄드 이하로 감소하면서 압축이 풀릴 때 부작용 없이 원래 레벨로 부드럽게 돌아가는 시간을 결정짓는 파라미터입니다(**그림9-14**).

예를 들어 드러머가 스네어의 첫 번째 음은 세게 치고 0.5초 후에 두 번째 음을 작게 친 경우에, 첫 번째 음을 두 번째 음과 비슷한 레벨로 줄이기 위해 컴프레서를 사용한다고 가정해봅시다. 여기서 트레숄드 지점을 두 번째 음 레벨보다 조금 높게 맞추고 릴리즈 타임을 1초로 설정하면 비록 두 번째 음이 트레숄드 이하에 있음에도 불구하고 첫 번째 음의 압축 영향권에 놓이게 되면서 레벨이 감소합니다. 그러나 만일 릴리즈 타임을 0.5초 이하로 설정하면 두 번째 음은 전혀 영향을 받지 않습니다. 왜냐하면 첫 번째 음의 압축 상태가 0.5초 이전에 완전히 풀리기 때문입니다(**그림9-15**).

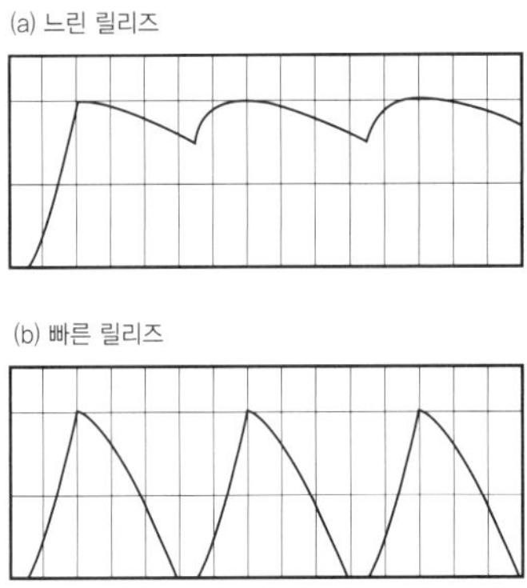

그림9-15 느린 릴리즈와 빠른 릴리즈

레벨 변화가 심한 가수에게는 릴리즈 타임을 느리게 하여 일정한 레벨 변화와 부드러운 음색을 유도하고, 풍부하고 화려한 악기 음색이 필요하다면 릴리즈 타임을 짧게 합니다.

최근에는 릴리즈 타임을 이중으로 조정할 수 있는 제품들이 속속 출시되고 있는데, 이러한 컴프레서에는 ARC(Auto Release Time Control) 버튼 혹은 스위치가 있습니다. ARC는 용어에서 알 수 있듯이 프로그램 내용에 따라 컴프레서의 릴리즈 타임이 자동적으로 조정되는 기능입니다. 따라서 여러분이 설정한 릴리즈 타임과 ARC 기능을 함께 사용하면 프로그램을 더욱 유연하게 조정할 수 있습니다.

홀드 타임(Hold Time)

사랑하는 연인과 헤어져야 할 때의 마음은 상대방을 잡고(hold) 싶듯이, 컴프레서의 홀드 타임은 프로그램 레벨이 트레숄드 이상에서 이하로 감소하더라도 일정한 게인 감소를 유지하기 원할 때 사용하는 파라미터입니다(**그림9-16**). 사실 이 파라미터는 대부분의 컴프레서에서는 보기 힘들고, 앞에서 설명한 니(knee)처럼 하나의 보조 수단으로 동작합니다. 일반적으로 빠른 어택 타임과 릴리즈 타임으로 인해 발생하는 저음 왜곡을 줄이

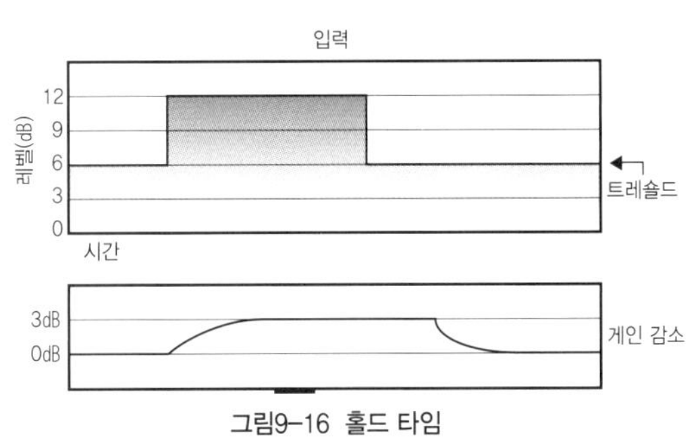

그림9-16 홀드 타임

는데 사용합니다.

검출 방식

통상적으로 오디오 신호 레벨을 피크(peak), 평균 (average) 그리고 RMS 등으로 분류하는데, 여기서 머리 아픈 전기공학 얘기는 접어두고, 쉽게 설명하자면 피크는 오디오 장비가 반응하는 레벨이고 RMS는 사람이 반응하는 레벨입니다. 따라서 만일 RMS가 작고 피크 레벨이 큰 신호라면 우리에게는 작게 들려도 오디오 장비에서는 왜곡이 발생할 수 있습니다. 아마도 드럼이 여기에 속하는 대표적인 악기일 것입니다. 한편 RMS가 피크 레벨과 거의 비슷한 신호라면 장비의 VU 미터가 지시하는 만큼 우리에게도 크게 들릴 것입니다. 아마도 아나운서 내레이션이 여기에 속하는 대표적인 소스일 것입니다.

컴프레서의 검출 회로는 신호의 피크 레벨로 음 혹은 프로그램을 압축하여 줄일 것인지 아니면 RMS 레벨로 압축하여 줄일 것인지를 결정합니다. 만일 음색 변화 없이 단지 프로그램 혹은 악기 레벨만을 높이고 싶다면 피크 검출이 유리하고, 음색을 조정한다면 RMS 방식이 좋습니다. 이런 이유 때문에 마스터링 스튜디오에서는 프로그램의 믹싱 밸런스를 그대로 유지하면서 단지 라우드니스 레벨을 높이기 위해 피크 검출 방식의 리미터가 자주 사용되고, 한편 녹음 스튜디오에서는 악기 혹은 보컬 음색을 변경하기 위해 RMS 검출 방식의 컴프레서가 빈번히 사용됩니다(**그림9-17**).

Opto와 Electro 모드

플러그인 컴프레서인 Waves R-compressor 패널에는 Opto/Electro 선택 버튼이 있는데, 이것은 컴프레서의 릴리즈 타임과 밀접한 관계가 있습니다(**그림9-18**). 만일 드럼 혹은 보컬 등을 10dB 이상으로 심하게 압축한 경우에 Opto 모드를 선택하면 여러분이 설정한 릴

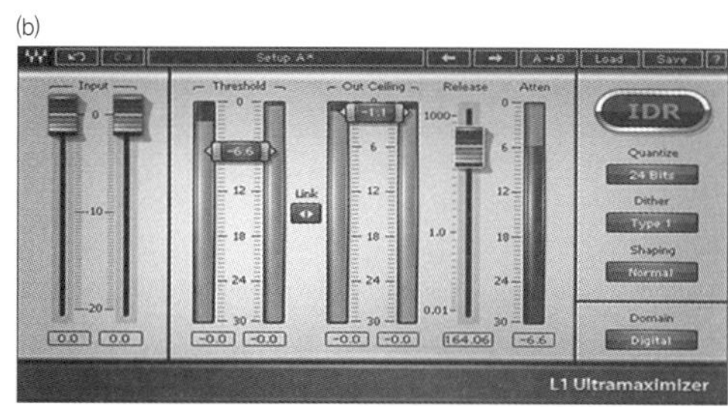

그림9-17 (a)Waves api 2500 컴프레서
(b)Waves L1 Ultramaximizer

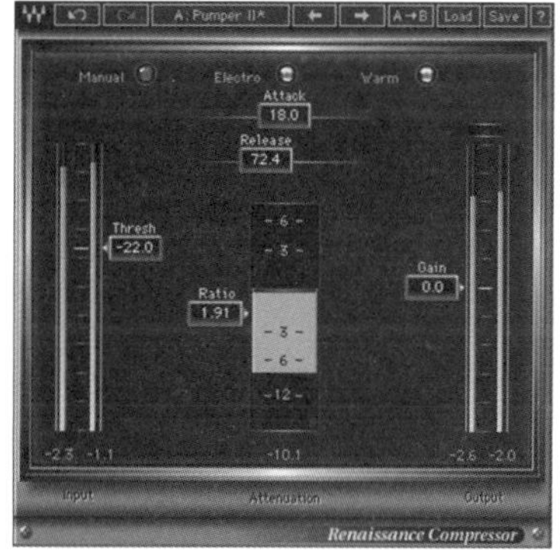

그림9-18 Waves R-compressor

리즈 타임과 ARC에 따라 압축량이 9dB, 8dB, 7dB 등으로 감소하지만 3dB 이하부터는 릴리즈 타임이 길어지면서 더욱 느리게 압축이 풀립니다. 반면 Electro 모드를 선택하면 3dB 이하부터는 릴리즈 타임이 더욱 짧아지면서 더욱 빠르게 압축이 풀립니다. 일반적으로 클래식 음악과 마스터링에서는 Opto 모드, 대중음악의 악기 음색에는 Electro 모드를 자주 사용하는 편입니다. 하지만 이것은 단지 참고일 뿐 여러분이 직접 듣고 결정하는 것이 최선입니다.

> Opto 모드와 Electro 모드
>
> 여기서 쉬운 문제 하나 풀어 볼까요? 12dB 정도 압축된 스네어 드럼이 여러분이 정한 릴리즈 타임에 따라 11, 10, 9……0dB 등으로 압축이 풀린다고 가정합시다. 그렇다면 −12dB에서 −9dB로 감소된 변화량과 −3dB에서 0dB로 감소된 변화량 가운데 어느 것에 민감하게 반응할까요?
>
> 답은 −3dB에서 0dB로 감소된 변화량입니다. 이 때문에 컴프레서 제조사들은 Opto와 Electro 기능을 제공합니다.

게인 리덕션 미터(Gain Reduction Meter)

요즘 발매되는 컴프레서에는 두 가지 타입의 게인 리덕션 미터(LED, VU)가 있으며, LED 타입은 주로 피크 레벨, VU는 RMS의 압축량을 지시합니다. 이처럼 컴프레서 미터는 일반 레벨 미터와 달리 단지 압축량을 지시하므로 미터 지침이 0 혹은 0VU 지점에 있습니다. 그래서 만일 지침이 왼쪽으로 −3VU 정도 움직인다면 입력 신호 게인이 3dB 감소한 것으로 볼 수 있습니다. 하지만 여러분은 미터의 감소량에 집착할 필요가 전혀 없습니다. 왜냐하면 신호의 음향 특성에 따라 비록 작은 압축에서도 음이 심하게 변질될 수 있고, 과잉 압축에서도 원하는 목적을 이룰 수 있기 때문입니다. 오직 여러분의 귀로 판단하고 결정해야 합니다. 이를 위해 컴프레서의 바이패스 버튼을 자주 on/off 하면서 차이를 파악하는 것이 중요합니다.

메이크업 게인 컨트롤(Make-up Gain Control)

컴프레서는 신호의 다이내믹 레인지 혹은 레벨을 줄이는 유닛이므로, 출력 레벨이 입력 레벨보다 항상 작습니

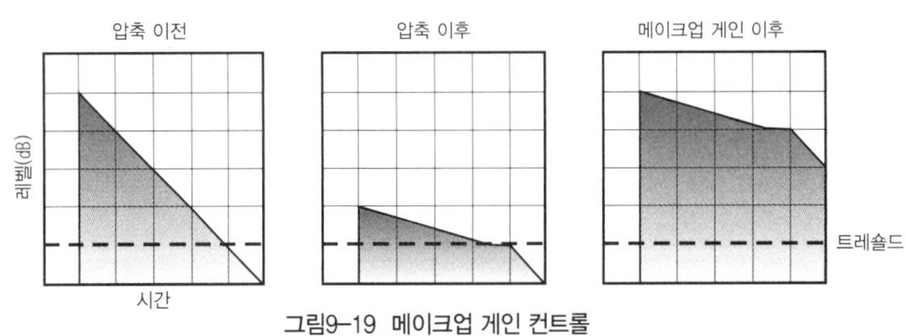

그림9-19 메이크업 게인 컨트롤

다. 메이크업 게인 컨트롤은 감소된 출력 레벨을 입력 신호의 피크 레벨만큼 올려주는 이득 조정기입니다(**그림 9-19**).

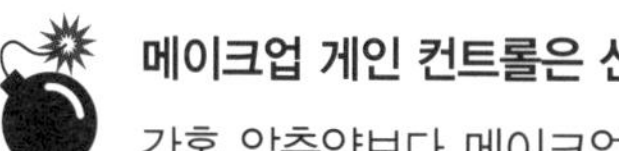

메이크업 게인 컨트롤은 신중하게!

간혹 압축양보다 메이크업 게인 컨트롤을 더욱 올려서 마치 신호가 개선된 것으로 착각하는 경우를 볼 수 있는데, 만일 게인 컨트롤을 올렸을 때 원래 음보다 심하게 거칠거나 지저분하게 들린다면 이것은 잘못된 조정으로, 트레숄드와 압축 비율은 그대로 두고 어택 타임 그리고 릴리즈 타임 순서로 다시 한 번 조정하는 것이 좋습니다. 정확한 조정이라면 매우 선명하고 뚜렷한 음이 여러분 정면으로 다가올 것입니다.

스테레오 컴프레서(Stereo Compressor)

스테레오 컴프레서는 하나의 모듈 안에 두 개의 컴프레션 기능이 들어 있는 유닛으로, 상황에 따라 별개(mono) 혹은 연동(stereo)으로 사용할 수 있습니다. 컴프레서의 링크 버튼(Link Button)을 누르면 스테레오 모드로 동작하면서 왼쪽 채널의 트레숄드 세팅이 오른쪽 채널에 그대로 적용됩니다. 따라서 만일 트레숄드보다 높은 왼쪽 신호가 압축된다면 설혹 오른쪽 신호가 트레숄드보다 낮아도 함께 압축됩니다. 그러나 어택과 릴리즈 타임은 채널 개별적으로 조정이 가능합니다. 물론 링크 버튼을 사용하지 않으면 두 개의 독립된 컴프레서로 동작합니다(**그림9-20**).

그림9-20 Manley 스테레오 컴프레서

링크 기능은 주로 스테레오 프로그램에 사용하는데, 경험에 의하면 이것이 유리할 때도 있고 불리할 때도 있습니다. 왼쪽과 오른쪽 채널 사이의 레벨 밸런스를 일정하게 유지한다는 점에서는 좋지만 앞에 설명했듯이 왼쪽 채널 신호의 과도한 피크 레벨로 인해 오른쪽 채널 신호가 필요 이상으로 압축된다는 점에서는 상당히 불리합니다. 따라서 스테레오 컴프레서의 링크 기능은 프로그램 내용을 정확히 파악하고 결정해야 할 것입니다.

스테레오 모드와 모노 모드

클래식 음악이나 코러스 혹은 드럼 세트처럼 왼쪽과 오른쪽 채널 신호에 음향적인 공통점이 많은 스테레오 프로그램에는 스테레오 모드(stereo mode), 반면 록 음악처럼 왼쪽과 오른쪽 채널 신호에 각기 독특한 음향 특성을 지닌 스테레오 프로그램에는 모노 모드(mono mode)가 유리합니다. 요약하면 부드럽고 달콤한 음악에는 스테레오 모드, 격정적인 음악에는 모노 모드를 시도해 보세요.

멀티밴드 컴프레서(Multiband Compressor)

여러분은 킥 드럼이나 슬랩 베이스를 컴프레싱 할 때 음색이 얇아지는 경우를 경험한 적이 있는지요? 여기서 간단한 문제를 하나 풀어 볼까요. 만일 신호의 저음 성분(100㎐)과 고음성분(10㎑)이 같고 어택 타임을 10㎳로 설정하여 압축한다면 두 성분의 감소량이 동일할까요, 아닐까요. 답은 100㎐가 더욱 심하게 압축됩니다. 그 이유는 컴프레서의 어택 타임과 음의 파장(wavelength) 혹은 주기(period)가 서로 관련이 있기 때문으로, 이에 대한 자세한 풀이는 생략하고, 하여튼 동일한 조건 하에서 어택 타임이 빠를수록 저음 성분이 더욱 압축됩니다. 따라서 두 성분을 동일하게 줄이려면 서로 다른 어택 타임이 필요합니다. 이러한 문제를 해결하기 위해 개발된 것이 멀티밴드 컴프레서입니다.

그림9–21에서 볼 수 있듯이 입력 신호는 컴프레서의 세 개의 밴드패스 필터를 통해 네 개의 주파수 대역으로 분류되고, 각 대역에 적합한 컴프레션 조정(어택 타임, 릴리즈 타임, 레인지, 트레숄드)이 가능합니다. 따라서 킥 드럼 혹은 스네어 드럼 혹은 일렉트릭 기타처럼 비교적 주파수 스펙트럼이 좁은 소스에는 앞서 설명한 컴프레서를 사용하고 믹싱 프로그램처럼 주파수 스펙트럼이 넓은 소스에는 멀티밴드 컴프레서가 매우 효과적입니다.

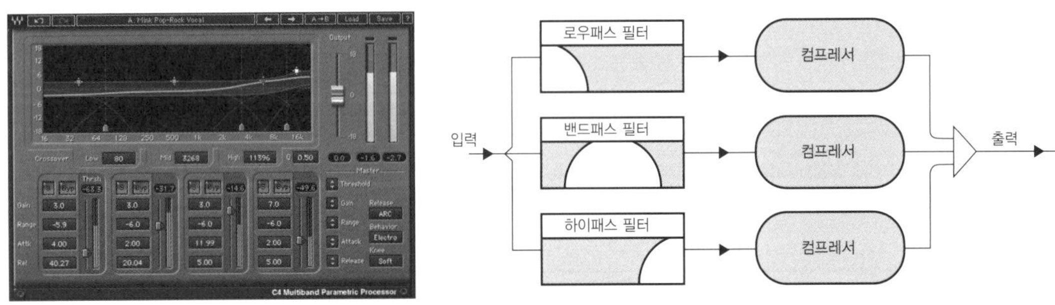

그림9–21 Waves C4 멀티밴드 컴프레서

디에서(DeEsser)

디에서는 보컬의 치찰음 혹은 심벌의 거친 고음(5㎑~10㎑)을 줄이는 특수 컴프레서입니다(**그림9–22**). 만일 보컬 녹음에 사용한다면 우선 디에서로 치찰음을 줄이고 컴프레서로 레벨을 조정한 다음 둔한 음색의 주파수를 피킹 이퀄라이저로 제거합니다(400㎐/−3㏈).

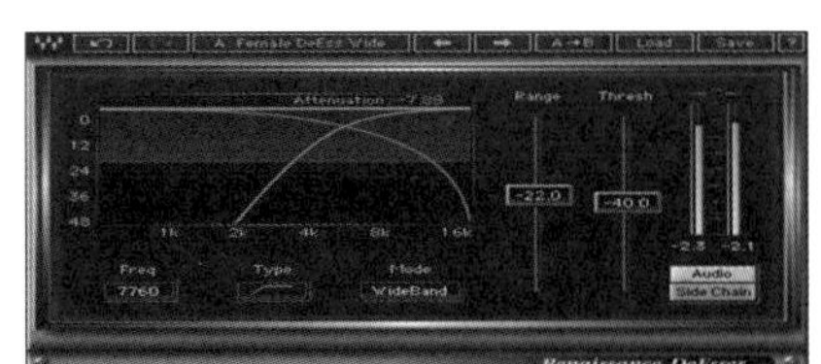

그림9-22 Renaissance DeEsser, Waves DeEsser

컴프레서 조정 청각 훈련

어린 시절부터 음악의 도, 레, 미, 파 등에 익숙한 사람에게는 악기의 주파수 응답 특성을 변경하는 이퀄라이저 조정이 나름대로 쉬울 수 있지만, 악기의 어택 음과 서스테인 음을 변경하는 컴프레서 조정은 매우 생소하고 어려운 훈련이 될 수 있습니다. 다음은 컴프레서의 어택 타임과 릴리즈 타임 그리고 압축 비율에 따른 다이내믹 인벨롭의 음색 변화를 알아 볼 수 있는 간단한 청각 훈련 방법입니다.

어택 타임

1) 테스트 신호로 어택 음이 강한 스네어 드럼을 선택한다.

2) 압축 비율을 10:1 정도로 설정한다.

3) 어택 타임과 릴리즈 타임을 전체 스케일의 중간 정도로 설정한다.

4) 스네어 드럼이 약 10dB 압축되도록 트레숄드를 설정한다.

5) 릴리즈 타임을 가장 빠르게 설정한다.

6) 어택 타임을 1ms, 20ms 그리고 30ms 등으로 변경하면서 스네어 드럼을 치는 순간의 어택 레벨과 음색 변화를 반복해서 기억한다.

릴리즈 타임

1) ~ 4)까지는 위와 동일하게 한다.

5) 어택 타임을 10ms 정도로 설정한다.

6) 릴리즈 타임을 50ms, 100ms 그리고 200ms 등으로 변경하면서 스네어 드럼을 친 다음의 서스테인 레벨과 음색 변화를 반복해서 기억한다.

압축 비율

1) ~ 4)까지는 위와 동일하게 한다.

5) 어택 타임을 약 10ms, 릴리즈 타임을 약 100ms로 설정한다.

6) 압축 비율을 2:1, 5:1, 20:1 그리고 50:1 등으로 변경하면서 스네어 드럼의 전체 레벨과 음색 변화를 기억한다.

다음 페이지의 그림은 지금까지 설명한 컴프레서의 블록 다이어그램입니다(**그림9-23**).

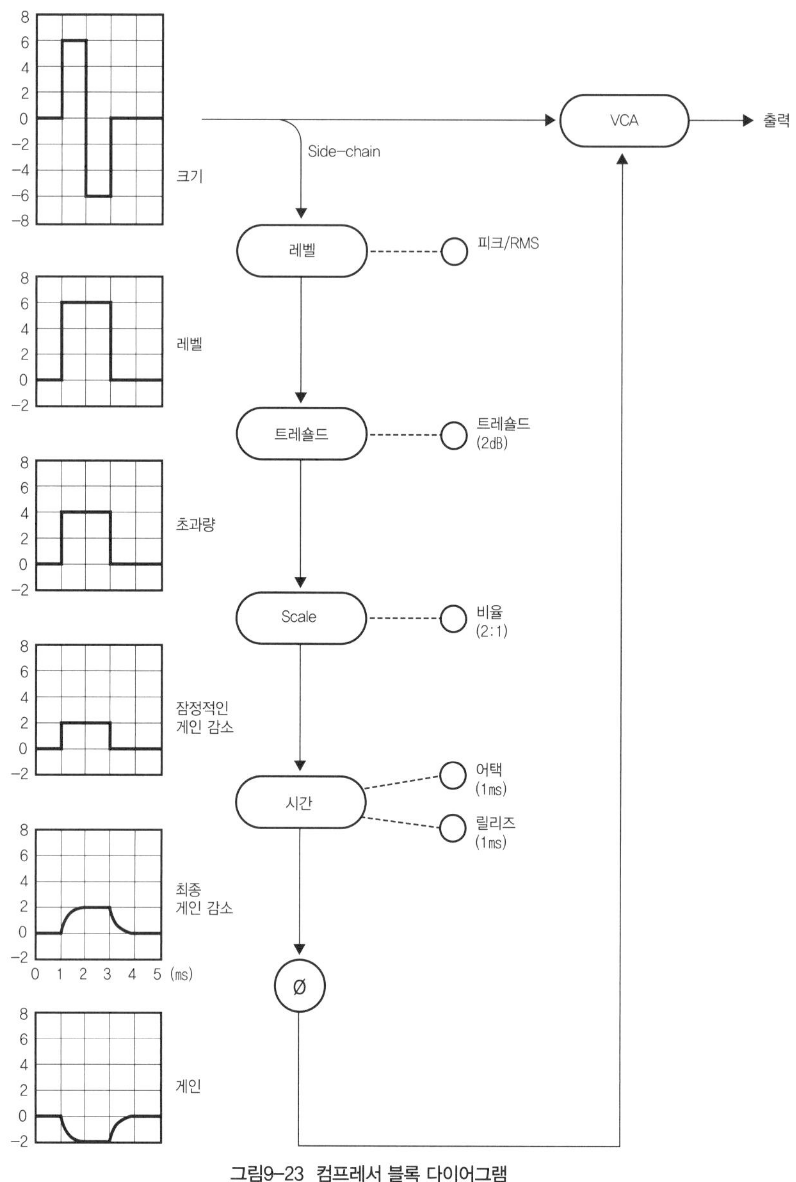

그림9-23 컴프레서 블록 다이어그램

노이즈 게이트, 익스팬더

여러분이 세수를 할 때 수도꼭지로 물의 양을 조절하듯이, 익스팬더(Expander) 혹은 노이즈 게이트(Noise Gate)

178

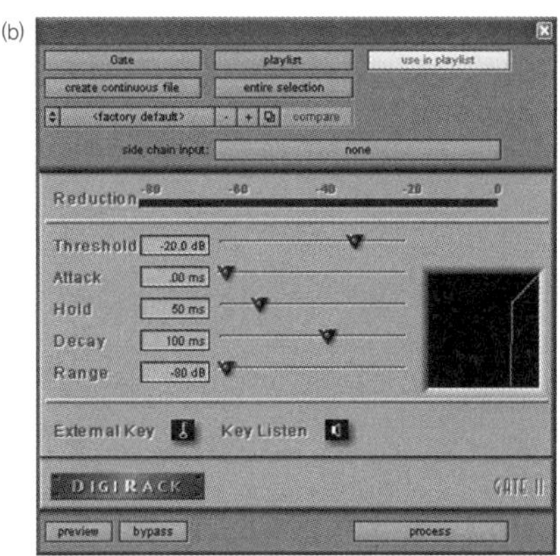

그림9-24 노이즈 게이트 (a)MOTU Master Work, (b)Digirack Gate Ⅱ

는 신호의 흐름을 제어하는 시그널 프로세서입니다. 달리 말하면 앞에서 설명한 컴프레서와 리미터가 큰 레벨 음을 제한한다면 익스팬더와 노이즈 게이트는 불필요한 작은 레벨 음을 줄이거나 완전히 제거합니다(**그림9-24**).

통상적으로 킥 드럼 혹은 스네어 드럼에 컴프레서를 사용하면 날카로운 어택 음을 줄이면서 풍부한 서스테인 음을 얻을 수 있지만 이와 함께 지저분한 릴리즈 음과 주변 진동음도 함께 증가하면서 음악의 리듬감을 해치게 됩니다. 이러한 불필요한 음을 줄이는 것이 익스팬더 혹은 노이즈 게이트입니다. 따라서 이 유닛은 컴프레서를 사용할 리듬 악기에 주로 적용합니다.

조정 파라미터

트레숄드(Threshold)

노이즈 게이트의 트레숄드는 줄이거나 제거할 신호 레벨을 정합니다. 만일 드럼에 강한 댐핑을 원한다면 트레숄드를 높이고 자연스런 감소를 원한다면 낮춥니다(**그림9-25**).

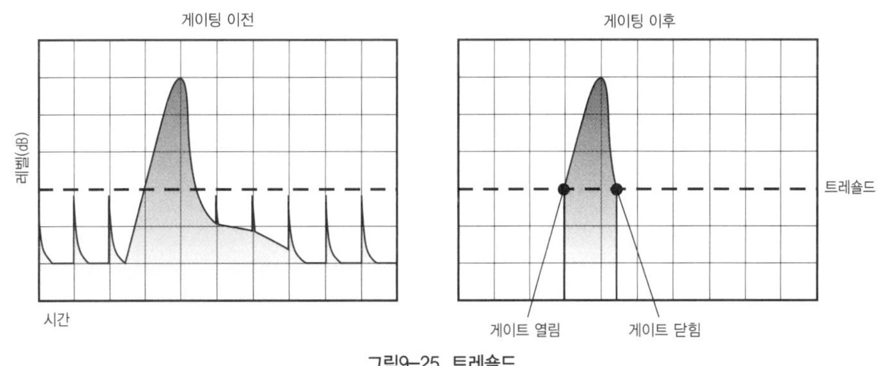

그림9-25 트레숄드

레인지(Range)

레인지는 트레숄드 이하의 레벨 감소량을 정합니다. 예를 들어 레인지가 20dB이면 트레숄드 이하의 신호 레벨이 20dB로 감소하고 레인지가 40dB이면 40dB로 심하게 감소합니다. 따라서 단지 간섭음을 줄이는 것이라면 레인지를 20dB 이하로 가볍게 설정하고 드럼에 강한 댐핑을 부여한다면 40dB 정도로 무겁게 합니다(**그림9-26**).

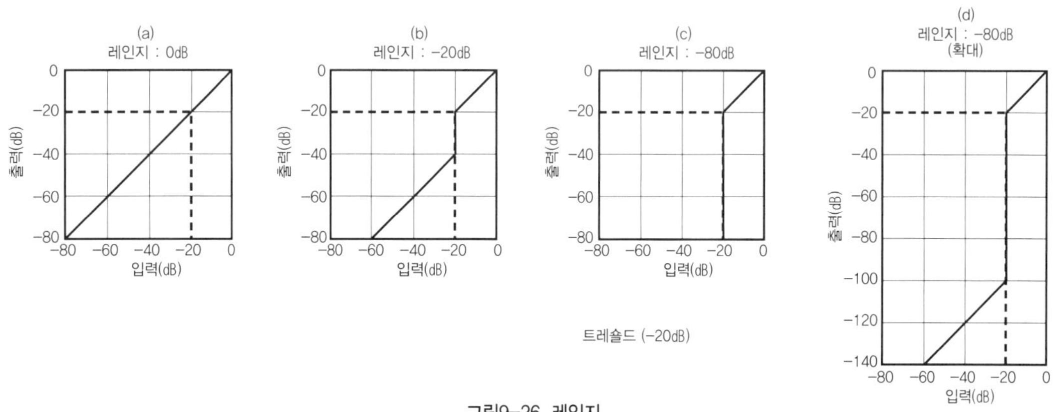

그림9-26 레인지

> 컴프레서와 리미터를 압축 비율로 구분하듯이 익스팬더와 노이즈 게이트는 레인지로 구분합니다. 통상적으로 레인지가 20dB 이하이면 익스팬더, 그 이상이면 노이즈 게이트라 칭합니다. 하지만 이러한 구분에 커다란 의미는 없습니다.

어택 타임(Attack Time)

어택 타임은 평소에 닫혀 있던 게이트가 열리는 시간으로, 수도꼭지를 얼마나 빠르게 혹은 천천히 열 것인지를 결정합니다. 예를 들어 어택 타임이 빠르면 악기의 어택 음이 바로 통과하지만, 느리게 설정하면 어택 음이 상당

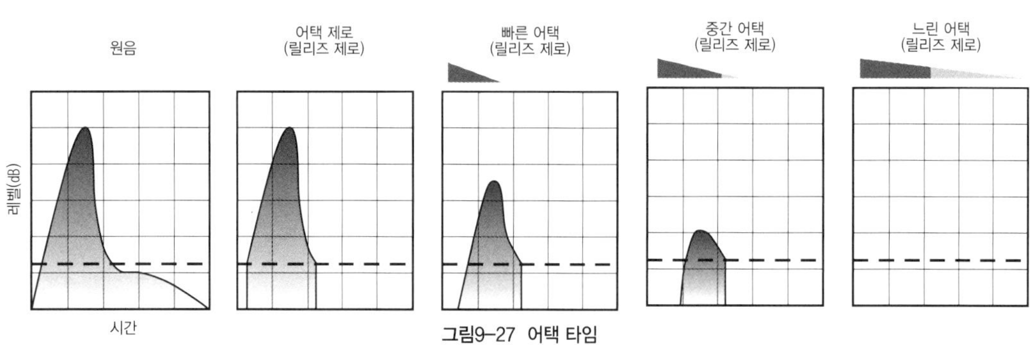

그림9-27 어택 타임

부분 손실됩니다. 따라서 가능한 어택 타임을 빠르게 사용합니다. 만일 이로 인해 게이트가 동작하면서 클릭 음이 생긴다면 약간 느리게 합니다(**그림9–27**).

릴리스 타임(Release Time)

릴리스 타임은 게이트가 닫히는 시간으로, 수도꼭지를 빠르게 닫을 것인지 아니면 천천히 닫을 것인지를 결정합니다. 예를 들어 릴리스 타임이 2초이면 트레숄드 이상의 레벨이 트레숄드 이하로 떨어질 때 게이트가 2초 동안 천천히 닫힙니다. 일반적으로 릴리스 타임은 느리게 하는 편이지만, 만일 킥 드럼과 스네어 드럼에 강한 댐핑이 필요하다면 서스테인 음이 끊어질 정도로 빠르게 합니다(**그림9–28**).

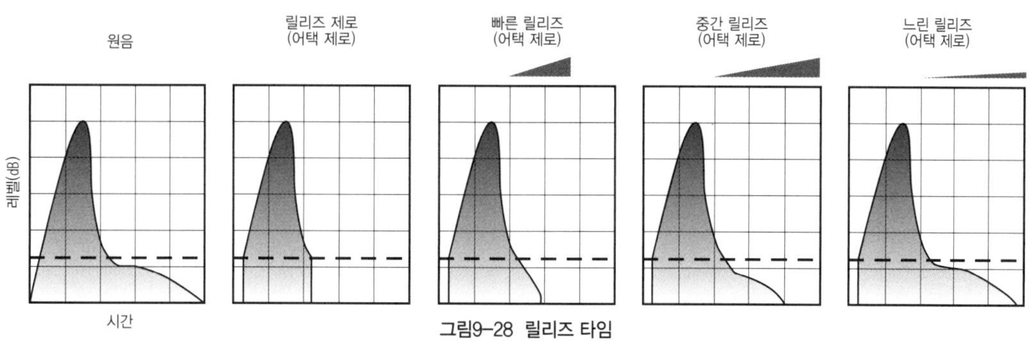

그림9–28 릴리스 타임

홀드 타임(Hold Time)

베이스 기타는 서스테인 음이 긴 편이고 중간에 트레숄드보다 작아졌다가 커지면서 게이트로 인해 중간 음이 끊어지는 경우가 종종 생길 수 있습니다. 홀드 타임은 음의 레벨 변화에 관계없이 항상 게이트가 열려 있는 시간을 결정합니다. 예를 들어 홀드 타임이 3초이면 음 레벨 변화에 관계없이 게이트는 3초 동안 열려 있습니다(**그림9–29**).

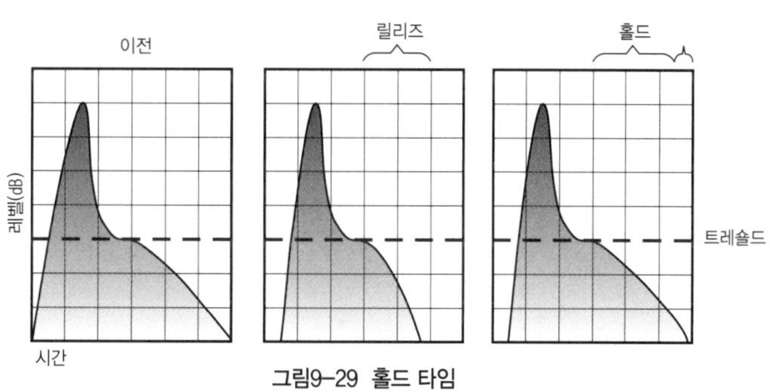

그림9–29 홀드 타임

신장 비율(Expansion Ratio)

신장 비율이 1:2이면 입력 신호 가운데 트레숄드 이하의 레벨이 1/2로 감소하고, 비율이 1:4이면 1/4로 감소합니다. 그리고 1:100이면 급격히 감소합니다(**그림9-30**).

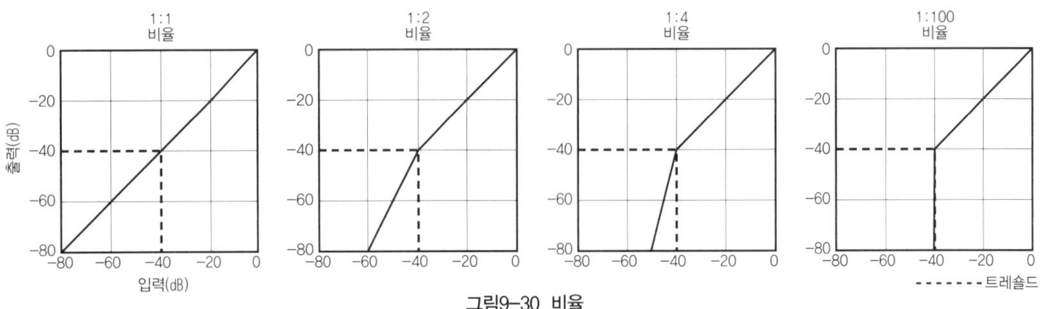

그림9-30 비율

노이즈 게이트 활용법

드럼의 노이즈 게이트는 다음의 두 가지 용도로 사용할 수 있습니다. 통상적으로 킥 드럼 마이크는 악기 내부에 설치하기 때문에 긴 공진음들이 픽업됩니다. 그리고 스네어 드럼과 탐탐은 비록 악기 외곽에 마이킹하지만 마이크와 악기 사이의 간격이 매우 좁기 때문에 불필요한 음이나 외부 간섭음이 심하게 픽업될 수 있습니다. 만일 이와 같은 경우에 불필요한 음을 완전히 제거하겠다고 접근하면 상당히 부자연스러운 결과를 초래할 수 있으며 또한 그럴 필요도 없습니다. 불필요한 음을 줄이겠다는 마음으로 시작하면 좋습니다. 어느 정도만 줄여도 다른 악기와 믹스하면 들리지 않습니다.

어쿠스틱 드럼뿐만 아니라 가상 악기의 드럼 샘플 역시 강한 임팩트가 필요할 때가 있습니다. 이 경우에는 악기의 서스테인 일부분이 사라질 정도로 부자연스럽게 만든 다음, 게이트 리버브(Gate Reverb)를 믹스하면 매우 강력한 음으로 변할 것입니다.

사이드 체인 키 신호

노이즈 게이트 역시 컴프레서에서 설명한 외부 키 신호를 이용하면 매우 강력한 효과를 얻을 수 있습니다. 간혹 킥 드럼의 강한 어택 음과 풍부한 앰비언스를 동시에 픽업하기 위해 마이크를 두 개 사용하여 각기 드럼 내부와 외부에 설치하곤 합니다. 그런데 문제는 앰비언스 마이크 신호가 내부 마이크 신호에 비해 음의 지속시간이 길어지면서 전체적인 킥 드럼 음이 늘어지거나 혼탁해질 수 있습니다. 따라서 두 마이크 음의 지속시간을 동일하게 할 필요가 있습니다. 다시 말하면 내부 마이크 신호가 동작할 때만 앰비언스 음이 나오게 만드는 것이지요. 이를 위해 앰비언스 마이크 입력 채널에 노이즈 게이트를 연결하고 키 신호로 내부 마이크 신호를 이용합니다(**그림9-31**).

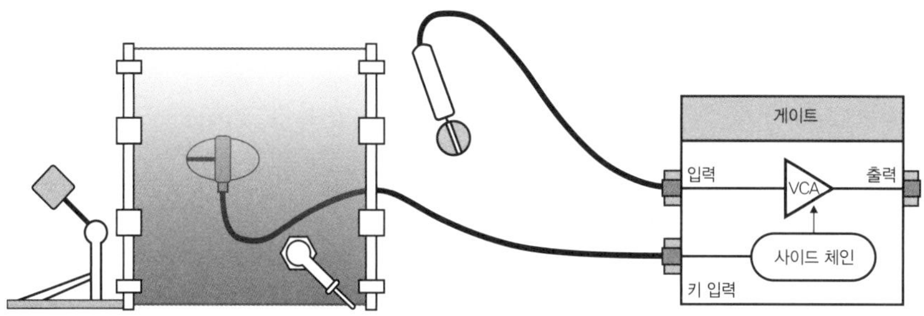

그림9-31 킥 드럼의 사이드 체인 신호 경로

사이드 체인 활용법

여전히 활발한 활동을 하고 있는 Earth Wind and Fire라는 록 그룹의 베이스 기타 음에는 악기로 낼 수 없는 매우 낮은 저음이 포함되어 있다는 사실이 한 동안 이슈가 되기도 했습니다. 나중에 알았지만 이것 역시 노이즈 게이트의 외부 키 신호를 이용한 단순한 테크닉입니다. 이를 위해 오실레이터 채널에 노이즈 게이트를 연결하고 외부 키 신호로 베이스 기타를 이용한 것입니다(**그림9-32**).

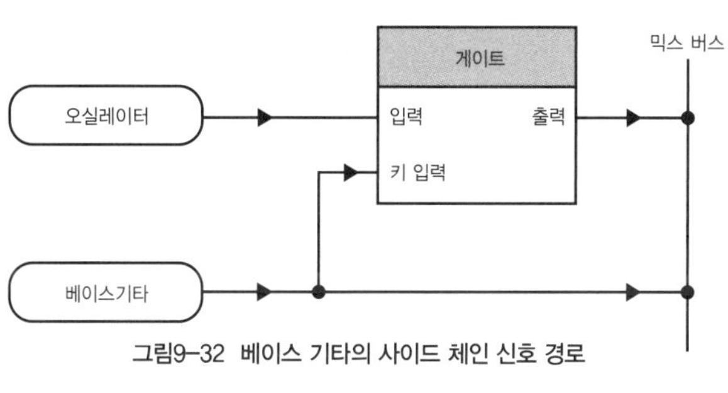

그림9-32 베이스 기타의 사이드 체인 신호 경로

매뉴얼 게이팅과 편집

노이즈 게이트는 잡음을 손쉽게 제거하거나 줄일 수 있지만 연주 레벨이 자주 바뀌는 악기에는 매우 어색한 결과를 초래하곤 합니다. 매뉴얼 게이팅(Manual Gating)은 주로 DAW 오디오 시퀀서에서 이용하는 방법으로 악기음을 그대로 유지하면서 정확한 잡음 제거가 가능합니다(**그림9-33**). 하지만 악기에 포함된 잡음은 제거할 수 없습니다.

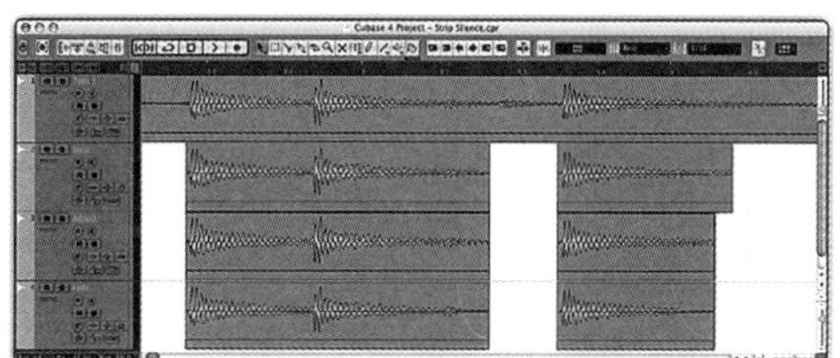

그림9-33 DAW 오디오 시퀀스 편집

디노이저(DeNoiser)

노이즈 게이트와 매뉴얼 게이팅 테크닉은 악기음이 끝난 후 들리는 잡음을 제거하는 것이라면 디노이저는 악기음에 포함된 특정 잡음(히스, 전기 노이즈)를 제거하는 프로세서입니다(**그림9-34**).

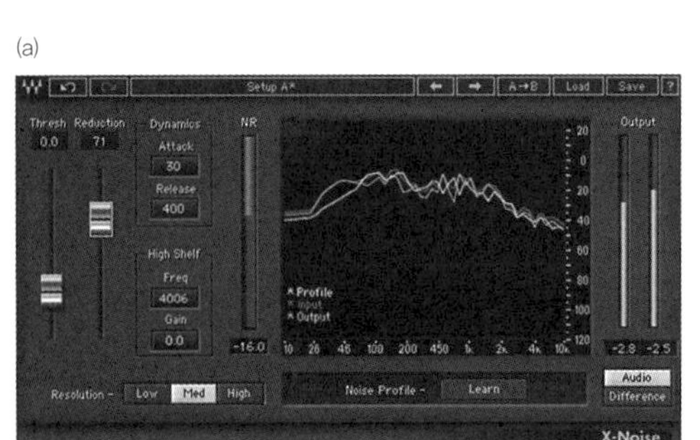

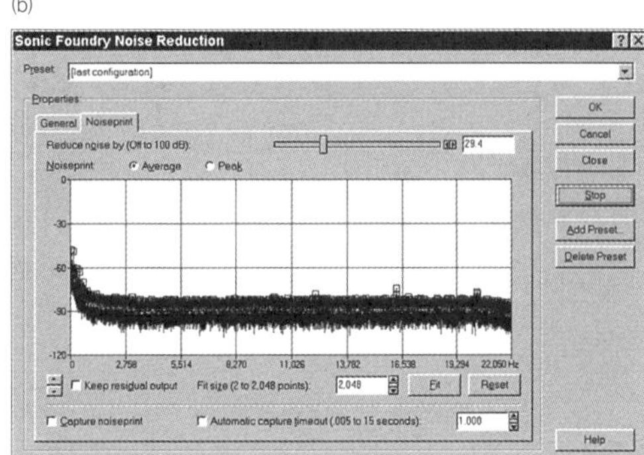

그림9-34 디노이저 (a)X-noise, (b)Sound Forge Noise Reduction

리버브와 딜레이 시스템

리버브 시스템(Reverberation System)
딜레이 시스템
모듈레이션 이펙트

리버브와 딜레이 시스템

맛있는 음식에는 주방장만의 조리 비법이 담겨 있듯이, 여러분이 듣는 모든 음악에는 믹싱한 사람만의 독특한 이펙트 노하우가 숨어 있습니다. 또한 식재료가 같아도 음식 종류와 주방장에 따라 조리 순서가 다르듯, 같은 악기음이라도 음악 장르와 엔지니어에 따라 이펙터 테크닉이 달라집니다.

이번 장의 포인트

- 리버브
- 딜레이
- 코러스
- 플랜저
- 페이저
- 피치 시프트

리버브 시스템(Reverberation System)

여러분도 익히 알고 있듯이 리버브 시스템은 실제 공간의 울림(초기반사와 잔향)을 재현하는 시그널 프로세서 이며, 악기 혹은 보컬에 공간성과 깊이감을 부여해주는 매우 중요한 음향 도구입니다. 디지털 리버브 시스템(**그림 10-1**)에서는 다음과 같은 다양한 종류의 음향 환경을 제공합니다.

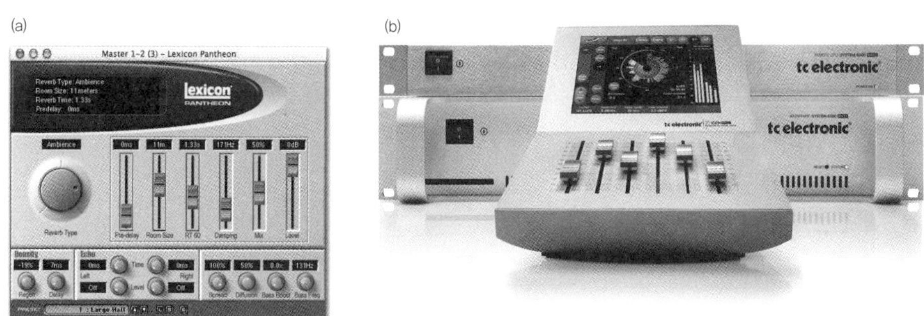

그림10-1 리버브 시스템 (a)Lexicon Pantheon, (b)TC electronic Reverb 6000

주요 프리셋

홀(Hall)

명칭에서 알 수 있듯이 이 프리셋은 콘서트홀의 잔향을 재현한 것으로, 저음 잔향 시간이 가장 길고 2~3kHz 이 상부터 잔향음의 고음 성분이 감소합니다. 따라서 음색이 따뜻하고 포근하므로 클래식 음악과 어쿠스틱 악기 그 리고 보컬 등에 풍부하고 자연스런 공간성을 부여합니다. 종류로는 Large Hall, Medium Hall 그리고 Small Hall 등이 있으며 일반적으로 현 섹션이나 브라스 섹션에는 Large Hall, 대중음악의 보컬이나 리드 악기에는 Medium Hall을 사용하지만 여러분이 원하는 공간성에 따라 결정하면 될 것입니다.

플레이트(Plate)

플레이트는 한동안 유행했던 금속판의 진동음을 재현한 것으로, 중음 잔향시간이 가장 길고 고음과 저음 잔향시 간이 비교적 짧습니다. 그리고 잔향의 고음 성분이 8kHz 이상이므로 편곡이 복잡한 음악과 강렬한 악기 그리고 대 중음악 보컬 등에 화려하고 밝은 공간성을 제공합니다. 프리셋으로는 Vocal, Drum 등이 있지만 이것은 하나의 출 발점일 뿐 집착할 필요는 없습니다.

룸(Room), 앰비언스(Ambiance), 챔버(Chamber)

3장에서 설명했듯이 실내 반사음은 잔향과 초기반사로 구분할 수 있는데 홀과 플레이트 계열의 리버브는 대형 공간에서 들을 수 있는 잔향이 대세이고 룸, 앰비언스 그리고 챔버 리버브 등은 소형 공간에서 들을 수 있는 초기 반사가 대세입니다. 따라서 이런 계열의 리버브를 단독적으로 사용하면 다소 부자연스럽고 어색하게 들릴 수도 있습니다. 하지만 홀 혹은 플레이트 리버브를 함께 믹스하면 상당히 넓은 음향 공간을 확보할 수 있을 것입니다.

리버브의 병렬 연결과 직렬 연결

만일 초기반사(챔버)와 플레이트 리버브를 함께 사용한다면 두 가지 연결 방식을 고려할 수 있습니다. 한 가지는 두 리버브를 독립적으로 사용하는 병렬 방식으로 두 가지 공간을 제공합니다. 다른 하나는 초기반사에 플레이트 리버브가 믹스된 직렬 방식으로 매우 넓은 공간을 확보할 수 있습니다(**그림10-2**).

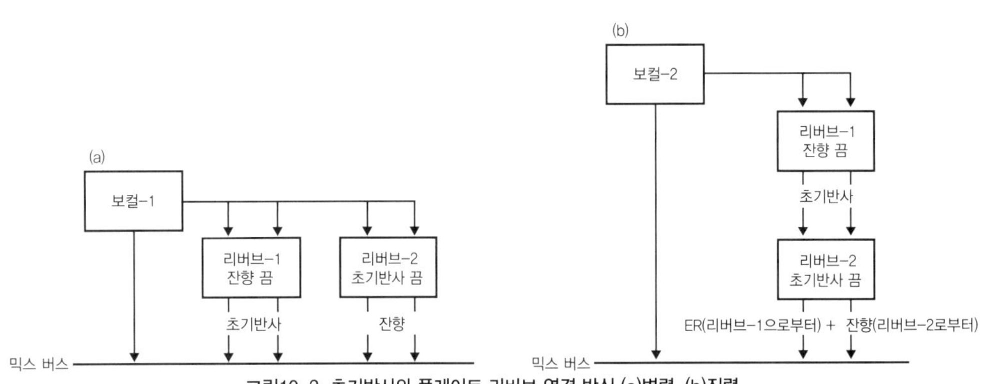

그림10-2 초기반사와 플레이트 리버브 연결 방식 (a)병렬, (b)직렬

스프링(Spring)

스프링 리버브는 꽤 오래된 방식인 스프링 진동 잔향을 재현한 것으로 음색이 날카롭고 거칠기 때문에 일렉트릭 기타 앰프 이외에는 좀처럼 사용하지 않습니다.

게이트(Gate)

위에서 설명한 모든 리버브 프리셋은 시간에 따라 잔향음이 일정한 비율로 감소하므로 안정되고 자연스런 공간성을 제공하지만, 게이트 리버브 혹은 넌 리니어(Non-linear)는 잔향음이 비정상적인 비율로 감소하므로 매우 격정적이고 다급한 공간성을 제공합니다(**그림10-3**). 따라서 킥 드럼, 스네어 드럼 혹은 금관악기 등에 사용하면 상당히 강렬한 느낌을 얻을 수 있습니다.

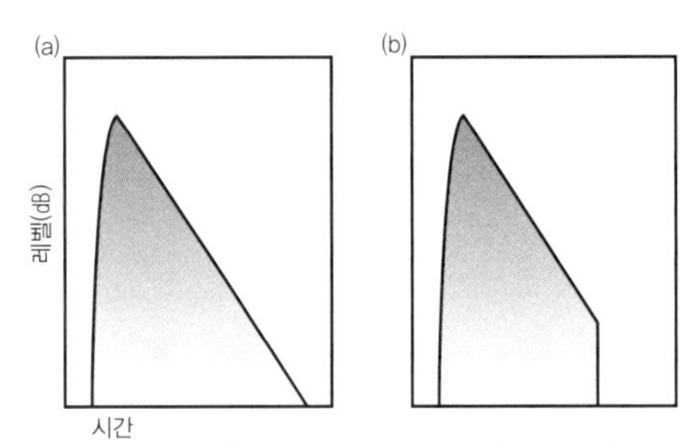

그림10-3 선형 리버브와 게이트 리버브의 감쇠 커브

하여튼 게이트 역시 홀 혹은 플레이트 리버브와 함께 사용할 때 더욱 좋은 효과를 기대할 수 있습니다.

아웃보드 프로세서 연결 방법

컴프레서, 이퀄라이저, 리버브, 딜레이, 플랜저, 코러스 등의 아웃보드와 이펙터 등을 콘솔의 신호 경로에 연결하는 방법으로는 채널 인서트(channel insert)와 억스 센드(aux send)가 있습니다(그림 10-4). 어떤 것을 사용하든 법에 걸리는 일은 없지만 통상적으로 컴프레서, 리미터, 노이즈 게이트 등의 다이내믹 프로세서들은 채널 인서트에 연결합니다. 그렇다면 리버브, 딜레이, 플랜저, 코러스 등의 음향 이펙터들은 억스 센드와 인서트 가운데 어느 쪽이 유리할까요?.

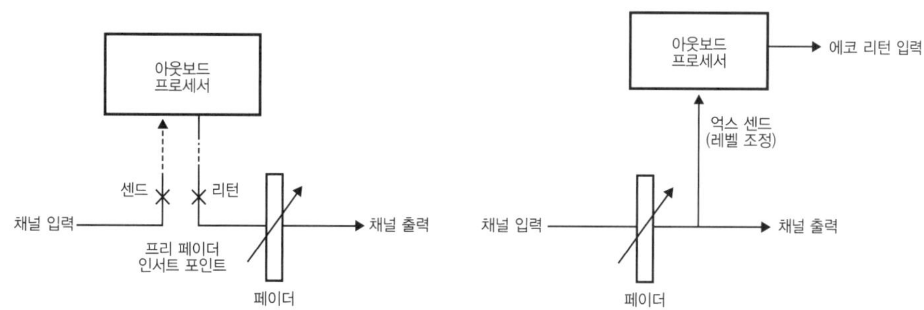

그림10-4 아웃보드 연결 방법. (a)채널 인서트, (b)억스 센드

현실적인 면을 고려하면 아날로그 시스템에서는 억스 센드만을 이용할 수밖에 없습니다. 왜냐하면 채널 인서트인 경우에는 채널 개수만큼의 어마어마한 장비들이 필요하고 이에 따른 비용을 감당할 수 없기 때문이지요. 하지만 DAW 시스템에서는 이론상 이펙터들을 얼마든지 이용할 수 있으므로 이 같은 문제가 완전히 해결됩니다. 그래서 외국의 많은 엔지니어들 사이에서도 이펙트 연결에는 억스 센드가 좋은지, 아니면 채널 인서트가 좋은지에 대해 많은 논쟁이 있었던 것 같습니다. 하여튼 억스 센드인 경우에는 하나의 이펙트에 여러 악기들을 함께 사용할 수 있으므로 조정이 원활하다는 장점이 있는 반면 상당량의 이펙트 리턴 채널들을 만들어야 하는 번거로움이 있습니다. 한편 채널 인서트의 경우에는 악기마다 이펙트를 별도로 사용할 수 있으므로 이에 적합한 섬세한 고유 특성을 만들 수 있지만 반면에 이펙트 개수에 따라 조정 시간이 길어지고 시스템 속도가 느려지는 문제점이 발생합니다. 따라서 단순한 편곡 음악 혹은 리드 보컬에는 채널 인서트가 무난할 것 같고, 복잡한 편곡 음악에는 섹션 별로 억스 센드를 사용하는 것이 좋습니다.

리버브 조정

다음은 전형적인 플러그인 리버브 시스템인 R-reverberator의 조정 파라미터와 사용 방법에 관한 내용으로, 대부분의 다른 시스템들도 이와 비슷한 구조로 되어있습니다(**그림10-5**).

Size

사이즈는 단지 공간 규모(용적)를 결정하는 단순한 파라미터인 것 같지만, 사실 상당한 내용들이 포함되어 있습니다. 여기서 가장 주목할 점은 잔향음의 상승 속도와 초기반사음 사이의 간격입니다. 예를 들어 소형 공간에서는 잔향음이 급격하게 상승하고 초기반사음 사이의 간격이 좁습니다. 한편 대형 공간에서는 잔향음이 부드럽게 상승하고 초기반사음 사이의 간격이 넓습니다. 여기서 잔향음의 상승 속도는 악기의 공간성에 관련이 있고 초기반사음의 간격은 악기의 음색 혹은 깊이감에 관련이 있습니다. 따라서 현 섹션에는 사이즈의 수치를 높이고 드럼 혹은 리듬 악기에는 수치를 줄입니다. 그래서 리버브 시스템에서 가정 먼저 조정해야 할 파라미터가 'Size'입니다.

그림10-5 Waves R-reverberator

Decay(Reverb Time)

디케이는 잔향음이 발생하여 소멸되는 시간을 말하며 통상 RT_{60}으로 표기합니다. 실내 구조와 음향 특성에 따라 저음, 중음 그리고 고음의 잔향시간이 달라지며, 리버브 시스템의 디스플레이에 표기된 수치는 중음에 관한 잔향시간입니다. 그래서 대부분의 리버브 시스템에는 음역별 잔향시간을 조정하는 파라미터(Freq, Ratio)들이 있습니다. 예를 들어 디스플레이 좌측 상단의 왼쪽 Freq를 400Hz로 정하고 Ratio를 1.2로 하면 400Hz 이하의 저음 잔향시간은 중음에 비해 1.2배 증가합니다. 그리고 오른쪽 Freq를 5000Hz로 정하고 Ratio를 0.8로 하면 5000Hz 이상의 고음 잔향시간은 중음에 비해 0.8배 감소합니다. 따라서 만일 중음 잔향시간이 2초이라면 저음 잔향시간은 2×1.2=2.4초로 길어지고, 고음 잔향시간은 2×0.8=1.4초로 짧아집니다.

잔향시간 설정

잔향시간 설정은 곡 템포와 어느 정도 관련이 있으며, 리듬 악기의 잔향시간은 한 소절 이하로 짧게 하고 스트링 악기는 한 소절 이상으로 길게 합니다. 예를 들어 템포가 120bpm(beat/minute)이고

4/4박자인 곡에서 한 소절은 2초입니다. 따라서 리듬 악기의 잔향시간은 1.5초 정도, 스트링 악기는 2.5 초 정도로 합니다(물론 이 방법은 하나의 출발점에 지나지 않습니다).

Pre-delay

프리딜레이는 잔향음의 발생 시간으로 규정하며, 음향적인 측면에서 악기의 깊이감과 공간성을 나타내는 중요한 요소입니다. 프리딜레이 수치가 클수록 악기음과 잔향음이 분리되면서 악기음이 더욱 가까이 들리면서 커다란 뒷 공간이 형성되고, 수치가 작을수록 악기음과 잔향음이 섞이면서 악기음이 더욱 멀어집니다. 통상적으로 리드보컬과 리듬 악기에는 30~60ms, 현 섹션에는 45~50ms 그리고 금관악기는 70ms 정도입니다. 물론 이 수치는 하나의 출발점에 지나지 않습니다 (**그림10-6**).

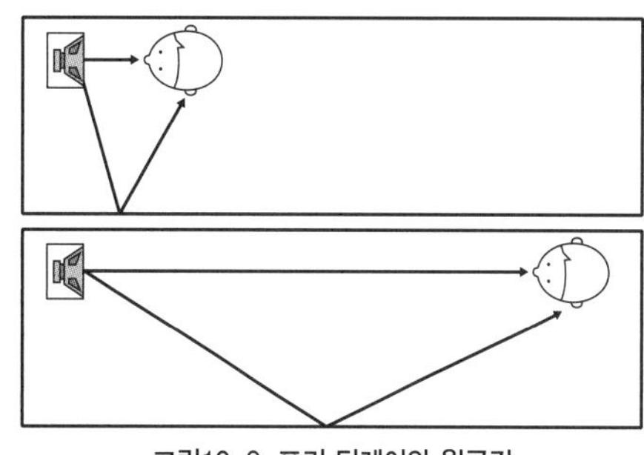

그림10-6 프리 딜레이와 원근감

프리딜레이와 음의 명료도

리드보컬 혹은 솔로 악기에 25~30ms 정도의 프리딜레이를 자주 사용하는 이유는 잔향음이 목소리 혹은 악기의 리딩 에지(leading edge)에 여분의 공간을 제공하면서 음의 명료도를 높이기 때문입니다.

ER(Early Reflection)

3장에서 설명했듯이 초기반사는 악기 주변 표면에 몇 번 부딪친 반사음 그룹으로, 악기의 음색과 공간성에 영향을 미칩니다. 예를 들면 ER 레벨을 적당히 높이면 음색이 선명하고 공간성이 형성되지만, 심하면 콤 필터링이 발생하면서 음색이 심하게 왜곡될 수 있습니다. 따라서 두 가지 요소(음색과 공간성)에 적합한 수치를 찾아야 할 것입니다(**그림10-7**).

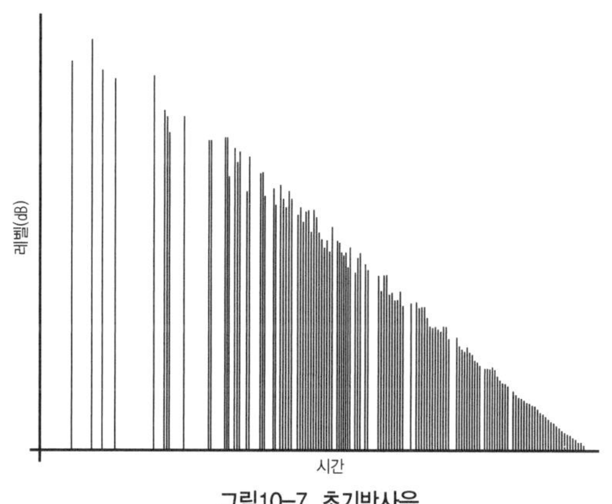

그림10-7 초기반사음

Diffusion

머리카락의 길이가 같아도 머리숱에 따라 사람이 달

리 보이듯이, 잔향시간이 같아도 디퓨전에 따라 음향 효과가 달라집니다. 잔향은 수많은 반사음 그룹이며, 디퓨전은 이러한 반사음들의 숱(밀도)을 조정합니다. 수치가 높으면 거친 음색을 부드럽게 하고 농도 짙은 공간성을 제공하므로 스네어 드럼과 탐탐 등의 타악기에 적합하지만 리드보컬은 중간 이하로 낮추는 것이 유리합니다.

만일 잔향시간과 레벨이 정당한데도 잔향음이 너무 뚜렷하고 진하게 들린다면 디퓨전의 수치를 줄입니다.

High Pass Filter

잔향의 저음 성분을 제거하는 필터입니다. 드럼의 잔향음 가운데 200Hz 이하의 저음을 필터링하면 악기음이 더욱 선명하면서 넓은 공간성이 만들어집니다.

Low Pass Filter

잔향의 고음 성분을 제거하는 필터입니다. 10장에서도 설명했듯이 만일 잔향으로 인해 리드보컬이 산만하게 들린다면 5kHz 이상을 필터링합니다.

Wet/Dry

입력 신호와 잔향음의 레벨을 조정합니다. 예를 들어 100%이면 잔향음만 출력되고, 50%이면 입력 신호와 잔향음의 레벨이 같아집니다. 만일 리버브 시스템을 억스 센드에 연결한다면 100%로 설정하고, 채널 인서트에 연결한다면 적어도 50~30% 이하로 줄여야 할 것입니다.

다음은 리버브 시스템의 일반적인 조정 순서입니다.

1) 알고리즘(혹은 프리셋)에서 원하는 리버브 모드를 선택한다.
2) Size로 실내 규모를 설정한다.
3) Decay로 잔향시간을 설정한다.
4) Diffusion으로 잔향 밀도를 조정한다.
5) Pre-delay로 잔향 개시 시간을 조정한다.

리버브의 이퀄라이징

대중음악 믹스에서는 하나의 악기에 여러 종류의 잔향을 함께 사용하는 경우가 종종 생깁니다. 예를 들면 스네어 드럼에는 게이트, 플레이트 그리고 홀 리버브를 믹스하곤 합니다. 그런데 만일 새로운 리버브가 추가될 때마다 공간성은 고사하고 오히려 혼탁해진다면 다음의 방법을 사용해 보세요. 우선 리버브 출력을 악기음 정도의 레벨로 충분히 올린 다음, 프리셋에서 악기에 가장 적합한 모드를 찾습니다. 그리고 파라미터를 조정한 다음 원하는 레벨로 줄입니다. 그럼에도 불구하고 별 다른 효과를 얻지 못한다면 마지막 히든카드로, 잔향음 가운데 악기의 중음 성분과 겹치는 대역을 피킹 이퀄라이저로 부드럽게 제거합니다. 이렇게 하면 분명히 여러분은 악기 혹은 보컬에 다양한 종류의 리버브를 사용하고 싶은 충동을 느끼게 될 것입니다.

딜레이 시스템

딜레이 시스템은 원음과 유사한 지연음을 일정한 시간 간격으로 만들어내는 매우 단순한 오디오 프로세서이지만 사실 이것만큼 사용하기 복잡하고 까다로운 이펙터도 없을 것입니다. 왜냐하면 지연음의 딜레이 타임 그리고 원음과의 상대 위치(패닝)에 따라 음향적인 느낌이 전혀 달라지기 때문입니다. 그래서 대중음악 믹싱에서는 리버브보다 더욱 많은 딜레이 유닛을 사용하기도 합니다.

■0~20ms

매우 짧은 딜레이 타임으로, 지연음을 원음과 같은 지점으로 패닝하면 콤 필터링으로 인해 악기 음색이 변할 수 있으므로 가능한 레벨을 줄이고 지연음의 고음 성분을 필터링합니다. 만일 지연음과 원음을 좌우로 패닝하면 두 음 사이에는 음향적인 공간이 형성됩니다.

■20~60ms

이 딜레이 타임을 일명 더블링이라 하며 지연음과 원음을 좌우로 패닝하면 스테레오 스피커 사이에는 거대한 공간이 생기며 한 번의 연주로도 두 번 연주한 것처럼 만들 수 있습니다.

■60~100ms

딜레이 타임이 60ms 이상으로 길어지면 지연음이 원음과 분리되어 들리는 에코가 발생하며, 만일 신디사이저 모노 스트링에 이 정도의 딜레이 타임을 사용해서 원음과 지연음을 좌우로 패닝하면 매우 광활한 스트링 섹션이 만들어 질 것입니다.

■100ms~4분 음표

이 정도의 딜레이 타임이라면 지연음이 원음으로부터 완전히 분리되어 들리고, 아마도 리드보컬과 솔로 악기에 가장 빈번히 사용하는 딜레이 타임이 될 것입니다.

딜레이 타임과 인벨롭의 관계

위에서 설명한 딜레이 타임 범위는 하나의 예문일 뿐 악기 혹은 보컬의 다이내믹 인벨롭과 연주에 따라 차이를 보입니다. 예를 들어 비록 딜레이 타임이 20㎳ 정도로 짧아도 스네어 드럼과 같은 비트 악기는 지연음과 원음이 완전히 분리되고, 보컬과 현악기는 연결되어 들립니다. 따라서 딜레이 타임을 정할 때는 필히 악기음의 다이내믹 인벨롭과 연주를 함께 고려해야 할 것입니다.

더블링(Doubling)

위에서 설명했듯이 더블링 혹은 ADT(Automatic Double Tracking)은 한 번 연주하거나 노래한 것을 두 번처럼 만드는 이펙트입니다. 만일 원음과 지연음을 서로 반대 방향(왼쪽과 오른쪽)으로 패닝하면 두 음 사이에는 음향적인 공간이 생기면서 넓게 들립니다(**그림10-8**).

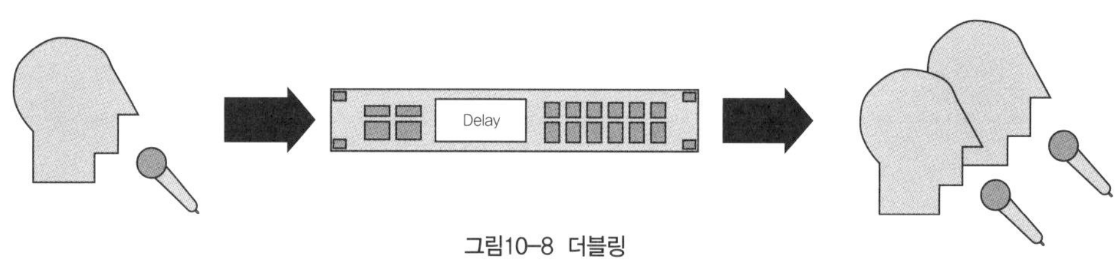

그림10-8 더블링

또한 만일 지연음을 원음과 동일한 지점(중앙)으로 패닝하면 깊이감을 제공하며 주로 보컬이나 리드 악기에 사용합니다. 여기서 지연음의 고음 성분을 제거하고 딜레이 유닛의 Depth와 Rate 파리미터로 음을 약간 변조하면 더욱 좋은 효과를 얻을 수 있습니다(**그림10-9**).

- ■**일반 악기** : Mix/100%, Delay/20~50ms, Depth/40%, Rate/1Hz 이하, Feedback/0%
- ■**리드보컬** : Mix/100%, Delay/20ms, Depth/20%, Rate/0.7Hz, Feedback/0%

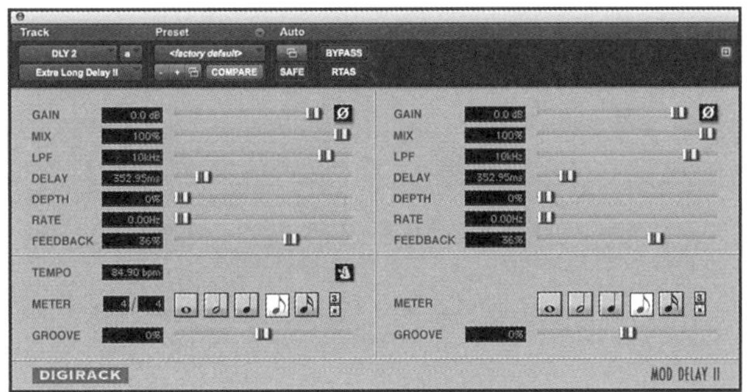

그림10-9 Digirack Mod Delay II

■Input : 입력 신호 레벨 조정.

■Mix : 원음과 지연음 사이의 밸런스 조정.

■LPF : 지연음의 고음 성분 제거.

■Delay : 원음과 지연음 사이의 지연 시간 조정.

■Depth : 지연음에 적용할 변조 깊이 조정.

■Rate : 지연음에 적용할 변조 비율 조정.

■Feedback : 지연음 출력을 입력으로 보내는 양을 조정.

오버더빙과 더블링

간혹 이런 생각을 할 수 있습니다. 두 번 연주하는 것 좋을까? 아니면 한 번 연주하여 딜레이로 더블링 효과를 만드는 게 좋을까? 원하는 효과에 따라 다를 수 있겠지만 일반적으로 두 번 연주하는 것이 좋습니다. 그 이유는 딜레이로 더블링 하면 항상 딜레이 음이 나중에 들리지만 두 번 연주하면 더빙한 음이 처음 연주음보다 빠르기도 하고 느리기도 하여 더욱 극적인 효과를 얻을 수 있기 때문입니다.

에코(Echo)

여러분이 거리를 걷다 보면 동일한 품종의 나무들이 일렬로 심어져 있는 가로수를 볼 수 있을 것입니다. 나무는 한 그루보다는 여러 그루가 보기 좋고, 그것도 어느 정도 일정한 간격으로 심어 있으면 한층 입체감이 증가합니다. 음악에도 한 번 연주한 악기를 여러 번 연주한 것처럼 들리게 하여 음악의 공간성을 높이는 경우가 있는데 그것이 바로 에코 효과입니다.

슬랩 에코(Slap Echo)

에코는 원음과 지연음이 거의 혹은 완전히 분리되어
들리는 음향 현상입니다. 50ms에서 200ms 정도로 지연
된 음을 슬랩 에코 혹은 슬랩백 에코(Slapback Echo)
라고 합니다. 주로 리드보컬 혹은 솔로 악기에 사용되
며 스테레오 스피커에서 리드보컬과 동일한 지점(중앙)
으로 패닝합니다(그림10-10).

그림10-10 Universal Audio Roland RE-201 Space Echo

💡 슬랩 에코의 딜레이 타임

만일 리드보컬에 슬랩 에코를 사용한다면 곡의 템포에 부합되도록 딜레이 타임을 정해야 합
니다. 예를 들어 템포가 120BPM이라면 여기서 BPM은 1분 동안의 비트 수(beat per minute)이므로
120BPM에는 1분에 120개의 비트가 있습니다. 따라서 4/4박자에서 4분 음표는 500ms(60/120), 8분 음
표는 250ms(0.5/2), 16분 음표는 125ms(250/2) 그리고 32분 음표는 63ms(125/2)입니다. 이 가운데 슬
랩 에코에 필요한 딜레이 타임은 아마도 250ms 혹은 125ms가 적당할 것입니다. 만일 리드보컬이 곡 템
포보다 느린 감이 있다면 딜레이 타임을 약간 빠르게 정하고, 빠른 감이 있다면 약간 느리게 정합니다.

멀티플 에코(Multiply Echo)

멀티플 에코는 지연음이 일정한 시간 간격으로 반복
되는 현상으로, 이것 역시 곡의 템포에 부합되도록 딜
레이 타임을 정합니다. 간혹 템포에 적합한 지연음을
믹스해도 어색하게 들릴 때가 있는데 특히 음색이 거친
보컬 혹은 악기에서 자주 생깁니다. 이럴 경우에 지연
음의 고음 성분(5~8kHz)을 일정한 비율로 필터링하면
무리 없이 해결될 것입니다(그림10-11).

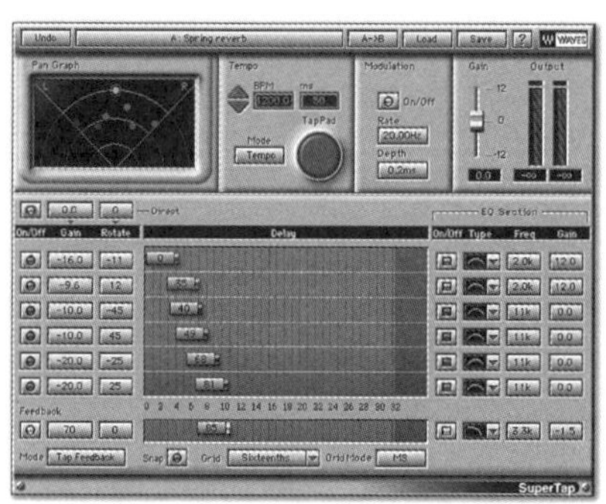

그림10-11 Waves SuperTap 딜레이

모듈레이션 이펙트

앞에서 설명했듯이 원음과 지연음의 간격이 구별되어 들리지 않을 정도로 가깝거나 지연음의 주파수 혹은 위
상을 주기적으로 변경하면 매우 묘한 음색이 만들어집니다. 이러한 이펙트들은 악기 혹은 리드보컬의 거친 배음
을 아름답고 유연하게 만들고 다른 악기음과의 차별화된 음색을 제공하므로 작은 레벨에서도 악기음이 선명하게
들립니다. 종류로는 비브라토, 플랜저, 페이저 혹은 코러스 등이 있으며 이 모두를 통칭하여 모듈레이션 이펙트

(Modulation Effect)라고 합니다.

비틀즈와 조지 마틴

많은 엔지니어에게 영국에서 제일 유명한 레코딩 스튜디오를 물으면 대부분이 Abbey Road Studio라고 합니다. 그 이유는 Beatles가 녹음한 곳이기 때문이지요. 예전에 어느 외국 잡지에서 다음과 같은 글을 본 적이 있었습니다. '과연 조지 마틴 없이도 비틀즈가 존재할 수 있었을까?' 사실 많은 사람들은 비틀즈 음악에 찬사를 보내지만 그들의 음악성을 음향적으로 표현한 사람은 바로 천재 레코딩 엔지니어인 조지 마틴입니다.

그는 항상 음악에 새로운 이펙트 음을 창출하려고 노력했으며, 그 중 하나가 모듈레이션 이펙트입니다. 비틀즈 곡 가운데 'Yellow Submarine'의 도입부에 나오는 이상한 목소리가 바로 세계 최초의 플랜저 사운드입니다. 모듈레이션의 원리는 매우 단순하지만 그 당시의 기술로 이런 이펙트를 만들기란 상당한 인내와 노력이 필요했을 것입니다. 왜냐하면 신호의 음색을 연속적으로 불규칙하게 변화시키기 위해 곡의 시작부터 끝까지 엄지손가락의 압력으로 아날로그 테이프의 주행 속도를 빠르게 혹은 느리게 변화시켰기 때문입니다. 물론 지금은 테이프의 주행 속도 변화를 LFO(Low Frequency Osc)라는 저음 주파수 발생기로 간단히 해결할 수 있지만, 당시의 어려운 환경에서도 새로운 이펙트를 만든 조지 마틴은 참으로 대단한 레코딩 엔지니어이면서 프로듀서입니다.

플랜징(Flanging)

플랜징은 매우 짧은 지연 시간으로 발생하는 콤 필터링을 이용한 이펙트이며, 주파수 스펙트럼의 배음 성분에 일련의 피크와 딥을 제공합니다. 음향 특성은 지연 시간과 피드백 위상 스위치 그리고 피드백 양에 따라 결정됩니다(**그림10-12**).

■**일반적인 세팅** : Mix/100%, Delay/1~20ms, Depth/25% 이상, Rate/slow, Feedback/중간.

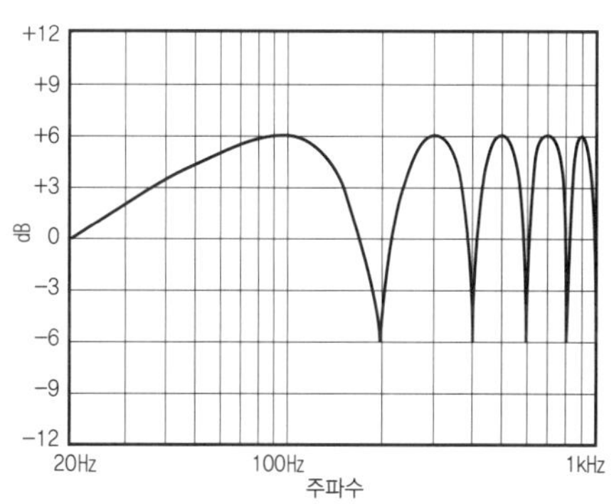

PSP Lexicon 42

그림10-12 플랜징

페이징(Phasing)

페이징은 플랜징의 쌍둥이 동생라고 생각할 수 있을 정도로 유사성이 많지만, 여기에도 어느 정도 차이는 있습니다. 구조적인 측면에서 플랜징은 딜레이 유닛으로 만드는 반면 페이징은 여러 개의 올-패스 필터(All-pass Filter)로 위상을 변경하여 음을 창출하고 플랜징과 달리, 배음에서 피크와 딥이 생기지 않습니다(**그림10-13**).

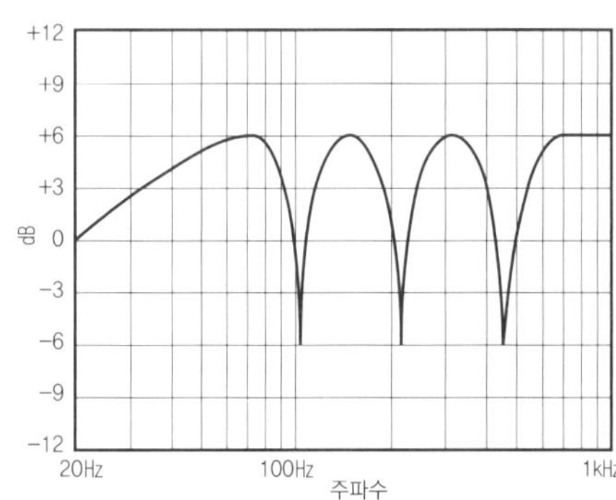

그림10-13 페이징

코러싱(Chorusing)

만일 40명의 합창단이 같은 음(unison)으로 노래한다면 단원마다 음 주파수가 조금씩 다르고 또한 단원과 리스너 사이의 거리차가 달라지면서 매우 매혹적인 음색을 들을 수 있습니다. 이런 효과를 내기 위해서 코러싱은 어떤 이펙트보다 매우 유용하게 사용할 수 있을 것입니다. 만일 원음과 약간 다른 음정과 시간차로 이펙트를 만들어서 원음과 믹스하면 백킹 보컬과 신디사이저 스트링에 매우 좋은 결과를 얻을 수 있습니다. 물론 일반 악기에도 사용할 수 있는데, 예를 들면 베이스 기타의 음폭을 넓히고 보컬의 음정 불안을 어느 정도 해결할 수 있습니다(**그림10-14**).

그림10-14 Universal Audio DM-1

- ■**일반적인 세팅** : Mix/100%, Delay/20~80ms, Depth/10%, Rate/0.1~10Hz, Feedback/0%
- ■**보컬 스테레오 세팅** : Mix/100%, Left Delay/21ms, Right Delay/26ms, Depth/10%, Rate/0.5 Hz, Feedback/20%

비브라토(Vibrato)

비브라토는 음의 피치를 빠르고 섬세하게 변경할 때 발생하는 이펙트로, 지연음의 피치를 변경하여 원음과 믹스합니다.

- **일반적인 세팅** : Mix/100%, Delay/3~8ms, Depth/25%(2ms), Rate/3Hz, Feedback/0%
- **보컬 세팅** : Mix/100%, Delay/8ms, Depth/50%, Rate/1.5Hz, Feedback/0%

피치 시프터(Pitch Shifter)

피치 시프터(**그림10-15**)는 악기 혹은 보컬 음정을 변경, 조정하는 이펙터이며 일반적인 조정 범위는 +2옥타브에서 −1옥타브까지입니다. 따라서 피치 조정뿐만 아니라 하모니까지 만들 수 있습니다. 하지만 요즈음은 피치 시프터를 악기 음색을 조정하는데 자주 사용하는 편입니다.

한 옥타브는 12개의 반음으로 구성되며, 반음은 100센트(cent)입니다. 따라서 한 옥타브는 1200센트이고 두 옥타브는 2400센트가 됩니다. 만일 어떤 악기의 피치를 +10센트 혹은 −10센트 이하로 매우 적게 변경하면 우리에게는 피치 변화가 아닌 음색 변화로 인식됩니다. 즉 +10센트는 음을 밝고 가볍게 하고, −10센트는 무겁고 두텁게 합니다.

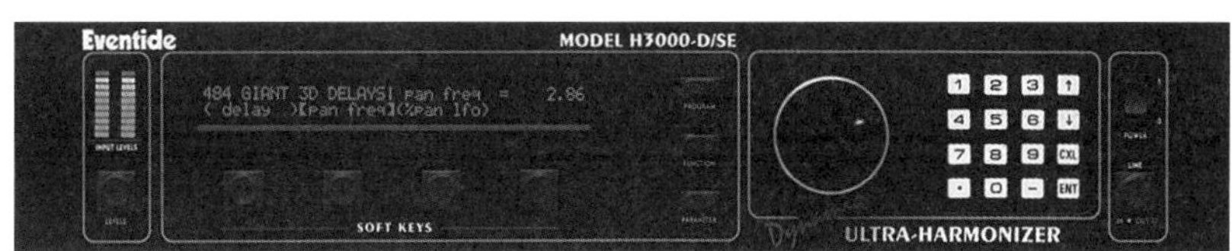

Eventide H3500 Ultra-Harmonizer

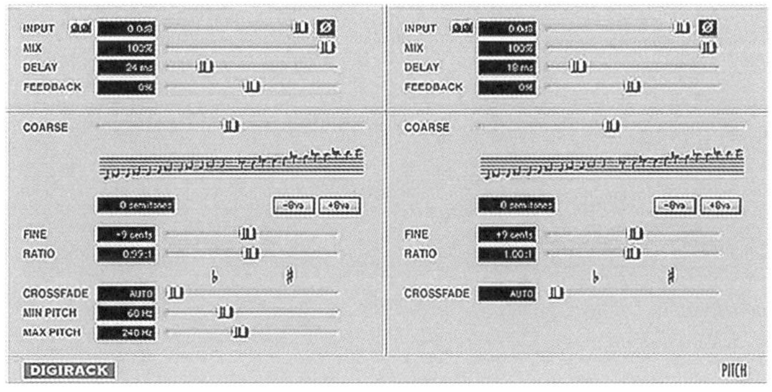

Digirack Pitch Shifter

그림10-15 피치 시프터

■신디사이저 스트링 스테레오 피치 시프트 세팅(Eventide H3500 울트라 하모나이저)
  왼쪽 채널 : Mix/100%, Delay/10ms, Feedback/0%, Fine/10cent
  오른쪽 채널 : Mix/100%, Delay/5ms, Feedback/0%, Fine/−10cent

■보컬 스테레오 피치 시프트 세팅(Digirack 피치 시프터)
  왼쪽 채널 : Mix/100%, Delay/24ms, Feedback/0%, Fine/−9cent, Ratio:0.99:1
  오른쪽 채널 : Mix/100%, Delay/18ms, Feedback/0%, Fine/+9cent, Ratio:1.00:1

아날로그와 디지털 녹음 방식

아날로그 오픈릴 녹음기
녹음기 종류
디지털 오디오
디지털 오디오 녹음기

아날로그와 디지털 녹음 방식

가정용 냉장고만큼 성능과 스타일이 자주 바뀌는 전기제품도 드문 것 같습니다. 좋은 냉장고라면 음식의 신선도를 유지하면서 오래 보관할 수 있어야 하듯이, 소리를 저장하는 오디오 장비인 녹음기 역시 신호의 선명도를 유지하면서 언제라도 원음을 재현해야 할 것입니다.

이번 장의 포인트

- 아날로그 오픈릴 녹음기
- 녹음기 종류
- 디지털 표본화 비율
- 안티에일리어싱 필터
- 오버샘플링
- 양자화
- 디더링
- 부호화
- 디지털 인터페이스
- 지터
- 헤드 방식
- 오디오 인터페이스

아날로그 오픈릴 녹음기

아날로그 녹음은 오디오 신호가 자기 신호로 변환되어 테이프에 영구 저장되는 방식으로, 일반적으로 자기 테이프는 얇은 플라스틱 위에 철이나 크롬, 그리고 메탈 입자들이 코팅되어 있는데, 평소에는 불규칙하게 분산되어 있던 입자들이 오디오 신호가 전달되면서 일관된 형태를 유지합니다(**그림11-1**).

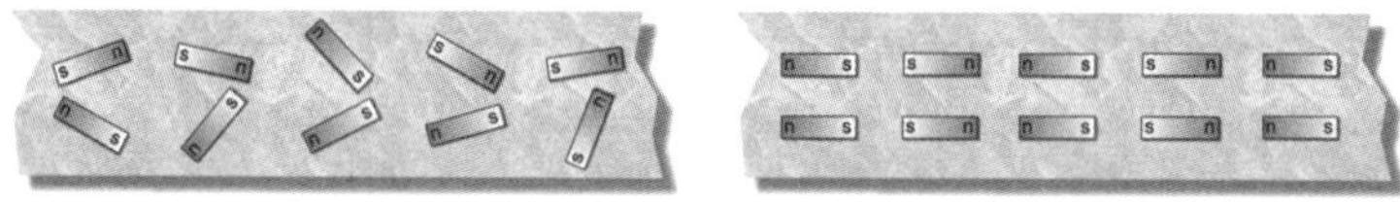

그림11-1 녹음 이전과 이후의 자기 입자 배열

아날로그 오픈릴 녹음기 혹은 오디오 테이프 녹음기(Audio Tape Recorder, ATR)는 세 가지 주요 요소로 구성되는데, 테이프 운송 시스템(Tape Transport System), 자기 헤드(Magnetic Head) 그리고 녹음과 재생에 관련된 전기 회로(Electronic Circuit)입니다.

테이프 운송 시스템

운송 파트는 테이프를 헤드에 밀착시키며 테이프의 주행 속도와 장력을 일정하게 유지하는데 기여합니다. 때로는 테이프를 빠르게 이동시키기도 합니다. 여기에는 3개의 모터가 있는데, 그 가운데 2개는 테이프의 장력과 흔들림을 방지하고, 나머지 하나는 캡스턴을 가동시키는데 사용됩니다(**그림11-2**).

캡스턴(Capstan), 핀치 롤러(Pinch Roller)

캡스턴은 운송 시스템의 심장부로, 테이프 속도를 조절하는 정밀한 구동축입니다. 고무로 된 핀치 롤러는 테이프를 모터 구동축으로 미는 역할을 합니다.

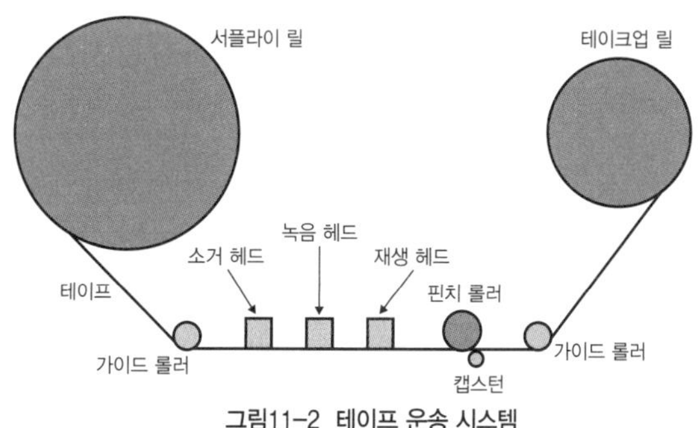

그림11-2 테이프 운송 시스템

서플라이 릴(Supply Reel), 테이크-업 릴(Take-up Reel)

서플라이 릴과 테이크-업 릴은 모터로 구동되며 모터의 공급 전류는 테이프가 늘어짐 없이 최상의 상태로 주행하도록 릴의 장력(tension)을 조정합니다.

릴 사이즈(Reel-Size)

서플라이와 테이크-업 모터의 공급 전류는 릴의 회전을 일정하게 유지시키지만 두 릴의 크기 차이로 인한 장력 변화를 조절하지는 못합니다. 녹음기의 Tension 혹은 Reel-Size 스위치는 릴 크기로 인한 장력 변화를 일정하게 유지합니다.

안전 조정

테이프 손상을 방지하기 위해 테이프 가이드 통로에 테이프의 유무를 확인하는 감지 장치입니다.

가이드 롤러(Guide Roller)

테이프가 헤드와 릴 위에서 올바르게 주행할 수 있도록 합니다.

테이프 주행속도(Tape Speed)

아날로그 테이프는 주행 속도가 빠를수록 음질이 개선되며 종류로는 17/8, 33/4, 71/2, 15 그리고 30ips 등이 있습니다.

헤드 블록(Head Block)

녹음기 헤드 블록은 소거(Erase), 녹음(Record) 그리고 재생(Reproduce) 헤드로 구성되며, 일반 가정용 녹음기는 녹음과 재생을 하나의 헤드로 실행하기도 합니다. 소거 헤드는 테이프에 저장된 신호를 지우고, 녹음 헤드는

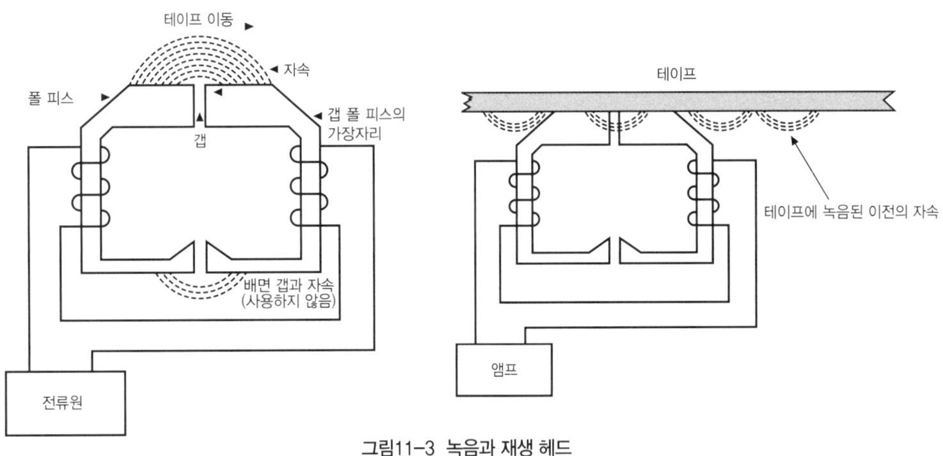

그림11-3 녹음과 재생 헤드

전기 신호를 자기 신호로 전환하며, 재생 헤드는 녹음 헤드에서 전환된 자기 신호를 다시 전기 신호로 전환시킵니다(**그림11-3**).

모든 헤드와 테이프는 닿는 면이 정확하게 90°가 되어야만 고음 손실을 방지할 수 있습니다. 이처럼 테이프와 헤드와의 각도를 조정하는 것을 애지머스 조정(Azimuth Alignment)이라 합니다(**그림11-4**).

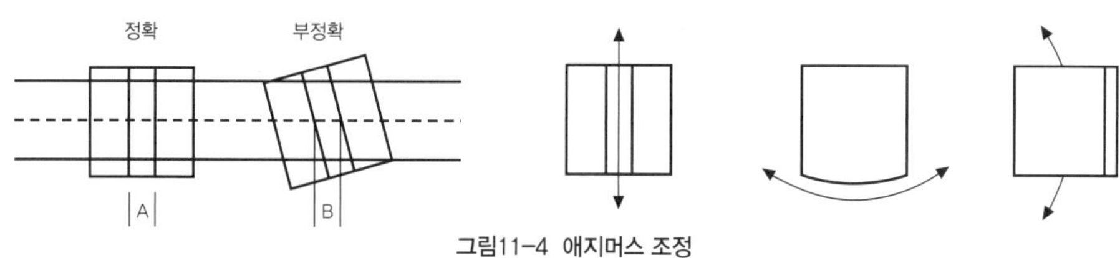

그림11-4 애지머스 조정

전기 회로

전기 회로는 오디오 신호의 주파수 응답과 레벨을 조정하여 녹음 헤드에 공급하고 테이프 자기 특성에 따라 재생 헤드 신호의 주파수 응답과 레벨을 조정합니다(**그림11-5**).

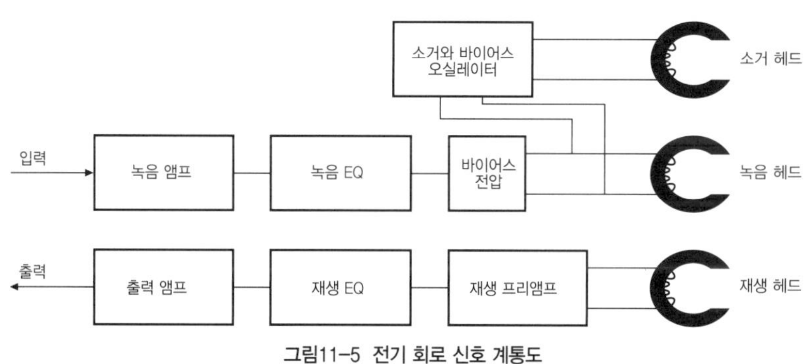

그림11-5 전기 회로 신호 계통도

녹음 이퀄라이제이션

이것은 녹음 전에 오디오 신호에 적용되는 프리 이퀄라이제이션으로, 테이프 주행속도에 따라 다음과 같은 표준 녹음 특성 커브로 정해집니다(**그림11-6**).

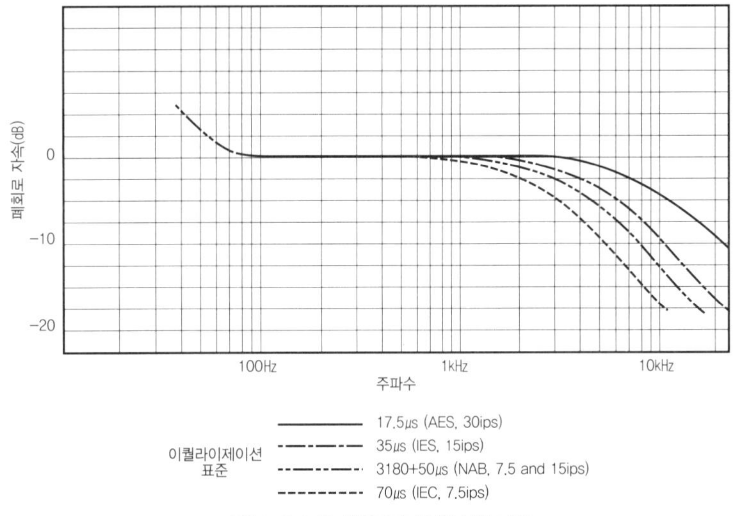

그림11-6 녹음 이퀄라이제이션 특성 커브

재생 이퀄라이제이션

이것은 테이프의 자기 신호에 적용되는 프리 이퀄라이제이션으로, 테이프 주행속도에 따라 다음과 같은 표준 녹음 특성 커브로 정해집니다(**그림11-7**).

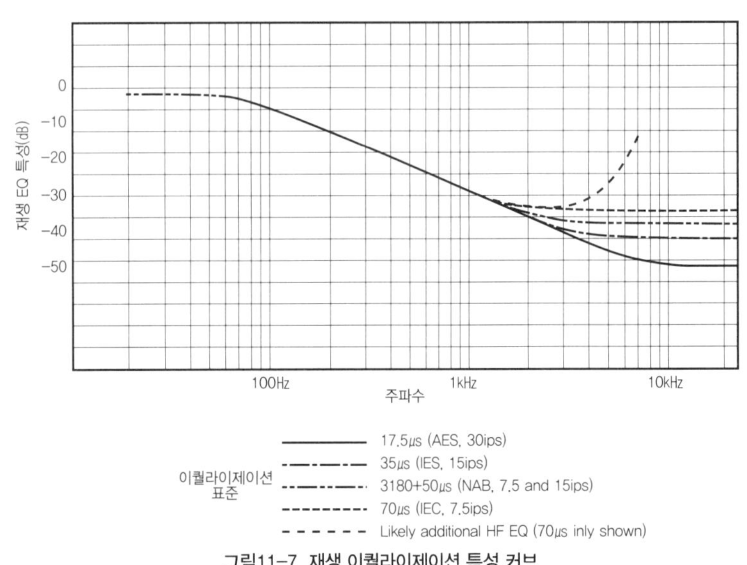

그림11-7 재생 이퀄라이제이션 특성 커브

녹음기 종류

통상적으로 녹음기는 사용할 수 있는 트랙 수로 분류하는데, 여기서 트랙이란 도로의 차선과 같은 개념으로 생각하면 됩니다. 예를 들어 2차선이면 자동차가 달릴 수 있는 차도가 두 개이고, 8차선이면 여덟 개이듯이, 녹음기 역시 2트랙이면 음향 특성이 다른 두 개의 신호(혹은 스테레오 프로그램)를 어떤 간섭 없이 저장할 수 있는 장소가 두 곳이고, 8트랙이면 여덟 곳입니다. 일반적으로 2트랙은 믹싱 프로그램을 저장하는 마스터 녹음기에서 사용하고, 8트랙 이상은 여러 악기들을 저장하는 멀티트랙 녹음기에서 사용합니다(**그림11-8**).

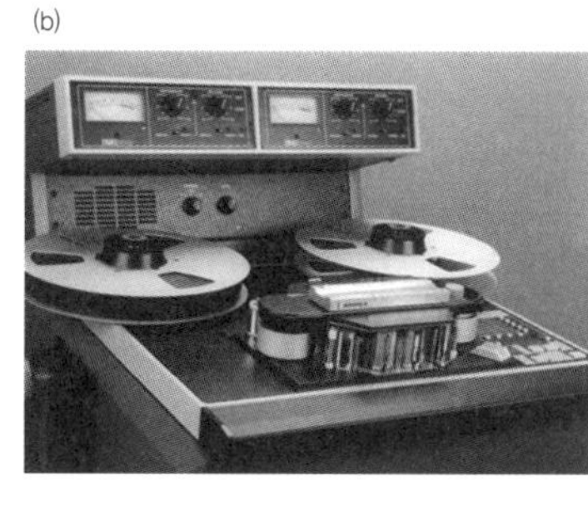

그림11-8 아날로그 녹음기 (a)1/4인치 2트랙, (b)1인치 스테레오 마스터링, (c)2인치 멀티트랙

녹음기의 모니터링

위의 사진에서 볼 수 있듯이 2인치 24트랙 아날로그 녹음기의 헤드 블록에는 외부 자계로부터 자기 테이프를 보호하기 위한 금속 커버가 있습니다. 그런데 저에게는 금속 커버에 대한 아픈 추억이 하나 있습니다. 예전에 40인조 밴드 녹음이 있었는데, 오전에 리듬 녹음을 끝내고 오후에 현 섹션을 오버더빙 하려는데 테이프에는 아무 것도 녹음되지 않았던 것입니다. 분명히 오전 녹음에서 녹음기 미터가 움직이는 것을 확인했는데도 불구하고 말이지요. 나중에 알았지만 입사한지 며칠 되지 않은 어시스턴트 엔지니어가 금속 커버를 열지 않은 채 그 위에 테이프를 감았던 것입니다. 만일 그렇다면 녹음기 미터가 신호에 따라 움직이지 않았어야 하는데 왜 움직였을까요? 그것은 바로 녹음기의 입력 레벨(콘솔 출력)을 모니터했기 때문입니다. 따라서 녹음할 때는 녹음기의 종류가 무엇이든(아날로그, 디지털, DAW) 항상 녹음 출력을 모니터해야만 이 같은 대형 사고가 방지할 수 있습니다. 지금 생각해도 진땀나는 일이지요.

트랙 방식

다음은 아날로그 녹음 테이프의 트랙 방식입니다(**그림11-9**).

- **풀트랙 모노(Full-track Mono)** : 1/4인치 테이프를 하나의 트랙으로 사용하며, 모노 프로그램을 저장합니다.
- **하프트랙 모노(Half-track mono)** : 1/4인치 테이프를 2개의 트랙으로 분리하여 사용하며, 모노 프로그램을 처음에는 위 트랙, 다음에는 아래 트랙에 저장합니다.
- **2트랙 스테레오(2-track Stereo)** : 구성은 하프트랙과 비슷하지만 스테레오 프로그램을 양쪽 트랙에 저장합니다.

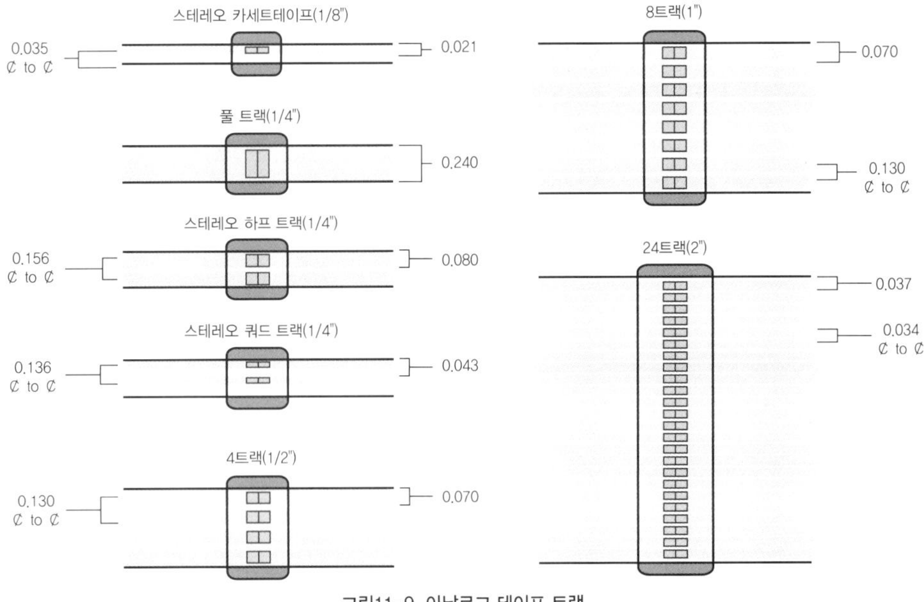

그림11-9 아날로그 테이프 트랙

- **쿼드트랙 스테레오(Quad-track Stereo)** : 1/4인치 테이프를 4개의 트랙으로 분리하여 사용하며 스테레오 프로그램을 처음에는 1번과 3번 트랙에, 다음에는 2번과 4번 트랙에 저장합니다.
- **멀티트랙(Multi-track)** : 2인치 테이프를 8개 이상(16, 24, 32, 48)의 트랙으로 분리하여 사용하며 여러 개의 악기들을 개별적으로 저장합니다.

멀티 트랙 싱크 녹음

앞에서 설명했듯이 멀티트랙 녹음기는 여러 악기들을 독립된 트랙에 저장할 수 있으므로 가수 혹은 연주자들이 함께 모일 필요가 없습니다. 따라서 리듬 섹션 녹음(드럼, 베이스, 일렉트릭 기타, 키보드 등)이 끝나면, 다음으로 스트링 섹션과 리드 보컬이 리듬을 들으면서 새로운 트랙에 녹음을 할 수 있습니다. 그런데 여기서 한 가지 문제는 녹음기의 헤드 블록에서 녹음 헤드와 재생 헤드의 위치가 다르기 때문에 스트링 연주자가 재생 헤드를 통해 리듬 섹션을 들으면서 녹음하면 두 섹션 사이에 시간차가 생깁니다. 이를 해결한 것이 싱크 기능입니다. 녹음기의 싱크 버튼을 누르면 리듬 세션이 재생 헤드가 아닌 녹음 헤드를 통해 나오기 때문에 시간차가 발생하지 않습니다 (그림11-10).

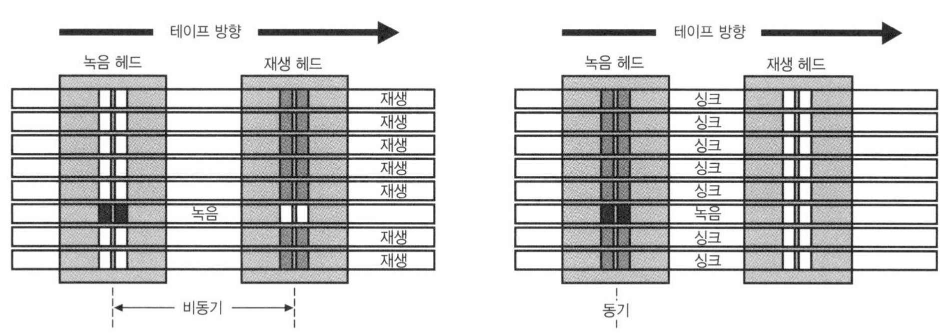

그림11-10 멀티 트랙 싱크 녹음

클리닝

녹음기를 오래 사용하면 테이프 산화물들이 헤드, 테이프 가이드, 캡스턴, 핀치 롤러 등의 표면에 쌓이면서 고음 특성이 떨어지고 간헐적으로 소리가 들리지 않는 드롭아웃(Drop Out)이 생기며, 심지어 주행 중인 테이프가 흔들리기도 합니다. 따라서 녹음기를 사용할 때마다 클리닝하는 것은 매우 중요한 일입니다. 통상적으로 8시간 정도 사용했거나 녹음기의 전기회로를 조정하기 전에 닦아 줍니다. 클리너는 제조사에서 지정하는 제품이나 변성 알코올을 솜이 묻혀 사용합니다. 고무로 된 가이드 부분은 알코올보다 고무 클리너가 좋습니다.

> ### 음원의 삭제는 반드시 확인 후에!
>
> 24트랙 아날로그 녹음 테이프의 아픈 추억 2탄입니다. 당시에는 2인치 테이프의 가격이 워낙 비싸서 믹싱이 끝나고 앨범이 나오면 다시 지워서 사용하는 것이 모든 스튜디오의 일반적인 관례였습니다. 하루는 사물놀이와 국립 국악원 앨범을 함께 진행하는 중간에 트로트 녹음이 있어서 어시스턴트 엔지니어(좀 전에 언급한 그 친구)에게 지워서 쓸 수 있는 테이프를 가져오라고 해서 녹음을 잘 끝냈습니다. 그런데 며칠 후, 국립 국악원을 믹싱하려고 테이프를 들어 보니 뽕짝 리듬이 나오는 것이 아니겠습니까? 어시스턴트가 테이프를 잘못 가져 온 것이지요(이 사건 이후로 그를 다시 볼 수 없게 되었지만요). 요즈음의 하드디스크는 멀티

테이프에 비해 가격이 저렴해서 여러분은 이 같은 황당한 일을 겪을 일은 없겠지만 하여튼 가능하다면 새로운 프로젝트는 새로운 하드디스크에 저장하고 만일 기존 디스크를 지워 사용해야 한다면 몇 번이고 체크해야만 이 같은 불상사를 방지할 수 있을 것입니다.

디지털 오디오

콩을 분말로 만들면 더욱 많은 양을 포대에 담을 수 있듯이, 아날로그 신호를 디지털 신호로 분쇄하면 더욱 많은 정보를 저장, 전송할 수 있습니다. 하지만 분말로 만들면 바람에 날리거나 포대에 묻을 수 있듯이, 오디오 신호 역시 아날로그에서 디지털로 전환되면서 이와 비슷한 현상처럼 음이 거칠거나 좁게 들릴 수 있습니다.

표본화 비율(Sampling Rate)

TV 스포츠 중계방송에서 고속 촬영한 영상을 슬로우 모션으로 보면 일반 속도보다 선수 움직임이 선명하고 유연하듯이, 디지털 오디오에서는 표본화 비율 혹은 표본화 주파수(Sampling Frequency)가 높을수록 음이 부드럽고 선명하며 특히 고음 특성이 매우 좋아집니다.

표본화 비율은 아날로그 파형을 일정한 시간 간격으로 분할하는 비율을 결정하며, 예를 들어 표본화 비율이 48kHz이면 아날로그 파형이 초 당 48,000개, 96kHz이면 초 당 96,000개로 더욱 세밀하게 분할됩니다. 이것은 여러분이 초등학교 시절에 자주 사용하던 모눈종이의 수평축의 칸 간격에 해당됩니다.

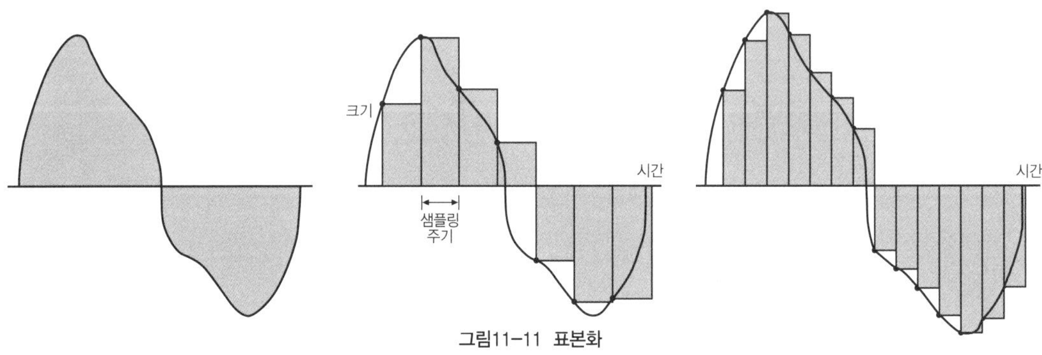

그림11-11 표본화

오디오 장비에서 사용하는 대표적인 표본화 비율은 44.1kHz, 48kHz 그리고 96kHz 등으로, 여기서 CD는 44.1kHz, DVD는 96kHz 그리고 SACD(Super Audio Compact Disc)와 Linear PCM은 192kHz입니다.

210

안티에일리어싱 필터(Anti-aliasing Filter)

평소에는 얼굴 한 번 안 보이던 친구가 놀러가거나 한 잔하러 가면 항상 꼽사리끼듯이, 아날로그 음이 디지털 신호로 전환되면서 평소에 들리지 않았던 음들이 생기는데, 이런 현상을 에일리어싱(Aliasing)이라 합니다.

사실 수많은 주파수들이 우리 주변을 배회하지만 사람이 들을 수 있는 주파수라고 해야 고작 20Hz에서 20kHz까지(가청주파수 범위)이므로 설혹 악기음에 40kHz 정도의 매우 높은 주파수가 포함되어 있어도 악기 음색에는 전혀 영향을 미치지 못하며, 이러한 논리는 아날로그 오디오 신호에도 그대로 적용됩니다. 하지만 디지털 오디오 신호에서는 전혀 사정이 달라집니다. 예를 들어 표본화 비율이 48kHz이고 악기음에 40kHz가 포함되어 있다면 48-40=8kHz라는 꼽사리 에일리어싱 주파수가 생기면서 악기 음색이 변하는 결과를 초래하게 됩니다.

안티 에일리어싱 필터는 이러한 성가신 주파수가 발생하지 않도록 아날로그 파형을 디지털 신호로 변환하기 전에 20kHz 이상의 모든 주파수들을 제거하는 로우패스 필터입니다. 하지만 이 경우에 필터의 위상 에러가 심각해지면서 음질을 왜곡시킬 수 있습니다. 이를 방지하고자 다음에 설명할 오버샘플링이라는 새로운 기법이 개발되었습니다.

오버샘플링(Oversampling)

사람의 소화 기관인 '위'는 오직 하나뿐이어서 음식물을 꼭꼭 씹어 먹어도 가끔은 체하기도 하고 배탈도 나지만, 소는 네 개의 위를 지니고 있어서 거친 풀도 잘 소화시킨다고 합니다. 오버샘플링도 이와 비슷합니다. 예를 들어 4배속 오버샘플링이란 신호를 네 번 되새김하여 더욱 정밀하게 분해하는 것을 말합니다.

요약하면 오버샘플링은 표본화 주파수를 몇 배로 증가시켜 신호를 더욱 정밀하게 프로세싱하는 과정입니다. 만일 8배속으로 오버샘플링하면 가장 높은 가청 주파수를 재생하는데 필요한 주파수보다 8배 높은 비율로 오디오 신호를 표본화 합니다. 이렇게 하면 위에서 설명한 로우패스 필터의 위상 에러를 간단히 해결할 수 있습니다. 하지만 이 때문에 신호를 저장하거나 재생하는데 필요한 대역폭이 넓어지는 단점이 있기 때문에 고음질이 필요한 CD, DAT와 같은 디지털 오디오 장비에서 주로 사용합니다.

양자화(Quantization)

사람의 신장을 미터(m)가 아닌 센티미터(cm)로 나타내면 성장 변화 속도를 더욱 자세히 알 수 있듯이, 양자화는 음의 진폭 혹은 프로그램의 레벨 변화(다이내믹 레인지)를 얼마나 섬세하게 나타내는가를 결정하는 신호 레벨(혹은 진폭)의 분할 과정으로, 통상적으로 비트(bit)로 나타냅니다. 이것은 모눈종이의 수직축의 칸 간격에 해당됩니다.

예를 들어 2비트 양자화는 프로그램의 레벨 변화를 단지 네 가지 등급(22, 00, 01, 10 그리고 11)로 나타내고, 3비트는 8가지 등급(23, 000, 001, 010, 011, 100, 101, 110, 111)으로 나타낼 수 있습니다. 요약하면 비트가 높아질수록 아날로그 프로그램의 레벨 변화를 더욱 섬세하게 재현할 수 있습니다.

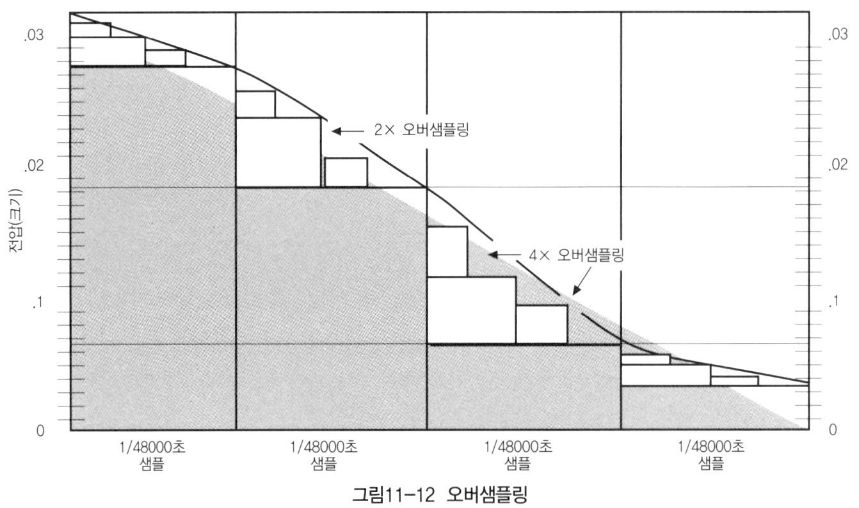

그림11-12 오버샘플링

현재 CD에서 사용하는 16비트 양자화는 레벨 변화를 65536가지 등급(2^{16})으로 나타낼 수 있으며 이것을 다이내믹 레인지(SNR)로 환산하면 거의 98dB 정도이므로 기존의 아날로그 방식에 비해 더욱 정밀하게 레벨 변화를 나타낼 수 있습니다. CD, DAT 혹은 디지털 오디오 장비에서는 주로 16 혹은 24비트를 사용합니다. 다음은 비트와 다이내믹 레인지의 관계입니다.

- ■**8비트** : 49.8dB
- ■**16비트** : 97.8dB
- ■**20비트** : 121.8dB
- ■**24비트** : 145.8dB
- ■**32비트** : 193.8dB

디더링(Dithering)

애주가들이 숙취는 역시 해장술로 풀어야 제 맛이라고 하듯이, 디더링은 잡음을 잡음으로 해결하는 기법으로, 여기서 디더(Dither)란 화이트 노이즈처럼 모든 주파수를 포함하고 있는 무작위 잡음(Random Noise)을 말합니다. 앞에서 설명했듯이 16비트 디지털 시스템의 SNR은 98dB 정도로 높은 편이지만, 사실상 이 수치는 신호 레벨이 충분히 큰 경우에만 적용될 뿐 낮은 레

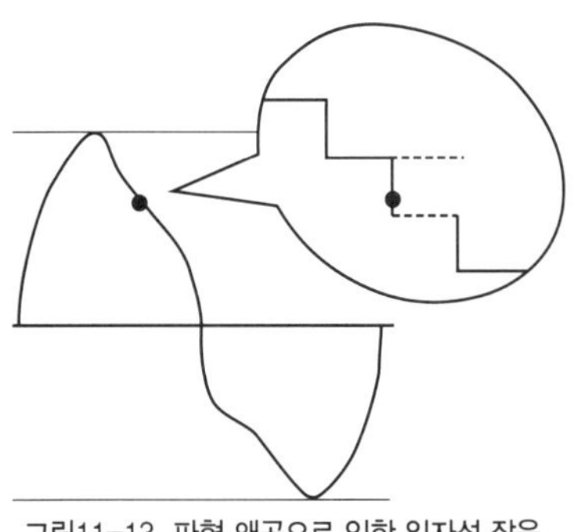

그림11-13 파형 왜곡으로 인한 입자성 잡음

벨 신호의 SNR은 이보다 훨씬 떨어지고 이로 인해 입상 혹은 입자성 잡음(Granulation Noise)이 발생합니다(**그림 11-13**).

가장 손쉬운 개선 방법은 비트 수를 더욱 늘리는 것이지만 비용이 만만치 않습니다. 한 가지 대안으로 입력 신호에 약간의 무작위 잡음을 중첩시키면 낮은 신호 레벨의 입자성 잡음을 줄일 수 있습니다.

디더링은 24비트 HD 레코더와 소프트웨어 등의 프로그램을 CD에 저장할 때도 필요합니다. 24비트 프로그램으로 16비트 CD마스터를 만들면 최소한 8비트 정도가 잘려 나가면서 레벨이 매우 낮은 신호들이 잠정적으로 끊기게 되는데 디더 노이즈를 첨가하면 이러한 왜곡 현상을 방지할 수 있습니다.

디지털 녹음과 재생 과정

다음은 아날로그 오디오 신호를 디지털 데이터로 인코딩하는 과정과 이 데이터를 다시 아날로그 형태로 전환하는 과정을 나타낸 도형입니다(**그림11-14**).

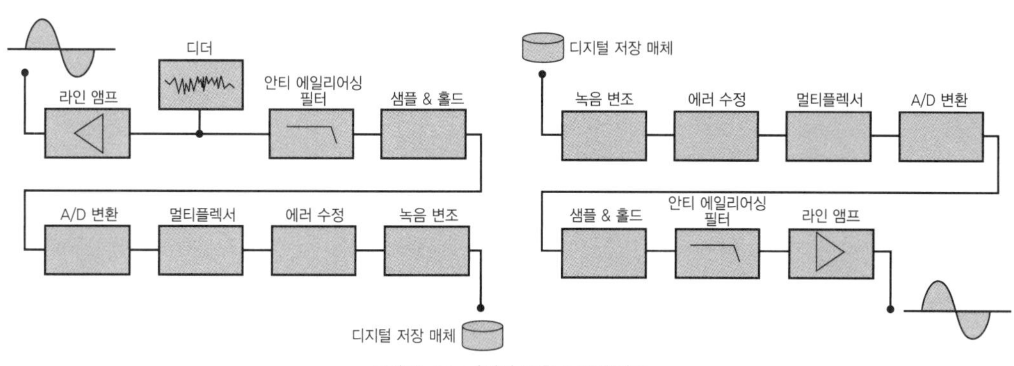

그림11-14 디지털 녹음과 재생 과정

부호화(coding)

마트에서 물건을 구입하면 카운터 직원이 바코드(bar cord)로 물건 값을 계산하듯이, 디지털 오디오에서 부호화는 양자화 된 펄스 파형에 이미 정해 놓은 수치를 대입하여 부호 펄스로 변환하는 과정입니다. 이처럼 아날로그 신호의 디지털 변환은 복잡한 이론과 과정을 통해 처리되지만 실제로는 이 모든 것이 하나의 AD 칩 안에서 동시에 실행됩니다. 따라서 모든 디지털 오디오 장비의 특성은 A/D와 D/A 컨버터에 의해 좌우된다고 해도 과언이 아닌 것 같습니다.

디지털 인터페이스(Digital Interface)

아날로그 장비에 익숙한 사람들에게 디지털 인터페이스, 즉 DIF(Digital Interface)는 매우 생소한 용어로 들릴 수도 있을 것입니다. 이것은 CD 혹은 DAT 등의 디지털 장비들이 개발되면서 알려지기 시작했지만 한 동안은 심각하게 인식되지 않았습니다. 왜냐하면 CD 플레이어와 DAT 녹음기에는 기본적으로 디지털/아날로그 컨버터가 내장되어 있어서 디지털 장비를 아날로그 장비에 연결하는데 전혀 문제가 되지 않았기 때문입니다.

하지만 디지털 장비가 단순히 아날로그 오디오를 저장, 재생하는 DAT, CD 기초적인 수준에서 DAMU(Digital Audio Mixing Unit), DAW(Digital Audio Workstation), DST(Digital Studio to Transmitter), MIDI(Musical Instrument Digital Interface) 그리고 다양한 전자 악기와 이펙터로 발전을 거듭하게 되면서 디지털 장비 간의 효율적인 신호 결합이 중요한 문제로 부각되기 시작하였습니다. 이제는 디지털 장비만이 제공할 수 있는 완벽한 복제 능력이 가능해지면서 데이터를 아무런 손실 없이 저장될 수 있게 되었습니다.

- ■AES/EBU : 전형적인 프로용 2채널 디지털 인터페이스.
- ■코액셜 인터페이스(Coaxial Interface) : 일명 AES-3D라고도 하며, 75옴 비디오 코액셜 케이블로 100m까지 디지털 오디오 데이터 전송 가능.
- ■옵티컬 인터페이스(Optical Interface) : 주로 가정용 DAT, DCC, MD, DAC 내장 앰프 등.
- ■SPDIF(Sony Phillips Digital Interface) : 대부분의 가정용 장비.
- ■SPDIF-2 : 일반적으로 가정용 장비 혹은 일부 프로용 디지털 오디오 장비.
- ■MADI(Multichannel Audio Digital Interface) : 1988년 프로 오디오 제조사인 Neve, SSL, Sony, Mitsubishi에 의해 제안된 비동기식 56채널 디지털 인터페이스. 이 포맷은 하나의 케이블에 56채널의 오디오 데이터를 수용할 수 있으므로 대형 스튜디오의 오디오 배선에 매우 적합. 주로 멀티트랙 DAT와 DAMU 사이의 연결에 사용되며 기존의 2채널 인터페이스인 AES/EBU 포맷과 양립성을 가짐. 또한 MADI에 AES/EBU 신호를 손쉽게 다중화 가능.
- ■MIDI(Musical Instrument Digital Interface) : 미국과 일본의 주요 전자악기 제조사의 협의로 결정된 디지털 인터페이스 규격.

지터(Jitter)

스마트 폰의 문자 메시지를 한 사람에게 보내면 별 문제가 없지만 대상이 많을수록 통신 장애로 인해 메시지를 못 받은 사람이 생기듯이, 디지털 오디오 프로그램을 복사하거나 전송하는데 AES/EBU, S/PDIF 등의 디지털 전송 케이블을 이용하면 한 장비의 데이터를 여러 장비에 분배해서 보낼 수 있는데, 이 경우에 신호 경로에서 지터라는 타임 베이스 에러(Time Base Error)가 발생할 수 있습니다.

지터는 디지털 장비가 불안 초초해지면서 음이 거칠

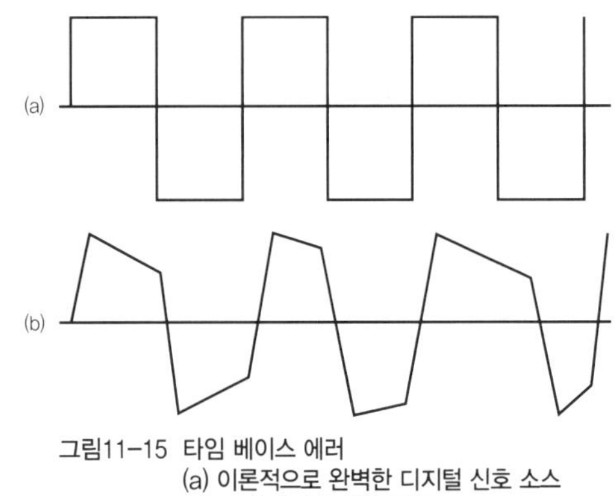

그림11-15 타임 베이스 에러
(a) 이론적으로 완벽한 디지털 신호 소스
(b) 지터 에러에 의한 신호

고, 흐리며 이미지의 안전성과 깊이감 그리고 앰비언스 등이 심각한 손실되는 현상입니다. 이러한 지터 에러는 다음에 설명할 클록 펄스 제너레이터 그리고 시스템 전원과 밀접한 관계가 있습니다(**그림11-15**).

조금 더 자세히 알아볼까요. 아날로그 신호를 디지털 데이터로 변환하는 과정 그리고 디지털 데이터를 아날로그 신호로 변환하는 과정에서 모든 프로세싱이 정확하고 일정한 시간 간격으로 실행되어야 하는데, 만일 표본화 시간이 불안정하면 오디오 파형에 작은 진폭 에러가 생기면서 왜곡이 발생합니다. 또한 지터 에러는 부적합한 케이블을 사용할 때도 발생할 수 있습니다. 하지만 AES3 그리고 ADAT 인터페이스는 타이밍 변화를 조정할 수 있기 때문에 케이블로 인한 지터 에러는 거의 문제되지 않습니다.

싱크(Synchronization)

싱크하면 떠오르는 단어가 가수의 립싱크(lip sync)인데, 이것은 공연에서 가수가 노래하지는 않고 뻐꾸기처럼 음악에 입술만 맞추는 것으로 별로 보기 좋은 현상은 아니지요. 하지만 디지털 오디오 시스템에서는 싱크가 필수적입니다. 다시 말하면 장비들이 정확히 동기되어야만 데이터 전송이 가능해집니다. 이를 위해 디지털 장비마다 샘플 타이밍을 지정하는 클록이나 내부 오실레이터가 있습니다. 따라서 디지털 오디오 신호를 보내는 마스터 장비에서 클록을 제공하면 슬레이브 장비는 그에 따라 정확히 동작합니다. 이러한 클록은 디지털 오디오 신호 안에 포함되어 있거나 워드 클록 신호처럼 별도의 와이어 혹은 커넥터를 통해 제공됩니다. 그래서 디지털 장비와 DAW에는 클록 소스의 선택 스위치 혹은 소프트웨어 메뉴가 있습니다.

- ■**내부 클록**(Internal Clock) : A/D 컨버터의 자체 클록.
- ■**외부 클록**(External Clock) : 다른 장비의 디지털 오디오 신호에 포함된 클록.
- ■**워드 클록**(Word Clock) : 타이밍 신호를 지닌 별도의 클록.

만일 워드 클록을 이용한다면 마스터 장비는 내부 클록으로, 슬레이브 장비는 외부 클록으로 설정합니다. 그러나 만일 마스터 워드 클록 제너레이터를 다른 장비의 워드 클록 커넥터에 공급한다면 슬레이브 장비를 워드 클록으로 설정해야 합니다. 어떤 수신 장비들은 소스 장비에 포함된 클록과 자동적으로 싱크되기도 하는데, 이 경우에는 클록 소스를 설정할 필요가 없습니다(**그림11-16**).

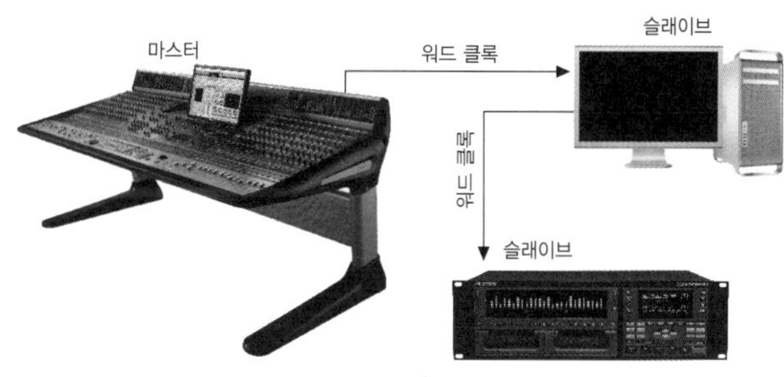

그림11-16 싱크

데이터 리덕션(Date Reduction)

몇 년 전에 '300'이란 영화가 인기를 끌었습니다. 여러분은 이 영화에 나오는 무사들을 몇 명이나 식별할 수 있었는지요? 분명히 스틸 사진이 아니고서는 엑스트라 군사까지 정확히 알기는 힘들겠지요.

데이터 리덕션 혹은 비트 레이트 리덕션(Bit Rate Reduction)은 상당량의 디지털 데이터를 한정된 저장 매체에 기록하기 위한 압축 방법으로, 이것은 음향심리학에 기초한 기술입니다. 음향심리학이란 사람의 인지 능력을 기준으로 오디오를 바라보는 학문으로, 이를 기반으로 사람이 한 순간에 인지하는 신호와 그렇지 못한 신호를 찾아냅니다. 통상적으로 작은 레벨 신호들은 큰 신호에 마스킹 되어 들리지 않기 때문에 만일 사람이 인지할 수 있는 신호들은 그대로 두고 마스킹 되는 신호만을 필터링한다면 데이터 정보량을 상당량 줄일 수 있을 것입니다. 이것이 바로 디지털 오디오에서 자주 사용하는 신호처리 기법입니다. 종류로는 ISO/MPEG-1, ISO/MPEG-2, Dolby AC-3 & THX 그리고 PASC(Precision Adaptive Sub-Band Coding) 등이 있지만, 하여튼 데이터 압축으로 인한 음질 변화는 피할 수 없는 현실입니다(MP3, MD).

디지털 오디오 녹음기

모든 아날로그 녹음기는 종류에 관계없이 고정된 헤드에 테이프가 주행하면서 신호가 저장, 재생되는 반면에 디지털 녹음기는 아날로그처럼 헤드가 고정된 방식과 VTR처럼 헤드가 회전하는 방식이 있습니다.

고정 헤드 디지털 방식(Stationary Head Digital System)

만일 디지털 녹음기의 헤드를 위에서 설명한 아날로그의 소거, 녹음, 재생 순으로 배열하면 편집과 싱크 그리고 오버더빙 녹음이 매우 어려워집니다. 그래서 디지털 정보를 저장, 재생하려면 다른 방식의 헤드 구성이 필요합니다.

예를 들어 1/4인치 디지털 스테레오 녹음기는 어드밴스 라이트 헤드(Advanced Write Head), 라이트 싱크 헤드(Write Sync Head) 그리고 리드 헤드(Read Head)로 배열되어 있습니다. 여기에는 소거 헤드가 없는데, 이것은 오버라이팅(Overwriting)으로 대신합니다. 어드밴스 라이트 헤드는 소스를 처음 녹음할 때 동작하고 라이트 싱크 헤드는 이미 녹음된 소스에 새로운 신호를 오버더빙 할 때 동작합니다. 싱크 헤드와 리드 헤드 사이의 간격은 디코딩과 인코딩 딜레이 회로로 조정합니다. 어떤 녹음기는 별도로 아날로그 편집용 헤드를 제공합니다. 한편 디지털 멀티트랙 녹음기는 소거 헤드, 녹음 헤드-1, 재생 헤드 그리고 녹음 헤드-2(싱크) 순으로 배열되어 있습니다. 여기서 녹음 헤드-1과 재생 헤드는 프로그램을 녹음, 재생하고, 녹음 헤드-2는 오버더빙 할 때 동작합니다.

고정 헤드 디지털 포맷에는 DASH(Digital Audio Stationary Head)와 PD(Professional Digital 또는 Pro Digi)가 있습니다. DASH의 대표 기종으로는 Sony, Studer, Matsushita, TEAC 등이 있으며, PD 방식으로는 Mitsubishi와 Otari가 있습니다(**그림11-17**).

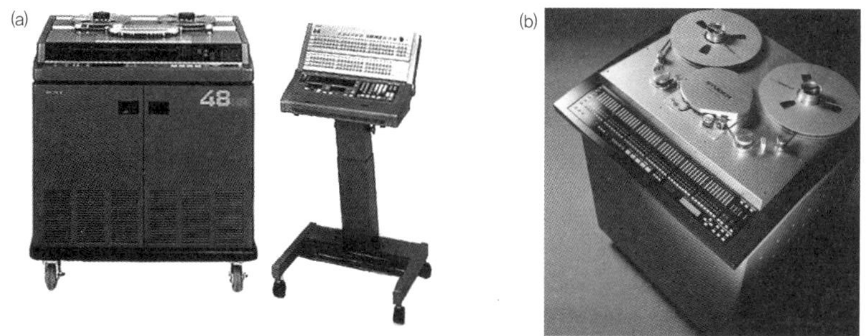

그림11-17 고정 헤드 방식의 (a)Sony 3348과 (b)Studer D827 Mark-2 MCH 48트랙 디지털 녹음기

회전 헤드 디지털 방식(Rotary Head Digital System)

지금까지 설명한 고정 헤드 방식은 테이프 주행 속도가 아날로그 녹음기 수준으로 느리기 때문에 상당히 넓은 주파수 대역폭이 요구되는 영상 정보를 저장할 수 없습니다. 한 가지 개선 방법으로 개발된 회전 헤드 디지털 방식의 헬리컬 스캐닝(Helical Scanning)은 헤드를 빠르게 회전시켜서 상대적으로 테이프 주행 속도를 높임으로써 영상 정보뿐만 아니라 디지털 오디오 신호 저장도 가능케 합니다.

회전 헤드 방식의 대표 기종인 DAT(Digital Audio Tape Recorder) 혹은 R-DAT는 가정용으로 개발된 제품이지만 안정성과 정확성이 입증되면서 프로 스튜디오용으로도 인정받고 있습니다. 사실 초기에는 S-DAT(Stationary Head)와 R-DAT(Rotating Head) 등의 두 가지 포맷이 개발되었지만 여러 가지 면에서 회전 헤드의 장점이 알려지면서 결국 R-DAT만 살아남게 되었고, 지금은 R-DAT에서 R을 생략하고 DAT라고 부릅니다.

DAT는 폭 넓은 다이내믹 레인지와 낮은 왜곡 그리고 테이프 흔들림이 거의 없으며 테이프가 플라스틱 케이스에 밀봉되어 있으므로 외부 먼지로부터 자유롭습니다. DAT의 표본화 비율은 44.1kHz와 48kHz입니다(**그림11-18**).

그림11-18 DAT

대표적인 멀티트랙 회전 헤드 녹음기로는 Teac의 DTRS(Hi-8 테이프)와 Alesis의 VHS-DAT(S-VHS 테이프) 등이 있습니다. 모두 8트랙 모듈러 타입이며, 같은 기종을 연결하면 트랙 수를 최대 128개까지 늘릴 수 있습니다. 녹음기가 소형이고 가볍기 때문에 배치 공간에 제약을 받지 않고 이동이 편리해서 라이브 콘서트에서도 자주 사용했습니다.

그림11-19 Tascam DA-98HR

MD(Mini Disc)

요즘도 간혹 볼 수 있는 디스크 형태의 저장 매체인 MD는 광자기 디스크 면에 레이저를 쏘아서 반사된 정보를 판독하여 재생하고, 디스크 면의 자기 정보를 레이저로 변경하여 녹음하는 방식입니다(그림11-20). 초기에는 오디오와 데이터 저장 포맷으로 구분하여 음악 프로그램 이외에도 컴퓨터 디스켓처럼 데이터 저장용으로도 보급된 적이 있었습니다. 하여간 비록 오디오 MD 용량이 140MB 정도 임에도 불구하고 CD와 같은 74분의 저장 능력을 발휘할 수 있는 이유는 ATRAC(Adaptive Transform Acoustic Coding)라는 압축 기술을 이용하기 때문입니다.

그림11-20 Tascam MD-801R MKⅡ

하드 디스크 녹음기

멀티트랙 하드 디스크 녹음기는 기존의 테이프 녹음 시스템을 대신하여 개발된 모듈러 타입의 디지털 멀티트랙(Modular Digital Multitrack, MDM)입니다. 이 녹음기는 퍼스널 컴퓨터의 그래픽 유저 인터페이스(Graphic User Interface, GUI)를 사용하는 DAW 소프트웨어와는 다르게 전형적인 멀티트랙 녹음기의 운송 시스템과 동작 그리고 리모트 컨트롤을 사용합니다(그림11-21).

또 다른 방식의 녹음 시스템으로는 하드디스크, MD 혹은 솔리드스테이트 플래시 메모리 카드 등에 녹음할 수 있는 하드디스크 녹음기와 플래시 메모리 포터블 스튜디오가 있습니다. 이러한 올인원 시스템에는 녹음, 편집, 믹싱 그리고 재생에 필요한 하드웨어와 컨트롤 시스템 인터페이스가 포함되어 있으며, 모든 프로그램을 CD에 저장할 수 있습니다.

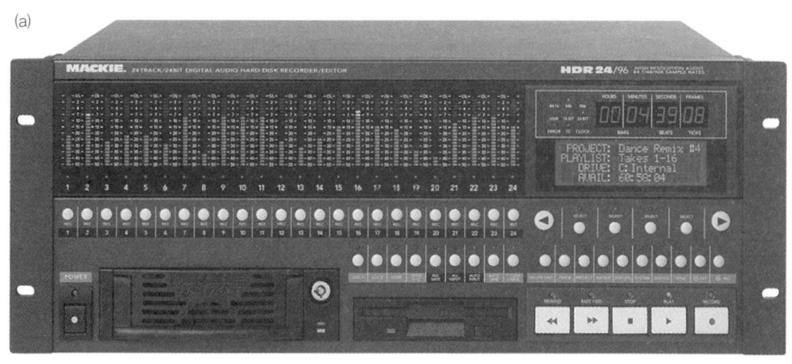

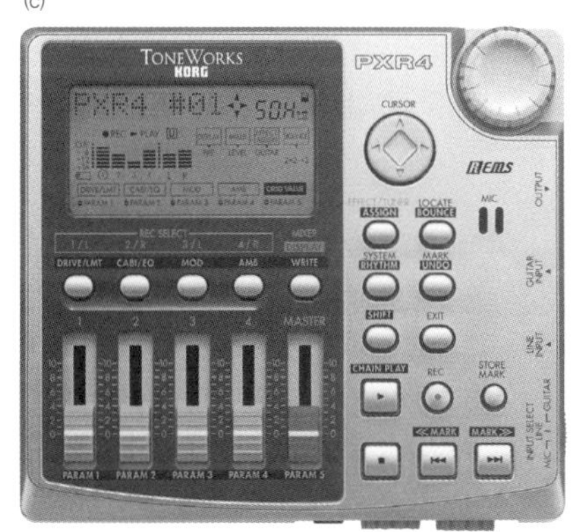

그림11-21 하드디스크 녹음기 (a)Mackie HDR 24/96, (b)Tascam MX-2424, (c)Korg PXR4, (d)Yamaha AW4416HD

디지털 오디오 워크스테이션

디지털 오디오 워크스테이션은 녹음기와 믹싱콘솔 그리고 소프트웨어 등이 결합된 방식과 하드웨어와 소프트웨어 기능이 내장된 컴퓨터 데스크탑 방식이 있으며, 각기 다양한 종류들이 있습니다. 하지만 방식이 무엇이든 랜덤 액세스가 가능한 저장 매체를 녹음기로 사용합니다(**그림11-22**).

그림11-22 Nuendo 5

포스트 프로덕션용 DAW는 믹싱 오토메이션, 토털 리콜 그리고 다이내믹 오토메이션이 가능하며 주로 하드디스크에 데이터를 저장합니다. 그리고 워드 클록, 비디오 싱크, SMPTE뿐만 아니라 Bi-phase와 Sony 9PIN P2 등의 외부 동기 신호들에도 적절히 적응합니다. 데스크탑 컴퓨터 시스템은 하드디스크와 USB 메모리 등의 저렴한 리무버블 매체를 사용합니다. 녹음 트랙 수가 8에서 16개 정도로 제한적이지만 상황에 따라 얼마든지 가상 트랙들을 만들 수 있으며 믹싱 데이터를 스냅 샷으로도 저장할 수 있습니다.

대부분의 시스템은 MIDI 환경에 잘 적응하므로 미디 타임 코드(MIDI Time Code, MTC)와 미디 머신 컨트롤(MIDI Machine Control, MMC)에 따라 녹음기를 MIDI 음원의 모듈로 조정할 수 있기 때문에 작업의 효율성을 한층 높일 수 있습니다. 하지만 워드 클록이나 SMPTE 타임 코드에 적절히 대응하는 모델들은 드물기 때문에 다른 스튜디오에서 작업할 경우에는 동기 문제가 발생하기도 합니다. 예를 들어 홈 스튜디오 컴퓨터로 실행한 모든 저장한 프로그램을 스튜디오의 디지털 멀티트랙 녹음기로 옮기려면 SMPTE 타임코드로 변환시켜야 하는데 이 경우 변환기 종류에 따라 곡의 리듬과 분위기가 변할 수도 있습니다.

USB

USB(Universal Serial Bus)는 주변 하드웨어 장비와 퍼스널 컴퓨터를 연결하는 입출력 표준 가운데 하나로, 다음과 같은 대표적인 버전들이 있습니다(**그림 11-23**).

그림11-23 USB

USB 1.0(1.5Mbits/s) : 마우스 혹은 조이스틱

USB 1.0(12Mbits/s) : 사운드카드, 디지털 비디오카메라, 스캐너

USB 2.0(480Mbits/s) : 오디오 인터페이스

USB 3.0(5Gbits/s) : 현존하는 USB 중에서 가장 빠른 속도를 자랑하지만, 안정성이나 호환성 등의 문제로 현재까지(2012년 2월) USB 3.0을 사용하는 오디오 인터페이스는 없음

FireWire(IEEE 1394, 아이링크)

미국의 애플 컴퓨터가 제작한 퍼스널 컴퓨터와 디지털 오디오 그리고 디지털 비디오 시리얼 버스 인터페이스 표준 규격으로, 안정적인 전원 공급과 빠른 데이터 전송이 가능하므로 전문 디지털 A/V장비에 많이 사용되고 있으며, 4, 6, 9핀 등의 세 가지 규격이 있습니다. 여기서 FireWire 400은 100,200,400Mbit/s이며 FireWire 800은 800Mbit/s으로, 프로 비디오카메라와 포터블 디스크, 오디오인터페이스 등에 사용됩니다(**그림11-24**).

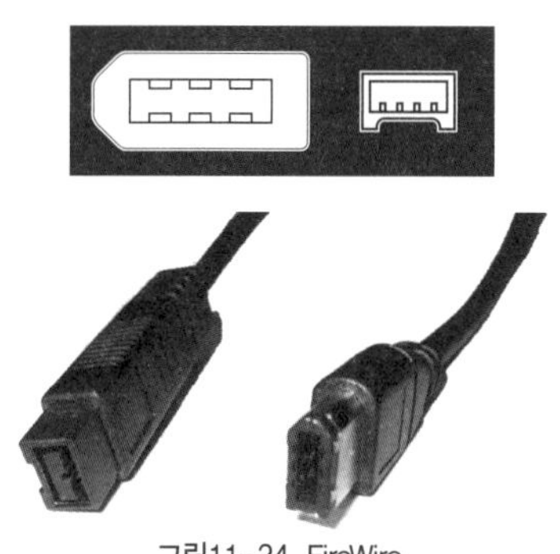

그림11-24 FireWire

썬더볼트(Thunderbolt, 라이트피크)

코드명 '라이트피크'로 알려진 인텔에서 개발한 차세대 규격입니다. 2011년 2월에 처음 발표되었으며 애플의 MAC에 장착되어 출시중입니다. SCSI, SATA, USB, IEEE1394, PCI-E, HDMI 등을 모두 통합해서 대체할 수 있는 방안으로 떠오르고 있습니다. 속도는 최대 10Gbit/s이며, 2020년까지 최대 100Gbit/s의 대역폭이 가능할 것으로 전망됩니다(**그림11-25**).

그림11-25 Thunderbolt

사운드파일 포맷(Soundfile Format)

오디오와 멀티미디어 프로덕션에서는 놀라울 정도로 많은 사운드파일 포맷들을 사용합니다. 다음은 데이터 압축을 사용하지 않은 일반적인 오디오 포맷입니다.

WAV

마이크로소프트 윈도우의 WAV 포맷은 다양한 해상도와 샘플링 레이트로 모노와 스테레오 파일을 모두 지원합니다. PCM 코드 오디오(비-압축 펄스 코드 모듈레이션 포맷 데이터)가 포함되어 있으므로 파일 내에서 저장할 수 있는 정보를 제공합니다.

WAV64

WAV64는 Sonic Foundary에서 개발한 방식으로, 앞서 설명한 WAV 파일은 32비트인 반면 이것은 64비트이므로 서라운드 파일과 파일 사이즈가 2GB 이상일 때 선택할 수 있는 좋은 포맷입니다.

AIFF(Audio Interchange File Format)

이 표준 사운드파일 포맷은 1988년 애플에서 개발한 퍼스널 컴퓨터와 여타 오디오 장비에서 음을 저장하는데 사용되는 오디오 파일 형식으로 모노 혹은 스테레오를 지원합니다.

Sound Designer Ⅰ, Ⅱ

SD I는 1985년에 첫 발매된 매킨토시 기반의 16비트, 모노 오디오 파일 형식으로, 지금도 CD-ROM과 사운드 파일 디스크에 사용되고 있습니다. SDⅡ는 다양한 샘플 레이트를 지닌 녹음/편집기의 모노/스테레오 오디오 파일 형식으로, 스테레오인 경우 트랙이 양쪽으로 겹쳐지고 샘플 레이트와 비트 정보가 저장됩니다. 또한 오디오 파일 전송 표준으로도 널리 사용되어 왔습니다.

디지털 오디오 인터페이스(Digital Audio Interface)

디지털 오디오 인터페이스는 DAW 시스템을 구성하는데 주의 깊게 고찰할 부분입니다. 이 장비에는 다양한 기능들이 있지만 일반적으로 스튜디오에서는 아날로그 오디오 외부 세상과 디지털 오디오의 내부 세상 사이의 교량 역할을 합니다. **그림11-26**은 여러 종류의 오디오/미디 인터페이스들입니다.

Focusrite Scarlett 2i2

Mackie Spike USB

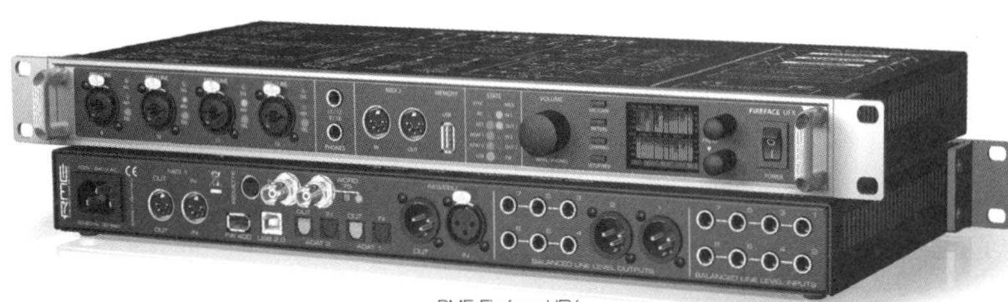

RME Fireface UFX

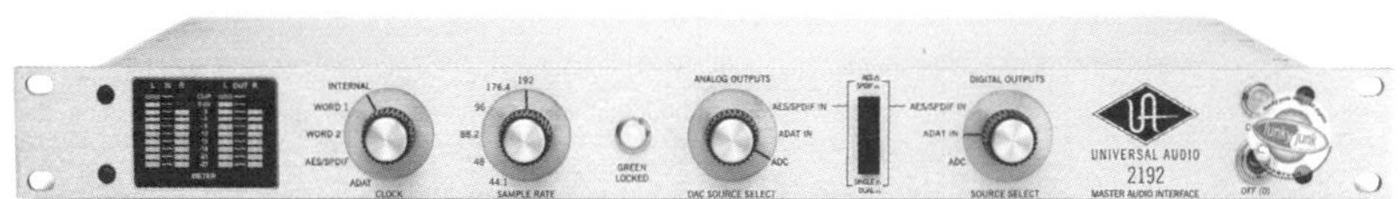

Universal Audio 2192

그림11-26 오디오/미디 인터페이스

믹싱콘솔

믹싱콘솔

믹서 혹은 믹싱 콘솔을 처음 보는 많은 사람들은 큰 외형과 LED 불빛 그리고 많은 조정기에 지레 겁을 먹는데, 이 장비는 동일한 형태의 모듈들이 일정한 간격으로 나열된 유닛이므로 몇 가지만 알고 나면 이것만큼 다루기 쉬운 장비도 오디오 시스템에는 없을 것입니다. 가장 빠르고 정확하게 습득할 수 있는 방법은 프로 엔지니어에게 개략적인 설명을 듣고, 필요한 부분을 제품 매뉴얼을 통해 정리하는 것입니다.

이번 장의 포인트

- 콘솔 구성과 종류
- 입력 섹션
- 출력 섹션
- 모니터 섹션
- 패치 베이
- 디지털 콘솔
- DAW 소프트웨어 믹서

콘솔 구성과 종류

　4장에서 설명했듯이 믹싱 콘솔은 마이크, 신서사이저. 일렉트릭 악기 그리고 멀티트랙 녹음기에 저장된 오디오 신호 등의 레벨과 음색을 조정하고 이것을 2트랙 마스터 녹음기와 모니터 스피커 앰프에 보내는 대형 전기 네트워크입니다. 또한 녹음이나 믹싱에서 필요한 이펙터 신호들도 이곳을 경유합니다. 일반적으로 믹싱 콘솔은 다음과 같은 네 개의 섹션으로 구성되어 있습니다.

■입력 섹션(Input Section)

　마이크로폰과 전기 혹은 전자 악기 신호 그리고 녹음기 출력 신호 등의 레벨과 음색을 프로세싱하는 섹션(**그림12-1**).

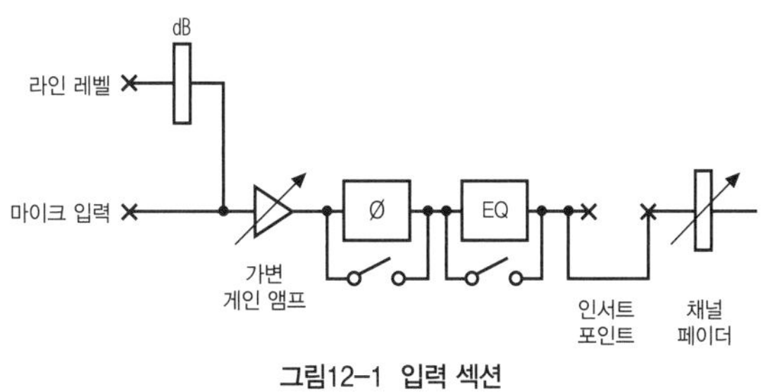

그림12-1　입력 섹션

■출력 섹션(Output Section)

입력 섹션에서 조정한 신호들을 멀티트랙 혹은 2트랙 마스터 녹음기로 보내는 섹션(**그림12-2**).

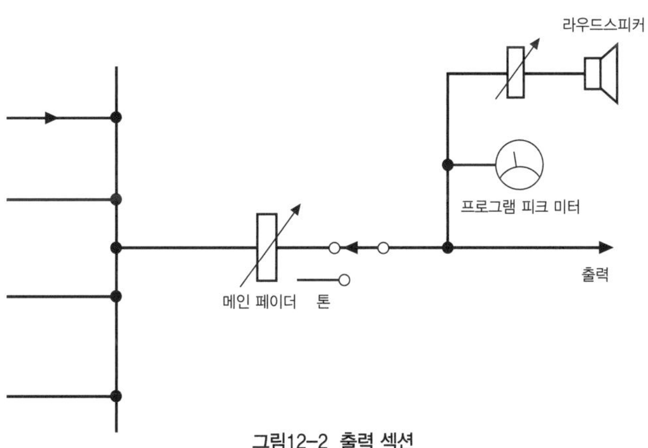

그림12-2　출력 섹션

■마스터 섹션(Master Section)

녹음 혹은 믹싱에서 사용하는 모든 이펙트 신호(억스 센드 혹은 큐 센드, 리버브 리턴)와 스테레오 출력 신호를 총괄적으로 조정하는 섹션.

■모니터 섹션(Monitor Section)

신호의 레벨 변화를 체크하고 듣는 스테레오 미터와 라우드스피커와 헤드폰 모니터링으로 구성된 섹션.

믹싱 콘솔은 수용 능력과 구조에 따라 다음과 같은 몇 가지 명칭을 사용합니다.

■믹서(Mixer)

한 번에 4에서 12개 정도의 신호를 수용할 수 있는 소형 유닛으로, 간단한 고음과 저음 조정이 가능합니다. 주로 스피치와 스테이지 연주자 모니터에 사용되며 장비 랙에 설치하는 타입도 있습니다(**그림12-3**).

그림12-3 믹서

■믹싱 콘솔(Mixing Console)

동시에 수 십 개의 신호(24~56 이상)를 수용할 수 있는 대형 유닛으로, 섬세한 음색과 다이내믹 조정(이 퀄라이저, 컴프레서, 노이즈 게이트)이 가능합니다. 스튜디오 녹음과 믹싱 그리고 대규모 라이브 콘서트에 사용됩니다(**그림12-4**).

그림12-4 믹싱 콘솔

■ 보드(Board)

믹싱 콘솔의 특성 부분을 나타내는 용어로, 예를 들면 입력 채널 보드, 출력 채널 보드 혹은 억스 채널 모드 등입니다.(**그림12-5**).

그림12-5 SSL의 입출력 채널을 시뮬레이트한 VST(Oxford)

■ 콘솔(Console)

믹싱 콘솔의 준말이고, 데스크(Desk)는 영국에서 일컫는 믹싱 콘솔입니다.

■ 스플릿 콘솔(Split Configuration Console)

스플릿 콘솔은 입력과 마스터 그리고 모니터 섹션이 나누어져 있으며, 주로 라이브 사운드 시스템이나 방송국에서 사용합니다(**그림12-6**).

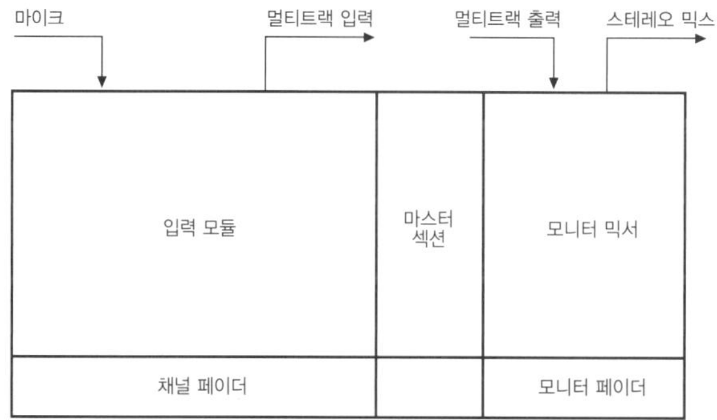

그림12-6 스플릿 콘솔

■ 인라인 콘솔(In-line Console)

인라인 콘솔은 한동안 유행했던 인라인 스케이트처럼 하나의 모듈에 입력과 출력 그리고 모니터 섹션이 줄지어 배열되어 있습니다. 이렇게 하면 콘솔 사이즈를 줄일 수 있기 때문에 사용하기 편리하지만 처음 접하는 사람에게는 다소 힘들 수도 있습니다. 주로 음악 스튜디오에서 사용하지만 요즈음은 라이브 사운드 시스템과 방송국에서도

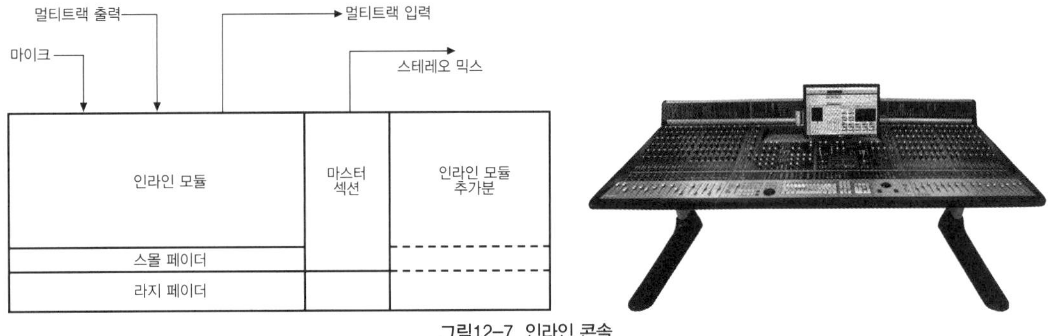

그림12-7 인라인 콘솔

자주 볼 수 있습니다(**그림12-7**).

- ■ 써밍(Summing) : 여러 개의 입력 채널 신호들을 스테레오 혹은 믹스 버스로 결합하는 것.
- ■ 프로세싱(Processing) : 콘솔의 인보드 이퀄라이저와 컴프레서로 신호의 레벨과 음색을 조정하는 것.
- ■ 루팅(Routing) : 아웃보드 프로세서(컴프레서, 리미터 등)와 이펙트(리버브, 딜레이 유닛 등)를 채널 인서트 혹은 억스 센드를 통해 콘솔에 연결하는 것.

입력 섹션

그림12-8은 전형적인 입력 섹션으로 대부분의 콘솔들이 이와 비슷한 구조로 되어 있습니다.

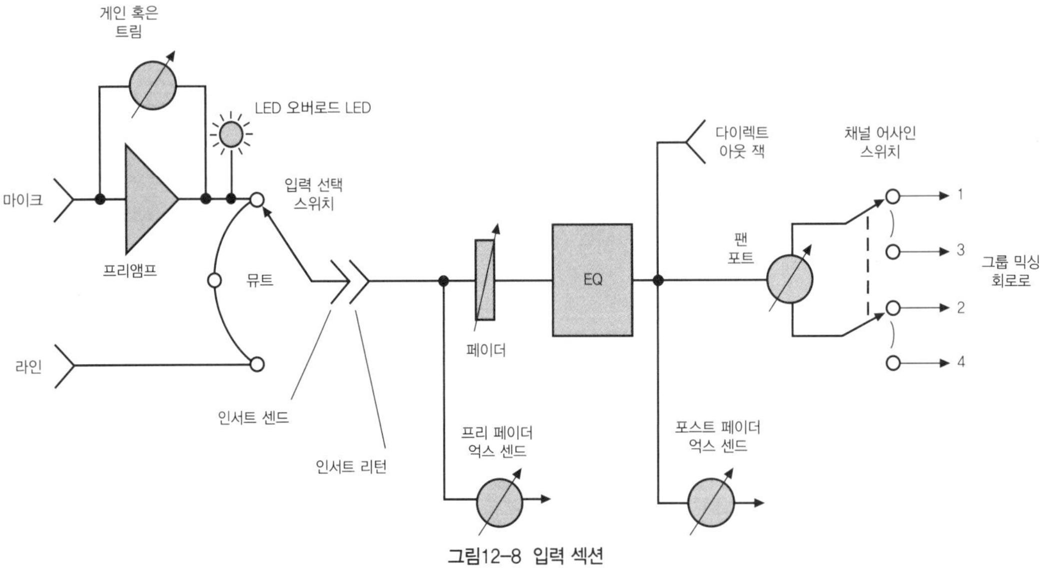

그림12-8 입력 섹션

230

마이크/라인(MIC/LINE)

권투 혹은 K-1 등과 같은 격투기 운동들은 선수 체중으로 등급을 정하듯이, 믹서 역시 입력 신호 레벨을 두 가지 등급으로 선별하여 처리하는데, 경량급에 해당하는 마이크 레벨 신호(Mic Level Signal)와 중량급에 해당하는 라인 레벨 신호(Line Level Signal)입니다. 그래서 믹서 뒷면에는 마이크 신호를 연결하는 커넥터(XLR)와 라인 신호를 연결하는 커넥터(XLR 혹은 폰 플러그)가 있습니다. 그리고 믹서의 입력 채널 제일 윗부분에는 이들의 신호를 선택하는 스위치 혹은 버튼이 있습니다(**그림12-9**).

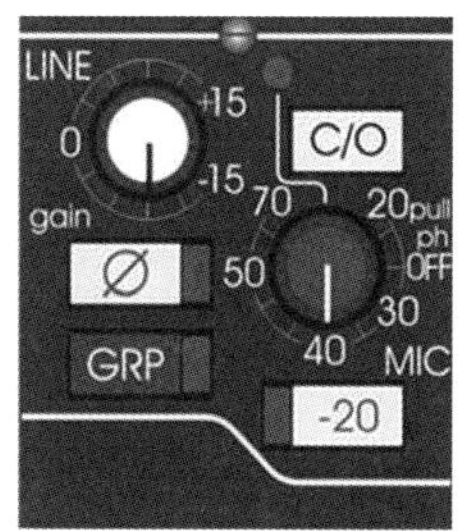

그림12-9 MIC/LINE

프리앰프 OVERLOAD LED

- **선형 영역(Linear Region)** : 신호가 왜곡 없이 순수하게 증폭되는 영역으로, 녹색 LED가 점등됩니다. 클래식 음악과 바이올린, 기타 등과 같은 어쿠스틱 악기들을 선명하게 녹음하는데 필요한 레벨 범위입니다.
- **포화 영역(Saturation Region)** : 신호가 압축되는 영역으로, 노란색 혹은 적색 LED가 간헐적으로 점등됩니다. 록음악에서 드럼, 일렉트릭 기타 혹은 보컬 등을 약간 강력하게 녹음하는데 필요한 레벨 범위이며, 일명 앰프 컴프레션(Amp Compression)이라고 합니다.
- **클리핑 영역(Clipping Region)** : 신호가 심하게 왜곡되어 증폭되는 영역으로, 적색 LED가 지속적으로 점등되며, 피해야 할 영역입니다.

게인 트림(GAIN TRIM)

트리머(Trimmer)는 신호 레벨을 미세 조정하는 가변 소자입니다. 따라서 믹서의 게인 트림은 입력 신호가 원활하게 동작할 수 있도록 프리앰프의 게인을 적절하게 조정하는데 사용됩니다(**그림12-10**).

일반적으로 믹서의 게인 트림은 하나의 나브(knob)로 되어 있지만 간혹 아웃보드 마이크 프리앰프의 게인 트림은 크고, 작은 두 개의 나브로 되어 있습니다. 여기서 큰 나브는 대략적인 조정용이고 작은 나브는 미세 조정용입니다. 우선 작은 나브를 중앙 지점(12시 방향)에 놓고, 큰 나브로 매우 큰 신호에도 LED가 녹색 점등

그림12-10 게인 트림

되도록 게인을 조정하고 작은 나브로 게인을 다시 한 번 조정합니다.

 **게인과 잡음의 관계**

특별한 경우가 아니라면 게인 트림은 가능한 줄이는 것이 유리합니다. 왜냐하면 트림을 올릴수록 프리앰프의 자체 잡음이 함께 증가하기 때문입니다. 따라서 게인 트림을 많이 올리는 것보다 가수가 마이크를 가까이 사용하거나 악기 레벨을 충분히 올리는 것이 좋습니다.

48V

그림에는 없지만, 콘덴서 마이크에 필요한 직류 48볼트를 공급하는 팬텀 파워(Phantom Power)입니다. 이 버튼이 눌려 있는 상태에서 다이내믹 마이크를 사용해도 큰 문제는 없지만 가능한 피하는 것이 좋습니다.

−20, Ø, 70Hz ⌐

■ −20(PAD)은 매우 큰 레벨 신호를 줄이는 감쇄기입니다. 일례로 킥 드럼 안에 설치한 콘덴서 마이크 신호에 사용할 수 있습니다. 하여튼 패드는 게인 트림으로 조정할 수 없는 큰 레벨에만 사용해야 합니다. 그렇지 않고 패드를 누른 상태에서 게인 트림을 올리면 잡음이 상당히 증가할 수 있습니다(**그림12−11**).

■ Ø(Phi) 버튼의 정확한 기능은 신호의 전기 극성(Polarity)을 바꾸는 것이지만, 통상적으로 위상 반전(Phase Reversal)이라고 합니다. 케이블의 전기 극성을 바꾸거나 스네어 드럼의 위와 아래 헤드에 두 개의 마이크를 사용할 때 아래 마이크의 신호 극성을 반전하는데 사용합니다.

■ 70⌐ 은 70Hz 이하의 저음 성분을 제거하는 하이패스 필터입니다. 킥 드럼과 베이스 기타를 제외한 모든 악기와 보컬에 사용하는 것이 좋습니다.

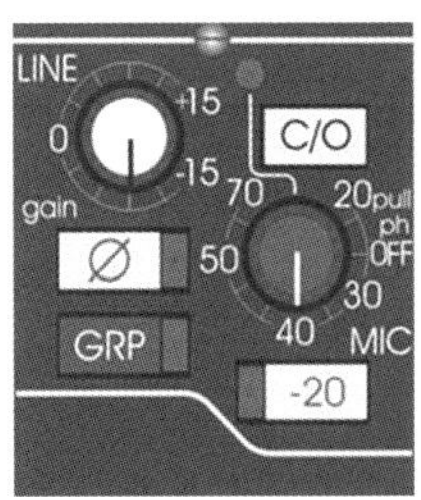

그림12−11 −20, Ø, 70Hz

인서트 센드, 인서트 리턴

영한사전에서 인서트(insert)란 '끼워 넣다' 혹은 '삽입하다'라고 나와 있지요. 이것은 믹서의 신호 경로에 필요한 외부 장비를 첨가시키는 것을 의미합니다. 주로 이퀄라이저, 컴프레서 등과 같은 아웃보드 장비들을 연결하는 지점입니다.

대형 콘솔인 경우에는 패치 베이의 채널 인서트 센드(Insert Send)에 패치코드 한 쪽을 연결하고 다른 한 쪽을 아웃보드 입력(예를 들면 컴프레서)에 연결합니다. 그리고 아웃보드 출력에 연결한 패치코드를 패치 베이의 채널 인서트 리턴(Insert Return)에 연결하면 채널 신호는 아웃보드를 경유하게 됩니다(**그림12-12**).

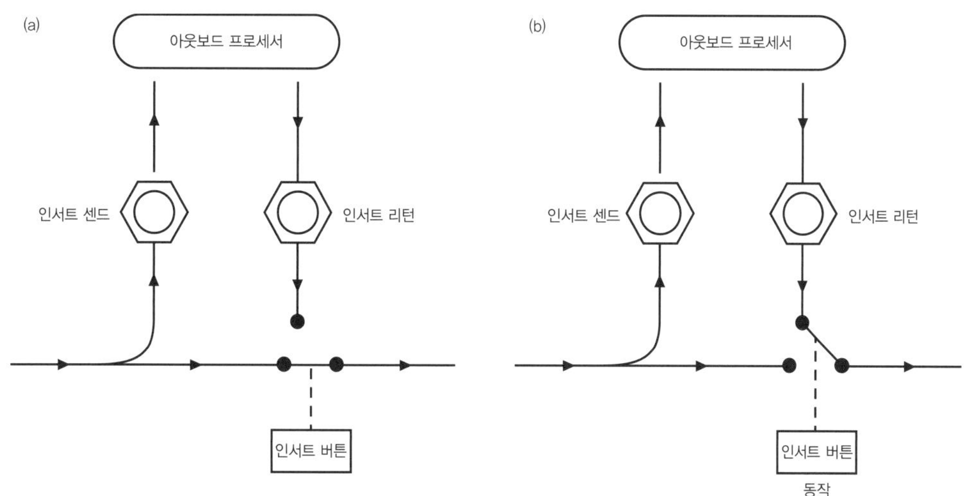

그림12-12 인서트 포인트. 아웃보드를 연결하기 이전(a)과 이후(b)의 신호 흐름

한편 소형 믹서의 인서트 포인트는 믹서 뒷면에 있으며 대부분이 스테레오용 PL잭으로 되어 있습니다(**그림12-13**).

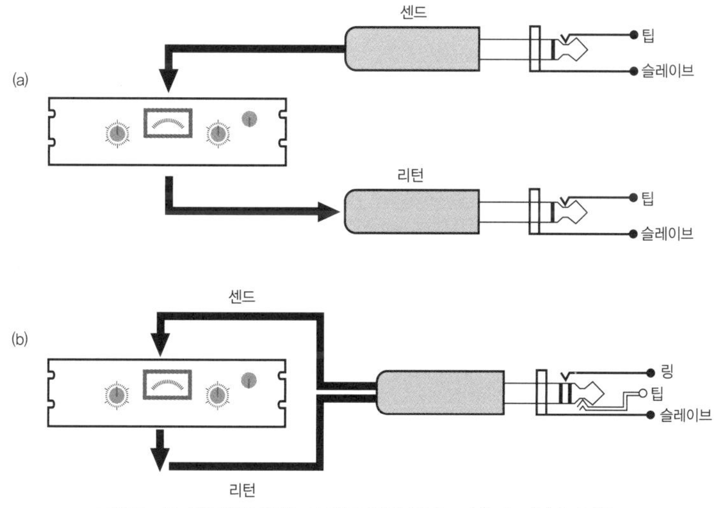

그림12-13 컴프레서 인서트 포인트 연결 플러그. (a)모노, (b)스테레오

페이더(FADER)

위에서 설명한 게인 트림은 믹서의 전기회로가 왜곡 없이 동작할 수 있도록 입력 신호 레벨을 조정하는 것이라면, 페이더는 멀티트랙 녹음기의 입력 레벨 혹은 믹싱에서 악기 간의 상호 레벨을 조정합니다.

페이더의 종류

소형 믹서에서 자주 볼 수 있는 일반 페이더는 오디오 신호가 페이더를 직접 경유하고 엔지니어는 페이더 위치에 따라 변하는 저항 값으로 신호 레벨을 조정하기 때문에 오래 사용하면 페이더가 부식되어 신호에 잡음이 발생할 수 있습니다. 한편 대형 콘솔의 VCA 페이더는 신호가 전압 조정 앰프(Voltage Control Amplifier)를 경유하고 페이더는 단지 VCA의 공급 전압을 조정하는 방식이므로 페이더 불량으로 인한 신호 잡음이 발생하지 않고 또한 페이더 위치를 컴퓨터에 저장할 수 있기 때문에 언제라도 이전의 세팅을 재현할 수 있습니다. 하여튼 음질적인 면에서 일반 페이더가 더욱 좋다는 검증되지 않은 소문이 있습니다(**그림12-14**).

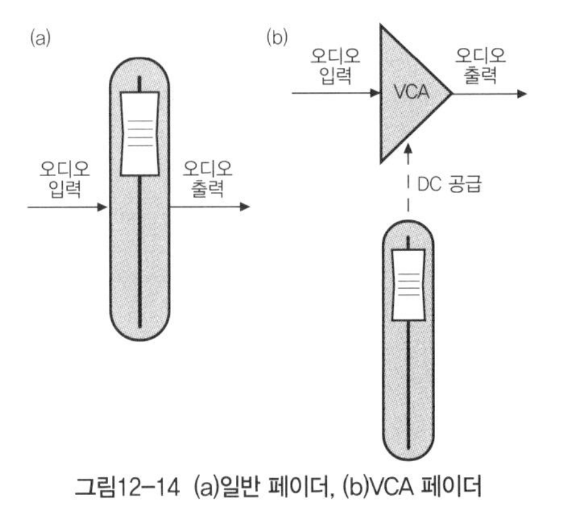

그림12-14 (a)일반 페이더, (b)VCA 페이더

억스(AUX)

AUX는 Auxiliary의 준말로, 보조 혹은 예비라는 의미를 담고 있습니다. 주로 악기 혹은 보컬에 잔향음을 믹스하는데 필요한 리버브 유닛의 입력 신호 레벨을 조정합니다. 따라서 만일 믹서 채널에 네 개의 AUX가 있다면 동시에 네 가지 이펙터들을 사용할 수 있습니다(**그림12-15**).

억스에는 포스트 억스(Post Aux)와 프리 억스(Pre Aux)가 있습니다. 포스트 억스에서 포스트란 페이더 이후(after)라는 의미이며, 억스 레벨이 채널 페이더의 위치에 따라 변합니다. 따라서 만일 채널 페이더를 완전히 내린다면 억스에 연결된 리버브 유닛으로는 어떤 신호도 공급되지 않습니다. **그림12-16**에서 억스1이 여

그림12-15 억스 채널

기에 해당됩니다.

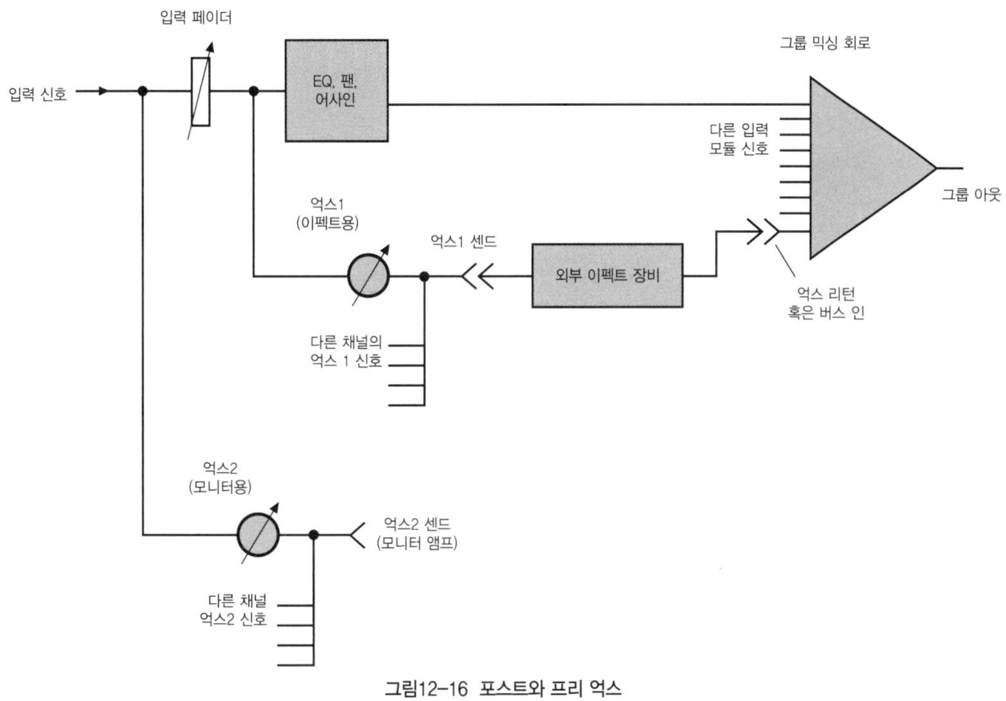

그림12-16 포스트와 프리 억스

한편 프리 억스에서 프리란 페이더 이전(before)이라는 의미이며, 억스 레벨이 채널 페이더의 위치에 전혀 영향을 받지 않습니다. 따라서 채널 페이더를 완전히 내려도 이펙터 혹은 모니터 앰프에는 억스 레벨이 일정하게 공급됩니다. **그림12-16**에서 억스2가 여기에 해당됩니다.

AUX와 CUE

간혹 콘솔에 따라 억스(AUX)를 큐(CUE)라는 명칭으로 표기하기도 합니다. 이처럼 기능이 같은데 다른 이름을 붙인 이유는 다음과 같습니다. 통상적으로 스튜디오 믹싱은 악기 혹은 보컬에 다양한 공간성을 창출하기 위해 이펙트에 보낼 보조(AUX) 신호가 필요하고, 한편 라이브 공연에서는 청중들에게 제공되는 음악과는 별도로 각 연주자에게 필요한 음악적인 정보(CUE)를 스테이지 모니터 스피커에 보낼 필요가 있습니다. 이처럼 비록 기능은 같지만 용도가 다르기 때문에 이름이 두 개 생겨난 것 입니다. 일반적으로 스튜디오 믹싱에서는 주로 포스트 억스를 사용하고, 라이브 공연에서는 큐(혹은 프리 억스)를 사용합니다.

EQ

EQ는 이퀄라이저(Equalizer)의 준말이며, 오디오 신호의 주파수 스펙트럼을 조정합니다. 믹서에 따라 다소 다르지만 EQ 섹션에는 2~4개 정도의 조정 주파수 대역이 있습니다. 일반적으로 HF는 고음역, Hi-MID는 중고음역, Lo-MID는 중저음역 그리고 LF는 저음역의 주파수 레벨을 증가 혹은 감소시킵니다(**그림12-17**).

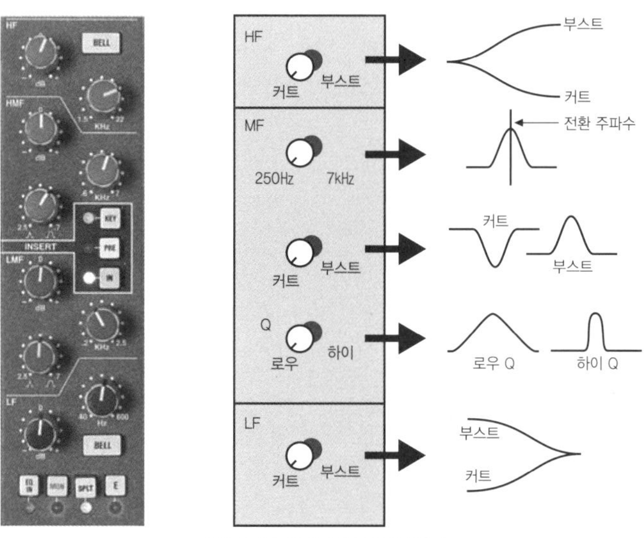

그림12-17 콘솔 채널 이퀄라이저

팬 포트

팬 포트(Pan Pot)는 스테레오 음악(혹은 서라운드 사운드)에서 악기의 위치를 정하는데 사용합니다(**그림 12-18**). 예를 들어 팬 포트를 왼쪽으로 돌리면 악기음이 녹음기의 왼쪽 트랙 혹은 왼쪽 스피커에서 들리고, 오른쪽으로 돌리면 오른쪽 트랙 혹은 오른쪽 스피커에서 들립니다. 그리고 중앙으로 하면 양쪽 트랙 혹은 스테레오 스피커의 정중앙에서 악기음이 들립니다.

그림12-18 팬

이처럼 팬 포트는 하나의 입력 채널 신호를 두 개의 신호로 분할한 다음 왼쪽과 오른쪽 채널 사이의 레벨차를 변화시켜 신호의 스테레오 이미지를 설정하므로 단순히 두 채널 사이의 레벨로 변경시키는 가정용 스테레오 앰프의 밸런스 컨트롤과 같지 않습니다.

 **패닝 법칙**

팬 포트 설계에서 중요한 점은 팬 포트를 어느 지점으로 돌리든 스테레오 스피커에서 악기음의 위치만 바뀔 뿐 항상 일정한 크기로 들려야 합니다. 바꾸어 말하면 스피커 왼쪽에 있던 음을 스피커의 중앙 혹은 오른쪽으로 패닝할 때 위치만 바뀔 뿐 크거나 작게 들린다면 안 되겠지요. **그림12-19**에서 볼 수 있듯이 중앙은 양쪽 채널의 레벨이 합해지는 지점이므로 어느 한쪽(왼쪽 혹은 오른쪽) 채널보다 1/2(-3dB)로 작으면 된다는 학자가 있는 반면 비록 수학적으로는 3dB 법칙이 정확하지만 사람의 체감 레벨을 고려한다면 1/4(-6dB)로 작아야 한다고 주장하는 학자들도 있습니다. 하여튼 스테레오 믹싱에서는 어떤 패닝 법칙을 사용하든 채널 페이더로 원하는 레벨을 올리거나 내리면 되니까 전혀 관계 없습니다.

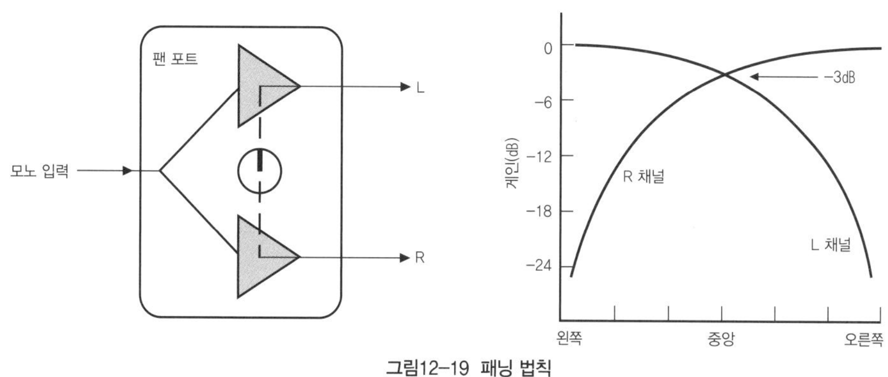

그림12-19 패닝 법칙

그런데 문제는 3dB 패닝 법칙으로 믹싱한 스테레오 음악을 모노(mono)로 모니터링하면 중앙에 있는 악기(보컬, 킥 드럼, 베이스 기타 등)가 더욱 크게 들리고(3dB), 6dB 패닝 법칙에서는 이러한 레벨 변화가 전혀 없습니다. 다시 말하면 스테레오 음악의 레벨 밸런스가 모노에서도 그대로 유지된다는 것이지요. 이런 면을 고려한다면 6dB 패닝이 가장 이상적일 수 있는데 그럼에도 불구하고 대중음악에서는 3dB 패닝을 사용하는 이유는 무엇 때문일까요?

사실 믹싱에서 패닝 법칙을 지정하는 것은 그리 간단한 문제가 아닙니다. 내용이 다소 복잡하지만 한 번 풀어 봅시다. 스테레오에서는 악기음의 위치가 다르기 때문에 왼쪽과 오른쪽 악기들이 중앙 악기 혹은 리드 보컬을 간섭하지(masking) 않지만, 모노에서는 모든 악기들이 스피커의 중앙 지점으로 모이면서 양쪽 악기들이 리드 보컬을 마스킹하기 시작합니다. 이러한 현상을 고려한다면 리드 보컬과 킥 드럼 그리고 베이스 기타가 중요한 대중음악에서는 3dB 패닝 법칙이 유리하고, 심포니 오케스트라, 현악 사중주와 같은 클래식 음악에서는 6dB 패닝이 무난할 수 있습니다.

다이렉트 아웃

다이렉트 아웃(Direct Out)은 용어에서 알 수 있듯이, 입력 채널의 신호를 믹싱 그룹 버스라는 써밍 앰프를 통하지 않고 바로 멀티트랙 녹음기 입력에 연결하는 것을 말합니다. 이렇게 하면 신호의 이동 경로가 단순해지면서 콘솔 잡음을 피할 수 있는 장점이 있지만 한 트랙에 한 채널의 신호만을 녹음해야하는 단점도 있습니다. 그래서 다이렉트 아웃은 리드 보컬을 녹음하는데 주로 사용합니다(**그림12-20**).

채널 어사인

회사에는 한 명의 CEO와 여러 명의 팀장 그리고 다수의 평사원들이 있듯이, 믹서에는 하나의 스테레오 마스터 출력과 여러 개의 서브 마스터 출력 그리고 다수의 입력 채널 출력이 있습니다. 채널 어사인(Channel Assign)은 입력 채널의 신호를 보낼 부서를 결정합니다. 예를 들어 채널1번부터 5번까지의 채널 어사인 버튼을 1번으로 설

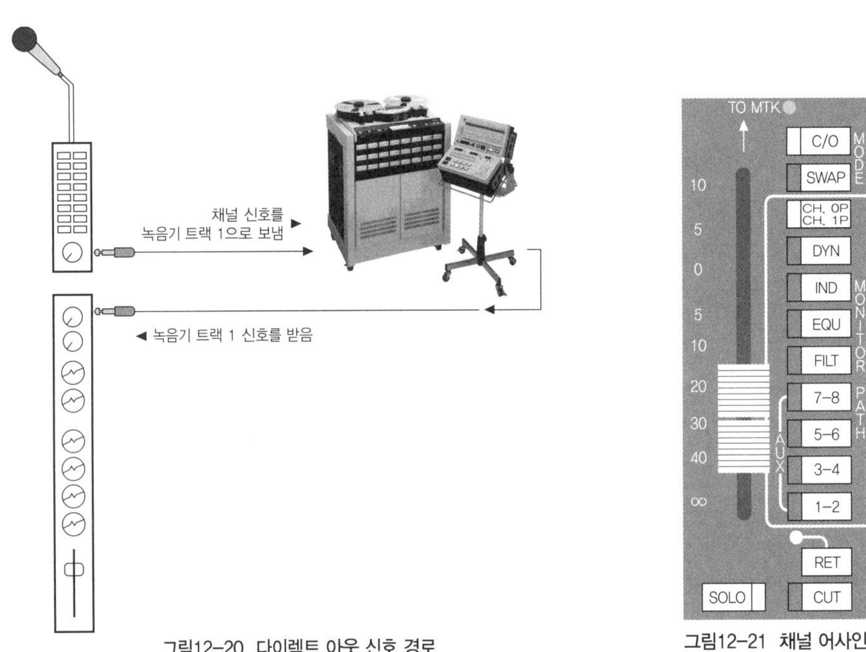

그림12-20 다이렉트 아웃 신호 경로   그림12-21 채널 어사인

정하면 5개의 채널 신호들은 1번 서브 마스터 페이더에 영향을 받습니다(**그림12-21**).

믹서의 입력 트림 조정 방법

① 이 방법은 주로 리허설 연주할 때 사용하며, 모든 채널 페이더와 마스터 페이더를 완전히 내린 상태에서 조정을 시작합니다. 믹서의 PFL 버튼을 누르고 채널 PPM 혹은 VU 미터 지점이 5PPM 혹은 0VU

가 되도록 입력 게인 트림을 조정합니다. 특히 드럼처럼 어택 음이 강한 악기들은 PPM 미터를 보면서 게인을 조정하는 것이 중요합니다. 통상적으로 연주자들은 리허설 때보다 실제 녹음이나 공연에서 더욱 크게 연주하는 경향이 있으므로 입력 게인을 약간 낮게 세팅하는 것이 좋습니다. 트림 조정이 끝나면 메인 페이더를 스케일의 0dB 지점에 놓고, 채널 페이더로 원하는 신호 레벨을 조정합니다.

② 이 방법은 PFL을 전혀 사용하지 않으며, 입력 게인 트림을 완전히 줄인 상태에서 조정을 시작합니다. 채널 페이더와 마스터 페이더를 스케일의 0dB 지점에 놓은 다음, 각 채널의 PPM 혹은 VU 미터를 보면서 원하는 신호 레벨을 게인 트림으로 조정합니다.

③ 이 방법은 두 번째와 비슷하지만 한 번에 한 채널씩 게인을 조정합니다. 채널 페이더와 마스터 페이더를 0dB 지점에 놓고 피크 미터를 보면서 게인 트림을 조정합니다. 첫 번째 채널의 게인 조정이 끝나면 채널 페이더를 내리고 다음 채널을 이와 동일한 방법으로 조정합니다. 모든 채널의 게인 조정이 끝나면 피크 미터를 보면서 채널 페이더로 음악에 적합한 레벨 밸런스를 조정합니다. 만일 EQ를 사용한다면 입력 게인을 다시 한 번 조정해야 할 것입니다. 예를 들어 킥 드럼에 약간의 저음을 보강하면 신호 레벨이 증가하고 이로 인해 왜곡이 발생할 수 있으므로 게인을 약간 줄일 필요가 있습니다. 이와는 반대로 만일 저음이나 고음을 줄인다면 약간의 게인 상승이 필요할 것입니다.

출력 섹션

출력 섹션은 믹스한 채널 신호들을 멀티트랙 혹은 마스터 녹음기로 보내는 마지막 신호 경로이며 믹싱 회로, 서브마스터 혹은 그룹 페이더, 마스터 페이더 그리고 미터 등으로 구성됩니다(**그림12-22**).

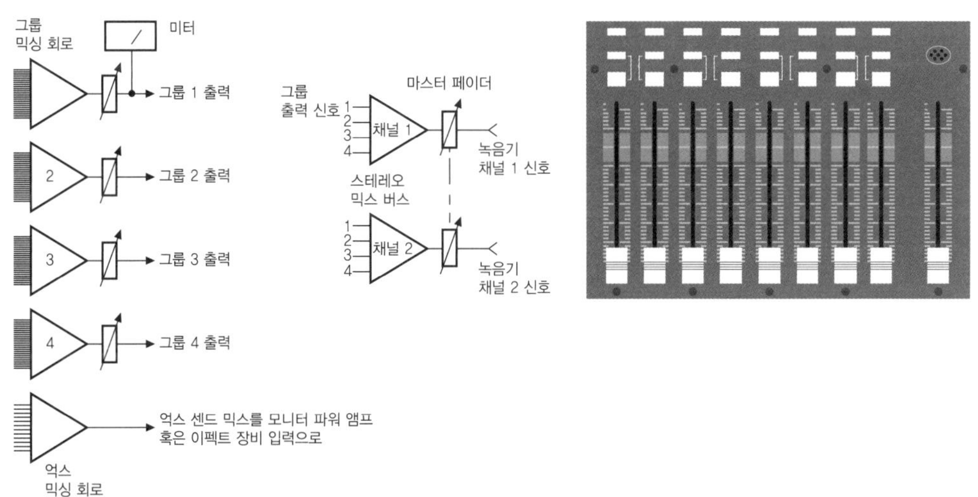

그림12-22 출력 섹션과 8버스 마스터 출력 페이더

그룹 믹싱 회로, 그룹 페이더, 버스 출력 커넥터

그룹 믹싱 회로 혹은 액티브 컴바이닝 네트워크는 채널 어사인 스위치를 통해 전달된 입력 채널 신호들을 믹스하여 그룹 출력(Group Output)으로 보내며, 각 그룹마다 신호 레벨을 조정하는 그룹 페이더(Group Fader)가 있습니다. **그림12-23**에서 볼 수 있듯이 입력 채널의 모든 드럼 마이크를 채널 어사인 25와 26으로 설정하면 25와 26의 그룹 페이더로 드럼 믹스의 전체 레벨을 조정할 수 있습니다. 그리고 각 그룹 페이더의 신호는 그룹 혹은 버스 출력 커넥터(Bus Output Connector)를 통해 녹음기의 트랙 입력으로 보내집니다.

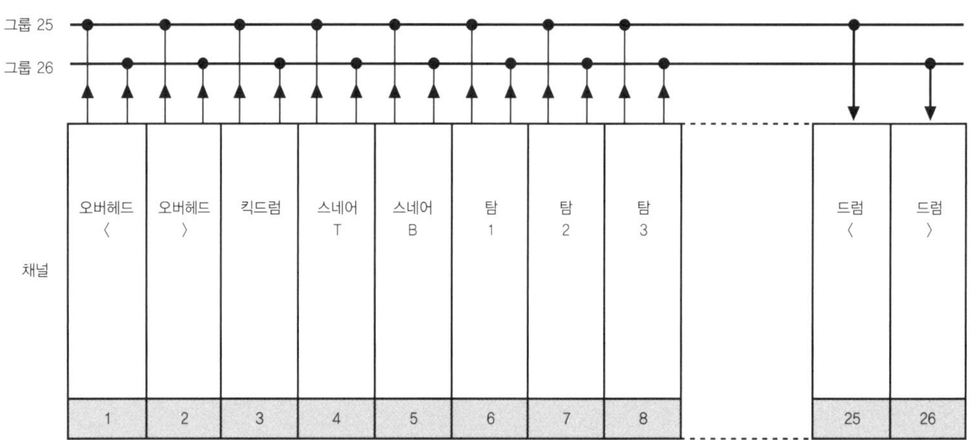

그림12-23 그룹 페이더

스테레오 믹스 버스, 마스터 페이더, 메인 출력 커넥터

스테레오 믹스 버스(Stereo Mix Bus)에는 그룹 출력과 입력 채널 출력 그리고 이펙트 리턴 신호들을 믹스하는 두 개의 그룹 믹싱 회로(채널 1과 채널 2)가 있으며, 스테레오 마스터 페이더(Stereo Master Fader)는 믹스된 프로그램의 전체 레벨을 조정하며 통상적으로 0dB 혹은 디자인 센터(Design Center)에 있어야 합니다. 마스터 페이더를 경유한 신호들은 메인 출력 커넥터(Main Output Connector)를 통해 원하는 녹음 트랙으로 보내집니다.

미터링

미터링(Metering)은 믹스 신호의 레벨을 평가하며, 그룹 혹은 버스 출력마다 있습니다. VU 미터(Volume Unit Meter)는 오디오 신호의 대략적인 라우드니스 레벨을 지시하는 전압 미터입니다(**그림12-24**). 보컬과 일반적인 악기들은 최대 +3VU가 되도록 레벨을 높일 수 있지만 드럼, 타악기, 피아노 등처럼 어택 음이 큰 신호들은 −6VU 정도로 해야 합니다. 왜냐하면 VU 미터의 느린 응답 속도가 악기의 트랜션트 음을 정확하게 지시하지 못하기 때문입니다. 한편 PPM(Peak Program Meter)은 응답속도가 매우 빠르기 때문에 악기의 어택 음 혹은 프로그램의 피크 레벨을 정확히 나타냅니다(**그림12-25**). 일반적인 녹음 레벨은 0~6dBFS 정도입니다.

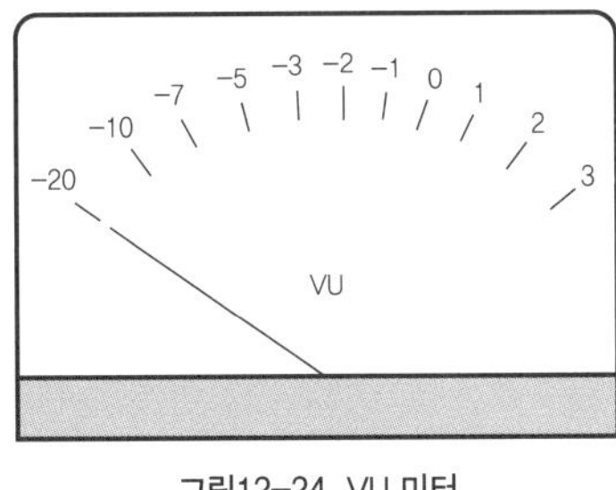

그림12-24 VU 미터

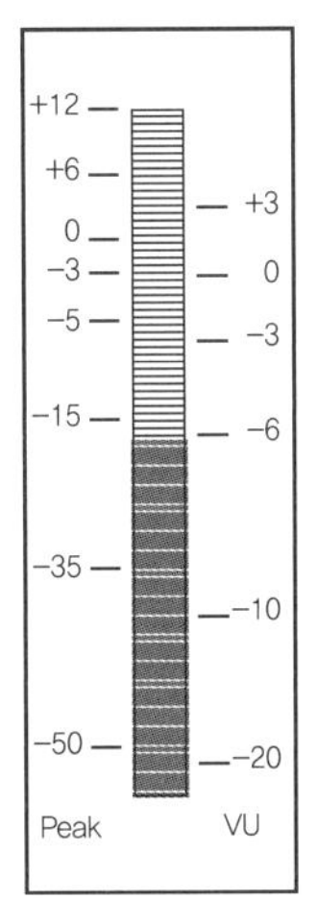

그림12-25 PPM 미터

모니터 섹션

모니터 섹션(Monitor Section)은 용어에서 알 수 있듯이 녹음과 믹싱 프로세싱에 관계없이 단지 모니터를 위한 기능들로 구성되어 있습니다. 예를 들면 모니터 믹스는 스테레오 프로그램의 녹음 레벨에 어떤 영향도 미치지 않으면서 헤드폰 혹은 스피커로 크게 혹은 작게 들을 수 있습니다. 또한 녹음 과정에서는 입력 신호의 믹스를, 재생과 믹스 과정에서는 녹음된 트랙의 믹스를 들을 수 있습니다. 그리고 오버더빙에서는 이미 녹음된 트랙과 녹음할 트랙의 믹스 상태를 모니터할 수도 있습니다.

모니터 선택 버튼

이 버튼으로 모니터 할 신호를 선택할 수 있으며, 믹서마다 구성이 조금씩 다를 수 있습니다. 예를 들어 억스 2 버튼을 누르면 억스 2의 센드 신호들을 모니터 할 수 있습니다. 간혹 어떤 믹서에는 이 같은 선택 버튼이 없기 때문에 항상 스테레오 믹스 버스를 이용해야 하는 불편함이 있습니다(**그림12-26**).

그림12-26 SSL 4000G 모니터 선택 버튼

Solo

입력 채널 신호의 유무를 체크하는 버튼으로 PFL과 AFL 기능이 있습니다. PFL은 Pre Fader Listen의 약자로, 페이더 위치와 무관하게 채널 신호를 모니터링 할 수 있습니다. 그래서 녹음이나 라이브 공연 도중에 입력 신호를 체크하는데 편리합니다. 한편 AFL은 After Fader Listen의 약자로, 페이더 위치에 따라 채널 신호의 모니터링 레벨이 변합니다. 그래서 믹싱에서 악기의 음색이나 레벨을 체크하는데 사용합니다.

MUTE

채널 신호를 커트하는데 사용합니다.

패치 베이

4장에서 설명했듯이 패치 베이(Patch Bay) 혹은 패치 패널(Patch Panel)은 모든 스튜디오 장비들의 입력과 출력이 연결되어 있는 곳으로, 패치 코드를 이용하면 콘솔과 장비 간의 신호 흐름을 유연하게 연결할 수 있습니다. **그림12-27**에서 보듯이 하나의 패치 패널에는 많은 잭들이 2열종대로 배열되어 있으며, 기능과 용도에 따라 네 종류로 분류할 수 있습니다.

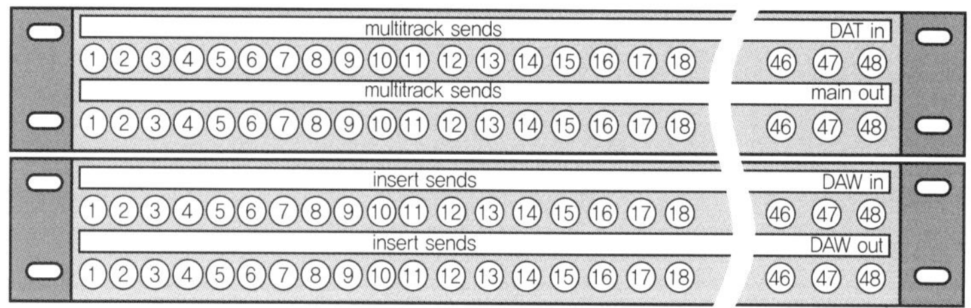

그림12-27 패치 패널

오픈(Open)

패치 패널의 위와 아래 잭이 완전히 분리되어 있으며, 주로 아웃보드 이퀄라이저, 컴프레서 그리고 리버브 시스템 등을 연결하는데 사용됩니다. 일반적으로 패널의 위쪽 잭에는 장비의 출력을, 아래쪽 잭에는 장비의 입력을 연결합니다.

하프노멀(Half-normalled)

내부적으로 위와 아래 잭이 연결되어 있지만, 아래 잭에 플러그를 인서트하면 위쪽 잭 신호의 흐름이 차단됩니다. 하지만 위쪽 잭에 플러그를 인서트하면 신호 흐름에는 어떤 변화도 생기지 않습니다. 통상적으로 위쪽 잭에는 콘솔의 그룹 출력을, 아래쪽 잭에는 녹음기의 입력을 연결합니다.

노멀(Normalled)

하프노멀처럼 위와 아래 잭이 내부적으로 연결되어 있지만, 위와 아래 잭에 관계없이 어느 곳에 플러그를 인서트하든 위쪽 잭의 신호 흐름이 차단됩니다. 일반적으로 위쪽 잭에는 스튜디오 마이크 패널 신호를, 아래쪽 잭에는 콘솔 입력을 연결합니다.

패럴렐(Parallel)

이것 역시 위와 아래 잭이 서로 연결되어 있으며, 어느 잭에 플러그를 인서트 하더라도 위쪽 잭 신호의 흐름이 그대로 유지됩니다. 통상적으로 위쪽 잭에는 콘솔의 스테레오 출력을, 아래쪽 잭에는 2트랙 녹음기의 입력을 연결합니다.

그림12-28은 패치 패널의 내부 구조입니다.

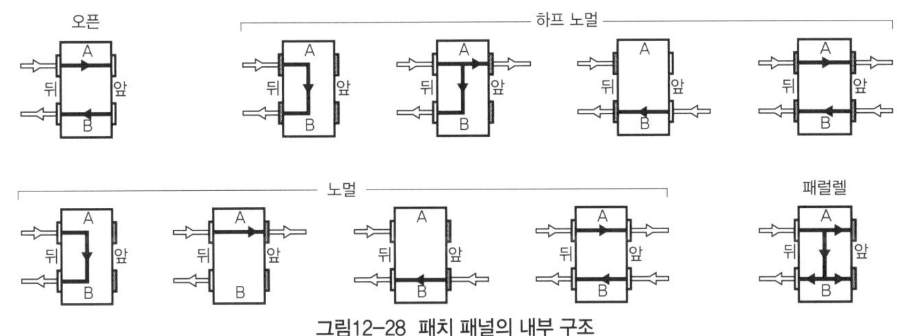

그림12-28 패치 패널의 내부 구조

그 외의 추가 기능

오실레이터

오실레이터(Oscillator, OSC)는 시스템 구성 장비의 연결 상태를 체크하는데 필요한 신호 발진기입니다. 통상적으로 오실레이터는 다섯 가지 정도의 주파수를 제공하는데, 1kHz는 장비들의 기준 레벨(+4dBm)을 조정하는데 필요하고 40Hz, 100Hz 그리고 10kHz 등은 주파수 특성을 체크하는데 사용합니다.

토크백

토크백(Talkback)은 조정실 안에 있는 사람과 스튜디오의 연주자를 연결하는 유선 전화입니다.

DIM

딤(DIM)은 모니터 스피커의 레벨을 일정하게 줄이는데 사용됩니다. 물론 콘솔의 모니터 볼륨을 줄여도 되지만 딤을 사용하면 원래의 모니터 레벨로 손쉽게 돌아갈 수 있습니다.

MONO

스테레오 음악을 모노로 모니터링 할 때 필요한 버튼입니다. 14장에서 자세히 설명하겠지만 여러분이 어떤 스테레오 음악을 믹싱하든 항상 마지막에는 모노로 듣는 것이 매우 중요합니다. 그 이유는 모노에서 듣기 좋은 음악이 스테레오에서는 더욱 좋은 느낌을 제공하기 때문입니다.

그림12-29은 전형적인 아날로그 콘솔인 SSL 4000G의 신호 흐름을 나타낸 블록 다이어그램입니다.

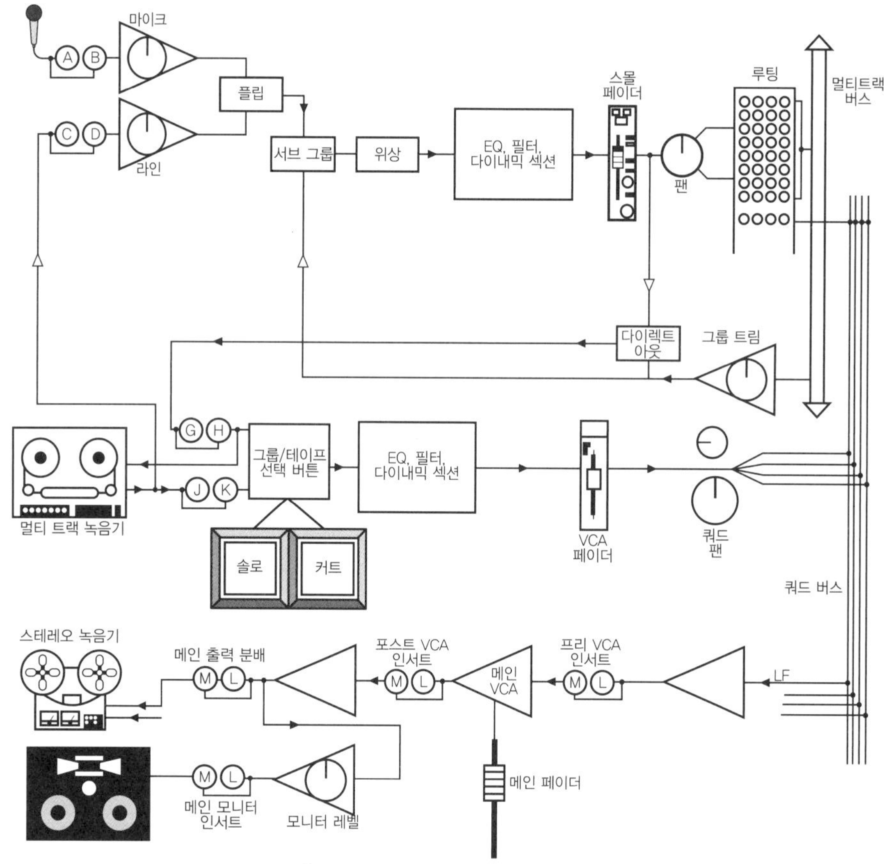

그림12-29 SSL 4000G 믹싱 콘솔 신호 흐름

디지털 믹싱콘솔

디지털 컨트롤 아날로그 믹싱콘솔

디지털 컨트롤 아날로그 믹싱콘솔(Digital Controlled Analog Mixing Console)에는 전형적인 아날로그 콘솔 타입 그리고 오디오 모듈과 오디오 섹션 리모트 컨트롤 보드가 분리된 타입이 있습니다.

분리형 콘솔은 모든 오디오 모듈들이 밀폐 공간의 장비 랙에 탑재되어 있으므로 아날로그 콘솔 타입에 비해 먼지나 오물 등으로 인한 접촉 불량이 상당히 적고, 또한 리모트 컨트롤 패널 역시 오디오 모듈의 열이나 진동 등에 전혀 영향을 받지 않기 때문에 이상적인 아날로그 오디오 콘솔로 생각할 수 있습니다(그림12-30).

그림12-30 SSL 디지털 컨트롤 아날로그 믹싱콘솔

더욱이 오디오 모듈 회로를 컨트롤 보드 디자인과 관계없이 설계할 수 있으므로 이상적인 부품 배치가 가능하며 특히 카드 슬롯 타입은 고장 수리가 비교적 용이합니다. 또한 전형적인 아날로그 콘솔들은 모듈 개수로 외형의 규모가 결정되는 반면 이 콘솔은 배치가 자유롭기 때문에 소형화시킬 수 있으며 모든 신호의 프로세싱을 콘솔의 정중앙에서 실행할 수 있으므로 최적의 모니터 상태를 유지할 수 있습니다. 마지막으로 조정실에는 컨트롤 보드, 기계실에는 오디오 랙과 컴퓨터 등을 설치할 수 있다는 측면에서 조정실의 음향 환경을 효과적으로 설계할 수 있습니다.

디지털 믹싱콘솔

디지털 믹싱콘솔(Digital Mixing Console)은 모든 신호를 디지털 정보로 프로세싱하며 외관상 컨트롤 보드는 전형적인 아날로그 콘솔이 비해 적고 디스플레이와 로터리 인코드(Rotary Encode) 등이 추가되어 있습니다. 로터리 인코드는 양쪽 방향(+/−)으로 무한히 회전하는 포트로 리콜 레벨(Recall Level)의 위치를 LED로 표시할 수 있으며 로터리 회전량에 따라 변하는 레벨 데이터를 바로 업데이트할 수 있습니다. 변경 데이터를 취소하면(Undo), 이전 상태로 되돌리는 것도 가능합니다. 또한 페이더에 터치 센서가 장착되어 있으므로 페이더를 건드리기만 해도 채널 셀렉터 스위치로 동작합니다. 마스터의 셀렉터 스위치는 이퀄라이저와 억스를 여러 채널로 분배하며 이에 관한 내용을 콘솔 디스플레이에서 볼 수 있습니다.

그림12-31은 네 개의 층(layer)으로 구성된 Yamaha O2R 64채널 디지털 콘솔의 내부 구조입니다. 층마다 기능과 역할이 다르고, 컨트롤 보드 버튼으로 선택적으로 사용할 수 있습니다. 하지만 조정 파라미터에 따라 컨트롤 보드나 디스플레이만으로 확인이 어렵고 이들을 함께 사용해야만 가능한 파라미터들이 많습니다. 또한 콘솔에 따라 소프트웨어가 다를 수 있으므로 이에 익숙하지 않은 엔지니어들은 녹음과 믹싱 과정에서 약간의 어려움을 겪을 수도 있습니다. 디지털 콘솔 역시 앞에서 설명한 디지털 컨트롤 아날로그 콘솔처럼 일체형과 분리형이 있습니다. 일반적으로 일체형 콘솔은 버스 구성과 확장성 등에 제약을 받지만 비교적 소형이 많고 가격에 비해 성능이 뛰어납니다.

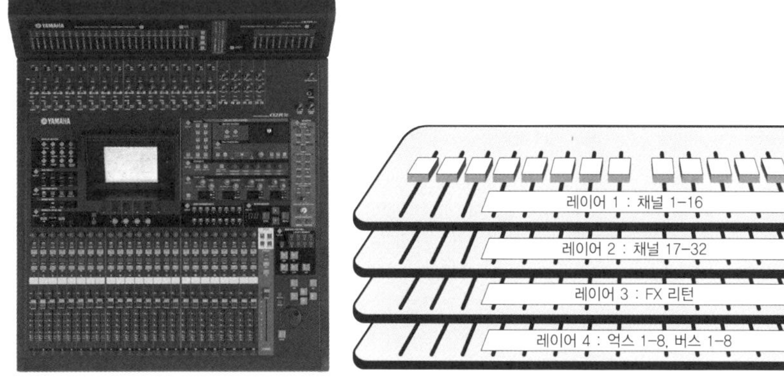

그림12-31 Yamaha 02R 64채널 디지털 콘솔

디지털 콘솔은 디지털 입력 신호와 동기가 어긋나면 잡음이 발생하거나 심지어 신호가 뮤트 되는 문제점을 항상 안고 있습니다. 이를 방지하기 위해 시스템의 모든 디지털 장비에 워드 클럭이나 비디오 싱크 신호를 공급하면 어느 정도 해결되지만 이 보다는 마스터 클럭의 정밀도와 각 장비의 호환 문제로 인한 장애가 더욱 많이 발생합니다.

DAW 소프트웨어 믹서

DAW 소프트웨어 믹서는 컴퓨터를 기반으로 구성된 믹싱 장비로 스테인버그의 큐베이스(Steinberg, Cubase), MOTU의 디지털 퍼포머(MOTU, Digital Performer), 애플의 로직(Apple, Logic) 그리고 디지디자인의 프로툴스(Digidesign, Pro Tools) 등이 있습니다. 오디오 시퀀서(Audio Sequencer)는 모든 오디오 프로세싱이 외부 하드웨어 없이 내부적으로 가능하며, 필요에 따라 아웃보드 장비(마이크 프리앰프, 컴프레서, 리버브 시스템 등)와 연결해서 사용할 수도 있습니다. 또한 소프트웨어 믹서는 믹싱콘솔의 써밍, 프로세싱 그리고 루팅이 가능합니다. 루팅에서 소프트웨어 믹서는 상당량의 내부 버스인 그룹과 억스 버스를 제공합니다. 오디오 시퀀서 용어에서 이들을 간단히 버스(Bus)라고 칭합니다.

모든 오디오 시퀀서는 프로세서와 이펙트들이 있으며 소프트웨어 믹서에 통합되어 있거나 플러그인 형태로 연결되어 있습니다. 서드 파티 플러그인(Third Party Plug-in)은 추가적인 특성과 음질이 제공합니다. 모든 프로세싱은 디지털 영역으로 실행되며 호스트 CPU에서 계산됩니다. 써밍과 프로세싱 파워 그리고 CPU 속도는 본질적으로 믹스에서 동시에 사용하는 플러그인에 따라 결정됩니다. DSP 확장(내부 카드 혹은 외부 유닛)은 컴퓨터 CPU 대신에 섬세한 하드웨어 프로세서를 사용하는 그들만의 고유한 플러그인을 제공합니다. 예를 들면, Digidesign의 TDM 플랫폼, Universal Audio의 UAD, T.C Electronic의 Powercore 그리고 Focusrite의 Liquid Mix 등입니다 **(그림12-32)**.

그림12-32 Nuendo 5의 온 스크린 믹서

오디오 인터페이스에서 제공하는 입력과 출력을 소프트웨어 믹서 내에서 이용할 수 있습니다. 만일 모든 믹싱이 컴퓨터 내에서 실행된다면 믹싱 스테이션은 오직 스테레오 출력만을 제공합니다. 우리가 최종 믹스를 바운스 할 때는 이 스테레오 출력이 단지 모니터링으로 사용됩니다.

그림12-33은 전형적인 소프트웨어 믹서의 신호 흐름입니다.

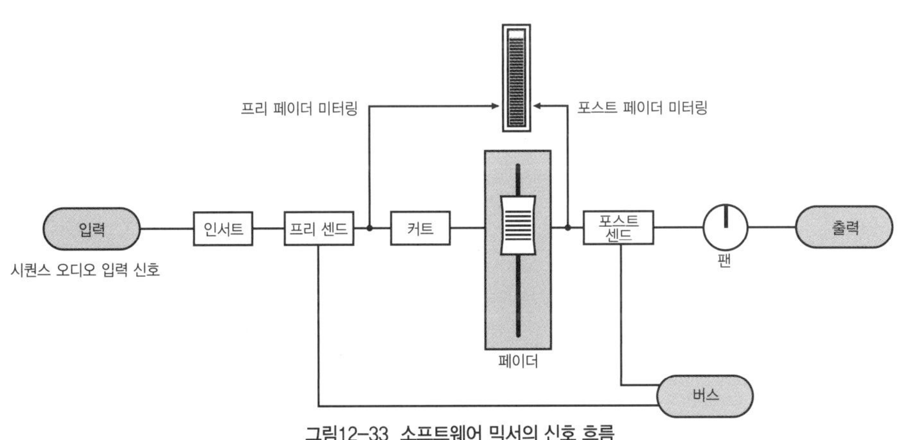

그림12-33 소프트웨어 믹서의 신호 흐름

트랙과 믹서 스트립

오디오 시퀀서는 일반 아날로그 혹은 디지털 콘솔과 달리 멀티트랙과 믹서가 분리되어 있지 않고 하나의 환경에서 결합되어 있습니다. 멀티트랙은 시퀀스 창(Sequence Window)에 나타나며 여기서 트랙들과 오디오 파형을 함께 볼 수 있습니다.

믹스 창에는 다음과 같은 네 종류의 트랙이 있습니다.

- ■**Audio Track** : 일반 아날로그 믹서에서 볼 수 있는 신호의 입력과 출력(I/O), 컴프레서와 이퀄라이저 등을 연결하는 인서트(Insert), 트랙 신호를 리버브 유닛으로 보내는 센드(Send), 신호의 좌우 위치를 정하는 팬 포트(Pan Pot), 신호 레벨을 조정하는 볼륨 페이더(Volume Fader) 그리고 신호를 차단하거나 혼자 듣는 뮤트/솔로(Mute/Solo) 기능 등이 있습니다.
- ■**Auxiliary Input** : 이 트랙은 일반 아날로그 믹서와 달리 내부 버스의 신호 혹은 Pro Tools I/O 하드웨어 입력 신호만을 수용합니다.
- ■**MIDI** : 외견상으로는 앞서 설명한 Audio Track과 비슷하지만 오디오 신호 대신에 미디 신호를 저장합니다.
- ■**Master** : 아날로그 콘솔의 마스터 페이더처럼 최종 출력 레벨을 조정할 뿐 Solo, Pan, Mute 기능이 없습니다.

다음은 여러 가지 오디오 믹서 스트립입니다(**그림12-34**).

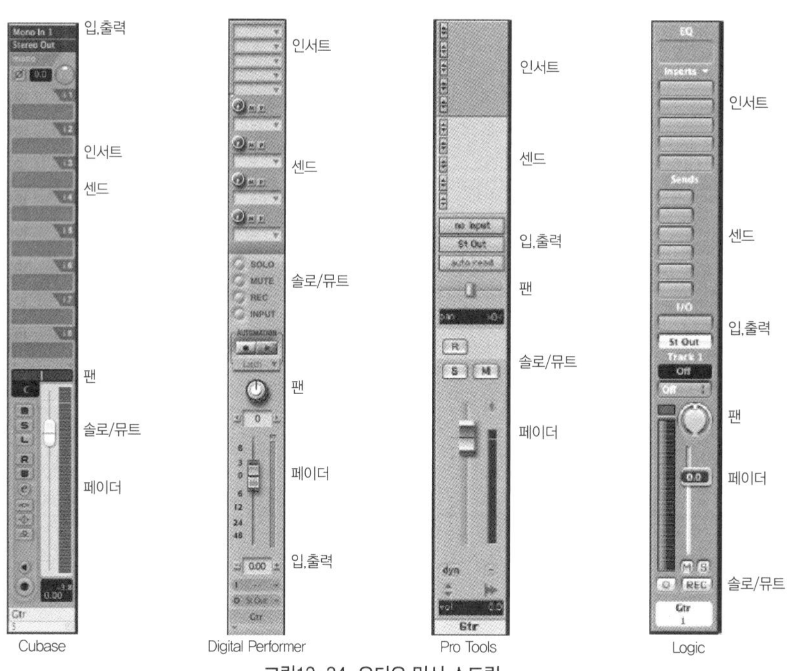

그림12-34 오디오 믹서 스트립

Edit 창에는 녹음된 오디오 파형과 미디 파일 정보를 제공하며, 다양한 편집 기능이 있습니다. 자세한 내용은 제품매뉴얼을 참조하세요(**그림12-35**).

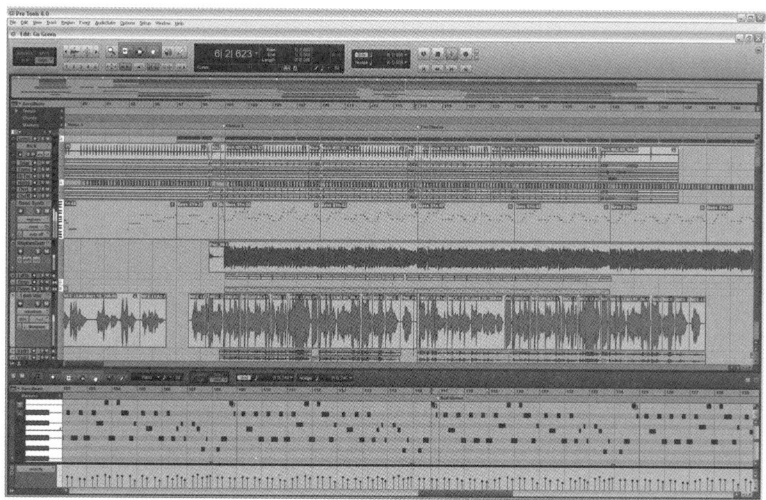

그림12-35 Edit 창

녹음

녹음 방식
이퀄라이징
악기 별 프로세싱

녹음

옷을 입을 때 첫 단추 끼우는 것이 중요하듯이, 음악 프로그램의 최종 결과는 녹음 테크닉에 좌우된다고 해도 과언이 아닙니다. 사실 우리 주변의 많은 사람들은 녹음을 단순히 오디오 신호의 저장 과정으로 생각하고 다소 소홀히 하는 경우가 있는데 결코 그렇지 않습니다. 녹음 과정은 용어에서 의미하는 그 이상의 중요한 내용이 포함되어 만일 녹음에서 어떤 프로세싱도 하지 않고 단지 레벨만을 조정한다면 이것은 마치 우리가 즐겨 먹는 김치를 담글 때 배추와 무를 씻지도 다듬지도 않은 채 여러 양념으로 버무리는 것과 같습니다.

이번 장의 포인트

- 녹음 방식
- 녹음 레벨
- 악기 별 녹음 프로세싱

녹음 방식

라이브 스테레오 녹음(Live Stereo Recording)

이 방식은 하나의 스테레오 마이크로폰 혹은 두 개의 동일한 마이크로폰으로 앙상블 전체를 녹음하는 테크닉으로, 심포니 오케스트라, 심포니 밴드, 파이프 오르간, 현악사중주 등의 클래식 음악에 적합합니다. 두 마이크 신호는 믹서를 경유하지 않고 2트랙 스테레오 녹음기에 바로 전해지므로 장비 잡음을 최소화 할 수 있고, 앙상블과 마이크 사이의 거리 조정을 통해 오케스트라의 직접음과 홀의 공간음을 적절하게 믹스할 수 있습니다(**그림13-1**).

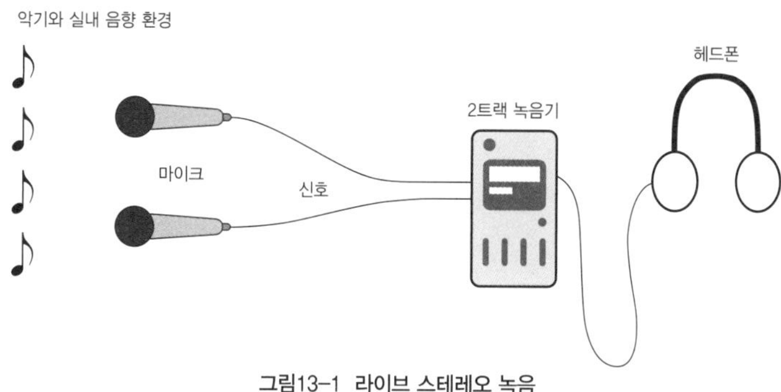

그림13-1 라이브 스테레오 녹음

라이브 믹스 녹음(Live Mix Recording)

이 방식은 다수의 마이크로폰을 악기 혹은 섹션마다 설치하여 믹서를 통해 2트랙 스테레오 녹음기에 녹음하는 테크닉으로, 위에서 설명한 라이브 스테레오 방식보다 마이크를 악기 가까이 사용하므로 불필요한 실내 공간음과 간섭음을 줄일 수 있으며, 주로 라이브 공연과 방송에서 채택합니다. 믹서에서 각 마이크 신호의 레벨과 음색 그리고 스테레오 정위를 변경할 수 있으며 잔향 혹은 딜레이 유닛으로 음악에 적합한 공간성을 창출할 수 있습니다(**그림13-2**).

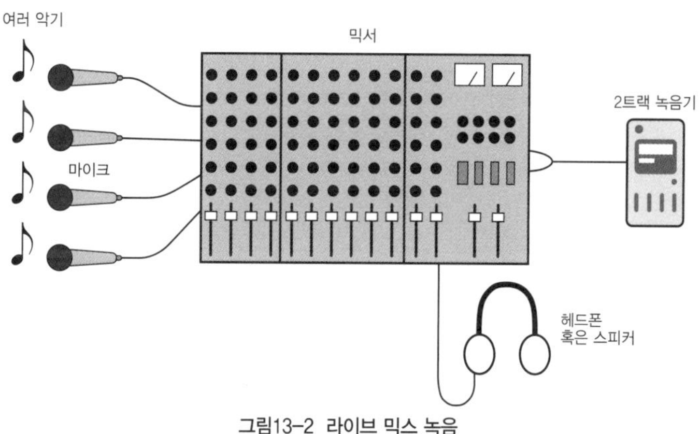

그림13-2 라이브 믹스 녹음

멀티트랙 녹음(Multi-Track Recording)

이 방식은 다수의 마이크로폰을 악기 혹은 섹션마다 설치하여 믹서를 통해 멀티트랙 녹음기에 저장하고, 믹싱 과정에서 악기 음색과 레벨 밸런스를 더욱 섬세하게 조정하여 2트랙 스테레오 녹음기에 녹음하는 테크닉입니다 (그림13-3).

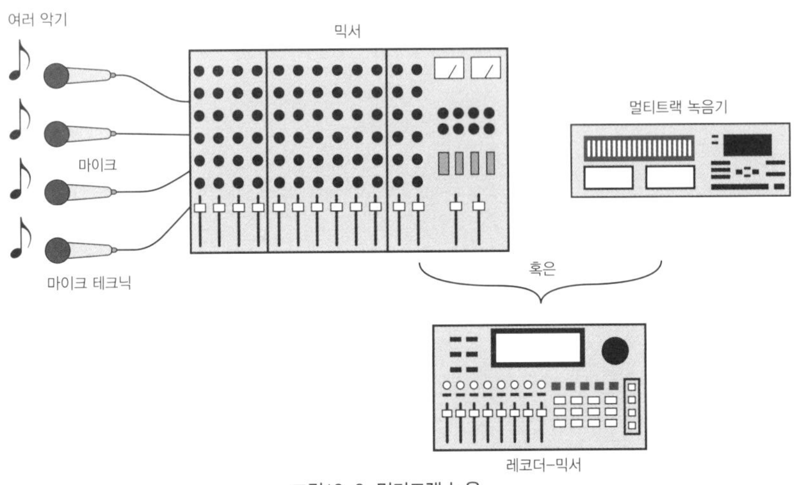

그림13-3 멀티트랙 녹음

앞에서 설명한 방식들은 모든 연주자들이 함께 참여하므로 음악적인 교감을 충분히 나눌 수 있지만, 연주자와 엔지니어의 실수를 만회하기 힘듭니다. 한편 멀티트랙 녹음 방식은 연주자들이 서로 다른 시간에 참여하므로 음악적인 교감은 다소 떨어질 수 있지만 각 마이크 신호들을 멀티트랙 녹음기의 독립된 트랙에 녹음한 후 넉넉한 시간을

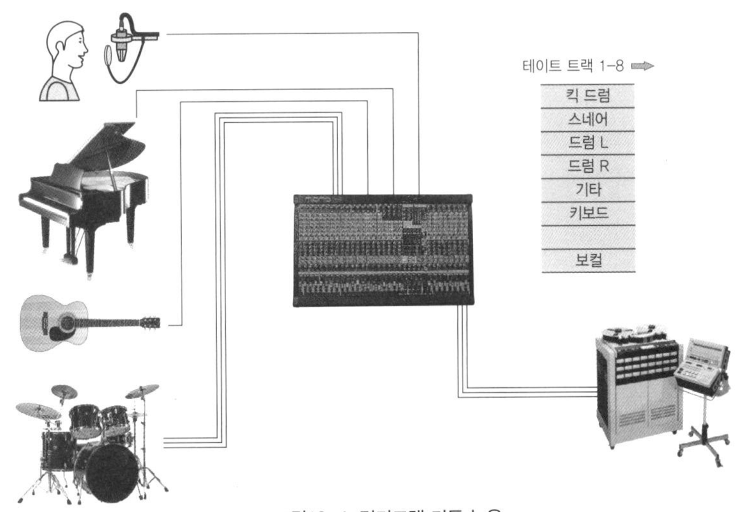

그림13-4 멀티트랙 리듬 녹음

가지고 더욱 섬세하고 창의적인 음향 공간으로 믹싱할 수 있으므로 거의 모든 대중음악에서 채택하고 있습니다.

이 방식의 녹음 진행 과정은 다음과 같습니다. 우선 리듬 악기에 해당되는 드럼, 기타, 키보드 등을 멀티트랙에 녹음합니다. 여기서 보컬은 연주자의 음악적 감성에 도움이 되도록 함께 참여하여 노래하며 모든 녹음이 끝날 때까지 지우지 않습니다.

리듬 섹션이 끝나면 다음으로 스트링 연주자들이 이미 녹음된 악기음을 들으면서 그들의 연주를 시작하고 빈 멀티트랙에 녹음합니다. 이러한 과정을 오버더빙(Over-dubbing)이라 하며 만일 연주할 악기가 많다면 몇 번 나누어서 녹음합니다. 마지막으로 리드보컬은 큐 믹서와 헤드폰을 통해 이전에 녹음한 악기음을 들으면서 녹음을 마칩니다(**그림13-5**)

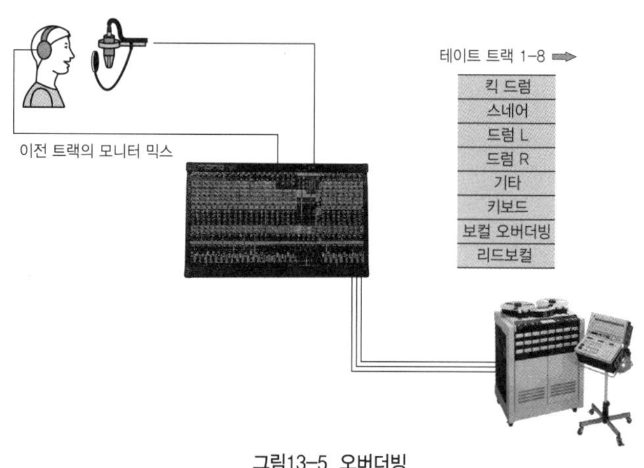

그림13-5 오버더빙

녹음 레벨

녹음 레벨은 우리 개개인의 주량과 비슷합니다. 너무 많이 마시면(overeat) 토하거나 몸이 견딜 수 없듯이, 레벨이 너무 크면(overload) 음이 왜곡되거나 장비가 파손될 수 있습니다. 또한 너무 적게 마시면 상대방 술주정이 지루하고 답답하듯이, 레벨이 너무 작으면 잡음이 증가하거나 선명한 음을 얻기 힘듭니다. 이처럼 사람마다 적당한 주량이 있듯이 장비마다 적절한 녹음 레벨이 있습니다.

■마이크 입력 채널 페이더를 제로 지점으로 설정한다

여기서 제로(zero)란 페이더를 완전히 내리는 것이 아니라 페이더의 전체 스케일에 3/4 지점에 놓는 것을 말합니다. 이곳은 페이더가 최상의 상태로 동작할 수 있는 지점입니다.

■악기 특성에 따라 게인 트림을 조정한다

12장에서 설명했듯이 믹서의 게인 트림은 프리앰프의 액티브 게인 컨트롤입니다. 악기 혹은 마이크마다 고유한 레벨 범위를 지니고 있으므로, 이에 적합한 게인 트림 조정이 필요합니다.

■시스템 과부하를 피한다

드럼과 같은 타악기 계열은 초기 트랜션트 레벨이 상당히 높기 때문에 바이올린 혹은 신서사이저 스트링보다 입력 레벨을 낮추어야 할 것입니다.

■미터의 도움을 받는다

대부분의 악기음은 여러분이 느끼는 레벨 변화와 비슷하므로 쉽게 판단할 수 있지만 타악기 계열은 초기 트랜션트 레벨이 순식간에 상승하기 때문에 피크 레벨 미터의 도움을 받는 것이 좋습니다.

■곡이 진행되는 동안 연주자는 더욱 강하게 연주한다

통상적으로 리듬 악기 연주자(특히, 드럼)들은 곡이 진행되는 과정에서 연주 레벨이 커지기 때문에 처음에는 완벽했던 녹음 레벨이 끝 부분으로 갈수록 과부하 될 수 있습니다. 따라서 녹음하기 전에 입력 레벨을 약간 낮게 설정하는 것이 유리합니다.

■헤드룸과 S/N

2장에서 설명했듯이 헤드룸은 장비의 최적 동작 레벨과 왜곡 지점 사이의 간격을 데시벨로 나타낸 것이고, S/N은 노이즈 플로어와 최적 신호 레벨 사이를 평가한 것입니다. 각 장비마다 고유한 헤드룸과 S/N을 지니고 있으므로 항상 미리 파악하고 있어야 할 것입니다.

아날로그와 디지털의 잡음

아날로그 장비는 잡음이 많기 때문에 선명한 음을 녹음하기 힘들지만 디지털 장비는 이러한 문제를 완전히 해결했다는 말에 여러분은 동의하는지요? 사실 이것은 마치 이마에 흉터 있는 사람이 뺨에 흉터 있는 사람을 보면서 '난, 뺨에는 흉터가 없어'라고 말하는 것과 별반 다를 게 없습니다. 하여간 두 사람 모두 얼굴에 흉터가 있듯이, 디지털과 아날로그 장비 역시 이와 비슷합니다. 왜냐하면 비록 디지털 장비에는 아날로그 장비의 고유 잡음인 히스 노이즈(Hiss Noise)가 없지만 아날로그 장비에 없는 양자화 잡음(Quantization Noise)이 있으며, 두 성분 모두 음의 선명도를 해치는 주요 요소이기 때문입니다. 특히 이러한 성분들은 녹음 레벨이 낮을수록 더욱 심각하게 부각됩니다. 따라서 어떤 장비를 사용하든 항상 레벨 세팅에 주의를 기울여야 할 것입니다.

레벨 세팅

여러분이 음식물을 섭취할 때 입에서 대강 삼키면 이를 소화하기 위해 위장이 고생하듯이, 콘솔 역시 내부적으로 다양한 전기 회로로 구성되어 있으므로 만일 어느 회로의 레벨이 너무 낮거나 크면 이를 보상하기 위해 다른 회로에서 레벨을 올리거나 내려야 하는데, 이로 인해 불필요한 잡음과 왜곡이 발생할 수 있습니다.

만일 사용하는 채널이 적다면 이러한 잡음이 어느 정도 용인될 수 있지만 채널이 많아질수록 레벨 세팅에 보다 많은 관심을 기울여야 할 것입니다. 또한 록 음악처럼 다이내믹한 프로그램들은 잡음이나 왜곡으로부터 다소 자유스러울 수 있지만 재즈, 클래식 등의 음악은 레벨 세팅을 심각하게 고려해야 합니다. 따라서 처음부터 음식을 꼭

꼭 씹어 먹어야 하듯이 게인 스테이지 초기부터 최적의 상태로 설정해야만 선명하고 잡음과 왜곡이 적은 녹음이 가능해 집니다.

어떤 명약도 건강한 사람을 더욱 건강하게 할 수 없듯이 어떤 고품질 장비도 오리지널 신호보다 더욱 개선된 음질을 보장하지 못합니다. 단지 손상 정도에 따라 좋고, 나쁜 장비로 구분될 뿐입니다. 따라서 복용하는 약이 많을수록 부작용이 심한 것처럼 신호를 여러 전기회로에서 심하게 프로세싱할수록 음의 선명함이 사라지고 탁해집니다. 결론적으로 가능한 가장 작은 양으로 프로세싱하는 것이 최고의 신호를 얻을 수 있는 지름길입니다.

■최소 잡음과 게인 극대화로 녹음할 수 있는 우수한 게인 스테이지

그림13-6은 우수한 게인 스테이지를 실행하기 위한 방법입니다.

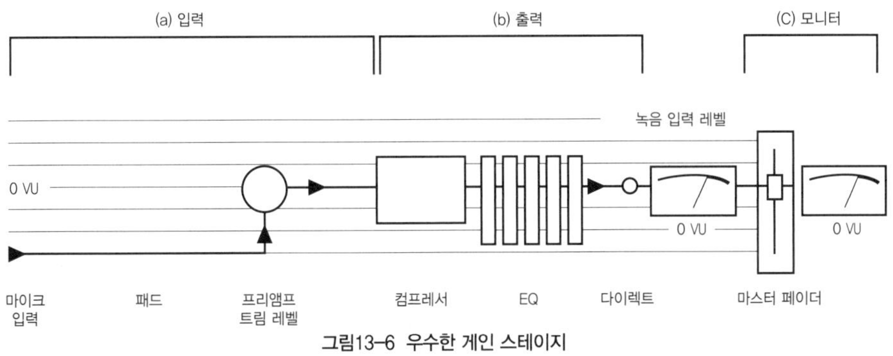

그림13-6 우수한 게인 스테이지

1) 입력 스테이지

  적절한 마이크 선택과 위치 설정 그리고 충분한 악기 출력 레벨(일렉트릭 베이스와 기타 그리고 신서사이저 등)을 콘솔에 공급하고 프리앰프의 입력 레벨을 올립니다. 여기서 패드와 게인 트림을 가능한 사용하지 않습니다.

2) 출력 스테이지

  컴프레션과 이퀄라이제이션을 신호 경로에 연결하지 않고 적절한 신호 레벨을 바로 녹음기에 입력합니다.

3) 모니터 스테이지

  마스터 페이더의 3/4 지점에서 신호 레벨이 0VU가 되도록 레벨을 조정합니다.

■불필요한 잡음이 발생할 수 있는 게인 스테이지

그림13-7은 잡음이나 왜곡이 발생할 수도 있는 평이한 게인 스테이지입니다.

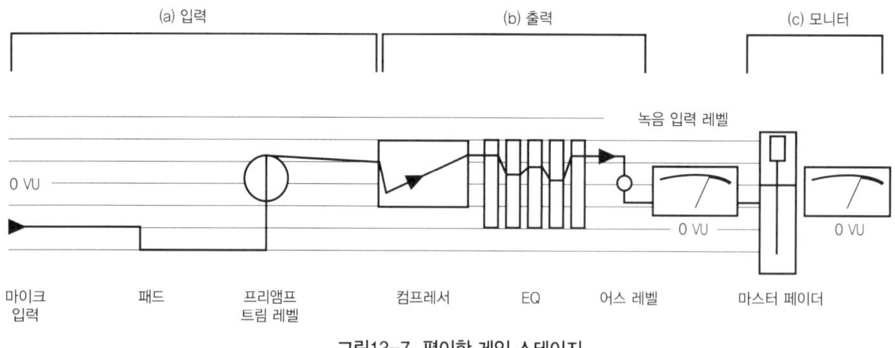

그림13-7 평이한 게인 스테이지

1) 입력 스테이지

이 경우에는 마이크 레벨이 너무 크기 때문에 패드가 필요하고, 이로 인해 너무 낮아진 신호 레벨을 조정하기 위해 프리앰프의 트림을 올려야만 합니다.

2) 출력 스테이지

컴프레서의 입력 레벨이 너무 크기 때문에 압축하여 레벨을 조정한 다음 다시 출력 레벨은 올리면서 다음 장비(이퀄라이저)에서 과부하가 발생하고, 이것을 줄이기 위해 버스 레벨을 줄여야 합니다. 이로 인해 녹음기에는 낮아진 레벨이 입력됩니다.

3) 모니터 스테이지

녹음 레벨이 낮기 때문에 신호를 0VU로 세팅하려면 마스터 페이더를 정상 위치보다 더욱 높이면서 잡음이 발생합니다.

이퀄라이징

악기 음색은 언제 어떻게 조정하는 것이 좋을까요? 너무 당연한 얘기지만 라이브 사운드는 공연 전에 모두 끝내야 하고 스튜디오 녹음은 여러 과정에서 실행됩니다.

라이브 사운드 이퀄라이징

라이브 사운드는 매우 격렬하고 과중한 이퀄라이저 조정을 요구합니다. 왜냐하면 사용할 수 있는 마이크 종류와 위치가 매우 제한적이고 상당한 간섭음과 피드백이 존재하고 또한 스테이지 모니터 스피커와 하우스 스피커 배치가 원활하지 않기 때문입니다. 따라서 라이브 사운드는 스튜디오 녹음처럼 음의 선명도보다 간섭음과 피드백 문제를 극복하고 보완하는 개념의 이퀄라이징이 필요합니다.

스튜디오 이퀄라이징

■멀티트랙 녹음 솔로 이퀄라이징

녹음 과정의 첫 번째 단계는 각 악기음을 개별적으로 이퀄라이징 하는 것이며, 일반적으로 드럼부터 시작합니다. 간혹 어떤 사람들은 멀티트랙 녹음에서 이퀄라이징을 하지 말 것을 권장하지만 사실 이것은 과도하게 이퀄라이징 할 우려가 있는 학생들이나 초보 엔지니어에게 해당되는 말입니다. 그 이유는 심하게 조정된 음을 믹싱에서 정상적으로 되돌리기 힘들기 때문이지요. 따라서 멀티트랙 녹음부터 음을 정확히 이퀄라이징 하는 것이 무엇보다 중요합니다.

■멀티트랙 녹음 리허설 이퀄라이징

밴드가 리허설 연주를 하면 모든 악기음을 들으면서 각 음의 조정 상태를 체크합니다. 이때 악기음들을 비슷하게 혹은 다르게 만들 수 있습니다. 예컨대 리드 악기를 더욱 뚜렷하게 할 수 있고 또한 곡에 더욱 많은 감정을 부여하기 위해 특정 악기에는 저음을 추가할 수도 있습니다. 조정 순서는 다음과 같습니다.

1) 고음

　악기 간의 상대적인 밝기를 주의 깊게 들으면서 여러분이 원하는 것만큼 모든 음들이 밝은지를 확인합니다. 대부분의 경우 악기음들이 비슷한 밝기를 가져야 하지만 때로는 다른 것보다 밝거나 혹은 어둡게 할 필요도 있습니다.

2) 중음

　악기들이 여러분이 바라는 중음 에너지를 충분히 지니고 있는지를 확인합니다. 중음 주파수들을 심하게 올리면 상당히 고집 센 음으로 들리고, 너무 내리면 나약하게 들립니다.

3) 저음

　베이스기타를 기준으로 킥 드럼의 저음 레벨을 체크합니다.

■믹스다운 솔로 트랙 이퀄라이징

각 트랙의 악기음을 개별적으로 들으면서 이퀄라이징 합니다. 만일 녹음 과정에서 충분한 이퀄라이징이 실행되었다면 약간의 추가적인 조정이 필요할 것입니다. 하지만 밴드가 원하는 음색과 새로운 원근감을 표현하기 위해 때로는 상당히 과도한 이퀄라이징이 필요하기도 합니다.

■믹스다운 믹스 이퀄라이징

이 과정은 엔지니어의 취향과 음악 스타일에 따라 좌우되지만 모든 악기음을 함께 들으면서 악기 간의 주파수 대역이 심하게 겹치지 않도록 조정하고 음악의 전체 스펙트럼이 어느 한쪽(저음, 중음 혹은 고음)으로 치우지지 않도록 이퀄라이징 합니다.

악기 별 프로세싱

드럼

킥 드럼 이퀄라이제이션

킥 드럼은 베이스기타와 함께 곡의 저음역을 담당하므로 두 악기를 함께 들으면서 이퀄라이징 하는 것이 유리합니다. 또한 두 악기는 구별되어 들려야 하므로 한쪽 악기(킥 드럼)에서 어떤 주파수를 올린다면 다른 악기(베이스기타)에서는 그 주파수를 줄입니다. 그리고 Q를 가능한 좁게 사용하여 두 악기의 주파수들이 겹치는 것을 줄입니다.

- 40Hz 이하의 모든 저음은 하이패스 필터로 제거합니다.
- 거대한 킥이 필요하다면 60~82Hz를 올립니다. 댄스 음악이라면 이보다 더욱 낮은 주파수(Boom Sound)가 필요할 것입니다. 하지만 이 주파수 대역은 음색을 둔하게 만들 수 있으므로 주의해야 합니다.
- 단단한 보디 사운드가 필요하다면 100Hz를 올립니다.
- 164Hz 부근 주파수를 좁은 Q로 줄이면 상대적으로 베이스기타가 선명해 질 것입니다. 왜냐하면 164Hz는 베이스기타 E현(4번 줄)의 기본음(41Hz)의 배음 성분이기 때문입니다.
- 풍부한 보디 사운드가 필요하다면 200Hz를 올립니다. 이 경우에는 베이스기타의 음색과 중복되는지를 확인합니다.
- 킥 드럼의 탁한 성분을 줄이면서 이와 함께 다른 악기들의 음향 공간을 확보하기 위해 200~300Hz(혹은 600Hz)를 약간 줄이고 Q로 미세하게 조정합니다. 이 주파수 대역에는 베이스기타와 어쿠스틱 기타의 기본음 그리고 보컬의 낮은 저음 성분이 포함되어 있습니다.
- 단단한 어택 음이 필요하다면 2.5~5kHz를 올립니다. 최근의 킥 드럼 마이크에는 이 주파수 대역을 높이는 이퀄라이제이션 회로가 들어 있습니다.
- 바삭바삭한 음이 필요하다면 5~8kHz를 올립니다. 이것은 곡의 템포에 따라 결정되는데, 예를 들어 빠른 템포의 킥이라면 클릭 음이 필요하고 느린 템포는 음향 공간을 채울 수 있는 단단한 저음이 필요합니다.
- 8kHz 이상의 주파수들을 줄이면 심벌 간섭음과 고음 잡음(히스)을 감소시킬 수 있습니다.

스네어 드럼 이퀄라이제이션

다른 악기들처럼 스네어 드럼 역시 이퀄라이제이션으로 주파수를 찾은 다음 항상 듣고 판단합니다. 특히 Q 조정은 음의 선명도에 매우 중요하게 작용합니다.

- 모호함을 줄이기 위해 100Hz 이하의 모든 저음을 줄입니다.
- 스네어 드럼의 보디 음을 보강하려면 100~300Hz를 약간 올립니다.

■우드 크랙 사운드(wood crack sound)에는 500Hz~1kHz를 올립니다.

■어택 음을 보강하려면 1kHz를 올립니다.

■사이드 스틱(side stick)과 림샷(rim shot)에는 5kHz를 올립니다.

■바삭바삭한 금속 스네어 음이 필요하다면 5~10kHz를 올립니다.

탐탐 이퀄라이제이션

■불필요한 저음을 제거해야 하지만 플로어 탐에는 아름다운 저음이 있으므로 선별적으로 조정해야 할 것입니다.

■각 탐의 불필요한 진동 주파수를 제거합니다. 이를 찾기 위해 이퀄라이저의 레벨 컨트롤을 충분히 올려서 주파수를 찾아야 하는데 이로 인해 스피커를 파손될 수 있으므로 모니터 레벨을 줄여야 할 것입니다. 300Hz~1kHz 사이의 주파수를 이동하면서 불필요한 진동음을 찾습니다. 아마도 플로어 탐은 이보다 낮은 주파수가 될 것입니다. 만일 주파수를 찾았다면 Q를 섬세하게 조정합니다. 사실 이 주파수 대역에는 탐의 달콤한 배음들이 상당량 포함되어 있기 때문에 잘못 조정하면 원음보다 못한 결과를 얻을 수 있습니다.

■드럼에 따라 조금씩 다르지만 우~웅하는 저음(thud)을 끌어내기 위해 100~300Hz를 올립니다.

■800~900Hz 주파수로 탁한 중음(boxy midrange)을 줄입니다. 이 주파수 대역을 올리면 붐(boom)이 증가합니다.

■좁은 Q를 이용해서 3~4kHz에서 달콤한 주파수를 찾아서 올립니다.

■8kHz 이상의 고음 주파수를 약간 줄여서 심벌 간섭음을 제거합니다.

심벌/오버헤드 이퀄라이제이션

■주변 진동음과 소음을 제거하기 위해 180Hz 이하의 모든 저음을 줄입니다.

■화려한 금속성 음을 얻기 위해 8~12kHz를 올립니다.

■오버헤드는 드럼 킷의 모든 악기들을 음향적으로 결합하는데 매우 중요하므로 풍부한 고음은 올리고 부딪치는 저음은 줄입니다.

하이햇 이퀄라이제이션

■다른 드럼의 간섭음과 진동음을 제거하기 위해 180Hz 이하를 모든 줄입니다.

■땡~(clang)하는 음을 줄이기 위해 500Hz~1kHz를 줄입니다.

■화려한 금속음을 얻기 위해 8~12kHz를 올립니다.

룸 마이크 이퀄라이제이션

■불필요한 저음을 제거할 수 있는 마이크를 사용합니다.

■고음 악기들의 음향 공간을 확보하기 위해 120~500Hz를 다소 줄입니다.

드럼 컴프레션

몇몇 고수 연주자만이 드럼을 균일하게 연주하므로 거의 대부분 녹음에서 컴프레서 사용은 필수적입니다. 이전에 설명했듯이 드럼은 초기 트랜션트(어택 음)가 매우 빠르게 증가했다가 급속히 사라지기 때문에 소리를 음미하기도 전에 콘솔 입력 채널에서 왜곡이 발생할 수 있습니다. 적절한 컴프레션은 드럼의 트랜션트를 조정하여 전체 레벨을 올릴 수 있으며 동시에 음을 더욱 강력하게 만듭니다.

드럼은 일반 악기에 비해 음악적인 요소가 적고 매우 격렬한 편이므로 상당한 압축이 필요하고 압축량에 따라 음향 특성이 심하게 변합니다. 따라서 압축하기 전에 무엇보다 연주 악기의 음향 특성과 마이크 선택 그리고 위치 등을 심각하게 고려해야 할 것입니다.

- 어택 타임을 5~10ms 혹은 이보다 빠르게 합니다. 느린 어택 타임은 킥이 압축되지 않아 장비가 과부하 되면서 왜곡이 발생할 수 있습니다. 하지만 너무 빠른 어택 타임은 드럼의 초기 트랜션트가 제거되면서 음이 무뎌질 수 있습니다. 만일 킥 드럼에 풍부한 잠재력을 높이려면 어택 타임을 수 ms 정도로 다소 느리게 합니다.
- 릴리즈 타임은 250ms로 시작해서 곡 템포에 적합하게 조정합니다. 릴리즈 타임을 빠르게 할수록 서스테인 음을 커질 수 있습니다.
- 비율을 3:1 혹은 4:1 정도로 시작하면 빠르고 자연스런 어택 음과 풍부한 피크 음을 얻을 수 있습니다. 비율을 높을수록 다이내믹 레벨을 올릴 수 있지만 초기 트랜션트가 손실되면서 답답하게 들릴 수 있으므로 녹음할 수 있을 정도로 가볍게 조정합니다.
- 트레숄드는 가능한 낮게 설정하여 드럼의 충만한 타격감과 자연스런 서스테인을 유도합니다.

킥 드럼의 마이킹

만일 킥 드럼에 마이크를 두 개 사용한다면, 멀리 있는 마이크는 조금 심하게 압축하고 고음 성분을 약간 제거합니다. 그리고 만일 두 개의 마이크 가운데 하나를 킥 드럼 비터 쪽에 놓는다면 콘솔의 채널 극성 스위치를 이용해서 신호를 반전시킵니다. 만일 드럼에 거대한 공간성을 부여하기 위해 룸 앰비언스 마이크를 사용한다면, 높은 압축 비율과 빠른 릴리즈 타임으로 심하게 압축한 다음 레벨을 낮추고 둔한 저음을 제거합니다. 이렇게 하면 연주할 때는 앰비언스 음이 줄어들었다가 연주를 멈추면 앰비언스 레벨이 올라가면서 크고 거대한 공간에서 연주하는 것처럼 들릴 것입니다.

드럼 게이팅

드럼 마이크 세팅에서 인접 악기의 간섭음을 완전한 제거하는 것은 현실적으로 거의 불가능하지만, 적절한 마이크 선택과 위치를 통해 가능한 줄이도록 노력해야 합니다. 때로는 믹스에서 게이트를 사용하는 것이 유리할 때도 있는데, 다이내믹한 곡에서 특히 그렇습니다. 만일 녹음에서 노이즈 게이트를 사용한다면 게이트의 동작 상태를 항상 체크할 필요가 있습니다. 왜냐하면 입력 레벨이 변하면서 드럼 소리가 클릭 음으로 변할 수 있기 때문입니다. 킥 드럼과 스네어 드럼 그리고 탐탐은 게이트 사용이 일반화되어 있지만 심벌 마이크에는 거의 사용하지 않습니다.

스네어 게이팅

만일 스네어 드럼에 사용한 노이즈 게이트가 만족스런 동작을 하지 못한다면 다음과 같은 방법을 사용해 보세요. 스네어 드럼의 림(rim) 부근에 별도로 작은 콘택트 마이크를 설치하고 이퀄라이저로 드럼의 주요 주파수 대역을 올립니다. 그리고 이것을 메인 마이크의 노이즈 게이트 외부 키 입력으로 사용합니다(9장 참조).

탐탐 게이팅

다음은 스네어 드럼처럼 별도의 마이크를 사용하지 않고도 탐탐의 외부 간섭음을 줄이는 방법입니다. 이것은 탐탐 마이크의 신호를 두 개의 채널로 분할하고, 두 번째 채널 출력을 첫 번째 채널의 노이즈 게이트 키 신호로 이용하는 것입니다. 이퀄라이저로 두 번째 채널 신호 가운데 탐의 기본음만을 올리고 나머지는 모두 제거합니다. 여기서 이퀄라이저 Q는 좁을수록 유리합니다. 이렇게 하면 드러머가 탐탐을 연주하는 동안에만 노이즈 게이트가 열리면서 외부 간섭음을 줄일 수 있습니다.

베이스기타

이퀄라이제이션

- 컴프레서가 불필요한 낮은 진동음에서 동작하지 않도록 하이패스 필터로 40㎐ 이하의 모든 저음을 제거합니다.
- 베이스기타의 실질적인 저음을 보강하기 위해 50~80㎐를 추가합니다. 하지만 이 주파수 대역은 킥 드럼과 부딪칠 수 있으므로 심한 레벨 증가는 피하거나 킥 드럼에서 이 주파수 대역을 줄입니다.
- 베이스의 무게감과 곡에 저음이 필요하다면 82㎐ 주변 주파수를 올립니다.
- 선명함이 필요하다면 좁은 Q로 160~350㎐를 올립니다.
- 베이스에 존재감이 필요하다면 600㎐~1.5㎑를 올립니다. 다른 악기의 음향 공간을 고려해서 전체 레벨을 올리거나 내립니다.
- 프리센스가 필요하다면 2~2.5㎑를 추가합니다. 하지만 여기서도 다른 악기와 겹치는지를 확인할 필요가 있습니다.
- 3㎑을 올리면 클릭 음을 얻을 수 있습니다.
- 부드럽게 하려면 4㎑를 약간 줄여 줍니다.

컴프레션

적절한 베이스 컴프레션은 따듯하고 유용한 저음역을 제공합니다. 일반적으로 베이스기타는 일렉트릭 기타보다 초기 트랜션트가 작은 편이지만 간혹 연주자가 사용하는 피크 종류와 연주법에 따라 부각될 수도 있습니다. 일반적으로 베이스기타는 다이렉트 박스로 녹음하지만 음악 스타일에 따라 앰프를 사용하기도 합니다. 특히 튜브 앰프는 매우 자연스런 압축을 제공하므로 별도의 컴프레션이 필요하지 않습니다. 그리고 근접 마이킹 셋업과 원거리 마이킹 셋업은 서로 다른 접근 방식의 컴프레션이 필요합니다.

- 20~60ms 정도의 느린 어택 타임은 초기 트랜션트 음과 풍부한 저음을 압축하지 않기 때문에 베이스음을 분명히 하는데 도움이 됩니다. 0~20ms 정도의 빠른 어택 타임은 베이스를 클릭 음으로 만들 수 있습니다. 만일 과도한 압축으로 음색 변화가 심해졌다면 소프트-니를 사용해서 부드러운 변화를 유도합니다.
- 릴리즈 타임은 중간 정도로 시작해서 길게 조정합니다. 만일 풍부한 서스테인이 필요하다면 릴리즈 타임을 가능한 느리게 합니다.
- 압축 비율은 연주에 따라 다르지만 4:1 정도가 무난합니다. 연주가 훌륭한 베이스 음원에는 높은 비율이 필요하지 않고, 심한 압축은 베이스기타의 높은 배음에 작용하므로 둔해질 수 있습니다.
- 트레숄드 역시 연주에 따라 다르지만 일반적으로 −25에서 −15 정도로 낮춥니다. 만일 레벨을 일정하게 유지할 필요가 있다면 압축 비율을 높입니다. 아마도 높은 압축 비율과 낮은 트레숄드에서 좋은 서스테인을 얻을 수 있을 것입니다. 이에 반해 너무 낮은 트레숄드에 너무 높은 비율은 음의 다이내믹을 침몰시킬 수 있습니다.

베이스기타의 사이드체인 활용

간혹 베이스기타에서 특정 음이 커지는 경우를 자주 볼 수 있습니다. 만일 그렇다면 베이스기타 신호를 다른 채널로 복사한 다음, 이퀄라이저로 방해가 되는 주파수를 찾아서 완전히 줄입니다. 그리고 이것을 베이스기타 컴프레서의 사이드체인 신호로 사용합니다.

일렉트릭 기타

이퀄라이제이션

통상적으로 일렉트릭 기타는 앰프에서 이퀄라이징을 하며, 음색이 너무 다양하기 때문에 좋은 음과 나쁜 음을 규정하기란 거의 불가능합니다. 하여튼 최고의 기타 음은 연주자를 행복하기 만들고 이를 통해 연주자는 더욱 훌

류한 연주를 할 수 있습니다.

- ■ 80Hz 이하의 저음은 제거해야 합니다. 82Hz 이하는 기타 음향 정보가 거의 없고 불필요한 낮은 공진음이 추가될 뿐입니다.
- ■ 여분의 비대함을 필요하다면 악기 기본음이 포함된 80~250Hz를 추가합니다. 그러나 기타가 곡의 주요 악기가 아니고 또한 보컬 음색과 겹친다면 이 주파수 대역을 줄여야 할 것입니다.
- ■ 250Hz~1kHz 주파수 대역은 악기의 A와 D현의 두 번째와 세 번째 배음이 포함되어 있으므로 기타 음색에 매우 중요합니다. 그래서 이 주파수 대역을 줄이면 소리가 멀어지지만 한편으로는 보컬과 다른 악기에 넓은 음향 공간을 제공합니다.
- ■ 비트가 필요하다면 2~6kHz의 중고음을 올립니다.
- ■ 일반적으로 기타 앰프는 고음이 감소하므로 5~8kHz를 올리면 음색이 풍부하고 화려해집니다.
- ■ 8kHz 이상의 고음을 올리면 악기에 에어 사운드를 제공하지만 쉽게 피곤해질 수 있습니다.

컴프레션

일렉트릭 기타 앰프에는 상당량의 낮은 배음들과 오버톤이 포함되어 있지만 상대적으로 고음이 적은 편입니다. 그리고 압축하면 마이크 근접효과의 저음이 심하게 두드러질 수도 있습니다.

- ■ 어택 타임은 10~50ms 정도의 중간 빠르기로 시작합니다. 리드 기타 솔로가 부드러워집니다.
- ■ 릴리즈 타임은 0.5~1초 정도로 길게 시작합니다. 릴리즈 타임이 길수록 서스테인이 높아지고 짧을수록 펌핑이 증가합니다. 릴리즈 타임은 곡의 다음 비트가 들리기 바로 직전에 원래로 돌아가도록 조정합니다.
- ■ 트레숄드는 −25 정도로 낮게 시작합니다.
- ■ 비율은 최소한 5:1로 시작하고 서스테인 기타에는 10:1 정도로 합니다.

기타는 앰프가 중요하다

기타의 음 조정은 항상 앰프에서 시작합니다. 예를 들면 앰프의 불필요한 주파수를 콘솔에서 제거하는 것보다 마이크 선택과 위치 그리고 앰프의 톤 컨트롤을 통해 원하는 음색을 찾습니다. 만일 강력한 앰프 사운드가 필요하다면 튜브 앰프에서 자연스런 왜곡이 발생할 때까지 충분히 앰프 레벨을 올려 녹음합니다.

어쿠스틱 기타

이퀄라이제이션

적절한 마이킹과 새로운 현으로 세팅된 품질 좋은 어쿠스틱 기타에는 별도의 이퀄라이징이 필요하지 않습니다. 아마도 성가신 진동음이나 다른 악기를 마스킹 하는 정도가 될 것입니다. 만일 이퀄라이징을 한다면 오버톤 가운데 비배음 성분은 줄이고 즐거운 배음 성분을 높입니다.

- 표준 어쿠스틱 기타의 제일 낮은 음은 82Hz(E)이므로 80Hz 이하의 모든 저음을 줄입니다.
- 80~300Hz에서 탁한 중저음을 제거합니다. 여기서 Q는 가능한 좁게 사용합니다.
- 악기에 무게감이 필요하다면 80~350Hz를 약간 올립니다.
- 초기 배음이 필요하다면 300~1kHz를 올립니다.
- 우드 사운드(wood sound) 혹은 두 번째 배음을 부각하려면 700Hz~1.2kHz를 다소 올립니다.
- 프리센스가 필요하다면 1.5~12kHz를 올립니다.
- 프리센스와 어택이 필요하다면 3~5kHz를 추가합니다.
- 밝은 음색을 원한다면 5~10kHz를 추가합니다.
- 화려함이 필요하다면 10~12kHz를 추가합니다. 하지만 심한 조정은 잡음을 유발할 수 있습니다.

컴프레션

어쿠스틱 기타는 넓은 다이내믹 레인지와 중간 정도의 빠른 트랜션트 그리고 풍부한 서스테인을 지닌 악기이며, 스네어 드럼만큼 피크가 심하지 않지만 어느 정도 있습니다. 그래서 마이크를 가까이 사용한다면 컴프레서가 필요합니다.

- 어택 타임은 10~20ms 정도로 시작합니다. 빠른 어택 타임은 음의 초기 트랜션트를 제어합니다.
- 릴리즈 타임은 250ms에서 시작하고 곡 템포에 적합하게 올리거나 내립니다.
- 비율은 2:1 혹은 3:1 정도로 가능한 낮게 시작합니다. 그러나 만일 연주자의 움직임이 심하다면 압축 비율을 높입니다. 작은 비트가 큰 비트 정도로 들릴 만큼 비율을 정합니다.

> **어쿠스틱 기타의 컴프레싱**
> 만일 어쿠스틱 기타에 두 개의 마이크를 사용한다면 근접 마이킹을 더욱 많이 압축하고 거친 고음과 잡음은 디에서로 제거합니다. 그리고 컴프레서를 사용하기 전에 근접 효과로 인한 저음 증가를 제거하여 컴프레서가 불필요한 저음에서 동작하지 않도록 해야 합니다.

보컬

이퀄라이제이션

노련한 엔지니어들은 원하는 보컬 사운드를 얻기 위해 이퀄라이제이션보다 마이크 선택과 위치를 우선적으로 고려합니다.

- 보컬의 선명함을 저해하고 불필요한 마이크 진동음들이 포함된 80Hz 이하의 모든 저음을 제거합니다. 그리고 보컬에서 이 주파수 대역을 줄이면 킥 드럼, 베이스기타와 같은 저음 악기의 음향 공간을 넓힐 수 있습니다.
- 보컬 보디 음과 두께가 필요하다면 80~300Hz을 추가합니다. 이 주파수 대역에는 가수의 기본음이 포함되어 있으므로 보컬에 무게감을 실어 줍니다. 하지만 이로 인해 음색이 탁해질 수 있고 또한 보컬이 다른 악기를 마스킹 할 수 있으므로 주의가 필요합니다.
- 목소리의 불쾌한 첫 번째 배음을 순하게 만들려면 300~500Hz을 줄입니다. 만일 500Hz~1kHz를 심하게 올리면 코 막힌(비음) 목소리로 변합니다.
- 명료함이 필요하다면 800Hz~2kHz를 더합니다. 또한 이 주파수 대역은 목소리에 따뜻함을 부여합니다. 만일 이 대역을 줄이면 목소리의 거친 성분을 제거할 수 있지만 너무 심하게 줄이면 차갑게 느껴질 수도 있습니다.
- 1kHz 주변의 주파수를 줄이면 다른 악기의 음향 공간을 넓힐 수 있습니다. 특히 이 주파수는 백그라운드 보컬에서 줄여야 할 부분입니다.
- 2~6kHz는 선명함과 존재감을 제공합니다. 이 주파수 대역을 줄이면 보컬 음이 둔해질 수 있고 반면 너무 많으면 날카로워질 수 있습니다.
- 6~16kHz 혹은 18kHz는 에어 사운드를 제공합니다. 정확한 이퀄라이징은 보컬 음색을 완벽하게 만들지만 이 때문에 고음 잡음(hiss)이 증가할 수 있습니다.

컴프레션

가수와 곡에 따라 다르지만 일반적으로 보컬은 어택이 빠르고 다이내믹 레벨 변화가 상당히 넓은 편이며, 리미팅과 컴프레션은 노래에 따라 사용 여부를 결정합니다. 엔지니어에 따라 보컬 트랙은 가능한 녹음단계에서의 압축이나 프로세싱을 자제하기도 합니다. 따라서 선택적인 프로세싱이 필요하겠지만 컴프레션은 큰 레벨의 과부하를 방지하면서 작은 레벨을 정면으로 부각시킵니다. 가장 좋은 보컬 컴프레션은 압축을 느끼지 못할 정도로 부드럽게 하는 것입니다. 또한 보컬 컴프레션은 음악 장르와도 관련이 있는데 예를 들어 록 음악은 발라드보다 더욱 심한 압축을 요구합니다.

- 곡 템포에 따라 다르지만 어택 타임은 빠르게 혹은 중간 정도 빠르기로 합니다. 하지만 너무 빠른 어택 타임은 보컬 라인의 시작 지점을 둔하게 만들 수 있습니다. 만일 압축으로 인한 급격한

음색 변화가 생긴다면 소프트-니를 사용합니다.

- 릴리즈 타임은 빠른 곡에서 빠르게, 느린 곡에서 느리게 합니다.
- 트레숄드는 높게 시작해서 서서히 낮춥니다. 큰 패시지에서 컴프레서 미터가 움직일 정도로 약간 압축합니다.
- 비율은 가수와 파트에 따라 다르지만 3:1 혹은 4:1에서 시작합니다.

 다이내믹한 근접 마이킹 보컬은 단지 컴프레서만으로 심각한 높은 피크를 조정하기 힘듭니다. 이 경우에는 리미터와 함께 사용합니다.

피아노

이퀄라이제이션

피아노는 음이 풍부하고 풍만하며 초기의 고음 트랜션트와 자연스런 서스테인이 많은 악기입니다. 피아노 음은 연주 공간, 마이크 선택과 위치 그리고 연주자 테크닉에 따라 다르지만 만일 녹음에서 이퀄라이징을 해야 한다면 조정 레벨은 줄이고 가능한 Q를 넓게 사용합니다. 더욱 많은 이퀄라이징은 믹스에서 실행하고 녹음에서는 약간 변할 정도로 합니다.

- 50Hz 이하의 저음은 제거합니다.
- 50~150Hz를 올려서 저음을 보강합니다.
- 만일 음이 너무 둔하다면 200~400Hz를 줄입니다.
- 4~8kHz를 올리면 존재감과 어택을 부각됩니다.
- 8kHz 이상을 높이면 에어 사운드를 만들어집니다.

컴프레션

피아노 컴프레서는 높은 트레숄드에서 리미터 기능으로 시작합니다. 연주자가 큰 비트를 연주할 때 약간 압축되도록 조정합니다.

- 어택 타임은 곡 템포에 따라 결정하며, 빠른 곡일수록 빠르게 합니다.
- 릴리즈 타임은 중간 정도가 좋은 시작점으로 이것 역시 어택 타임처럼 곡 템포에 따라 결정합니다.
- 트레숄드가 낮을수록 음이 더욱 압축되면서 풍부한 기본음과 오버톤이 뚜렷해지지만 너무 낮으

면 오버톤이 손실될 수 있습니다. 따라서 높은 트레숄드에서 시작하는 것이 좋습니다.

■비록 부드러운 발라드를 연주하더라도 높은 비율을 사용하여 신호의 과부하를 방지합니다.

금관악기

이퀄라이제이션

금관악기는 잘못 녹음하면 음이 부서지기 쉬운 악기이므로 무엇보다도 마이크 선택과 위치가 중요합니다.

■200~500Hz를 올리면 보디 사운드가 부각되지만 믹스에서 악기 위치에 따라 보컬을 마스킹 할
  수 있습니다.
■2~4kHz를 올리면 존재감이 향상됩니다. 이 주파수 대역은 약한 금관악기를 앞으로 당깁니다.
■5kHz 이상의 주파수를 올리면 음색이 밝아지지만 심하면 산만해질 수 있습니다.
■8kHz를 올리면 악기의 키 클릭(key click)이 두드러질 수 있습니다.

컴프레션

금관악기는 다이내믹하고 초기 트랜션트가 크고 서스테인이 작은 악기입니다. 너무 심한 압축은 다이내믹을 줄일 수 있지만 음이 얇아질 수 있습니다. 압축은 모든 금관악기에 필요하지 않고 바리톤 색소폰과 같은 저음 악기에만 사용합니다. 왜냐하면 고음 악기들은 자체적으로 압축 능력이 있으므로 녹음에서 별도의 컴프레션이 필요하지 않습니다.

■어택 타임은 가능한 빠르게 설정합니다.
■릴리즈 타임은 곡에 따라 다르지만 만일 혼 파트가 일관성이 없다면 릴리즈 타임을 빠르게 하고, 솔로 혼은
  중간 정도로 합니다. 그리고 혼을 패드로 사용한다면 가능한 느리게 합니다.
■트레숄드는 −10에서 −15dB 정도로 낮게 시작합니다.
■비율은 3:1 정도로 합니다. 그러나 악기의 저음 성분을 올리거나 연주자의 움직임이 심하다면 더욱 낮게 조정
  합니다. 비율이 낮을수록 연주 레벨이 완만해집니다.

믹싱

믹싱

믹싱(Mixing) 혹은 믹스다운(Mix down)은 스테레오 혹은 5.1 서라운드 스피커 사이의 광활한 음향 공간에 악기 간의 레벨과 음색 그리고 공간성 밸런스를 조율하는 창의적인 과정으로, 녹음과 달리 상당히 많은 시그널 프로세서와 이펙트가 사용됩니다. 비록 많은 엔지니어들이 매 순간마다의 직관력으로 믹스 방향을 결정한다고들 하지만, 그들이 의식하든 안 하든 여기에는 어느 정도 정해진 절차가 있는 것 같습니다.

무엇보다 중요한 것은 믹스 전에 최종 작품이 이미 여러분 마음속에 있어야 합니다. 다시 말하면 최종 결과물이 마음속에 정해지기 전까지 믹스를 시작하지 않는 것입니다. 그러기 위해서는 모든 페이더들을 적당하게 올려놓고 믹싱할 곡과 친밀해질 필요가 있는데, 때로는 이것이 생각보다 쉽지 않습니다. 특히 녹음 트랙이 많은 복잡한 믹스인 경우에는 믹스 감각을 얻기 위해 상당한 시간을 보내야 할 것입니다.

이번 장의 포인트

- ●청각 트레이닝
- ●모니터링
- ●레벨 밸런스
- ●패닝

- ●이퀄라이징
- ●컴프레션
- ●딜레이와 잔향

청각 트레이닝

청각 트레이닝에는 수동적인 방법과 능동적인 방법이 있습니다. 수동적인 방법은 스피커를 통해 음을 숙달하는 것이고, 능동적인 방법은 장비를 직접 조정하면서 마음속의 음을 구현하는 것입니다.

주파수 대역별 음 식별 훈련

무엇보다 여러분은 주파수 대역별 음의 인지 능력을 개발할 필요가 있습니다. 이것은 연주자의 음감 훈련과 비슷합니다. 만일 여러분이 완벽한 피치 능력을 갖춘다면 라이브 공연에서 하울링을 유발하는 주파수를 신속하고 정확하게 제거할 수 있을 것입니다. 처음에는 핑크 노이즈와 1옥타브 그래픽 이퀄라이저를 이용해서 주파수 대역을 파악하고, 음악을 통해 숙달합니다. 그런 다음 1/3옥타브 그래픽 이퀄라이저로 더욱 세부적으로 각 주파수 대역을 파악합니다. 마지막으로 가까운 친구에게 이퀄라이저 페이더를 불규칙하게 올리도록 부탁하고 테스트합니다. 아마도 1옥타브 정도라도 정확하게 인지한다면 이퀄라이저 조정이 한결 수월해 질 것입니다.

콤 필터링 파악

여러분도 알고 있듯이 콤 필터링은 악기의 직접음과 반사음 혹은 하나의 악기에 여러 마이크를 동시에 사용할 경우에 음질 혹은 음색을 저해하는 현상입니다. 훈련 방법으로는 악기 신호에 디지털 딜레이를 연결하고 딜레이 타임을 변경하면서 음 변화를 인지하는 능력을 개발할 필요가 있습니다.

우수한 음악을 통한 음의 다이내믹, 공간성 그리고 깊이감 파악

아마도 여러분은 매우 다양한 음악들을 접하게 될 것입니다. 따라서 각 장르에 적합한 음에 대한 평가 능력을 향상시킬 필요가 있습니다. 그렇기 위해서는 매일 물을 마시듯 매우 좋은 음반을 듣고 또 들으세요. 그러면 본인도 모르는 사이에 청각 능력이 향상될 것입니다. 왜냐하면 음의 평가는 수많은 반복과 경험을 통해 터득되기 때문입니다.

근접 효과로 인한 저역 증가 파악

근접 효과는 마이크를 가까이 사용할 때 발생하는 저음 증가 현상입니다. 보컬의 자연스런 음색과 명료도 그리고 다이내믹 변화를 인지하고 지향성 마이크를 가까이 사용하면서 발생하는 근접 효과와의 차이를 파악합니다.

반주와 보컬의 밸런스

엔지니어와 제작자 간에 자주 생기는 의견차가 반주와 보컬의 레벨 밸런스인 것 같습니다. 일반적으로 엔지니어는 반주를 크게(특히 드럼), 제작자는 보컬을 크게 하길 원하는 것 같습니다. 하여튼 외국의 통계 자료에 의하면 CD를 구매하는 사람들의 80% 이상이 보컬 때문이라고 답하는 것을 보면 아무래도 보컬이 중요한 것 같습니다. 음악에서 보컬이 작다는 것은 영화에서 주인공이 없는 것과 같습니다. 이처럼 반주와 보컬의 레벨 밸런스는 믹싱에서 매우 중요한 요소 가운데 하나입니다. 이것을 정확히 파악할 수 있는 한 가지 방법은 조정실 스피커부터 가능한 멀리 떨어진 스튜디오 안 혹은 밖에서 듣는 것입니다.

모니터링

7장에서 설명했듯이 스튜디오의 모니터 환경과 방법은 믹스에 매우 중요한 요소입니다. 모니터 환경이 적절하지 못하거나 모니터 시스템과 음향적인 교감이 부족하다면 섬세한 믹스 기술을 발휘하기 힘들어집니다.

모니터 레벨

결론부터 말하면 믹스에서 모니터 레벨은 가능한 낮추는 것이 좋습니다. 간혹 높은 모니터 볼륨으로 믹스하는 사람도 있지만 별로 좋은 습관은 아닙니다. 많은 프로들이 제안하는 레벨은 80dB-SPL 혹은 그 이하 입니다. 높은 레벨을 피하는 이유는 다음과 같습니다.

- 높은 레벨에 장시간 노출되면 청각 장애와 육체적인 피로감이 빨리 옵니다. 예를 들어 낮은 레벨에서 8~12시간 할 수 있는 믹싱 작업이 높은 레벨에서는 6시간 정도로 감소할 수 있습니다.
- 큰 모니터 볼륨으로 믹스한 음악이 낮은 볼륨에서는 상당히 무기력하고 답답하게 들립니다. 반면 작은 모니터 볼륨으로 믹스한 음악은 큰 볼륨에서 상당히 활력적이고 화려하게 들립니다. 그 이유는 모니터 레벨이 높을수록 사람의 청각 응답이 저음과 고음에서 상당히 민감해지기 때문입니다.
- 큰 모니터 볼륨에서 믹스한 악기 간의 레벨 밸런스가 낮은 볼륨에서는 심하게 변경됩니다. 반면 작은 볼륨으로 믹스한 밸런스는 큰 볼륨에서도 거의 일정하게 유지됩니다.

물론 믹스 과정에서 항상 작은 볼륨을 유지할 필요는 없습니다. 실제로 많은 프로들은 다양한 모니터 레벨로 믹스합니다. 일례로 저음 체크는 다소 큰 레벨, 이퀄라이저와 이펙트는 중간 레벨로 체크합니다. 하지만 최종적인 레벨과 음색 그리고 공간성 밸런스는 항상 작게 듣습니다.

모노 모니터링

믹스가 끝난 스테레오 음악은 항상 모노로 들으면서 위상과 밸런스 그리고 패닝 등을 체크해야 합니다. 이렇게 하면 역상으로 인한 레벨 감소와 마스킹 문제를 손쉽게 파악할 수 있습니다.

모노 음장과 스테레오 음장

언뜻 생각하면 쉬운 것 같은데 골똘히 생각하면 어려운 주제가 연인에게는 사랑(love)이라면, 엔지니어에게는 모노(mono)와 스테레오(stereo) 개념인 것 같습니다. 사실 이것은 음원(sound source)과 음장(sound field)으로 분류해서 고찰하면 그리 어렵지 않습니다.

모노 음원(mono source)이란 하나의 마이크로 녹음한 악기음 혹은 일렉트릭 기타 혹은 베이스기타의 출력 신호를 말하며, 스테레오 음원(stereo source)은 스테레오 마이킹으로 녹음한 악기음 혹은 신서사이저의 스테레오 출력 신호입니다. 그런데 여기서 한 가지 문제는 신서사이저의 스테레오 출력 신호를 모두 스테레오 음원으로 볼 수 있는가 하는 것 입니다. 그것을 알아보려면 믹서의 모노/스테레오 모니터 버튼(monitor button)을 번갈아 가며 누를 때 만일 스테레오 스피커에서 어떤 음향적 변화(width)도 느끼지 못한다면 이것은 스테레오 음원이 아닌 2채널 모노 음원입니다. 따라서 이 경우에는 어느 한쪽 신호만 사용해도 무관합니다.

모노 음장(mono sound field)은 음원이 모노이든 스테레오이든 상관없이 모든 음원들이 동일한 지점에 패닝되어 있을 때를 말합니다. 예를 들어 비록 스테레오 음원(신서사이저)이지만 두 신호를 왼쪽 혹은 오른쪽 혹은 중앙 등으로 같은 지점에 패닝한다면 이것은 모노 음장입니다(**그림14-1**).

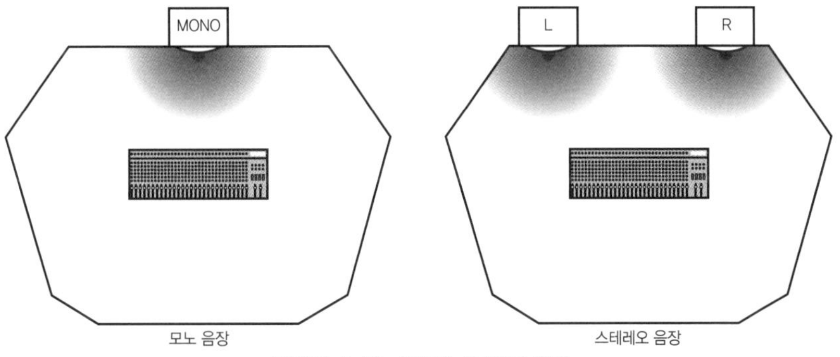

그림14-1 모노 음장과 스테레오 음장

스테레오 음장(stereo sound field) 역시 음원이 모노이든 스테레오이든 상관없이 음원들이 서로 다른 지점에 있을 때를 말합니다. 예를 들어 하나의 마이크로 녹음한 어쿠스틱 기타의 모노 음원을 어느 지점에 패닝하든 이것은 모노 음장이지만 만일 기타를 왼쪽(혹은 오른쪽)에 패닝하고 이에 대한 딜레이 신호를 오른쪽(혹은 왼쪽)으로 패닝한다면 두 신호 사이에는 음향 공간이 형성되면서 모노 음장에서 스테레오 음장으로 바뀝니다. 또한 어쿠스틱 기타를 중앙으로 패닝하면 모노 음장이지만 여기에 스테레오 잔향을 좌우로 패닝한다면 스테레오 음장이 되겠지요. 요약하면 대중음악에서 대부분의 리듬악기들은 모노 음원 이지만 믹싱에서 서로 다른 위치에 패닝하여 음향 공간이 형성되면서 스테레오 음장이 되는 것입니다.

그림14-2는 모노 혹은 스테레오 프로그램에 관한 오실로스코프의 디스플레이입니다.

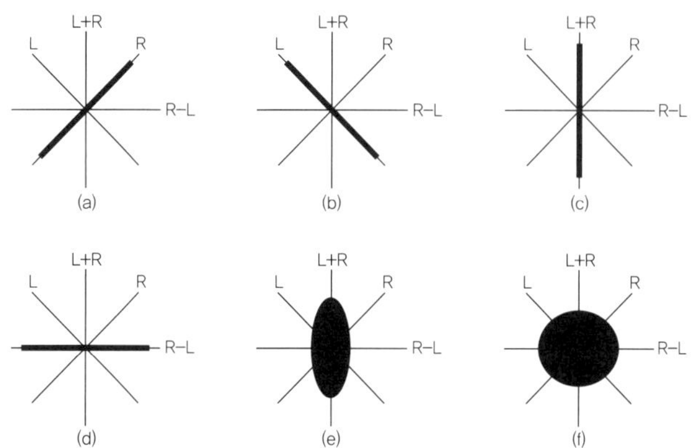

그림14-2 (a)오른쪽 신호, (b)왼쪽 신호, (c)모노 음장, (d)역상, (e)좁은 스테레오 음장, (f)넓은 스테레오 음장

믹스의 여섯 가지 주요 요소

록, 팝, R&B, 랩, 컨트리, 뉴 에이지 등의 모든 음악들은 다음의 여섯 가지 주요 요소로 거대한 믹스가 만들어 집니다.

■ **레벨 밸런스**(Level Balance) : 콘솔 페이더로 악기 간의 볼륨 레벨 조정
■ **파노라마**(Panorama) : 콘솔 팬 포트로 음장에서의 악기 배치
■ **주파수 범위**(Frequency Range) : 이퀄라이저로 각 악기의 주파수 범위 조정
■ **다이내믹**(Dynamics) : 컴프레서 혹은 리미터 등으로 트랙 또는 악기의 다이내믹 인벨럽 조정
■ **규모**(Dimension) : 리버브와 딜레이 유닛 등으로 악기의 공간성 부여

레벨 밸런스

악기 간의 레벨 밸런스는 믹스의 어느 요소 보다 중요합니다. 왜냐하면 정확한 레벨 밸런스 없이는 음색과 공간 성 밸런스가 무용지물이 되기 때문입니다. 여기서부터 좋은 믹스가 시작됩니다. 따라서 레벨 밸런스에는 콘솔 페 이더를 조정하는 것 이상의 의미가 포함되어 있습니다.

음악 스타일과 엔지니어에 따라 믹싱 순서가 다소 다르지만 통상적으로 믹싱은 집을 짓는 것과 비슷합니다. 우선 모든 채널 페이더들을 적당히 올려서 개략적인 레벨 밸런스를 정합니다(여기서 편곡자의 조언이 필요합니다). 다음으로 믹스에 기초가 되는 악기부터 시작합니다. 예를 들어 리듬 위주의 음악이라면 베이스기타와 드럼으로 기초를 다진 다음 여기에 보컬 혹은 솔로 리드 악기 그리고 나머지 악기들을 믹스합니다.

대체로 많은 프로들은 일렉트릭 베이스기타를 믹스의 기초로 생각하고 이것부터 시작합니다. 그런 다음 풍부한 바닥 음(bottom sound)을 얻기 위해 킥 드럼을 믹스합니다. 이 과정에서 킥 드럼은 얇게 들리는 것이 유리합니다. 왜냐하면 베이스기타의 저음과 믹스되면서 음악에는 풍부하고 강한 저음이 형성되기 때문입니다. 따라서 킥 드럼은 베이스기타를 올린 상태에서 조정하는 것이 과도한 저음 증가를 피할 수 있습니다.

드럼과 베이스기타가 끝나면 다음으로 리드 보컬을 조정하고 나머지 악기들을 믹스합니다. 많은 사람들이 악기 간의 레벨 밸런스를 끝내고 보컬을 올리는데, 이 방법은 음악의 전체 레벨을 너무 크게 혹은 작게 할 수 있습니다. 왜냐하면 음악 레벨이 리드 보컬에 따라 결정되는 곡들이 많기 때문입니다. 모든 악기와 보컬의 레벨 조정이 끝나면 약 30분 정도 들으면서 개선점을 찾습니다.

믹스의 시작 악기는 음악의 주요 악기에 따라 달라집니다. 예를 들어 댄스 음악이라면 킥 드럼이 모든 것을 좌우하므로 이 악기가 명백한 출발점이 되겠지만 오케스트라 위주의 음악은 리듬 파트가 없거나 혹은 작은 부분을 차지하기 때문에 시작 악기가 변합니다. 예를 들어 넓은 공간성이 필요한 음악이라면 바이올린, 비올라, 첼로 그리고 더블 베이스를 믹스하고 다음으로 목관 악기, 금관악기 그리고 타악기 순으로 진행합니다. 한편 재즈 음악은 멜로디 악기 혹은 더블 베이스로 시작하면 될 것입니다.

> ### 💣 믹싱에 정답은 없다
> 간혹 사람들은 믹싱에 정답이 없다고들 하지만, 사실 음악과 미술과 같은 창의적인 예술 분야에서 정답이 있다, 없다 등을 논한다는 자체가 정말 우스꽝스러운 일이지요. 하지만 음식마다 독특하고 고유한 맛이 있듯이 음악 장르마다 그들만의 레벨과 음색 그리고 공간성 밸런스가 있습니다. 따라서 믹스 전에 밴드 혹은 편곡자와 충분한 대화가 필수적이고 믹싱할 음악과 유사한 앨범을 참고하는 것도 좋은 방법이 될 것입니다. 믹싱의 정답은 여러분이 아닌 대중들이 내릴 것이고 여러분은 그저 음악이 많이 팔리도록 노력하면 됩니다. 이것이 바로 여러분이 찾아야 할 정답입니다.

패닝

믹싱에서 무심코 지나치는 것이 패닝(Panning)인 것 같습니다. 이것은 스테레오 스피커 사이의 음향 공간에 악기음을 배치하는 것으로, 통상적으로 믹서의 팬 포트로 실행하지만 실제로는 그 이상의 음향적 가치가 있습니다. 예를 들어 곡 중간에 악기음을 이동시킴으로써 감흥을 유도할 수 있고 음색이 비슷한 악기들을 서로 다른 곳(왼쪽 혹은 오른쪽)에 배치하여 악기음의 선명도를 향상시킬 수도 있습니다. 따라서 올바른 패닝 방법은 음악을 더욱 거대하고 넓고 깊게 만듭니다. 그렇다면 적절한 패닝 방법은 무엇이며 여기에는 어떤 규칙들이 있을까요? 물론 여러분이 임의적으로 결정할 수 있지만 다음은 많은 프로 엔지니어들이 수긍하는 일반적인 규칙들입니다.

킥 드럼

킥 드럼은 중앙을 제외한 다른 곳에 배치하는 경우가 드물고 대부분이 스테레오 스피커 사이의 정중앙에 패닝합니다. 물론 킥 드럼을 다른 곳에 배치하는 것이 결코 잘못된 일은 아니지만 통상적으로 중앙입니다. 이곳을 고집하는 이유는 청각적, 물리적 그리고 음향적인 측면에서 유리한 점이 많기 때문입니다.

더블 킥 드럼은 몇 가지 고려할 점들이 있습니다. 여기서 중요한 요소는 두 번째 킥 드럼의 연주 방법입니다. 때로는 완전히 왼쪽과 오른쪽 혹은 약간 왼쪽과 오른쪽으로 패닝하기도 하고, 때로는 메인 킥 드럼을 중앙, 두 번째 킥 드럼을 한쪽으로 약간 치우치게 패닝하기도 합니다. 여하튼 완전히 왼쪽과 오른쪽으로 패닝하는 것은 매우 부자연스럽지만 간혹 이것이 창의적일 수도 있습니다.

스네어 드럼

스네어 드럼 역시 킥 드럼처럼 중앙에 배치하는 것이 일반적입니다. 물론 재즈 음악에서는 드럼 세트의 스네어 드럼 위치를 정확히 표현하고자 약간 한쪽으로 치우치기도 하지만 거대한 록 음악에서는 중앙이 가장 좋은 지점입니다. 왜냐하면 킥 드럼 정도의 커다란 공간이 필요하기 때문입니다.

하이햇

하이햇은 드럼 키드의 실제 위치와 동일하게 한쪽으로 약간 치우치는 게 일반적이지만 만일 믹스가 복잡하거나 악기에 공간성을 부여한다면 완전히 한쪽으로 패닝하는 것도 무난한 방법입니다. 한편 하우스 음악과 힙합은 특정 지점으로 고정하지 않고 믹스 과정에서 위치를 변경하거나 디지털 딜레이를 이용해서 완전히 왼쪽과 오른쪽으로 패닝하기도 합니다.

탐탐

믹스에 화려함을 부여하기 위해 왼쪽과 오른쪽으로 폭 넓게 펼치기도 하지만 가장 자연스런 패닝은 실제 드럼 세트와 동일한 스테레오 스피커 사이입니다. 그러나 만일 플로어 탐에 강력한 에너지가 요구된다면 중앙으로 패닝합니다. 이것은 킥 드럼과 베이스기타를 중앙으로 하는 것과 같은 이치입니다.

그렇다면 탐탐의 패닝 순서를 연주자 관점인 왼쪽에서 오른쪽으로 해야 할까요, 아니면 청중 관점인 오른쪽에서 왼쪽으로 해야 할까요? 어떤 방법이든 크게 상관없지만 라이브 공연인 경우에는 오른쪽에서 오른쪽으로 패닝해야 합니다. 왜냐하면 청중의 시각과 청각이 일치해야 하기 때문입니다. 따라서 라이브 공연 혹은 밴드가 라이브한 녹음을 원한다면 오른쪽에서 왼쪽으로 패닝합니다. 비록 드럼 패닝이 믹스에 중요한 요소는 아니지만 사람에 따라 강렬한 인상을 받기 때문에 그들의 취향을 파악하는 것이 좋습니다.

오버헤드

오버헤드는 스테레오 녹음이 일반적이며, 믹스에서 완전히 왼쪽과 오른쪽으로 펼칩니다.

이렇게 하면 심벌들을 분리시키면서 상당히 폭넓은 스테레오 이미지를 얻을 수 있습니다. 여기서 유념할 점은 오버헤드의 스테레오 이미지가 마이크 세팅에 좌우된다는 것입니다. 두 마이크의 간격이 넓을수록 더욱 넓은 공간성의 심벌 음을 얻을 수 있지만, 그만큼의 위상 상쇄로 인한 음색 변질이 우려됩니다. 한편 드럼 키트의 중앙 지점에서 XY 마이킹 한다면 스테레오 공간성이 좁아지면서 심벌 음이 선명하지 않지만 상대적으로 위상 상쇄는 발생하지 않습니다.

드럼 세트

드럼 세트를 가장 자연스럽게 패닝하려면 오버헤드 마이크 신호를 오른쪽과 왼쪽으로 완전히 펼치고 그 사이에 탐탐을 넣고 왼쪽에서 오른쪽으로 패닝합니다. 이 방법은 오버헤드와 탐탐의 스테레오 이미지와 동일하기 때문에 매우 선명한 드럼 세트를 제공합니다.

베이스기타

베이스기타는 매우 큰 음향 에너지를 지닌 주요 리듬 악기이므로 킥 드럼과 함께 중앙에 배치합니다. 물론 재즈 혹은 이와 유사한 장르의 음악에서는 한쪽으로 치우치기도 하지만 거의 대부분 중앙입니다.

리드보컬

논의할 가치도 없이 리드보컬은 항상 중앙이지만 간혹 의도적인 비대칭 패닝 방법이 창의적일 때도 있습니다. 예를 들면 보컬을 스테레오 마이크로 녹음하거나 디지털 딜레이를 이용하여 스테레오 이미지를 만든 다음 두 음을 왼쪽과 오른쪽으로 폭넓게 펼치거나 혹은 11시와 1시 혹은 10시와 2시 방향으로 패닝합니다.

백그라운드 보컬

백그라운드 보컬의 패닝은 편곡에 좌우되지만 모노 트랙으로 녹음하면 어려운 점이 많습니다. 중앙으로 패닝하면 리드 보컬이 버티고 있고 특정 지점으로 옮기면 전체적인 믹스 밸런스가 한쪽으로 치우치게 됩니다. 따라서 백그라운드 보컬은 스테레오 혹은 더빙하거나 디지털 딜레이를 이용하여 좌우로 펼치는 것이 가장 무난합니다. 예를 들어 유니즌으로 더빙한 백그라운드 보컬을 완전히 좌우로 패닝하면 상당히 풍부한 보컬 라인이 형성됩니다. 특히 백그라운드가 하모니 파트라면 리드 보컬 지점으로 패닝하지 않고 11시와 1시 혹은 10시와 2시 방향으로 펼칩니다.

그랜드 피아노

스테레오 솔로 그랜드 피아노는 저음 현을 왼쪽, 고음 현을 오른쪽으로 패닝합니다. 심지어 라이브 콘서트에서도 저음 현을 왼쪽으로 합니다. 이처럼 피아노를 스테레오로 완전히 펼치면 음이 선명하고 공간성이 넓힐 수 있으므로 편곡이 단순한 음악에 좋습니다. 물론 이 방법을 복잡한 편곡에도 적용할 수 있지만 다른 악기들의 음향 공간을 고려한다면 약간 좁게 혹은 한쪽으로 모으는 것이 유리합니다. 예를 들어 풀 서스테인 코드를 연주한다면 풍성한 스테레오 이미지를 재현하기 위해 좌우로 폭 넓게 패닝하고, 스타카토 혹은 리듬 파트라면 어느 한 지점으로 좁힙니다. 드럼의 하이햇은 오른쪽으로 보내면 피아노의 고음 현을 마스킹 할 수 있으므로 왼쪽으로 패닝합니다.

기타

기타는 그랜드 피아노(일반 키보드)와 거의 비슷하지만 간혹 믹스의 다른 악기를 고려해서 특정 지점으로 패닝하기도 합니다. 기타를 뚜렷하게 부각시키려면 스테레오 녹음 혹은 디지털 딜레이로 폭넓게 패닝합니다.

스트링 섹션

일반적으로 스트링 섹션은 스테레오 방식으로 녹음하거나 또는 두 번 이상 더빙하여 완전히 오른쪽과 왼쪽으로 패닝합니다. 또한 디지털 딜레이를 이용해서 스테레오로 만들 수 있습니다. 그러나 만일 믹스의 음향 공간이 부족하다면 좌우 패닝을 좁혀야 할 것입니다.

딜레이

악기음에 따라 다르지만 대체로 딜레이 타임이 30ms 이상으로 길어지면 원음과 지연음이 분리되어 들리기 시작합니다. 이때 두 음을 완전히 좌우로 패닝하면 곡 전체를 압도할 정도의 강력한 다이내믹이 형성됩니다. 간혹 원음과 지연음을 같은 지점으로 패닝하는 것도 상당히 효과적일 수 있습니다. 만일 딜레이 타임을 30ms 이하로 설정한다면 원음과 지연음을 좌우로 완전히 펼칩니다. 앞에서 설명했듯이 이것을 패트닝 이펙트(Fattening Effect)라고 합니다. 하여튼 패트닝 효과를 만들 때 고려할 사항은 악기음의 지속시간입니다. 달리 말하면 스타카토는 음의 지속시간이 매우 짧기 때문에 두 음이 분리되어 들립니다. 따라서 패트닝 이펙트를 거의 사용하지 않습니다. 그럼에도 불구하고 만일 짧은 지속기간의 음에 패트닝을 사용해야 한다면 11시와 1시 사이로 패닝하는 게 무난합니다. 반면 긴 지속시간의 음은 예외 없이 완전히 좌우로 펼칩니다.

플랜징, 코러싱, 페이징

이러한 모듈레이션 이펙트 역시 패트닝처럼 짧은 딜레이 타임을 기반으로 하지만 이펙트 음이 너무 부각되어 들리므로 완전히 넓히지는 않습니다.

잔향

믹싱에서 스테레오 잔향은 완전히 펼치는 것이 가장 일반적이며 이렇게 하면 자연스런 실내 잔향음을 재현할 수 있습니다. 물론 잔향을 어느 곳으로든 패닝할 수 있습니다. 예를 들면 기타 음은 왼쪽, 잔향은 오른쪽으로 펼칠 수 있습니다. 또한 잔향을 원음과 같은 지점으로 패닝하는 방법도 상당히 효과적인데, 예를 들면 키보드가 오른쪽에 있다면 잔향 역시 오른쪽으로 패닝합니다. 이 방법은 특히 짧은 잔향이나 게이트 잔향에 매우 효과적입니다.

 **스테레오 파노라마(혹은 이미지)에 관한 용어**

■**정위(Localization)** : 스테레오 스피커 사이의 음향 공간에서 악기음의 위치를 말합니다. 예를 들면, 리드보컬은 중앙, 일렉트릭 기타는 왼쪽 등입니다.

■**스테레오 폭(Stereo Width)** : 하나의 악기 혹은 그룹 혹은 이펙트 음이 점유하고 있는 음향 공간을 말하며, 음악에 따라 드럼 킷의 음향 공간이 달라집니다.

■**스테레오 초점(Stereo Focus)** : 음이 얼마나 선명하게 들리는가를 나타내며 일반적으로 대중음악에서 리듬악기들은 가깝고 또렷하게, 현 섹션 혹은 신디사이저 스트링 등은 멀고 흐릿하게 합니다.

■**스테레오 전개(Stereo Spread)** : 스테레오 스피커에서 여러 악기음들의 배치 상황을 말하며, 예를 들어 보컬과 피아노를 모두 중앙으로 패닝하면 음악의 스테레오 이미지가 좁아지고, 한편 완전히 왼쪽과 오른쪽으로 패닝하면 너무 과도한 스테레오 이미지가 전개됩니다(**그림14-3**).

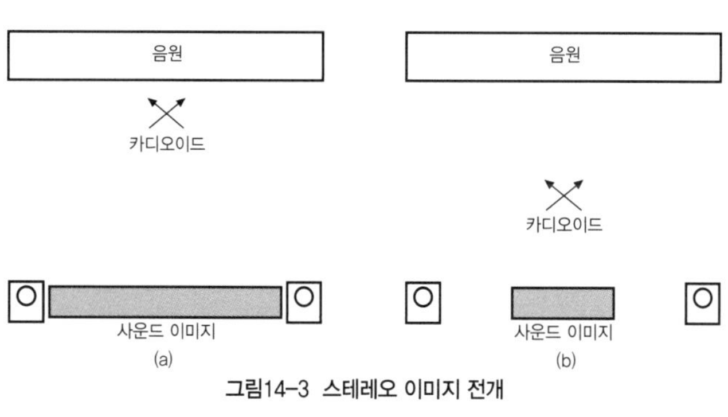

그림14-3 스테레오 이미지 전개

이퀄라이징

프로 엔지니어들은 녹음과 오버더빙 과정에서 가능한 악기음을 크고 명료하게 만들려고 노력하지만 대부분의 경우 믹스다운에서 음악에 따라 악기음 조정은 불가피합니다. 비록 이퀄라이저가 주파수 레벨만을 변경하는 도구에 지나지 않지만, 사실상 음색 변화에 가장 많은 영향을 미치는 유닛으로 다음과 같은 역할을 합니다.

■주파수 스펙트럼 밸런스

너무 당연한 얘기지만 이퀄라이저는 악기의 잘못된 주파수 응답을 수정하고 악기의 음색 규모를 넓히거나 좁힐 수 있습니다.

■다이내믹 프로세서의 저음 손실 보상

이전에 설명했듯이 컴프레서는 베이스기타의 불규칙한 레벨 변화를 조정하는데 자주 사용됩니다. 이렇게 하면, 레벨은 일관되게 유지할 수 있지만 악기의 저음 성분이 심하게 손상되는 경우가 자주 발생합니다. 이와 비슷한 현상을 킥 드럼과 스네어 드럼에서도 볼 수 있는데, 이퀄라이저로 이러한 저음 손실을 보상할 수 있습니다.

■스테레오 보강

이것은 주로 모노 음원에 넓은 스테레오 이미지를 부여할 때 사용하는 방법으로, 피킹 이퀄라이저로 왼쪽 채널 신호의 중음(300~500Hz, 좁은 Q)을 줄이고, 오른쪽 채널 신호의 중고음(2~3kHz, 넓은 Q)을 보강하면 모노 음원이 훌륭한 스테레오 음원을 변합니다.

■깊이감 보강

3장에서 설명했듯이 악기의 저음 성분은 장애물 주변에서 회절되면서 에너지 손실이 거의 없지만 고음 성분은 장애물에 흡수되어 에너지가 급격히 사라집니다. 이 같은 에너지 불균형 현상은 악기의 거리감(깊이감)을 제공합니다. 따라서 만일 믹싱에서 악기를 뒤로 보내고 싶다면 저음은 올리고 고음을 줄이고, 만일 악기를 앞으로 끌어당긴다면 저음은 줄이고 고음을 올립니다.

■불필요한 음 제거

간혹 마이크로 악기음과 함께 실내 진동과 전원 험 그리고 히스 잡음 등이 함께 픽업되기도 합니다. 이 같은 잡음들은 노이즈 게이트로 손쉽게 제거할 수 있지만 악기에 필요한 서스테인 음까지 손실될 수 있으므로 이 경우에는 필터링이 유리합니다.

■음 분리

베이스기타와 킥 드럼을 믹싱하면서 힘든 점은 두 악기음이 불투명해지는 것입니다. 그 원인은 두 악기의 주파수 스펙트럼이 같은 주파수 대역에 집중되어 있기 때문입니다. 이런 경우에는 한쪽 악기의 주파수 레벨을 올리고 다른 악기에서 이와 동일한 주파수의 레벨을 줄입니다. 이것을 일명 거울 이퀄라이제이션(Mirrored Equalization)이라 하며, 악기의 음 분리도가 향상됩니다(**그림 14-4**).

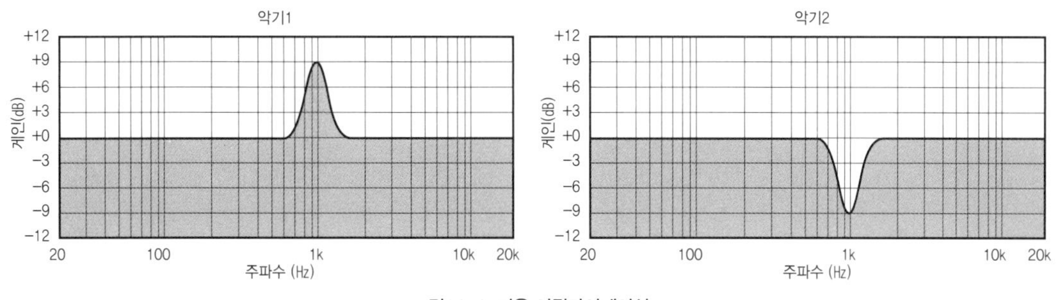

그림14-4 거울 이퀄라이제이션

주파수 스펙트럼

서브 베이스(Sub Bass)

16~60Hz 사이의 매우 낮은 저음 대역으로, 먼 곳에서 울리는 천둥소리처럼 들리기보다 느껴지는 주파수들입니다. 따라서 음악에 힘(power)을 부여하기도 하지만 과도하면 음의 선명도를 해칠 수 있습니다.

베이스(Bass)

60~250Hz 사이의 저음 대역으로, 베이스기타와 킥 드럼 그리고 스네어 드럼과 같은 저음 악기의 기본음들이 여기에 포함됩니다. 따라서 심하게 이퀄라이징하면 악기의 레벨 밸런스가 변하거나 음이 비대 혹은 얇아질 수 있습니다.

로우 미드(Low Mid)

250~2000Hz 사이의 중저음 대역으로, 저음 악기의 배음과 중음 악기의 기본음들이 여기에 포함됩니다. 500Hz에서 1000Hz 사이의 주파수를 올리면 악기음이 뿔 소리처럼 변하고 1kHz에서 2kHz 사이를 올리면 알맹이 없는 음이 되면서 쉽게 피곤해질 수 있습니다.

하이 미드(High Mid)

2~4kHz 사이의 중고음 대역으로, 저음 악기의 배음과 고음 악기의 기본음들이 포함되어 있습니다. 악기음에서 이 주파수 대역을 올리면 보컬의 주요 음들이 마스킹 되어 잘 들리지 않게 되고, 보컬에서 과도한 3kHz 증가는 귀를 쉽게 피곤하게 할 수 있습니다. 그러므로 악기음에서 3kHz를 약간 줄이고 보컬에서 3kHz를 약간 올리면 악기 레벨을 줄이지 않으면서 보컬을 명료하게 만들 수 있습니다.

프리센스(Presence)

4~6kHz 사이의 고음 대역으로, 투명하고 명료한 보컬과 악기음을 제공합니다. 주파수 레벨을 올리면 음이 더욱 가까이 다가옵니다. 믹스 프로그램에서 5kHz를 약간 줄이면 비록 소리는 멀어지지만 투명하게 들립니다.

명도(Brilliance)

6~16㎑ 사이의 초고음 대역으로, 보컬에 명료하고 선명한 음색을 제공합니다. 그러나 과도한 증가는 치찰음을 유발할 수 있습니다.

 음악 장르에 따라 다소 다를 수 있지만, 모든 악기들의 이퀄라이징은 보컬 음색을 기준으로 해 보세요. 그렇지 않으면 보컬이 반주 음악에 묻히거나 매우 날카로워질 수 있습니다.

이퀄라이저 조정 순서

1) 파라메트릭 이퀄라이저의 모든 게인 컨트롤을 제로(0)로 합니다. 바이패스 버튼이 있는 이퀄라이저 역시 마찬가지입니다. 왜냐하면 이퀄라이저를 'ON' 할 때 음색 변화 없이 시작할 수 있기 때문입니다.

2) 미숙한 사람들이 자주 범하는 실수는 원하는 음색을 정확히 파악하기도 전에 이퀄라이징부터 하려는 것입니다. 마음속의 음색이 결정되기 전까지는 절대로 이퀄라이저에 손대지 않고 조정할 부분을 생각합니다. 여기서 체크할 성분으로는 혼탁한 저음 혹은 중저음, 자극성 중고음, 마지막으로 필요한 고음 주파수와 레벨입니다. 다음은 이에 관한 조정 방법입니다.

■ 혼탁한 저음 혹은 중저음 제거

랩이나 힙합을 제외한 대부분의 음악에서는 킥 드럼의 혼탁한 중저음(100~800㎐)을 제거할 필요가 있습니다. 그리고 만일 탐탐, 베이스기타, 피아노, 어쿠스틱 기타 역시 마이크를 가까이 사용한다면 이러한 혼탁한 주파수 레벨이 증가할 수 있는 악기들입니다. 대체로 300~500㎐ 사이의 주파수들이 혼탁함을 유발할 가능성이 가장 높습니다. 하여튼 앞에서 설명했듯이 이 주파수 대역에는 악기의 보디 사운드(Body Sound)가 집중되어 있으므로 심하게 제거하면 음이 얇아질 수 있습니다. 만일 얇아진다면 두려워하지 말고 40~60㎐ 사이의 주파수 레벨을 충분히 올려서 보상합니다.

■ 자극성 중고음 제거

1~5㎑ 사이의 주파수 대역은 매우 완고하고 자극적인 음을 제공합니다. 따라서 보컬, 일렉트릭 기타 그리고 심벌(하이햇) 혹은 스네어 드럼 등은 녹음 과정에서부터 어느 정도 줄일 필요가 있습니다. 만일 악기음을 상당히 큰 레벨로 모니터링 할 때 스튜디오 사람들의 인상이 심하게 일그러진다면 악기의 중고음 성분이 과도한 것입니다. 하여튼 과도한 중음 제거는 절대로 삼가야 합니다. 왜냐하면 이 주파수 대역에는 고음 악기의 기본음과 중음 악기의 배음 성분이 상당량 있기 때문입니다. 만일 중고음을 제거하면서 악기음이 약간 둔하게 들린다면 고음 주파수로 보상합니다(5~10㎑).

■ 필요한 고음 주파수

필요한 고음 증가 주파수(5~8㎑)는 음악 장르에 따라 결정됩니다. 예를 들어 스네어 드럼인 경우 R&B, 댄스 그리고 록 음악은 어떤 장르보다도 더욱 강한 고음 에너지가 필요하지만 트로트 혹은 포크 계열의 음악은 자연스런 음색이 유지해야 하므로 올리지 않습니다.

3) 탁한 음은 가능한 좁은 대역폭(Q)으로 제거합니다. 그렇지 않으면 필요한 음까지 사라질 수 있습니다. 자극성 음 역시 좁은 대역폭으로 조정합니다. 만일 보컬, 기타 그리고 심벌 등에 넓은 대역폭을 사용하면 악기의 보디 음이 사라지고 프리센스가 감소하면서 음색이 둔해질 수 있습니다. 그러나 필요한 고음 주파수 레벨을 올릴 때 중간 Q로 시작하면 한결 자연스런 음색을 얻을 수 있을 것입니다. 만일 Q 설정에 자신이 없다면 좁은 Q로 시작해서 점진적으로 넓혀갑니다.

4) 이제 감소 혹은 증가할 주파수를 선택할 시간입니다. 우선 문제가 된다고 생각하는 주파수의 게인을 충분히 올립니다. 여기서 유념할 점은 저음 증가는 스피커 파손을 유발하고 중음 증가는 청각을 마비시킬 수 있으므로 한 손으로 이퀄라이저 게인을 올리면서 다른 손으로는 채널 페이더 혹은 마스터 볼륨을 줄입니다. 물론 이퀄라이저 게인을 줄이면서 불필요한 주파수 성분을 찾을 수도 있지만 올리는 조정 방법이 유리합니다. 만일 탁하거나 자극적인 주파수를 찾았다면 레벨을 줄입니다.

5) 바이패스 버튼으로 조정 이전과 이후의 상태를 비교합니다.

그림14-5(a)는 악기 별 주파수 대역이고 **그림(b)**는 적절한 이퀄라이징 그리고 **그림(c)**는 부적절한 이퀄라이징의 예입니다.

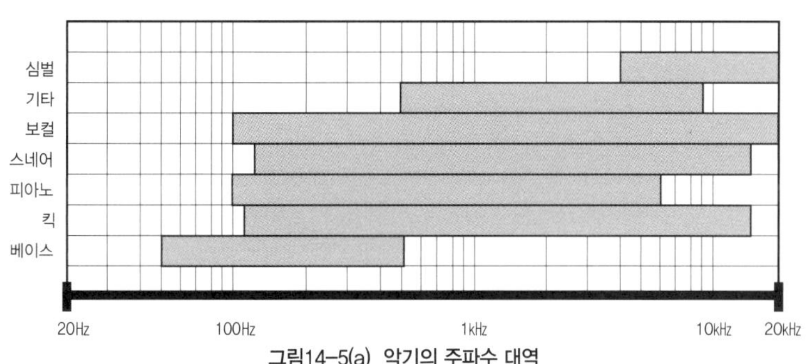

그림14-5(a) 악기의 주파수 대역

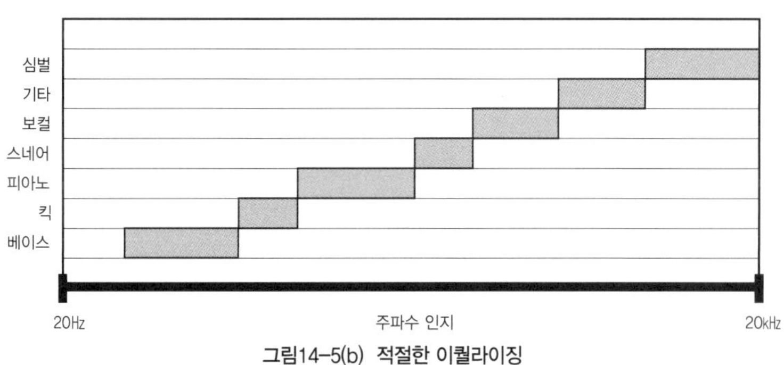

그림14-5(b) 적절한 이퀄라이징

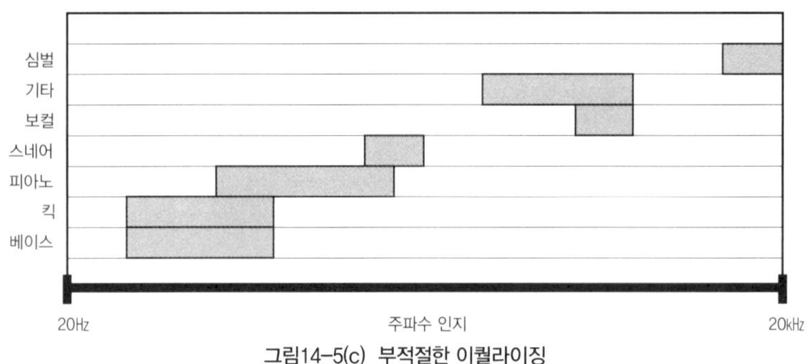

그림14-5(c) 부적절한 이퀄라이징

> **휴식의 필요성**
>
> 조정한 음을 원음과 비교할 때 만일 원음이 처음 들었을 때보다 심하게 둔하거나 날카롭게 느껴진다면 음의 판단 능력이 한계를 초과한 것이므로 무조건 쉬는 수밖에 없습니다. 따라서 이퀄라이저의 패스 버튼을 자주 이용해서 조정 이전(before)과 조정 이후(after)를 비교함으로써 귀의 인지 능력을 일정하게 유지하는 것이 필요합니다(이것은 와인 소믈리에가 물로 입을 자주 헹구어 내는 것과 같은 이치입니다).

명료하고 투명한 음 이퀄라이징(1)

항상 그런 것은 아니지만 녹음에서 악기의 선명함이 부족한 이유는 마이크를 악기 가까이 사용하면서 400~800Hz 사이의 중음이 심하게 증가하기 때문입니다. 그래서 이 주파수 대역을 일명 혼탁한 중음역(mud mid range)이라 합니다.

1) 피킹 이퀄라이저로 400~800Hz 사이의 주파수 레벨을 8~10dB 정도 줄인다.

2) 탁한 음의 주파수를 찾았다면 다시 한 번 레벨을 조정한다.

3) 필요하다면 1~4kHz 사이를 1dB 혹은 그 이상 올려서 초점(focus)을 만든다.

4) 필요하다면 5~10kHz 사이를 약간 올려서 생동감을 부여한다.

5) 필요하다면 10~15kHz 사이를 약간 올려서 에어 사운드를 첨가한다.

명료하고 투명한 음 이퀄라이징(2)

1) 100Hz 이하의 저음을 모두 줄인다.

2) 음이 두꺼워지는 중고음 주파수를 찾아 올린다.

3) 보디 음을 제공하는 중저음 주파수를 찾아 올린다.

4) 처음에 줄였던 저음 레벨을 올려서 바닥 음(bottom sound)을 만든다.

5)선명함에 필요한 고음을 추가한다.

활력보다 크고 거대한 악기음 혹은 믹스 프로그램을 만드는 이퀄라이징

1) 저음 주파수를 8~10㏈ 정도 올린다.

2) 풍부한 저음 주파수를 찾아 올린다.

3) 이 저음 주파수보다 한 옥타브 높거나 혹은 낮은 주파수를 몇 ㏈ 올린다. 예를 들어 만일 120㎐이면 60㎐를, 50㎐이면 100㎐를 약간 올린다.

악기 음색 별 주파수 대역

■일렉트릭 베이스기타 : 50~80Hz(bottom end), 700Hz(attack), 2.5kHz(snap).

■킥 드럼 : 80~100Hz(bottom end), 400Hz(hollowness), 3~5kHz(point)

■스네어 드럼 : 120~240Hz(fatness), 900Hz(boring), 5kHz(crispness), 10kHz(snap)

■랙 탐 : 240~500Hz(fullness), 5~7kHz(attack)

■플로어 탐 : 80~120Hz(fullness), 5kHz(attack)

■하이햇, 심벌 : 200Hz(clang), 8~10kHz(sparkle)

■일렉트릭 기타 : 240~500Hz(fullness), 1.5~2.5kHz(presence)

■어쿠스틱 기타 : 80Hz(fullness), 240Hz(body), 2~5kHz(presence)

■오르간 : 80Hz(fullness), 240Hz(body), 2~5kHz(presence)

■피아노 : 80Hz(fullness), 2.5~5kHz(presence), 2.5kHz(honkey tonk)

■혼 : 120~240Hz(fullness), 5kHz(piercing)

■보이스 : 120Hz(fullness), 240Hz(boominess), 5kHz(presence), 5kHz(sibilance), 10~15kHz(air sound)

■스트링 : 240Hz(fullness), 7~10kHz(scratchiness)

이퀄라이징 표현 방법

과거에 이런 일이 있었답니다. 오케스트라 지휘자가 녹음된 음악을 듣고 난 후 본인 생각을 엔지니어에게 전달해야 하는데 마땅한 표현 방법이 없었답니다. 그가 할 수 있는 말이란 '현 섹션이 조금 시원하게 들렸으면 좋겠는데요?' 이에 대해 엔지니어는 분명히 이렇게 생각했을 것입니다. '현악기가 선풍기도 아니고 어떻게 시원하게 만들지?' 요즈음도 마찬가지인 것 같습니다. 사실 지금까지 우리는 악기의 이퀄라이징에 관해 간략하게 살펴보았지만 미묘한 음색을 단지 주파수 레벨로 표현한다는 것이 어찌 보면 상당히 무모한 일일 수 있습니다. 하지만 우리 역시 오케스트라 지휘자처럼 다음과 같이 말할 수밖에 없을 것입니다. '킥 드럼은 물 먹은 창호지 찢어지는 소리, 스네어 드럼은 두꺼우면서 파삭파삭한 소리 그리고 심벌은 얇으면서 하늘을 나는 소리 등등'

이처럼 악기 음색을 말로 표현하기란 쉽지 않고 이로 인해 엔지니어와 편곡자 혹은 제작자 사이의 대화가 불통

되곤 합니다. 이것은 미디 음악을 직접 작곡하고 녹음하고 믹싱하는 사람도 마찬가지 일 것입니다. 하지만 음향에 대한 지식이 어느 정도 쌓이면 그리 어려운 일만도 아닙니다. 예를 들어 물 먹은 창호지 찢어지는 킥 드럼 소리는 악기의 어택 음을 강조하고 저음을 줄이면 되고, 두꺼우면서 파삭파삭한 스네어 드럼 소리는 어택 음과 스네어 음을 강조하면 됩니다. 다음은 주파수에 관련된 음 표현 방법입니다.

- 500Hz 이하의 주파수들을 적당히 올리면 파워감과 무게감(200Hz이하)이 증가하고 음색이 따뜻하고 두터워지지만, 과도하면 탁하고 둔해집니다. 또한 적절히 줄이면 선명해지지만 너무 줄이면 얇아지고 가늘어집니다.
- 500Hz~7kHz 사이의 주파수들을 적절히 올리면 음이 선명해지면서 앞으로 부각되어 들리지만, 과도한 500Hz는 텅 빈 소리를, 1kHz는 통화음처럼 만듭니다.
- 7kHz 이상의 주파수들을 적절히 올리면 음이 밝아지고 명료해지지만, 부적절하면 음이 짜증스럽고 현악기의 활 소리가 거칠어집니다.

> **이퀄라이징의 우선 순위**
>
> 아마도 여러분은 밤새 조정한 악기 음색이 다음 날이면 전혀 다르게 들리고 심지어 때로는 원래보다 못한 황당함을 자주 겪었을 것이고 어쩌면 앞으로 겪게 될 것입니다. 그 원인 가운데 하나는 소리에 오래 노출될수록 음 인지 능력이 심하게 떨어지기 때문입니다. 이를 해결하려면 가능한 빠른 시간에 조정을 끝내야 하는데 그러기 위해서는 이퀄라이징을 하기 전에 악기의 어느 성분(저음, 중음, 고음)을 조정할 것인지를 사전에 결정해야 할 것입니다.

컴프레션

컴프레서 조정

미디 음악을 처음 시작하는 사람들이나 음향을 처음 접하는 사람들에게 컴프레서의 조정 상태를 단지 귀로 판단하는 것은 매우 힘든 일이 될 수 있을 것입니다. 다음은 컴프레서의 게인 리덕션 미터(VU)를 통해 대략적으로 조정할 수 있는 진행 순서입니다.

1) 믹싱 콘솔의 채널 인서트에 컴프레서를 연결한다.
2) 압축할 악기 혹은 보컬을 듣는다.
3) 압축 비율을 20:1 정도로 높게 설정한다.
4) 어택 타임과 릴리즈 타임을 가장 빠르게 설정한 다음, 피크 레벨에서 10dB 정도의 압축이 발생하도록 트레숄

드를 설정한다.

5) 녹음 과정에서는 어택 타임을 서서히 느리게 조정하면서 미터 지침의 움직임이 악기음보다 약간 늦게 반응하도록 설정한다. 릴리즈 타임 역시 서서히 느리게 조정하면서 악기음이 사라지기 바로 전에 미터 지침이 원래 지점(0VU)으로 회복되도록 조정한다.

6) 압축 비율을 2:1에서 5:1 정도로 재조정한다.

7) 압축 음이 자연스럽게 들리도록 트레숄드를 높게 설정한다.

8) 원래 음과 압축 음을 비교하면서 어택 타임과 릴리즈 타임을 다시 한 번 조정한다.

병렬 컴프레션

일명 사이드 체인 컴프레션(Side Chain Compression) 혹은 뉴욕 컴프레션 트릭이라고도 하는 병렬 컴프레션(Parallel Compression)은 주로 드럼, 베이스, 리듬 섹션 그리고 보컬에 사용하는 테크닉입니다. 이것은 일반 컴프레션처럼 큰 레벨을 줄이는 대신에 작은 레벨을 올리는 것으로, 동작 원리가 매우 단순합니다. 신호를 복사한 다음, 이것을 압축하여 압축하지 않은 원음과 믹스하는 방법입니다(**그림14-6**). 여기서 어택 타임은 악기의 어택 음이 과도하게 압축되지 않을 정도로 가능한 빠르게 설정하고 릴리즈 타임 역시 빠르게 합니다. 통상적으로 병렬 컴프레션은 하나의 악기보다 악기 그룹(드럼 믹스)에 사용하면 더욱 효과적입니다.

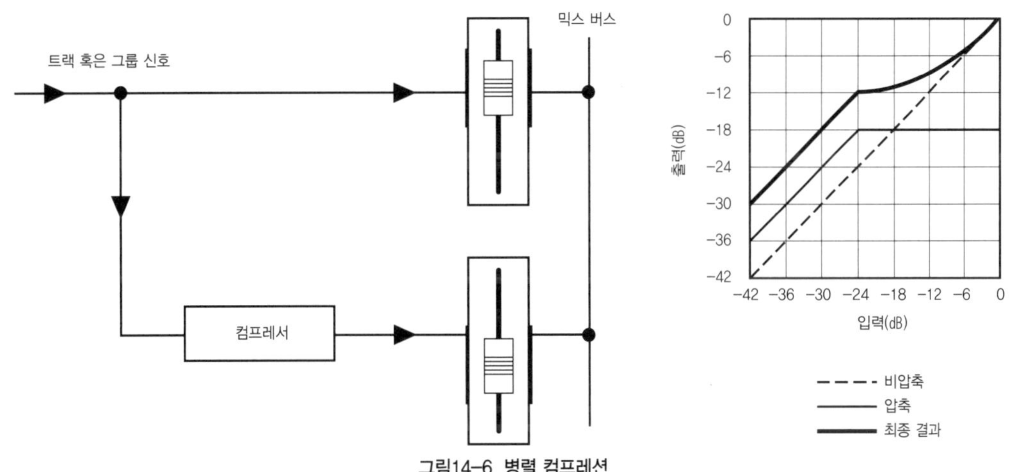

그림14-6 병렬 컴프레션

다음은 리듬 섹션의 병렬 컴프레션 예문입니다.

1) 콘솔 버스를 통해 드럼과 베이스를 스테레오 컴프레서로 보낸다.

2) 만일 믹스 상태가 만족스럽다면 10dB 혹은 그 이상으로 심하게 압축한다.

3) 컴프레서 출력을 콘솔의 스테레오 입력 페이더로 보낸다.

4) 피킹 이퀄라이저로 압축 신호의 고음(10kHz, 6~10dB)과 저음(100Hz, 6~10dB)을 올린다.

5) 기존의 리듬 섹션을 들으면서 압축 음 레벨을 조정한다.

직렬 컴프레션

직렬 컴프레션(Serial Compression) 혹은 멀티 스테이지 컴프레션(Multi-stage Compression)은 두 대의 컴프레서를 직렬로 연결하는 테크닉으로, 첫 번째 컴프레서로는 연주 레벨을 일정하게 조정하고 두 번째 컴프레서로는 악기에 파워를 향상시킵니다. 여기서 레벨 조정용인 첫 번째 컴프레서는 자연스런 음을 유지하기 위해 어택 타임을 15ms 정도로 느리게 하고 릴리즈 타임은 5ms 정도로 빠르게 합니다. 그리고 압축 비율은 2:1에서 3:1 정도로 합니다.

믹스 버스 컴프레션

믹스 버스 컴프레션(Mix Bus Compression) 혹은 뉴욕 스타일 컴프레션(N.Y Style Compression)은 어느 연주자가 스튜디오에서 듣던 음악이 라디오에서는 더욱 강력하게 들린다는 것에 착안한 테크닉입니다. 통상적으로 방송국에서는 장비를 보호하는 차원에서 송수신 계통에 강한 리미터를 사용하는데, 이것이 CD보다 더욱 강하게 압축된 음으로 변하게 합니다.

믹스 버스 컴프레션에는 두 가지 접근 방식이 있는데, 믹싱 초기부터 사용하는 것과 믹싱이 끝난 후에 사용하는 것입니다. 여러 가지 면을 고려할 때. 믹싱에 익숙지 않은 사람에게는 믹싱 초기부터 사용하는 것이 좋을 것 같습니다. 그 이유는 각 트랙 신호의 과도한 압축을 피할 수 있고 킥 드럼과 스네어 드럼의 최종적인 음색을 어느 정도 파악할 수 있으며 오토메이션 게인 라이딩 값을 결정할 수 있기 때문입니다. 어떤 방식을 선택하든 마스터링과 방송국에서의 프로그램 압축을 고려한다면 2~3dB 정도의 압축이면 충분할 것입니다.

 **컴프레션과 이퀄라이징**

거의 대부분 악기의 컴프레션과 이퀄라이징은 함께 하는 경우가 많은데, 그렇다면 컴프레션 이후에 이퀄라이징 하는 것이 유리 할까요? 아니면 이퀄라이징 이후에 컴프레션을 해야 할까요? 만일 불필요한 공진음이나 피크 음이 심한 소스라면(킥 드럼, 스네어드럼) 무엇보다 이퀄라이저로 공진 혹은 피크 음을 제거하고 컴프레션 하는 것이 유리합니다. 그렇지 않으면 컴프레서가 과도한 공진음 혹은 피크 음에 동작하게 되면서 악기 음색이 얇아질 수 있습니다. 한편 다이내믹 변화가 심한 소스라면(보컬, 베이스기타)우선 컴프레서로 음 레벨을 어느 정도 일정하게 조정하고 이퀄라이징 합니다. 그렇지 않으면 오디오 장비에서 클리핑이 발생하여 음이 왜곡될 수 있습니다.

노이즈 게이트 조정 순서

1) 레인지를 20dB 정도로 설정한다.

2) 어택 타임을 제일 빠르게 한다.

3) 홀드 타임을 매우 빠르게 한다.

4) 릴리즈 타임을 매우 빠르게.

5) 트레숄드로 제거할 음을 설정한다.

6) 악기의 서스테인 뒷부분이 약간 끊어질 정도로 홀드 타임을 조정한다.

7) 릴리즈 타임으로 끊어진 서스테인 음을 보상한다.

8) 다시 한 번 레인지를 조정합니다. 만일 간섭음을 줄인다면 20dB 이하, 강한 댐핑이 필요하다면 30dB 이상으로 합니다.

 킥 드럼과 스네어 드럼처럼 비교적 레벨이 일정한 악기에는 노이즈 게이트 다음에 컴프레서를 연결하고 보컬처럼 레벨 변화가 심한 소스에는 컴프레서 다음에 노이즈 게이트를 연결합니다.

딜레이와 잔향

딜레이와 잔향 등의 타임 베이스 이펙트는 음악에 공간성을 제공하며, 통상적으로 녹음에서보다 믹싱 과정에서 실행합니다.

이펙터 종류와 개수

믹싱에서 필요한 이펙트 종류와 개수는 통상적으로 음악 스타일과 편곡에 따라 좌우됩니다. 예를 들어 뉴에이지, 얼터네티브 록 그리고 헤비메틀 등은 풍부한 공간성이 필요한 음악이므로 상당한 이펙트들이 필요하지만 반면에 블루그래스, 어쿠스틱 재즈 그리고 포크 계열은 가능한 이펙트를 줄이고 악기음을 선명하게 만들어서 음악에 신선함과 자연스러움을 부여합니다. 만일 편곡이 복잡한 음악이라면 악기 사이의 음향 공간이 좁아지므로 가능한 이펙트를 줄이며, 오케스트라 위주의 음악이 여기에 해당됩니다. 그러나 만일 편곡이 단순하고 곡의 템포가 느린 곡이라면 충분한 음향 공간이 형성되므로 이펙트를 늘립니다.

잔향 시스템

그렇다면 몇 가지 종류의 잔향 시스템이 필요할까요? 비록 명확한 기준이 없고 음악과 엔지니어에 따라 다르지만 일반적으로 4~6개 정도입니다. 하지만 어떤 경우이든 가능한 어택 음이 강한 리듬 악기와 보컬에는 독립된 잔향 시스템을 사용하는 것이 좋습니다. 그 이유는 리듬 악기와 보컬의 트랜션트 특성이 상당히 다르기 때문에 디지털 잔향 시스템의 헤드앰프에서 이들을 정확히 분해하지 못합니다. 예를 들어 보컬 잔향 시스템에 스네어 드럼을 함께 사용하면 보컬 잔향음이 스네어 드럼 때문에 탁해질 수 있습니다.

잔향 이퀄라이징

잔향음은 여러 신호 경로에서 이퀄라이징이 가능합니다. 비록 대부분의 잔향 시스템에는 내부적으로 이퀄라이저 기능이 있지만 별도의 이퀄라이저를 사용하는 것이 좋습니다. 그 이유는 음질 면에서 외부 이퀄라이저가 우수한 편이고 상황에 따라 잔향 시스템의 입력 혹은 출력 신호를 선택해서 이퀄라이징 할 수 있기 때문입니다. 일반적으로 잔향 시스템의 입력 신호(억스 센드)를 이퀄라이징 하지만 창의적인 공간성이 필요하다면 출력 신호의 이퀄라이징도 좋은 방법이 될 것입니다.

- ■ 잔향음을 돌출시키려면 밝게 한다.
- ■ 원음에 스며들게 하려면 부드럽게 한다.
- ■ 드럼과 일렉트릭 리듬 기타 등의 잔향은 하이패스 필터로 저음 성분을 제거한다.
- ■ 모노 악기의 공간성을 더욱 넓히려면 잔향 레벨을 높이고 잔향의 왼쪽 출력은 밝게, 오른쪽 출력은 어둡게 한다.

공간성 창출 방법

믹싱에서 다수의 딜레이 유닛과 잔향 시스템을 사용할 때 유념할 점은 이펙트 음 간의 공간성 충돌입니다. 이를 피하기 위해 다음과 같은 몇 가지 방법을 제안합니다.

- ■ 잔향시간이 길면 밝게, 짧으면 어둡게 한다.
- ■ 스테레오 잔향 출력을 완전히 펼치지 않고 특정 지점으로 패닝한다.
- ■ 스테레오 잔향을 모노로 믹스하여 특정 지점으로 패닝한다.
- ■ 잔향음으로는 폭넓은 공간성, 딜레이 음으로는 깊이감을 창출한다.

마스터링

마스터링 조정 순서

마스터링

음반 제작에서 마스터링을 규정하기란 참으로 힘든 것 같습니다. 왜냐하면 음악을 완벽하게 믹스한 사람에게는 CD를 대량 생산하기 위한 중간 과정일 뿐이고, 그렇지 않은 사람에게는 부족한 믹싱 부분을 채워 줄 마지막 보루니까요.

사실 마스터링은 2,30년 전에 이미 보편화된 과정임에도 불구하고 이제야 우리 주변의 많은 사람들이 주목하는 것은 매우 긍정적인 현상이지만, 이에 대한 환상 역시 우려되는 것도 사실입니다. 따라서 가능한 믹스의 완성도를 최대한으로 높이고 미처 생각하지 못한 부분을 마스터링에서 수정, 보완할 때 가장 좋은 결과를 얻을 수 있다고 생각합니다.

다음은 마스터링 하기 전에 믹싱에서 한 번 쯤 고려할 사항들입니다.

■ 믹싱에서는 심하게 밝은 이퀄라이징을 가능한 피하고 마스터링에서 밝게 하는 것이 좋습니다. 왜냐하면 일반적으로 밝은 것보다 둔한 믹싱 프로그램이 마스터링 조정에 용이하기 때문입니다.

■ 만일 믹스 프로그램을 DAT에 녹음하여 마스터링 스튜디오에 보낸다면 과도한 녹음 레벨은 피해야 합니다. 왜냐하면 지나친 레벨은 마스터링 조정을 어렵게 하고 DAT 녹음기의 아날로그 회로에서 왜곡이 발생할 수 있기 때문입니다. 아마도 피크 레벨이 −3dBFS 정도이면 충분할 것입니다.

■ 지나친 믹스 버스 컴프레싱은 피해야 합니다. 심하게 압축된 믹스 프로그램은 마스터링 장비를 무기력하게 만들 수 있습니다. 프로그램 음색은 이퀄라이징으로 어느 정도 복원이 가능하지만 손실된 다이내믹은 재생할 방법이 없습니다. 따라서 믹스 프로그램의 최종 컴프레싱 혹은 리미팅은 가볍게 하는 것이 좋습니다. 만일 믹스에서 압축 상태를 심하게 느낀다면 이것은 프로그램이 과도하게 압축된 것으로 볼 수 있습니다.

■ 프로그램을 여유 있게 편집합니다. 만일 곡의 도입부를 자르거나 끝부분을 너무 빨리 줄이면 마스터링에서 프로그램의 손실 부분을 복원할 방법이 없습니다. 따라서 정확한 편집은 마스터링에서 처리하는 것이 좋습니다.

이번 장의 포인트

- 이퀄라이제이션
- 컴프레션
- 레벨링
- 디지털 리미팅

마스터링 조정 순서

믹싱에서는 채널 신호를 컴프레싱 한 다음 이퀄라이징을 하는 것이 일반적이지만 마스터링에서는 프로그램을 이퀄라이징 한 다음 컴프레싱 하는 것이 유리합니다. 물론 마스터링에서도 믹싱에서처럼 컴프레싱 한 다음 이퀄라이징 하는 것이 좋을 때도 있습니다. 예를 들어 만일 이퀄라이저를 악기의 레벨 보강용으로 사용할 경우(예컨대 강한 펀치의 저음을 바란다면) 이퀄라이징 한 다음 컴프레싱을 하면 이퀄라이징 효과가 파괴됩니다.

그럼에도 불구하고 마스터링에서 90% 이상은 이퀄라이저 다음에 컴프레서를 연결합니다. 즉 이퀄라이저로 원하는 음을 조정한 다음 변경된 음을 가능한 그대로 유지하기 위해 컴프레서의 트레숄드를 조정합니다. 그리고 프로그램의 라우드니스를 향상시키기 위해 리미터를 통해 최종 녹음 매체에 저장합니다.

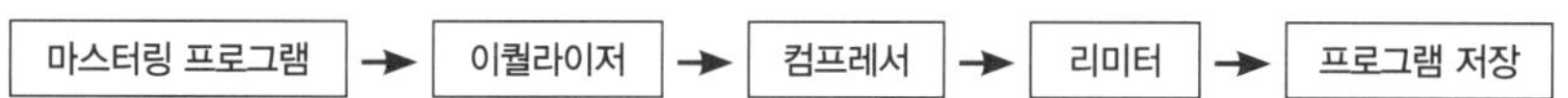

이퀄라이제이션

DAW 마스터링에서 사용하는 이퀄라이저는 프로그램 전체에 영향을 미치므로 믹스에서 채널에 사용하는 장비보다 더욱 정밀하고 해상도가 높은 유닛이 필요합니다(**그림15-1**).

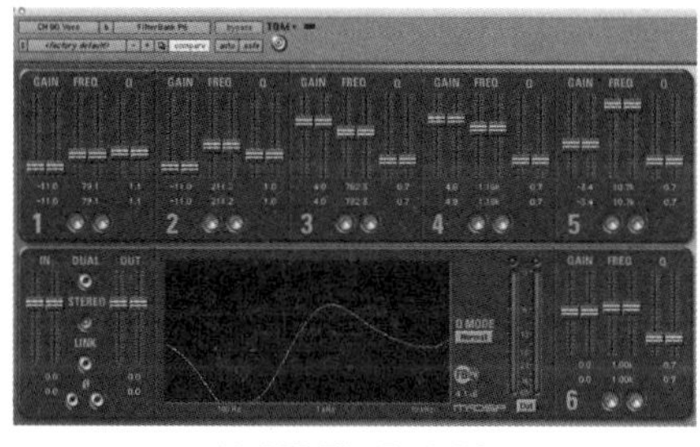

McDSP FilterBank P6

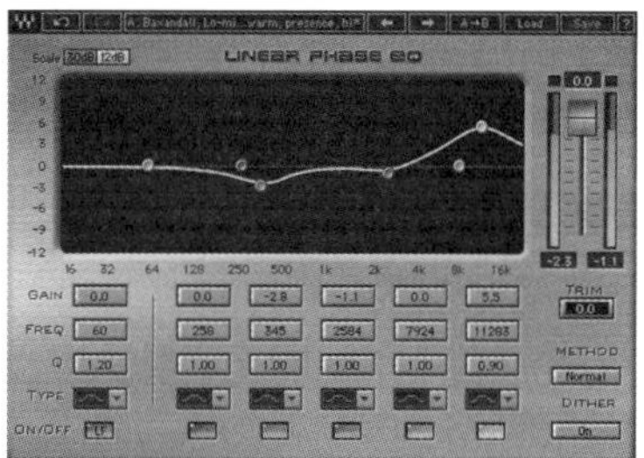

Waves Linear Phase EQ

그림15-1 이퀄라이제이션

주파수 밸런스 조정

마스터링에서 프로그램의 주파수 밸런스 조정은 통상 이퀄라이저로 실행하지만 녹음 혹은 믹싱 이퀄라이저 테크닉과는 엄격하게 구분됩니다. 믹싱이나 녹음에서는 하나의 주파수 레벨을 상당량 증가시킬 수 있지만 마스터링에서는 여러 주파수 레벨을 조금씩 조정해야 합니다. 예를 들어 믹싱에서는 3kHz를 10dB 이상으로 올릴 수도 있지만 마스터링에서는 30Hz를 1dB, 120Hz를 0.2dB, 2500Hz를 −0.7dB 그리고 8kHz를 0.6dB 등으로 조정합니다. 그 이유는 어떤 조정이든 프로그램 전체에 영향을 미치기 때문입니다.

이전에 설명했듯이 이퀄라이저 타입으로는 피킹과 쉘빙이 있으며 녹음과 믹싱에서는 주로 피킹 타입이 주로 사용되는데 왜냐하면 주파수와 대역폭(Q) 그리고 레벨의 증가와 감소를 유연하게 조정할 수 있기 때문입니다. 그래서 믹싱에서는 악기의 선명도와 문제 주파수를 제거하는데 피킹 타입을 즐겨 사용합니다. 물론 마스터링에서도 피킹을 자주 사용하지만 이에 못지않게 쉘빙 타입 역시 매우 중요한 이퀄라이저입니다.

피킹 이퀄라이저의 Q

여러분도 잘 알고 있듯이 피킹 이퀄라이저의 Q는 조정 대역폭을 중심 주파수로 나눈 것으로, 로우Q는 조정 대역폭이 넓고 하이Q는 좁습니다. 마스터링에서 하이Q와 로우Q의 선택 기준은 상황에 따라 다르지만 일반적으로 부드러운 조정에는 0.6에서 0.7 범위의 로우Q를 사용하고, 공진음이나 특정 잡음을 제거하는 조정에는 2 혹은 그 이상의 하이Q를 사용합니다. 만일 심한 공진음을 제거한다면 커트보다 부스트로 시작합니다. 그리고 Q를 넓히고 공진음이 가장 크게 들리는 주파수를 찾은 다음에 Q를 좁히고 그 주파수의 레벨을 줄입니다.

쉘빙 이퀄라이저의 Q

마스터링은 믹스 프로그램을 다시 한 번 프로세싱하는 과정이므로, 쉘빙 이퀄라이저는 주로 주파수 레벨을 올리는데 사용합니다. 마스터링 이퀄라이저의 표준 쉘빙 커브 가운데 한 가지 흥미로운 요소는 Q 조정입니다. 사용 방법은 우선 원하는 쉘빙 주파수와 레벨을 선택해서 조정한 후 Q로 세밀하게 미조정하는 것입니다.

Baxandall 커브

사람들이 흔히들 말하는 에어 사운드(air sound)는 가청 주파수 가운데 가장 높은 주파수 성분인 15kHz~20kHz 대역(일명 air band)으로 구성됩니다. 또한 스튜디오 모니터링 시스템 역시 이 주파수 대역의 재생 능력에 좌우되기도 합니다.

Baxandall 커브는 프로그램의 저음과 고음을 매우 부드럽게 증가 혹은 감소시키는 주파수 응답 커브로, 커브 형태가 넓게 펼친 나비 날개와 비슷하게 생겼습니다. 이 커브에서 고음 레벨을 올리면 처음에는 음색이 상당히 매력적으로 들리지만 시간이 갈수록 귀를 쉽게 피곤하게 할 수 있고 또한 중저음의 인지 능력을 떨어트릴 수도 있으므로 과도한 증가는 피해야 할 것입니다.

이퀄라이저의 음과 양

마스터링 이퀄라이저 조정에서는 음과 양의 효과를 항상 고려해야 합니다. 음과 양이란 한 번의 조정으로 두 가지 음향 현상이 발생하는 것을 말합니다.

- 중음(250Hz)을 줄이면 프리센스(5kHz)가 향상됩니다.
- 저음을 올리면 고음이 어두워지고 반면 저음을 줄이면 음색이 더욱 밝아집니다.
- 15~20kHz 사이의 고음으로 음색을 밝게 하면 중저음의 부족으로 음색이 얇아집니다.
- 보컬을 따뜻한 음색으로 만들기 위해 중저음을 올리면 프리센스가 감소합니다.

따라서 이퀄라이저의 음과 양 효과는 특정 음의 레벨이 너무 높을 때 이용하면 좋은 결과를 얻을 수 있습니다. 우선 레벨을 줄일 수 있는 주파수를 선택합니다. 예를 들어 만일 중고음이 거칠다면 다음의 몇 가지 방법으로 정리할 수 있습니다. 거친 트럼펫 소리는 6kHz에서 8kHz 사이의 주변 주파수를 줄이거나 또는 250Hz의 중저음 주파수를 올리면 효과를 얻을 수 있습니다. 두 가지 모두 부드러운 트럼펫 음색을 제공하지만 하여튼 프로그램의 다른 악기에 최소한의 영향을 끼치는 방법을 선택합니다(**그림15-2**).

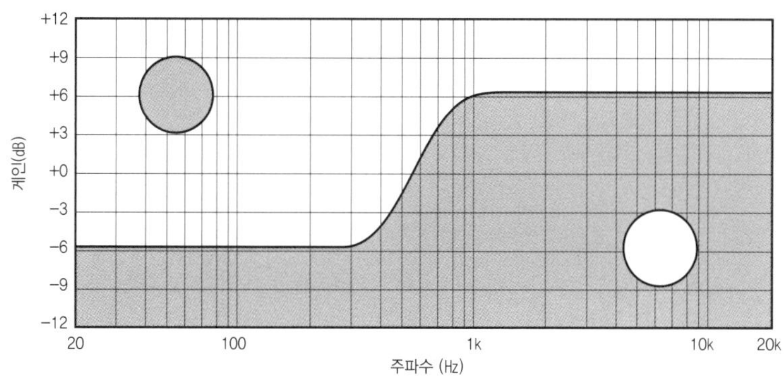

그림15-2 이퀄라이저의 음과 양

컴프레션

마스터링에서 사용하는 컴프레션은 믹스에서 사용하는 컴프레션보다 더욱 다양하고 또한 더욱 섬세하고 해상도가 높은 유닛이 필요합니다. 마스터링에서는 리미팅과 컴프레션의 역할이 다소 다릅니다. 일반적으로 음색 변경에는 컴프레서 그리고 음색 변화를 가능한 줄이면서 전체 레벨을 올리는데 리미터를 사용합니다. 이런 이유 때문에 리미터는 믹싱보다 마스터링에서 더욱 많이 사용되는 편입니다(**그림15-3**).

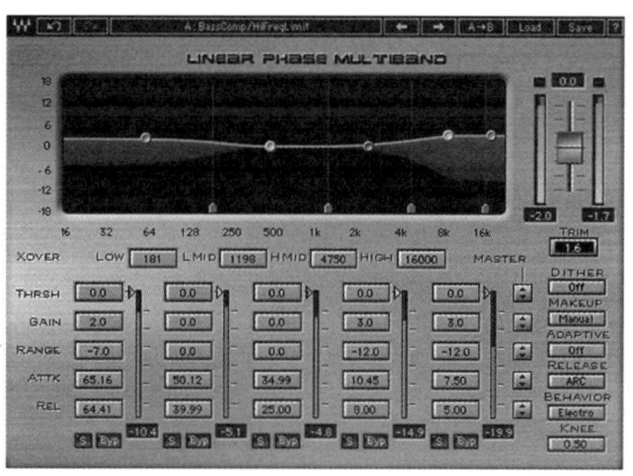

15-3 리니어 멀티밴드 컴프레서

어택 타입과 릴리즈 타임

만일 어택 타임이 너무 빠르다면(1ms 이하) 스네어 드럼의 어택 음이 심하게 눌립니다. 또한 릴리즈 타임이 너무 길면(1초 이상) 프로그램의 주요 악기(특히 보컬)의 게인 감소가 느리게 복원되고 너무 빠른 릴리즈 타임은 음을 왜곡시킵니다. 따라서 음악 리듬에 적합하지 않은 어택과 릴리즈 타임은 음을 왜곡시키고 프로그램을 더욱 과대하고 거칠게 만들 수 있습니다.

다음은 균일한 프로그램 레벨을 얻기 위한 초기 설정 순서입니다.

1) 어택과 릴리즈 타임을 비교적 빠르게 설정하고 압축 비율을 10:1 정도로 설정한다.

2) 컴프레서의 게인 미터 지침(LED)이 자주 움직이는 레벨을 트레숄드 지점으로 설정한다. 바꾸어 말하면 트레숄드를 낮은 레벨과 높은 레벨 사이의 중간 지점으로 한다.

3) 이 트레숄드 레벨이 원하는 지점인지를 확인한다.

4) 비율을 매우 낮추고(2:1 이하) 릴리즈 타임을 250ms 정도부터 시작한다.

5) 트레숄드 레벨을 재조정한다.

6) 어택과 릴리즈 타임 그리고 압축 비율을 미조정한다.

압축비율과 트레숄드

음악 마스터링에서 가장 일반적인 압축 비율은 1.5:1에서 3:1 사이 그리고 트레숄드 레벨은 −20에서 −10dBFS 사이지만 이것은 단지 하나의 기준임을 참작하기 바랍니다. 때로는 프로그램에 따라 5:1 혹은 1.01:1 혹은 −3dBFS에서도 좋은 결과를 얻을 수도 있습니다. 하여튼 가능한 부드러운 압축 결과를 얻을 수 있는 한 가지 방법은 1.01:1 정도의 매우 낮은 비율과 −30 혹은 −40dBFS 정도의 매우 낮은 트레숄드로 시작하는 것입니다. 이 정도의 낮은 비율이 녹음과 믹싱에는 부적절할 수 있지만 음악 마스터링에는 매우 일반적인 현상입니다.

- 드럼의 피크 레벨로 인한 압축은 보컬과 베이스의 레벨 감소를 유발하고 이로 인해 프로그램의 전체 볼륨이 심하게 변할 수 있습니다.

- 릴리즈 타임을 다소 느리게 하면 프로그램의 심각한 게인 변화를 줄일 수 있지만 프로그램의 전체 볼륨이 낮아질 수 있습니다.

- 어택 타임을 다소 느리게 하면 드럼과 그 이외의 빠른 신호에는 반응하지 않지만 보컬과 베이스에는 작용합니다.

- 느린 어택 타임은 트랜션트를 어느 정도 허용하므로 컴프레서 다음에 연결된 장비를 왜곡시킬 수 있습니다. 따라서 만일 믹스 프로그램에서 타악기 혹은 드럼이 크다면 마스터링 컴프레션에서 어택과 릴리즈 타임을 가능한 빠르게 조정할 필요가 있습니다.

- 때로는 빠른 어택 타임과 중간 정도의 느린 릴리즈 타임이 드럼을 부드럽게 합니다.

- 빠른 어택과 빠른 릴리즈 타임은 트랜션트를 감소시킵니다.

- 다소 느린 릴리즈 타임은 급격한 게인 변화를 일정하게 합니다.

- 컴프레서의 GR 미터가 심하게 움직일수록 급격한 압축 변화를 느낄 수 있습니다.

- 마스터링에서 컴프레션은 대체로 느린 릴리즈 타임과 5dB 이하의 압축을 사용합니다.

- 압축 비율을 1.15:1, 게인 감소를 3dB 정도 설정하면 압축을 느끼지 못하면서 음을 단단하게 만들고 프로그램 게인을 3dB 정도 올릴 수 있습니다.

레벨링

프로그램을 마스터링 하는 가장 큰 이유는 왜곡 없이 CD 레벨을 극대화하는 것입니다. 하지만 음악에 따라 레벨의 극대화가 달라질 수 있으므로 마스터링 전에 필히 음악 스타일부터 파악할 필요가 있습니다. 예를 들어 팝이나 록 그리고 R&B 등의 대중음악은 가능한 높은 CD 레벨을 요구하지만 클래식 음악은 전혀 그렇지 않습니다.

프로그램을 심하게 압축할수록 곡의 스테레오 이미지와 레벨 밸런스 그리고 고음 성분이 오염될 수 있으므로 다른 곡과 경쟁해야 하는 라디오 믹스(radio mix)는 간혹 심한 압축이 좋을 수도 있지만 앨범 전체를 고려한다면 지나친 압축은 피하는 것이 좋습니다.

매뉴얼 게인 라이딩

이것은 여러분의 손으로 페이더 레벨을 직접 조정해서 음악적인 느낌을 향상시키는 작업입니다. 매뉴얼 게인 라이딩은 매우 작은 레벨 변화이지만 예상외로 놀라운 결과를 얻을 수 있습니다. 믹싱에서 놓친 레벨 변화를 찾은 다음 그것을 복원하면 거대한 록 혹은 팝 믹스를 더욱 향상시킬 수도 있습니다. 많은 록 음악에서 클라이맥스 부분이 약해지는 것을 들을 수 있는데 그것은 믹싱할 때 왜곡이 두려워서 마스터 페이더를 줄였기 때문입니다. 마스터링에서는 이러한 에러를 수정할 수 있습니다(**그림15-4**).

그림15-4 매뉴얼 게인 라이딩

매뉴얼 게인 라이딩의 올바른 실행 방법은 보트가 파도에 따라 움직이듯이 페이더를 음악의 다이내믹 변화에 따라 움직이는 것입니다. 만일 연주자가 보다 강한 음악적 충격을 시도할 때 엔지니어는 피크로 인한 왜곡을 우려해서 곡의 클리센도 부분에서 페이더를 내린다면 이것은 오히려 음악을 황폐하게 만드는 것입니다. 최선의 시나리오는 엔지니어의 경험과 육감을 이용해서 피크 레벨 바로 직전에 페이더를 서서히 내리는 것입니다. 이렇게 하면 음악적인 충격을 그대로 유지하면서 왜곡을 피할 수 있습니다. 따라서 엔지니어는 곡의 전체적인 레벨 변화를 미리 파악하고 있어야 합니다.

만일 섬세한 레벨 변화가 필요하다면 페이더 레벨을 한번에 1/4dB 정도로 적게 실행함으로써 강제성을 줄이고 만일 호전적인 레벨 변화가 필요하다면 컴프레서와 같은 다이내믹 프로세서를 사용하는 것이 유리합니다.

특히 곡에서 매우 작은 도입부와 엔딩 그리고 중간 지점은 주의가 요구됩니다. 만일 곡의 가장 높은 지점은 적절한데 도입부가 너무 작다면 도입부를 올리는 것이 최선이지만 도입부 다음에 게인을 정상으로 회복하는 방법을 찾아야 합니다. 한 가지 방법으로 도입부가 끝나는 지점에서 페이더 레벨을 서서히 내리거나 1/4dB 혹은 1/2dB씩 편집해서 줄인 다음 곡의 버디 앞부분에서 페이더를 급격하게 올리거나 레벨 편집합니다.

노멀라이제이션

일반적으로 앨범의 믹싱 작업은 여러 날에 걸쳐 완성되므로, 믹싱한 곡들의 레벨이 조금씩 달라질 수 있습니다. 노멀라이제이션(Normalization)은 모든 곡의 레벨을 규격화하는 기능으로, 믹싱한 오디오 파일들 가운데 피크 레벨이 가장 큰 파일을 기준으로 여기에 다른 파일의 레벨을 맞추는 작업입니다(**그림15-5**).

이 기능을 사용하면 믹싱한 모든 곡의 레벨을 매우 손쉽게 조정할 수 있으므로 한동안 마스터링의 필수 과정으로 여겨졌지만 요즈음의 프로들은 거의 사용하지 않습니다. 그 이유는 DAW에서 상당한 DSP 재연산이 필요하므로 이로 인해 음질이 저하될 수 있고 또한 모든 곡이 피크 레벨이 같다고 해서 우리가 듣는 레벨(라우드니스)도 같아지는 것이 아니기 때문입니다.

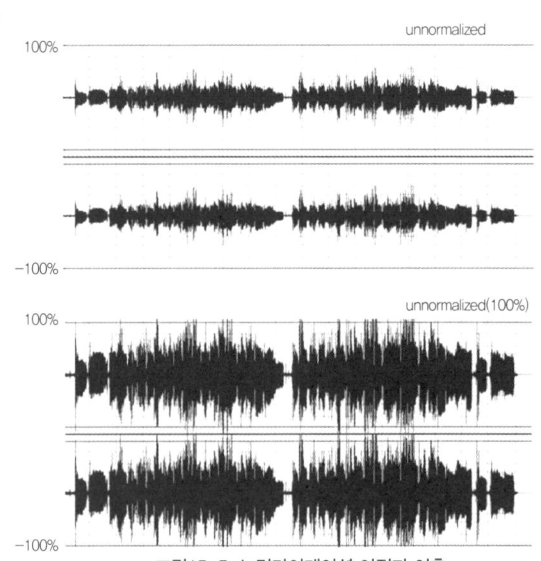

그림15-5 노멀라이제이션 이전과 이후

디지털 리미팅

리미팅은 마스터링의 마지막 작업으로 프로그램의 라우드니스를 높입니다. L2 울트라 맥시마이저(UltraMaximizer)는 피크 리미터와 레벨 맥시마이저 그리고 디더링 시스템 등의 여러 요소들이 결합된 소프트웨어 프로세서이며, 일부 클래식 음악을 제외한 거의 모든 음악 마스터링에 사용되는 주요 품목이기도

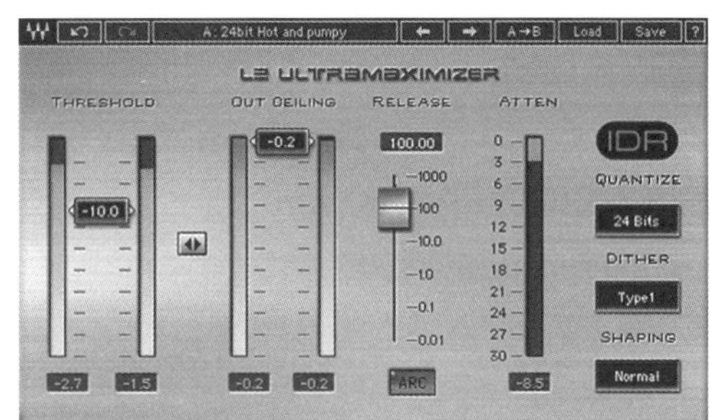

그림15-6 L2 UltraMaximizer

합니다(**그림15-6**).

다음은 샘플링 주파수가 44.1kHz 혹은 48kHz이고 16비트인 마스터링의 기본 셋업 순서이며 24와 20비트에도 적용됩니다.

1). 피크 레벨이 4~6dB 정도 감소하도록 Threshold를 조정한다.

2). 최대 피크 출력을 얻을 수 있도록 Output Ceiling을 올립니다. L2 제조사에서는 −0.3dB, 저명한 마스터링 엔지니어인 Bob Katz는 −0.5dB를 권하지만 많은 엔지니어들은 위험을 감수하고 −0.1dB까지 올린다.

3). ARC는 항상 사용한다.

4). Quantize 출력을 16비트로 정한다.

5). Dither type을 type1으로 정한다.

6). Shaping을 Ultra 혹은 Normal로 정한다.

 만일 L2의 사용으로 오히려 믹싱 프로그램이 심하게 혼탁해지거나 변질된다면 아마도 믹싱을 다시 해야 합니다. 다시 한 번 말하지만 마스터링이란 믹싱의 다소 부족한 결점을 향상시키는 과정입니다.

MaxxBass

많은 사람들이 고민하는 한 가지 문제는 저음 악기들의 불투명한 정위감입니다. 최선의 방법은 다시 믹싱하는 것이지만 이것이 항상 가능한 것은 아닙니다. Waves의 MaxxBass는 믹스 프로그램의 다른 악기에 영향을 최소화 하면서 저음 악기의 정위감을 명확히 하는데 도움을 주는 저음 익사이터(Low Frequencies Exciter)입니다. 제조사에서는 MaxxBass 플러그인으로 믹스 프로그램의 저음 밸런스를 조정한 다음 이퀄라이저와 컴프레서의 사용을 권장하고 있습니다(**그림15-7**).

이 플러그인을 사용하면 프로그램의 피크 레벨이 상당히 커질 수 있으므로 왜곡을 방지하기 위해 레벨이 큰 프로그램들은 Input 파라미터로 입력 신호를 6dB 정도로 줄인 다음 시작합니다.

가장 좋은 출발점은 제조사의 디폴트 세팅에서

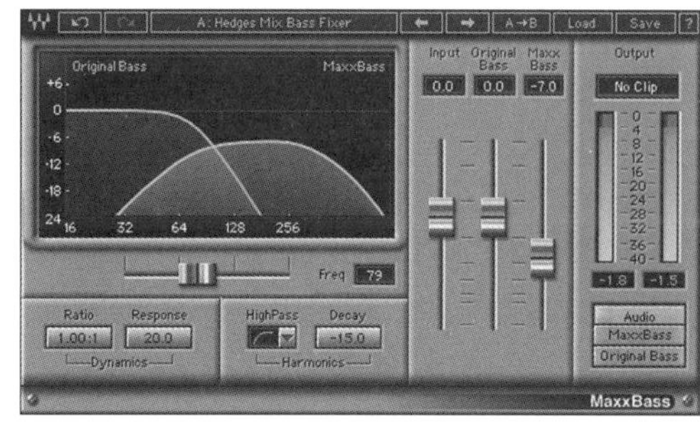

그림15-7 MaxxBass

Maxx Bass의 Fader 컨트롤을 점진적으로 올리는 것입니다. 베이스 라인을 예리하게 하려면 −18에서 −8 사이가 적절하지만 이것은 프로그램에 따라 결정됩니다. 저음을 더욱 선명하게 하려면 Freq 파라미터를 50~90 사이로 조정합니다. 만일 믹스가 매우 둔한 저음이라면 Freq를 낮추고 프리센스를 보강하려면 더욱 높게 조정합니다. MaxxBass에서 Level과 Freq 파라미터는 부드럽고 풍부한 저음 응답을 얻는 키포인트이고 Decay는 보강된 저음을 더욱 자연스럽게 합니다.

Harmonics 섹션의 Decay와 HighPass는 프로그램 스펙트럼의 고음과 저음을 조정합니다. 이를 실행하려면 우선 Decay로 저음 신호가 가장 선명하게 들리도록 조정해야 합니다. 여기서 Decay 조정은 비록 미세하지만 중요합니다. 높은 값(제로 근처)에서는 배음 성분의 개수와 레벨이 증가하므로 높은 입력 신호에서 Decay를 올리면 내부적으로 클리핑이 발생할 수 있습니다. 이럴 경우에는 Input으로 레벨을 줄입니다.

HighPass 필터는 매우 다양한 효과를 제공합니다. 첫 번째 위치는 필터 기울기가 매우 부드럽기 때문에 극히 낮은 저음 성분들이 상당량 포함되어 있으며 영화의 음향 효과(천둥, 지진)에 주로 사용됩니다. 중간 위치(디폴트)는 필터 기울기가 옥타브 당 12dB이며, 마스터링에 적합합니다. 세 번째 위치는 옥타브 당 24dB이며 프로그램을 소형 라우드스피커 시스템으로 재생할 때 적합합니다.

Dynamic 섹션의 Ratio와 Response는 배음 성분의 다이내믹 특성만을 변경합니다. Ratio가 1:1이면 배음의 다이내믹은 거의 원래의 저음과 같습니다. 하지만 Ratio를 증가시키면 비율과 함께 배음 레벨도 증가합니다. Response를 변경하면 컴프레서는 원래 베이스 신호에 빠르게 혹은 느리게 동작할 것입니다. Response는 어택과 릴리즈 타임을 동시에 조정합니다. 빠른(작은) 값은 단단하고 강한 저음, 느린(큰) 값은 부드러운 저음을 제공합니다. 통상적으로 킥 드럼에는 빠른 Response를 선택하고 재즈 업라이트 베이스와 같은 저음에는 느린 Response가 적절할 것입니다.

S1 Stereo Imager

이 프로세서는 녹음 혹은 믹스에서 잘못된 곳을 부분 수정하거나 혹은 믹스 프로그램에서 스테레오 이미지를 넓히는데 사용됩니다. 또한 원 포인트 마이킹 테크닉으로 녹음된 프로그램의 스테레오 이미지 조정에도 적용할 수 있습니다. 그래서 이 플러그인은 마스터링에서 자주 사용됩니다(**그림15-8**).

Gain은 전체 레벨을 조정하고 Width는 입력 신호의 스테레오 이미지 폭을 변경합니다. 수치가 1보다 작으면 사운드 스테이지는 좁아지고 제로이면 모노(mono)가 됩니다. 또한 수치가 1보다 크면 사운드 스테이지는 넓어지고 스테레오 스테이지의 양 측면의 음은 라우드스피커 너머로 이동합니다. Width의 수치가 1이면 입

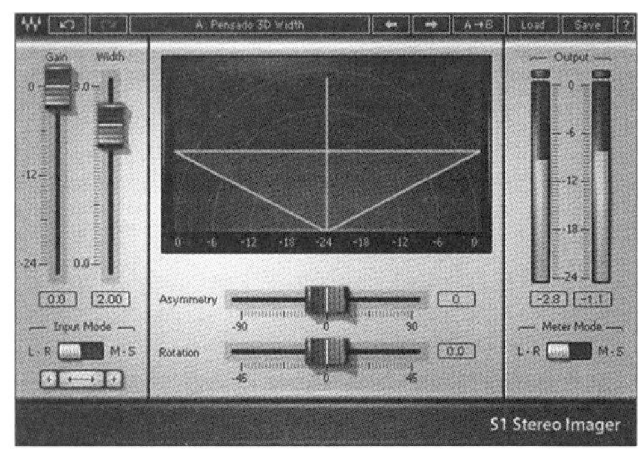

그림15-8 S1 Stereo Imager

력 신호에 스테레오 변화가 생기지 않습니다. 적절한 시작 포인트는 1.2 부근으로 여기에 약간의 Shuffling(뒤에서 설명)을 추가합니다.

Asymmetry는 Width 조정 후에 동작하며 중앙의 모노 음원들은 영향을 미치지 않으면서 왼쪽 혹은 오른쪽 음의 상대 레벨을 조정합니다. 특히 이 컨트롤은 스테레오 스테이지의 양 측면의 레벨을 변경하거나 혹은 위치를 한쪽 측면에서 다른 측면으로 이동할 때 유용합니다.

Rotation은 스테레오 스테이지의 다른 파트에는 영향을 끼치지 않으면서 스테레오 이미지의 중앙 밸런스만을 조정할 수 있습니다. 이것은 특히 한쪽으로 치우친 스테레오 믹스를 중앙으로 수정하는데 유용하게 사용할 수 있으며 스테레오 마이킹 프로그램의 패닝 조정에도 유용합니다.

사람의 청각 기능은 고음에 비해 저음의 스테레오 이미지가 매우 좁은 편입니다. 그 이유는 파장이 긴 저음은 확산성이 있고 파장이 짧은 고음은 직진성을 지니기 때문입니다. Shuffling은 저음의 스테레오 폭을 확대하는 파라미터이며 스테레오 이미지의 공간성을 매우 효과적인 방법으로 제공합니다. S1은 낮은 리스닝 레벨에서 더욱 개선된 스테레오 음질을 제공하기 위해 2개의 컨트롤(Shuffling과 Frequency)을 제공합니다. 셔플링은 저음의 규모를 조정하며 범위는 1~3까지입니다. 일반적인 최적 값은 1.6~2.5 사이입니다.

Frequency는 셔플링 이펙트의 저음 주파수를 조정하며 범위는 350~1400Hz입니다. 정상적인 스테레오 모니터링 상태에서 최적의 주파수는 일반적으로 600~700Hz 사이입니다. 그 이하의 주파수들은 두 마이크 간격이 20~30㎝ 떨어진 스테레오 마이킹 테크닉의 스테레오 이미지를 조정할 때 유용합니다.

마스터링 적용

믹스의 레벨 밸런스를 유지하면서 스테레오 위치만을 조정하려면 Gain과 Rotation을 사용합니다. 한편 중앙 이미지의 스테레오 위치를 유지하면서 레벨 밸런스만을 조정하려면 Width, Asymmetry를 사용합니다.

만일 Width와 Asymmetry의 조정으로 스테레오 이미지가 너무 좁아질 때 Shuffler의 양을 높이면 인지 레벨 밸런스에는 큰 영향을 끼치지 않으면서 원래대로 복원하는데 도움이 될 것입니다.

Rotation과 Asymmetry를 함께 드래그 하면 전형적인 밸런스 컨트롤로 동작할 것입니다. Rotation 컨트롤은 스테레오 믹스의 내부 밸런스에 영향을 끼치지 않으면서 위치에만 작용합니다. Width는 사운드 스테이지의 폭을 조정하는 것 이외에도 외곽 사운드 이미지를 중앙 이미지보다 더욱 크게 만들어 폭을 넓힌다. 때때로 이것은 중앙과 외곽 음의 상대 레벨을 변경하는데도 유용합니다. Asymmetry는 스테레오와 모노에서 왼쪽/오른쪽의 상대 레벨을 변경합니다.

케이블링과 그라운딩

실딩
커넥터
그라운딩

케이블링과 그라운딩

우리 몸이 건강하려면 심장이 튼튼해야 하고 피가 잘 흐를 수 있도록 혈관이 깨끗해야 하듯이, 오디오 시스템이 정상적으로 동작하려면 전원 시스템에서 안정된 전기를 공급해야 하고 오디오 신호가 잘 흐를 수 있도록 케이블이 길을 열어 주어야 하며 동시에 외부 잡음으로부터 신호를 보호해야 합니다. 언뜻 생각하면 케이블링은 매우 단순한 작업 같지만(그냥 납땜만 하면 되니까) 실제로는 시스템의 대부분의 문제들이 케이블로부터 시작된다고 해도 과언이 아닌 듯합니다. 따라서 케이블 비용은 아끼지 말고 팍팍 쓰세요. 분명히 그만한 가치를 할 것입니다.

이번 장의 포인트

- 실딩
- 언밸런스와 밸런스 실드 케이블
- 커넥터
- 그라운딩

실딩

두터운 파카는 겨울의 찬 공기로부터 몸을 보호하면서 동시에 따듯하게 하듯이 케이블의 실드(Shield)는 외부 잡음으로부터 오디오 신호를 보호하면서 동시에 잡음을 지면으로 방출하는 오디오 신호의 보디가드입니다. 따라서 실딩은 신호 레벨이 매우 미약한 마이크와 라인 케이블에 필수적입니다.

포일 실드(Foil Shield)

실딩 효과는 100% 이지만 케이블을 심하게 구부리면 파손될 가능성이 높기 때문에 대체로 고정으로 설치된 장비 혹은 랙 장비들의 연결 케이블에 사용됩니다.

브레이드 실드(Braid Shield)와 랩 실드(Wrapped Shield)

비록 고주파 잡음에는 100% 실딩을 제공하지 못하지만 재질이 매우 유연하기 때문에 주로 마이크 혹은 악기 케이블에 사용됩니다.

현실적인 측면에서 사실상 케이블 실딩만으로 모든 잡음들을 완전히 차단하기란 매우 힘듭니다. 이것을 전문적인 용어로 표현하면 정전기 간섭 잡음(Electrostatic Interference Noise)은 쉽게 제거할 수 있지만 전자기 간섭 잡음(Electromagnetic Interference Noise)에는 상당히 취약합니다. 따라서 뒤에서 설명하겠지만 필요에 따라서는 밸런스 실드 케이블(Balanced Shield Cable)을 사용해야 하고 또한 케이블을 가능한 잡음 소스로부터 멀리 설치해야 합니다. 하여튼 최근에는 전자기 간섭 잡음을 상당히 줄이면서 동시에 밸런스 실드 케이블의 기능을 실행할 수 있는 제품들이 속속 개발되고 있는데 이러한 케이블들은 대부분이 4개의 선으로 구성되어 있습니다.

■정전기 간섭 잡음

파워 케이블과 오디오 케이블이 가까이 붙어 있으면 커패시터(Capacitor)의 두 플레이트 사이에서 발생하는 정전기와 같은 현상이 발생하면서 케이블에는 잡음이 유도됩니다. 통상적으로 정전기는 주파수가 높을수록 증가하므로 전원 주파수인 60Hz의 고조파 성분들이 상당량 포함된 버즈(Buzz)가 발생합니다.

■전자기 간섭 잡음

파워 케이블에 전기를 공급하면 전류가 흐르면 케이블 주변에는 전자석과 같이 자기력이 형성됩니다. 이러한 자기력은 특히 낮은 주파수에서 심하게 증가하므로 오디오 케이블에 흐르는 미약한 신호에 60Hz 험을 발생시킵니다.

언밸런스와 밸런스 실드 케이블

언밸런스 실드 케이블은 하나의 오디오 신호선과 실드로 구성되며, 주로 언밸런스 장비들을 연결하는데 사용됩니다(그림16-1). 그리고 밸런스 실드 케이블은 두 개의 신호선과 실드로 구성되며, 주로 밸런스 장비들을 연결하는데 사용되지만 간혹 밸런스 장비를 언밸런스 장비에 연결할 때도 필요합니다(**그림16-2**).

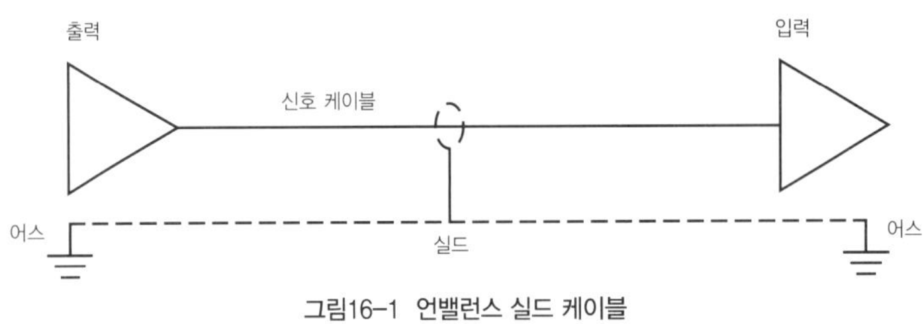

그림16-1 언밸런스 실드 케이블

여기서 밸런스 실드 케이블에 대해 좀 더 알아볼까요? 앞에서도 설명했듯이 실드만으로 잡음을 차단하기 힘든 경우가 많습니다. 특히 마이크 신호처럼 레벨이 낮은 경우에는 더욱 그렇습니다. 이를 해결하는 한 가지 방법으로 오디오 신호선과 전기특성이 같고 단지 극성이 반대인 오디오 선을 추가 투입하는 것입니다. 이렇게 하면 두 명의 보디가드(역극성 오디오 선과 실드)가 미약한 오디오 신호를 이중으로 보호하게 되는데 이것이 바로 밸런스 실드 케이블이 잡음을 격리시키는 원리입니다.

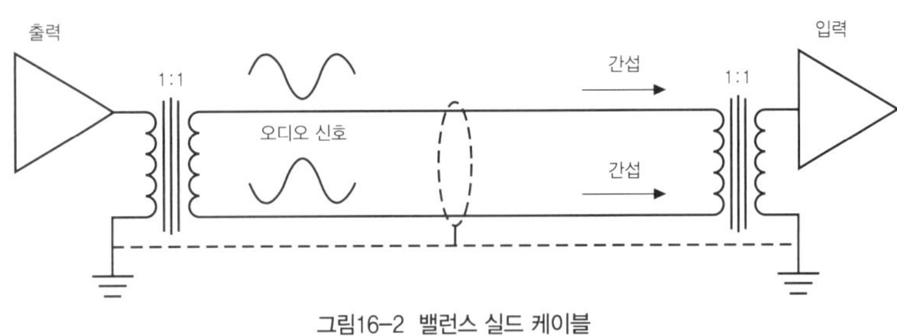

그림16-2 밸런스 실드 케이블

그런데 여기서 문제는 어느 것이 진짜 오디오 선이고 어느 것이 보디가드 선인지를 구별할 필요가 있기 때문에 제조사에서는 이것을 색깔로 표시해 놓았습니다. 만일 신호선들이 적색과 흑색이라면 적색이 진짜 오디오 선(hot, +)이고 흑색이 보디가드용(cold, −)일 가능성이 높고, 만일 신호선들이 흰색과 흑색이라면 항상 그런 것은 아니지만 흰색이 진짜 오디오 선이고 흑색이 보디가드용입니다.

오디오 신호와 실드의 관계

혹시 여러분은 영화 〈Bodyguard〉를 본 적이 있는지요? 잘생긴 남자 보디가드(케빈 코스트너)가 유명 여자 가수(휘트니 휘스턴)를 보호하면서 둘 사이의 사랑과 갈등을 그린 영화인데요. 케이블의 오디오 선과 실드와의 관계도 이와 비슷합니다. 실드가 오디오 선에 흐르는 신호를 보호하지만 둘 사이의 간격이 매우 좁기 때문에 이로 인해 신호의 고음 성분이 감소할 수 있습니다. 특히 이러한 현상은 언밸런스 케이블보다 밸런스 케이블에서 심하게 발생하는데 왜냐하면 여기에는 두 명의 보디가드가 있기 때문이지요(삼각관계). 따라서 많은 사람들이 생각하는 것처럼 항상 밸런스 케이블이 언밸런스보다 좋다고 보기 힘듭니다. 사실 두 케이블은 용도가 다를 뿐입니다. 바꾸어 말하면 언밸런스 장비들을 연결하는데 밸런스 실드 케이블이 오히려 독이 될 수도 있습니다. 따라서 짧은 케이블 길이로 언밸런스 장비들을 연결한다면 언밸런스 실드 케이블이 우선적인 선택권을 갖겠지요.

케이블과 연결 장비

앞에서 설명했듯이 밸런스 장비 연결에는 밸런스 실드 케이블, 언밸런스 장비 연결에는 언밸런스 실드 케이블을 사용하면 됩니다. 그리고 (+)선은 장비의 (+)단자, (−)선은 (−)단자 그리고 실드는 실드 단자에 연결하면 끝입

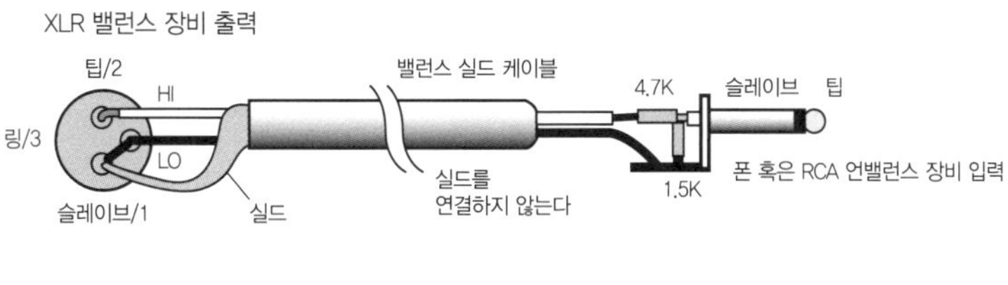

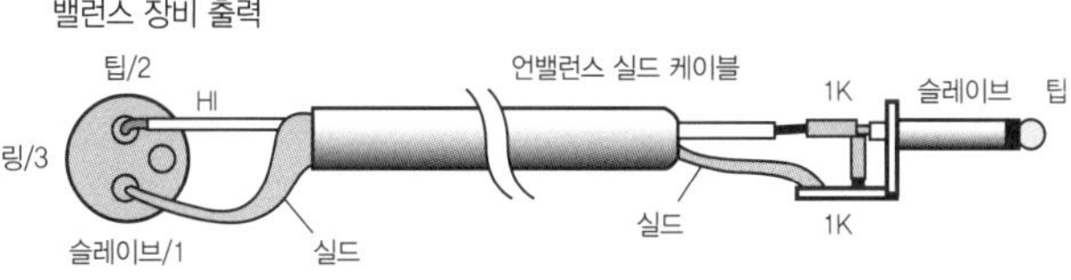

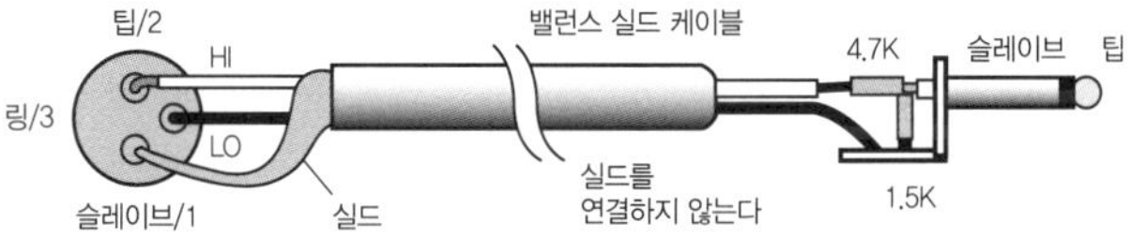

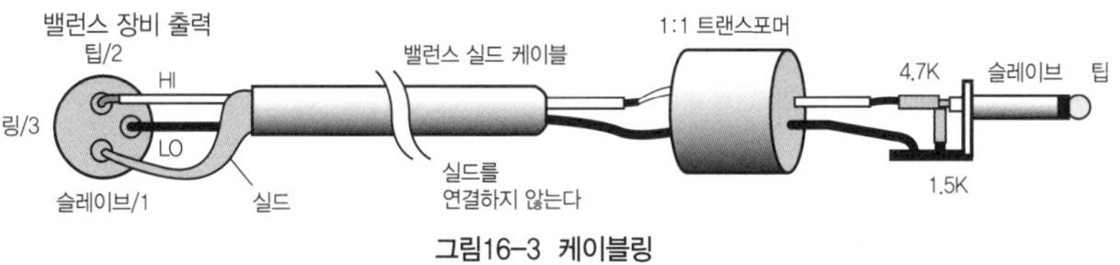

그림16-3 케이블링

니다. 그리고 만일 밸런스 출력 장비에 언밸런스 입력 장비에 연결할 경우라면 밸런스 실드 케이블이 유리합니다. 여기서는 케이블의 (+)선을 밸런스 출력 장비와 언밸런스 입력 장비의 (+)단자에 연결하고, 실드는 양쪽 장비의 실드 단자에 연결합니다. 그리고 케이블의 (−)선은 밸런스 장비 출력의 (−)단자와 언밸런스 입력 장비의 실드 단자에 연결합니다. 이 방법은 험을 방지하는데 매우 탁월하지만 때로는 언밸런스 실드 케이블이 유리할 때도 있습니다. 이처럼 케이블링은 상황에 따라 변하며 다음은 장비들의 일반적인 연결 방법입니다(**그림16−3**).

언실드 케이블과 스피커 케이블

앞에서 설명했듯이 실딩은 잡음을 격리하는 장점이 있지만 한편으로는 케이블의 고음 손실과 무게 그리고 가격 상승의 원인이 되기도 합니다. 그럼에도 불구하고 여러 가지 이유 때문에 사운드 시스템의 마이크와 악기 연결에는 실드 케이블을 사용하지만 전화선이나 스피커 등에는 언실드 케이블이 유리합니다. 만일 여러분에게 스피커 전용 케이블이 없다면 임시방편으로 AC 파워 코드를 사용해 보세요.

커넥터

폰 플러그

폰 플러그(Phone Plug)는 전화국에서 처음으로 사용하면서 붙여진 이름으로, 두 가지 타입이 있습니다. 팁(Tip), 링(Ring) 그리고 슬리브(Sleeve)로 구성된 타입은 주로 밸런스 장비 연결, 팁과 슬리브로 구성된 타입은 주로 언밸런스 장비 연결에 사용합니다(**그림16−4**). 밸런스 타입의 폰 플러그에서 팁은 (+)신호, 링은 (−)신호 그리고 슬리브는 실드 그라운드에 연결합니다.

여기서 유의할 점으로 비록 외관상으로는 밸런스 타입 폰 플러그이지만 언밸런스 장비를 연결하는데 사용할 수

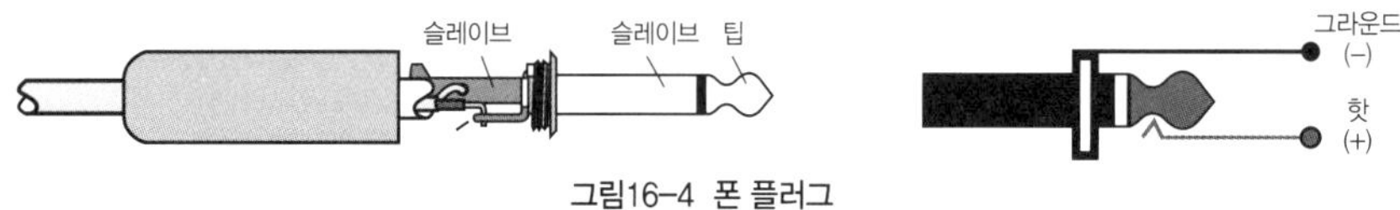

그림16−4 폰 플러그

있다는 것입니다. 일례로 여러분이 매일 착용하는 스테레오 헤드폰의 플러그는 밸런스 타입이지만 사실상 언밸런스로 동작하기 때문입니다. 즉 팁에는 왼쪽 채널의 (+)신호, 링에는 오른쪽 채널의 (+) 신호 그리고 슬리브는 오디오 커먼(Audio Common)입니다. 또한 소형 믹서의 이펙트 센드/리턴도 밸런스 타입이지만 이것 역시 언밸런스로 동작합니다. 좀 더 자세히 말하면 폰 플러그의 팁은 믹서의 센드 신호를, 링은 이펙트 출력 신호 그리고 슬리브는 오디오 커먼입니다.

포노 플러그

포노는 포노그래프(Phonograph)의 약자로, 예전에는 아날로그 LP 플레이어와 앰프를 연결하는 플러그로 사용되었으며, 요즈음도 TV와 앰프 뒷면에서 자주 볼 수 있습니다. 이 플러그는 미국의 RCA(Radio Corporation of America)에서 개발했기 때문에 RCA 플러그 혹은 핀 플러그(Pin Plug)라고도 합니다.

이 플러그는 가격도 저렴하고 사용하기 편하지만 잭에 연결할 때 높은 접촉 저항이 문제입니다. 그래서 오래 동안 방치하면 접촉면이 부식되면서 시스템 능률이 심하게 감쇠할 수 있습니다. 이 같은 문제를 줄이기 위해 도금 처리된 포노 플러그(Gold Plated Connector)가 개발되었습니다(**그림16–5**).

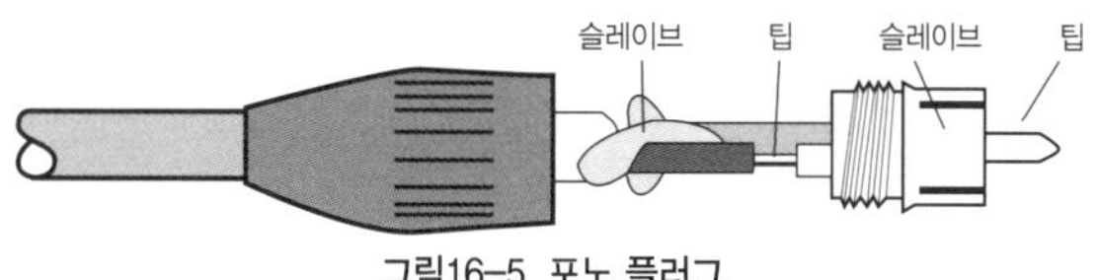

그림16–5 포노 플러그

XLR과 그 외 커넥터

XLR은 주로 프로용 장비에 자주 등장하는 밸런스 커넥터이며 마이크와 라인 레벨 신호에 사용됩니다. 커넥터를 자세히 보면 세 개의 핀에는 1, 2, 3이라는 숫자가 적혀 있습니다. 여기서 핀–1에는 케이블 실드, 핀–2에는 (+)신호선, 핀–3에는 (–) 신호선을 연결합니다. 하지만 과거의 빈티지 마이크들은 핀–3이 (+)로 되어 있는 경우도 있으므로 필히 확인한 후 사용합시다(**그림16–6**).

그림16–6 여러 커넥터

그림16–6 XLR 커넥터

그라운딩

우리 속담에 10명의 경찰이 한 명의 도둑을 못 잡는다는 말이 있듯이, 최고의 장비와 케이블의 사용으로도 막기 힘든 것이 전기 잡음으로, 특히 험은 한여름밤 여러분 귓전에 맴도는 모기와 같은 존재입니다.

요즈음은 신장을 높이기 위해 여성들은 킬 힐을 신고 남성들은 키높이 깔창을 사용한다고 합니다. 하지만 정상적인 키높이는 발바닥을 기준으로 해야지요. 이와 마찬가지로 우리가 사용하는 모든 신호의 전압들을 그라운드(Ground)를 기준으로 평가합니다.

- ■**시그널 그라운드(Signal Ground)** : 장비에 흐르는 오디오 신호의 기준 전위입니다.
- ■**어스 그라운드(Earth Ground)** : 지면(earth)의 전위를 말하며, 3프렁 AC 전원 플러그의 중앙 터미널 전위이기도 합니다. 하여튼 슬픈 이야기지만 건설업자의 비용절감이란 이유 때문에 간혹 3프렁 전원 콘센트의 중앙 터미널에 아무 것도 연결되지 않는 경우도 있습니다. 한 번 여러분의 벽 콘센트를 뜯어보세요. 만일 없다면 험의 침공을 막기 힘들어집니다.
- ■**섀시 그라운드(Chassis Ground)** : 섀시란 오디오 장비의 전기회로들을 지탱해 주는 금속판을 말합니다. 통상적으로 3프렁 AC 플러그 장비의 섀시는 어스 그라운드에 연결되어 있고, 시그널 그라운드 역시 어스 그라운드에 연결되어 있습니다. 하지만 2프렁 AC 플러그 장비들은 시그널 그라운드가 섀시에 연결되어 있습니다.

그라운드 루프

그라운드는 두 가지 목적으로 사용되는데, 하나는 험과 같은 전기잡음을 억제하는 전기 그라운드(Electric Ground)이고 다른 하나는 전기 쇼크로부터 사람을 보호하는 안전 그라운드(Safety Ground)입니다. 그런데 문제는 험을 제거하자니 전기 쇼크를 방지하기 힘들고, 전기 쇼크를 제거하지니 험 방지가 힘들어집니다.

예전에 그룹 '송골매'와 녹음할 때의 일인데, 하루는 녹음 도중 잠깐 방송하고 오겠다던 멤버들이 돌아오지 않아서, 알고 보니 공연 도중 배철수 씨의 머리가 홀라당 탔다는 소식에 놀란 적이 있었습니다. 이것은 엔지니어가 험을 제거하기 위해 안전 그라운드를 무시한 경우입니다.

시스템에서 빈번히 발생하는 험은 그라운드 루프(Ground Loop)가 주요 원인이 되기도 합니다. 용어에서 알 수 있듯이 그라운드 루프는 두 장비의 그라운드들이 물리적으로는 떨어져 있지만 전기적으로는 하나의 순환 고리(loop)를 형성하면서 험이 이동하는 경로를 제공하는 안테나와 같은 역할을 하는 것을 말합니다(**그림16-7**).

만일 사용하는 모든 장비들이 정확히 밸런스 타입이라면 그라운드 루프로 인한 험은 발생하지 않겠지만 사실상 여러분이 사용하는 많은 프로용 밸런스 장비들도 내부적으로는 그라운드가 되지 않은 경우가 많기 때문에 그라운드 루프로 인한 험 발생은 매우 현실적인 문제로 다가옵니다.

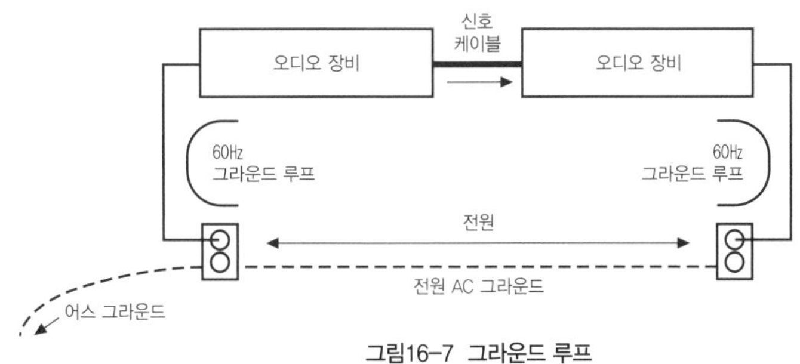

그림16-7 그라운드 루프

스튜디오 그라운드

대형 스튜디오의 전원 시스템 그라운드는 특별한 기술을 요구하는 어려운 작업이므로 전문가에게 의뢰하는 것이 안전합니다. 하여튼 대부분의 건물들은 안전 그라운드 선이 한 콘센트에서 다음 콘센트로 순차적으로 연결되어 있기 때문에 험이 발생 요인이 되기도 합니다. 그 이유는 각 콘센트의 그라운드 터미널이 어스 그라운드에 대한 저항 값이 서로 다르기 때문입니다. 이로 인해 서로 다른 콘센트에 연결된 두 오디오 장비 사이에는 험 전류가 흐를 수 있습니다. 이것을 방지하려면 모든 콘센트의 그라운드 선은 회로 차단기 박스 혹은 콘솔 그라운드 버스의 그라운드 판으로부터 각각 분리하여 연결해야 합니다. 이렇게 하면 모든 콘센트의 전위가 같아지면서 콘센트의 그라운드 선으로도 오디오 장비의 그라운드가 가능해집니다.

회로 차단기의 그라운드 버스 바와 콘솔 그라운드 버스 사이를 4게이지의 절연 구리선으로 연결합니다. 여기서 모든 그라운드 선의 길이를 동일하게 만들어야만 어스 그라운드에 대해 모든 그라운드 선의 저항 값이 동일해집니다. 다시 말하면 어떤 콘센트가 전원 박스에 가깝게 있다고 해서 그라운드 선을 길이만큼 잘라내어서는 안되며 다른 콘센트의 그라운드 선과 같게 만들기 위해 여분의 선은 옆에 감아둡니다.

랙 그라운드

랙(Rack)은 스튜디오 장비(파워앰프, 시그널 프로세서 등)를 모아두는 그라운드 된 금속 캐비닛으로 장비들을 고정시키는 볼트 구멍들이 수직으로 배열되어 있으며, 내부에는 전원을 공급하는 콘센트와 랙을 안전하게 접합시키는 랙 그라운드가 있습니다. 10게이지 정도의 절연선으로 랙 그라운드와 콘솔 그라운드 버스를 연결하고 랙의 전원 그라운드를 띄우거나 또는 전원 그라운드로 랙을 그라운드 합니다.

일렉트릭 기타 앰프

앞에서 잠깐 얘기했듯이 일렉트릭 기타 연주자가 마이크에 입을 대고 노래할 경우 가끔 연주자는 전기 쇼크를 느낄 때가 있습니다. 이것은 기타 앰프와 콘솔이 서로 다른 전원을 사용하면 두 전원의 전위차가 서로 다르기 때문에 그라운드 된 마이크 케이스와 그라운드 된 기타 사이에 전류가 흐르기 때문입니다. 이 현상은 기타 앰프와 콘솔의 전원 극성이 다를 때 더욱 위험합니다. 그래서 모든 악기 앰프와 오디오 시스템들은 같은 전원을 사용하는 것이 유리합니다. 또한 악기의 앰프 섀시와 콘솔 섀시를 두꺼운 그라운드 케이블로 연결해서 그라운드 전위차를 동일하게 하고 앰프 전원 코드의 그라운드 핀을 해지합니다. 콘솔은 전원 그라운드 혹은 어스 그라운드에 그라운드 시켜야만 합니다.

다음은 일렉트릭 기타의 험 방지 방법입니다.

1)실드가 파손된 코드는 교환하거나 수리하고 반드시 금속 재킷 플러그를 사용한다.
2)앰프의 극성 스위치를 험이 가장 적은 지점에 놓는다.
3)다이렉트 박스의 극성 스위치를 험이 가장 적은 곳에 놓는다.
4)기타의 자체 볼륨은 모두 올리고 앰프 볼륨으로 크기를 조정한다.
5)연주자는 주위를 돌면서 험이 가장 적은 곳을 찾는다.
6)험버킹 픽업(humbucking pick-up) 기타를 사용한다.

스튜디오 전원 시스템

다음은 스튜디오 오디오 시스템의 전원 설치 방법으로 첫 번째 방법이 가장 효과적인 반면 비용이 많이 드는 단점이 있고 그 이외의 방법들은 비용은 적지만 효과적이지 못합니다.

1)오디오 시스템에는 전용 전원 트랜스를 사용한다.
2)독립적인 차단기를 통해 전원을 공급한다.
3)오디오 시스템의 전원 극성을 다른 시스템과 다르게 설정한다.

경우에 따라 험을 방지하기 위해 모든 장비의 전원 극성이 같아야만 합니다. 콘센트의 전원과 오디오 기기의 전원 코드 사이에 AC 차폐 트랜스(AC isolation transformer)를 사용하면 험 방지에 많은 도움이 됩니다. 이러한 트랜스들은 컴퓨터, 조명, 등으로 인해 발생하는 전원선의 RF 간섭(radio-frequency interference)을 제거합니다.

형광등에서는 강한 자계가 발산하므로 스튜디오 조명으로는 적합하지 않습니다. 만일 사용할 수밖에 없다면 조명 기구를 그라운드하고 불량한 안전 저항을 새것으로 교체하고 노이즈 필터(noise filter)를 설치해야 합니다. 또한 조광장치인 SCR 딤머(Silicon Control Rectifier Dimmer)도 버즈 노이즈를 발생시키므로 피하는 것이 좋고, 그 대신에 작은 조명등을 여러 개 설치합니다. 그리고 모든 전원선은 그라운드 된 금속 덕트에 밀폐시켜서 오디오 장비에 유도되는 전원 험을 막아야 합니다.

라이브 공연에서 자주 발생하는 버즈 노이즈는 조명 시스템이 주요 원인이 되는 경우가 많은데 이때에는 AC 차폐 트랜스 혹은 라인 필터(line filter)를 사용합니다. 또한 조명 케이블과 전원선들은 가능한 오디오 케이블로부터 가능한 멀리 설치합니다. 만일 케이블들이 만날 수밖에 없다면 90°로 교차시킵니다.

전기 잡음

험

일반적으로 험(Hum)은 AC 전원 에너지가 오디오 회로에 침투하면서 발생합니다. 그것은 불량한 전원 트랜스와 전원 공급 등의 직접적인 원인과 AC 전원 자기장이 연결 케이블 혹은 장비와 전자기 커플링 되면서 발생하는 간접적인 원인으로도 발생할 수 있습니다. 또한 험은 AC 전원선 자체의 과도한 고조파 왜곡이 원인이 될 수 있는데 60Hz 전원선에 120Hz, 180Hz 그리고 다른 사인 고조파 성분이 포함된 결과입니다. 이 가운데 그라운드 루프 혹은 그라운드 연결 실패인 경우가 많습니다.

만일 어떤 장비 위에 다른 장비를 설치하거나 혹은 커넥터 케이스를 만질 때 험이 발생한다면 이것은 주로 그라운드 선이 끊어진 경우입니다. 또한 장비를 랙에 볼트로 고정시켰다고 완전히 그라운드된 것으로 생각해서는 안 됩니다. 랙의 페인트는 장비와 랙을 전기적으로 격리합니다. 의심스런 케이블의 실드 커넥션을 체크합니다.

버즈

버즈(Buzz)는 벌떼들이 윙윙거리는 소리와 비슷한 잡음으로, 만일 바이앰프 시스템에서 고음 트위터에서만 버즈 잡음이 들린다면 고음 앰프와 크로스오버에 연결된 케이블을 체크할 필요가 있습니다. 아마도 그라운드 루프가 생기거나 케이블 실드가 떨어질 수도 있습니다. 이 잡음은 SCR 조광장치가 주요 원인이 될 수 있습니다. 조광장치에서 발생한 가파른 파형은 전원선을 통해 오디오 회로 내부에 쉽사리 침투하면서 고조파 왜곡을 유발합니다. 특히 버즈는 시스템의 그라운딩과 실딩이 부적절할 때 심하게 발생합니다.

히스

히스(Hiss)는 압력 밥솥에서 쉬-하고 김빠지는 소리와 비슷한 잡음으로, 거의 모든 장비들이 지니고 있습니다. 사운드 시스템에서 히스의 주요 원인은 파워앰프의 과도한 게인 증가 때문일 수 있습니다. 우선 시스템 구성 장비의 동작 레벨로 체크합니다. 콘솔의 0VU 신호로 파워를 충분히 얻을 수 있는지? 만일 그렇다면 파워앰프의 게인을 줄입니다. 만일 콘솔의 마스터와 채널 페이더를 최대 레벨로 올려야만 신호를 겨우 들을 수 있다면 입력 게인 트림을 올립니다.

공전

공전(Static)은 조광장치 혹은 전원선의 간헐적인 스파킹 혹은 장비에 침투한 무선주파수가 원인이 될 수 있습니다. 후자를 일명 RFI(Radio Frequency Interference)라고 하며 장비의 전기 회로와 시스템의 올바른 그라운딩 그리고 실딩으로 줄일 수 있습니다.

팝콘 잡음

팝콘 잡음(Popcorn Noise)은 옥수수 튀기는 소리와 비슷하다고 해서 붙여진 이름으로, 회로의 전기소자가 파손되거나 오염된 패치코드 혹은 연결 상태 불량이 원인이 될 수 있습니다.

부록

용어해설

| 용어해설

A

Accent(Spot) microphone(악센트 혹은 스팟 마이크로폰)
대형 심포니 오케스트라 녹음에서 스테레오 메인 마이크
(Stereo main mic)로는 부족한 악기음을 보강하는 마이크.

Acoustical phase(음향 위상)
같은 공간에 두 개 이상의 파형이 존재할 때(악기의 직접음과
반사음 혹은 두 개 이상의 악기음 등), 이들의 음향 관계를 위
상으로 나타냄. 예를 들어 일렉트릭 기타 앰프를 바닥에 배치
하고 스피커 앞에 마이크를 설치하면, 마이크에 앰프의 직접
음과 더불어 약간의 시간차로 바닥 반사음이 전해지면서 악기
의 음색이 변질될 우려가 높아진다.

Acoustics(음향학)
우리가 듣는 소리의 동작 원리와 조정 방법에 관한 학문으로,
통상적으로 홀, 교회 혹은 스튜디오의 실내 음향을 의미한다.

Active crossover network(액티브 크로스오버 네트워크)
프로그램 신호를 앰프를 통해 스피커로 재생할 때, 앰프 이전
에 프로그램 신호를 주파수 대역 별(저음역, 고음역 등)로 분
할하는 네트워크.

Ambience(앰비언스)
실내 공간에서 발생하는 반사음 성분으로, 통상적으로 대형
홀에서는 잔향, 스튜디오에서는 초기반사음을 의미한다.

Ambience microphone(앰비언스 마이크로폰)
드럼 세트 혹은 대형 심포니 오케스트라 등에 거대한 공간성
을 부여하기 위해 악기로부터 어느 정도 떨어진 지점에 설치
하는 스테레오 마이크로폰.

Amplifier(앰프)
라인 레벨 정도의 미약한 오디오 신호를 증폭하여 스피커에
공급하는 장비.

Amplitude(진폭)
기타 현 혹은 드럼 막의 진동 폭. 우리가 듣는 음의 크기(라우
드니스)와 관련이 있음.

Amplitude processor(진폭 프로세서)
음의 인벨롭 혹은 프로그램의 레벨 변화 폭(다이내믹 레인지)
을 조정하는 시그널 프로세서(컴프레서, 노이즈 게이트 등).

Analog recording(아날로그 녹음)
테이프의 자기 신호를 음 파형의 형태로 테이프에 저장하는
녹음 방식.

Anti-aliasing filter(안티-에일리어싱 필터)
아날로그 오디오 신호를 디지털 데이터로 변환하기 전에 신호
가운데 20kHz 이상의 고음 성분을 제거하는 로우패스 필터.

Attack level(어택 레벨)
음의 다이내믹 인벨롭에서 초기 트랜션트 레벨.

Attack time(어택 타임)
컴프레서 혹은 리미터에서 악기 음의 트랜션트 레벨을 조정하
는 시간. 노이즈 게이트와 익스팬더에서 신호를 통과시키는
시간.

Attenuator(감쇠기)
오디오 신호 레벨을 일정한 크기 혹은 가변하여 줄이는 감
쇠기.

Azimuth(애지머스)
아날로그 녹음기의 녹음과 재생 헤드를 주행 테이프와 90°가
되도록 조정.

B ──────────────────────

Balance cable(밸런스 케이블)
두 개의 오디오 선(+, −)과 실드로 구성된 케이블.

Band-pass filter(대역통과 필터)
오디오 신호의 특정 주파수 대역만을 통과시키는 필터(주로 중음역).

Bass(저음)
가청 주파수 대역(20Hz~20kHz)의 저음 성분(일반적으로 20~320Hz).

Bass roll off(저음 차단)
콘덴서 마이크 혹은 하이패스 필터의 불필요한 저음 제거.

Bass trap(베이스 트랩)
스튜디오 혹은 조정실의 과도한 저음 성분을 제거하는 음향 처리기.

Bi-amp system(바이 앰프 시스템)
우퍼와 트위터 드라이버에 전용 앰프를 사용하는 라우드스피커 시스템.

Bias current(바이어스 전류)
오디오 신호를 아날로그 자기 테이프에 왜곡 없이 녹음하는데 필요한 고주파 전류.

Bidirectional microphone(양지향성 마이크로폰)
마이크 진동판의 정면과 배면 음에는 감도가 높고 양쪽 측면 음에는 감도가 낮은 마이크로폰.

Blumlein technique(블룸레인 테크닉)
두 개의 양지향성 마이크를 수직 배열하고 마이크 사이의 각도를 90°로 하여 악기 혹은 앙상블을 녹음하는 스테레오 마이크 방식.

Boost(부스트)
이퀄라이저에서 특정 주파수 레벨을 높임.

Boundary microphone(바운더리 마이크로폰)
일반 마이크와는 달리 작은 금속판 위에 마이크 캡슐이 부착된 마이크로폰. 스테이지 바닥 혹은 악기 리드(피아노)에 설치.

Bus(버스)
믹싱 콘솔에서 여러 채널들의 신호가 믹스되어 모이는 네트워크.

C ──────────────────────

Cardioid microphone(카디오이드 마이크로폰)
마이크 진동판의 정면 음에 민감하고 배면 음에 둔한 단일향성 마이크로폰.

CD-MO
자기 광학 콤팩트디스크.

CD-R
프로그램을 녹음할 수 있는 콤팩트디스크.

Channel(i/p)(입력 채널)
마이크 혹은 라인 신호의 레벨과 음색, 패닝 등을 조정하는 믹싱콘솔의 입력 채널.

Chorus effect(코러스 이펙트)
악기 혹은 보컬의 저음 성분을 부드럽게 변형시키는 모듈레이션 이펙트.

Close miking(근접 마이킹)
악기의 어택 음 혹은 주변 간섭음을 줄이기 위해 악기 가까이 설치하는 마이킹.

Coding(코딩)

A/D 컨버터를 통해 변환된 디지털 신호 전압을 일련의 펄스 파로 전환.

Coincident microphone(코인시던트 마이크로폰)

두 개의 동일한 지향성 마이크로폰을 수직 배열하고 두 마이크 사이의 각도를 조정하여 악기 혹은 앙상블에 스테레오 이미지를 제공하는 스테레오 녹음 방식.

Combining amplifier(컴바이닝 앰프)

여러 채널의 신호들을 결합시키는 믹싱콘솔의 내부앰프.

Compression(압축)

프로그램의 다이내믹 레인지를 줄임.

Compression ratio(압축 비율)

입력 신호의 레벨 변화를 일정하게 줄이는 컴프레서의 압축 비율. 비율이 4:1이면 입력 신호의 레벨 변화가 1/4로 감소한다.

Compression threshold(압축 트레숄드)

입력 신호 가운데 압축할 레벨을 설정하는 컴프레서 파라미터.

Console(콘솔)

입력 신호들의 레벨과 음색 등을 조정, 믹스하는 오디오 장비.

Control room(조정실)

믹싱콘솔, 녹음기, DAW 등의 오디오 장비와 모니터 스피커 시스템이 설치된 공간.

Crosstalk(크로스토크)

믹싱콘솔의 인접 채널 신호가 간섭을 일으키는 현상.

D

Decay(디케이)

음의 트랜션트에서 어택 음이 감소하는 주기.

Decibel(데시벨)

신호의 레벨 변화 혹은 두 신호의 레벨차를 로가리즘으로 나타낸 상대 평가치.

De-esser(디에서)

보컬의 거친 치찰음을 제거하는 시그널 프로세서.

Delay(딜레이)

직접음과 반사음 혹은 지연음 사이의 시간.

Diffusion(확산)

물체에 부딪쳐 반사된 음들이 여러 방향으로 흩어지는 물리적인 현상.

Direct box(다이렉트 박스)

임피던스가 높은 악기 신호(베이스 기타)를 낮은 오디오 장비(믹싱 콘솔)에 흐를 수 있도록 연결하는 유닛.

Directional microphone(지향성 마이크로폰)

마이크의 진동판 정면 음에 가장 민감하고 배면으로 갈수록 감도가 낮아지는 마이크로폰(저음 제외).

Direct sound(직접음)

마이크에 바로 전달되는 악기음.

Distant miking(원거리 마이킹)

음원으로부터(클래식 앙상블 혹은 오케스트라) 마이크를 멀리 배치하여 직접음과 더불어 앰비언스 음을 함께 픽업하는 마이크 테크닉.

Distortion(왜곡)

장비의 수용 레벨 이상 신호에서 고조파가 발생하는 현상.

Doubling(더블링)

같은 연주를 두 번하거나 혹은 한 번 연주한 음에 30ms 정도
의 딜레이 음을 믹스하여 스피커 좌우로 패닝하는 방식.

Dynamic microphone(다이내믹 마이크로폰)

소리(음향 에너지)를 오디오 신호(전기 에너지)로 변환하는
유닛으로, 음압이 큰 악기(드럼)에 사용한다.

Dynamic range(다이내믹 레인지)

악기 혹은 음악 혹은 장비에서 표현 혹은 수용할 수 있는 가
장 작은 레벨과 큰 레벨 사이의 간격.

E ───────────────────────────

Early reflection(초기반사)

악기의 직접음으로부터 10~20ms 이내에 전해지는 반사 그룹.

Echo(에코)

직접음과 반사음(50ms 이상)이 완전히 분리되어 들리는 음향
현상.

Echo chamber(에코 챔버)

현장감 있는 공간음을 픽업하기 위해 딱딱한 실내 면에 스피
커를 설치하고 이로 생긴 반사음을 마이크로 픽업하는 리버브
시스템.

Equalizer(이퀄라이저)

악기음의 주파수 스펙트럼을 변경하는 시그널 프로세서.

Equal loudness curves(등청감 곡선)

음압에 따른 사람의 청감 특성을 나타낸 그래프. 음압에 낮을
수록 중음에 비해 고음과 저음이 심하게 감소한다.

F ───────────────────────────

Fade-in(페이드 인)

프로그램 혹은 악기음의 레벨을 점진적으로 올리는 것.

Fade-out(페이드 아웃)

프로그램 혹은 악기음의 레벨을 점진적으로 내리는 것.

Fader(페이더)

믹싱콘솔의 입력 신호 레벨을 변경하는 수직 스케일 조정기.

Feedback(피드백)

라우드스피커의 재생음이 마이크에 전해지면서 특정 주파수
가 증가하여 하울링의 원인이 된다.

Filter(필터)

과도한 저음 혹은 고음을 제거하는 이퀄라이제이션.

Flanging(플랜징)

매우 짧은 반사음 혹은 지연음이 직접음과 믹스되면서 발생하
는 음향 현상. 악기 혹은 보컬의 거친 고음 성분을 부드럽게
한다.

Frequency(주파수)

1초 동안의 진동 횟수.

Frequency response(주파수 응답)

오디오 장비에서 재현할 수 있는 주파수 범위와 레벨.

Fundamental(기본음)

제일 낮은 진동 주파수이며, 음정을 정한다.

G ───────────────────────────

Graphic equalizer(그래픽 이퀄라이저)

지정된 주파수의 레벨을 수직 슬라이더로 증가 혹은 감소하는

이퀄라이저.

H

Harmonic distortion(배음 왜곡)
과도한 레벨 증가로 인해 원 신호에 없는 불필요한 배음이 발생하는 왜곡.

Harmonics(배음)
기본음과 정수배 관계인 진동음들. 악기 음색에 중요하게 작용한다.

Headroom(헤드룸)
오디오 장비가 수용할 수 있는 피크 레벨 범위.

Hertz(헤르츠)
Hz. 주파수 측정 단위.

High end(하이엔드)
주파수 스펙트럼에서 매우 높은 고음 성분.

High pass(Low cut) filter(고음 통과 필터)
과도한 저음 성분 제거 필터. 차단 주파수가 300Hz이면, 그 이하의 모든 저음 주파수가 감소한다.

I

In-line console(인라인 콘솔)
하나의 모듈 안에 입력, 출력 그리고 모니터 채널이 설치된 믹싱콘솔.

Input(입력)
오디오 장비의 신호 입구.

Inverse square law(역제곱 법칙)
자유 음장에서 음원으로부터 두 배 멀어지면 음 강도는 네 배 감소한다.

L

Leakage(간섭)
마이크에 스며드는 다른 악기음. 예를 들면 어쿠스틱 기타 마이크의 드럼 간섭음.

Limiter(리미터)
입력 레벨 변화에 무관하게 항상 일관된 출력 레벨을 제공하는 시그널 프로세서.

Loudspeaker(라우드스피커)
전기 에너지를 음향 에너지로 변환하는 오디오 장비.

Low bass(초저음역)
20~80Hz 범위의 주파수.

Low end(로우엔드)
주파수 스펙트럼에서 매우 낮은 저음 성분.

M

Masking(마스킹)
큰 소리에 의해 작은 소리를 듣지 못하는 사람의 음 인지 능력.

Master fader(마스터 페이더)
믹싱콘솔에서 조정한 모든 채널의 신호 레벨을 통괄적으로 제어하는 페이더.

Microphone(마이크로폰)
음향 에너지를 전기 에너지로 변환하는 오디오 장비.

MIDI
Musical Instrument Digital Interface.

Mixdown(믹스다운)
멀티 녹음기에 저장된 모든 트랙 신호들을 음악에 적합한 레벨과 음색 그리고 공간성으로 조율하는 과정.

Monitor speaker(모니터 스피커)
녹음 혹은 믹싱 과정에서 프로그램을 모니터링 하는 라우드스피커.

Moving-coil microphone(무빙코일 마이크로폰)
진동판 뒤에 부착된 코일이 음에 따라 이동하면서 전기 신호를 만들어내는 마이크로폰.

Multidirectional(멀티지향성)
다양한 극성 패턴을 지닌 마이크로폰.

Mute(뮤트)
채널 신호 제거.

N

Near coincident miking(니어 코인시던트 마이킹)
두 개의 동일한 지향성 마이크로폰을 수평 배열하고 두 마이크 사이의 간격과 각도를 조정하여 악기 혹은 앙상블에 스테레오 이미지를 제공하는 스테레오 녹음 방식.

Nearfield Monitoring(니어필드 모니터링)
스피커와 엔지니어 사이의 거리를 좁힘으로써, 조정실의 음향 환경으로부터 프로그램의 모니터 음질 변화를 줄이는 모니터링 방식.

Noise(노이즈)
잡음.

Noise gate(노이즈 게이트)
바닥 진동음, 간섭음 그리고 불필요한 악기 여음 등을 제거하는 시그널 프로세서.

Notch filter(노치 필터)
매우 좁은 범위의 주파수 대역을 제거하는 필터.

O

Octave(옥타브)
두 음 사이의 음향적인 간격을 평가하는 사람의 인지 능력으로, 주파수 비율이 2:1.

Omnidirectional microphone(무지향성 마이크로폰)
마이크 주변의 모든 음에 높은 감도를 지닌 마이크로폰(고음 제외).

ORTF
두 개의 동일한 카디오이드 마이크 사이의 간격을 17㎝, 각도를 110°로 유지하여 악기 혹은 앙상블에 스테레오 이미지를 제공하는 마이크 방식.

Oscillator(오실레이터)
사인파 혹은 삼각파 등의 파형 신호를 제공하는 발진기.

Output(출력)
오디오 장비의 출구.

Over-dubbing(오버더빙)
멀티 트랙 녹음에서 기존의 트랙 음을 들으면서 새로운 음을 빈 트랙에 녹음하는 과정.

Overload(과부하)
수용 레벨 이상의 신호로 인해 오디오 장비가 힘들어지는 현상.

P

Pan pot(팬 포트)
스테레오 스피커 상에서 채널 신호의 위치를 지정하는 포텐셔미터.

Parametric equalizer(파라메트릭 이퀄라이저)
지정 주파수와 레벨을 연속으로 변경하는 이퀄라이저.

Passive crossover network(패시브 크로스오버 네트워크)
프로그램 신호를 앰프를 통해 스피커로 재생할 때, 앰프 출력 신호를 주파수 대역 별(저음역, 고음역 등)로 분할하는 네트워크.

Patch code(패치 코드)
패치 패널에서 오디오 장비들의 신호 흐름을 연결하는 코드.

Patch panel(패치 패널)
스튜디오에서 사용하는 모든 오디오 장비의 입력과 출력이 연결된 패널.

Peak program meter, PPM(피크 프로그램 미터)
피크 레벨 지시 미터.

Phantom power(팬텀 파워)
콘덴서 마이크에 필요한 직류 전원(통상 48V).

Phase(위상)
파형의 진폭 변화를 각도로 표시. 90°, 270°에서 최대 진폭, 0°, 180°에서 최소 진폭.

Pitch shifter(피치 시프터)
오디오 신호의 피치를 변경하는 시그널 프로세서.

Pop filter(팝 필터)
보컬의 파열음을 방지하는 마이크의 음향 필터.

Pre fader listen, PFL(프리페이더 리슨)
콘솔의 신호 흐름에는 영향을 미치지 않으면서 원하는 채널 신호를 모니터하는 기능.

Proximity effect(근접 효과)
슬롯 타임의 카디오이드 마이크를 악기 가까이 배치하면서 발생하는 저음 증가 현상.

R

Real time analyzer(실시간 분석기)
오디오 신호의 주파수 스펙트럼을 관찰하는 분석기.

Reflected sound(반사음)
표면에 부딪쳐 만들어진 음.

Release time(릴리즈 타임)
컴프레서 혹은 리미터에서 압축된 입력 신호가 트레숄드 이하로 감소한 후 원래 레벨로 돌아가는 시간.

Reverberation(잔향)
실내의 수많은 반사음 그룹.

Reverberation time
수많은 반사음 그룹의 레벨이 직접음의 1/1000(−60dB)로 감소하는데 걸리는 시간.

Room modes(룸 모드)
실내에서 발생하는 공진음들.

S

Sampling(표본화)
아날로그 신호를 디지털 신호로 변환하기 위해 일정한 시간 간격으로 분할.

Sampling frequency(표본화 주파수)
아날로그 신호의 분할 주파수. 예를 들어 표본화 주파수가
48kHz이면 파형은 초 당 48,000개로 분할된다.

Shelving equalizer(쉘빙 이퀄라이저)
지정 주파수 이상 혹은 이하의 모든 성분을 증가 혹은 감소하
는 이퀄라이저.

Shock mount(쇼크 마운트)
물리적인 외부 진동으로부터 마이크를 보호하는 장치.

Shotgun microphone(샷건 마이크로폰)
지향 폭이 매우 좁은 초지향성 마이크로폰.

Sibilance(시빌런스)
치찰음.

Signal processor(시그널 프로세서)
오디오 신호의 다이내믹 레인지와 주파수 레벨 등을 변경하는
장비.

Signal to noise ratio(신호 대 잡음 비)
오디오 장비의 최대 수용 레벨과 자체 잡음의 비율.

Sine wave(사인파)
단지 하나의 주파수로 구성된 파.

Slapback echo(슬랩백 에코)
원음과 분리되어 들리는 에코.

Sound envelope(음 인벨롭)
음의 레벨 변화를 주기 별로 나타낸 커브. 어택, 디케이, 서스
테인 그리고 릴리스.

Sound pressure level, SPL(음압 레벨)
음의 강도 혹은 소리의 압력 레벨.

Spaced miking(스페이스드 마이킹)
두 개 혹은 세 개의 동일한 무지향성 마이크를 일정한 간격으
로 수평 배치하여 악기 혹은 앙상블의 스테레오 이미지를 창
출하는 스테레오 마이킹 테크닉.

Stereo miking(스테레오 마이킹)
단지 두 개의 동일한 마이크로 앙상블 전체 음을 수용하는 마
이킹 방식.

T

Talkback(토크백)
조정실 엔지니어와 스튜디오 연주자 간의 소통 장치.

Timbre(음색)
두 악기 사이의 음향 특성을 구별할 수 있는 사람의 인지 능력.

Transducer(변환기)
에너지 변환 장치. 마이크로폰, 라우드스피커.

Transient(트랜션트)
어택과 디케이로 구성된 악기의 초기 음.

Treble(트레블)
5000~20000Hz 범위.

Tweeter(트위터)
고음 재생용 스피커 드라이버.

Two-way loudspeaker system (2웨이 라우드스피커 시스템)
고음용 트위터와 저음용 우퍼 드라이버로 구성된 라우드스
피커.

U

Unbalance cable(언밸런스 케이블)

하나의 오디오 선과 실드로 구성된 케이블.

Unidirectional microphone(단일 지향성 마이크로폰)

마이크 진동판의 정면 음에 가장 민감한 마이크.

W

Woofer(우퍼)

저음 재생용 스피커 드라이버.

지은이 **장인석**

경희대학교 전자공학과 졸업
상명대학교 문화예술대학원 뮤직테크롤로지학과 졸업
기독교 중앙 방송 기술국
지구 레코드 녹음 이사
일본 CBS/SONY 연수
영국 Solid State Logic 연수

현재
(주)두왑 고문이사
상명대학교 문화예술대학원 뮤직테크놀로지학과 겸임교수
명지전문대 실용음악과 교수
Audio Engineer Society(AES)회원
한국 영화 음향 KS 규격 전문위원

저서
〈사운드 레코딩 테크닉〉
〈사운드 베이직 테크닉〉
〈레코딩 아트〉
〈더 레코딩〉

주요 녹음 작품
· 대중가요: 조용필, 이선희, 김종서, 조영남 외 500여 작품
· 클래식: 박세원, 김인혜, 박인수, 김기제, 임원헌, 나덕성, 모스코바
　　　　　방송 교향악단, 서울 시립 오케스트라, 새문안 교회 합창단,
　　　　　영락교회 합창단, 갈보리 교회 합창단 외 300여 작품
· 뮤지컬: 〈명성황후〉, 〈겨울 나그네〉, 〈킬리만자로의 표범〉 외
　　　　　20여 작품
· 국악: 김영동 국악 작곡집, 이생강, 김영임, 김덕배 사물놀이 외 30
　　　　여 작품

장인석의 음향입문

the Basics of
Sound Engineering

2012년 2월 20일 발행
2024년 4월 30일 15쇄 발행

지은이 장인석
펴낸이 하성훈
펴낸곳 서울음악출판사
주소 서울시 서초구 반포대로22길 85 에덴빌딩 3층
인터넷 홈페이지 www.srmusic.co.kr
등록번호 제2001-000299호·등록일자 2001년 4월 26일

값 38,000원
ISBN 978-89-97185-10-8

※잘못 만들어진 책은 구입처에서 교환해드립니다.